감정 | 정서심리 | 상담

앵그리 크리스천
THE ANGRY CHRISTIAN

목 차

감사의 글 • 008

역자의 글 • 011

들어가는 글: 분노의 문제 • 014

교회와 분노 | 무엇이 문제인가?: 분노는 파괴적일 수 있다 | 이 책을 저술하는 이유 | 목회신학 구성하기 | 이 책의 여정에 대한 지도 | 제한된 관점들

1부 정서에 대하여 생각하기 • 035

1장 정서의 중요성 • 037
정서는 무엇인가? | 정서에 반대하는 철학적 입장 | 후기근대주의시대의 정서회복 | 신경과학과 정서 | 신경과학과 목회신학

2장 기독교전통과 정서 • 058
정서와 성서 | 기독교전통에 영향을 준 역사적 요인들 | 신학자들의 생각

3장 정서의 신학적 이해 • 085
정서와 체화 | 태초에–정서 | 하나님의 형상대로 창조됨 | 정서의 선물 | 머리와 가슴: 전인적 접근 | 우리는 우리가 느끼는 정서에 책임이 있다

2부 분노에 대한 이해 • 099

4장 분노인가 공격성인가? • 101
과학과 공격성 | 생명력인 공격성 | 신학적 성찰

5장 분노는 어디서 시작되는가? 신경과학의 공헌 • 115
두뇌와 분노 | 기억의 중요성 | 분노와 두려움 | 본능이 아닌 능력 | 분노의 위협 모델 | 유동적인 뇌 | 과정 중에 있는 과학 | 분노의 목회신학에 대한 공헌

6장 왜 사람들은 분노하는가? 구성주의적 내러티브 관점 • 134
구성주의자와 구성주의 이론 | 내러티브 이론: 이야기로서의 삶 | 분노에 관한 구성주의 내러티브 이론의 이해 | 이야기들을 변화시킬 자유 | 과거의 지배적인 이야기를 확인하고 변화시키기 | 분노의 목회신학에 대한 공헌

3부 분노에 관한 구성주의 목회신학 • 171

7장 분노는 왜 "일곱 가지 치명적인 죄" 가운데 하나인가? • 173
기독교 전통
지배적인 이야기들과 전통의 형성 | 기독교 신학의 분노: 초대교회 | 기독교 신학의 분노: 개혁자들과 그 이후 | 이십 세기의 신학자들 | 분노의 목회신학에 대한 공헌

8장 성서적 관점: 인간 분노에 관한 대안적 이야기 • 207
히브리 성서의 이야기들 | 신약성서의 이야기들 | 분노의 목회신학에 대한 공헌

9장 하나님과 예수님의 분노 • 226

하나님은 분노하셨는가? | 하나님은 학대하셨는가? | 하나님은 왜 분노하셨는가? 사랑의 표현! | 예수님의 분노 | 분노의 목회신학에 대한 공헌

10장 분노의 목회신학을 향하여 • 257

체화 | 분노의 근원은 죄가 아니라 창조에 있다 | 하나님의 형상으로 창조됨 | 선물인 분노: 하나님이 축복하시다 | 분노는 도덕적 쟁점이다 | 선택할 자유 | 개인의 책임 | 요약

4부 분노다루기: 기독교적 돌봄과 상담 • 283

11장 영적 협력자인 분노 • 285

분노와 희망 | 분노와 용기 | 분노와 자기회복 | 분노와 친밀감 | 우상 탐지기인 분노 | 자기이해를 향한 안내자인 분노

12장 긍휼의 분노 • 311

분노와 사랑 | 훌륭한 크리스천은 분노를 느껴야 한다 | 긍휼과 분노 | 사랑이 분노의 방향을 제시해야 한다 | 기독교적 돌봄과 상담

13장 분노를 창의적으로 다루기 • 346

분노 알아채기 | 분노 인정하기 | 몸을 진정하기 | 위협받는 이야기 알아내기 | 위협의 타당성 평가하기 | 이야기들을 변화시키기 | 분노에 대처하는 이전의 패턴 바꾸기 | 분노를 창의적으로 표현하기 | 기독교적 돌봄과 상담

+ 부 록 • 389

주석 • 391
참고문헌 • 428

감사의 글

이 프로젝트는 헨리 루스 재단의 헨리 루스 3세 신학연구지원사업 덕분에 가능했다. 이 프로젝트가 성공적으로 진행될 수 있도록 개인적 배려를 해준 헨리 루스 3세 의장, 존 쿡 회장, 마이클 길리건 신학분과장에게 감사한다.

헨리 루스 3세 신학연구지원사업은 북미 신학대학연합회(ATS)가 주관하였다. 이 프로젝트를 위해 시간과 노력을 아끼지 않은 댄 알레샤이어 사무총장과 매트 지니웍즈 교수연구지원 책임자에게 감사한다.

텍사스 크리스천 대학교의 브라이트 신학교 이사진과 행정부, 교수진은 안식년에 연구와 논문프로젝트를 수행할 수 있도록 지원해 주었다. 이 프로젝트의 대부분은 2000년과 2001년도에 가진 안식년에 완성되었다. 안식년 동안 학교는 이 프로젝트를 수행할 수 있도록 연구조교를 배정해 주었다.

나의 책 가운데 1983년에 출판한 『Coping with Your Anger: A Christian Guide』에 나온 내용을 사용할 수 있도록 허락해준 웨스트민스터 존 낙스 출판사에 감사한다. 많은 기본적인 생각들이 이 책에서 처음으로 개념화되었다. 또한 이 출판사는 1995년에 출간된 『Hope in Pastoral Care and Counseling』과 1998년에 아내와 함께 저술한 『It Takes Two: The Joy of

Intimate Marriage』에 실린 내용들도 사용할 수 있도록 허락해 주었다.

이 책의 원고를 비평해준 동료들에게 감사한다. 매한 실러는 초고를 전부 읽고 도전적인 대답과 제안을 해주었다. 몰리 마샬은 원고를 모두 읽고 비평해주었을 뿐만 아니라 프린스턴 신학대학의 루스 학자 모임에서 발제자이자 논찬자로서 친절하게 역할을 잘 감당해주었다. 인디애나 주. 리치몬드시에 위치한 얼햄 신학교 교수인 빌 래트리프는 수업에서 원고내용을 사용하며 예리한 비평을 해주었다. 도로시 파넬리는 감사하게도 여러 초본을 읽고 나의 글쓰기 방식과 쟁점들의 개념화에 많은 기여를 했다. 오랫동안 나는 많은 다른 동료들과 친구들, 워크샵 참석자들, 학생들 그리고 이 주제를 다룬 여러 저자들과 대화를 했다. 나는 이 주제에 대하여 생각하는 과정에 기여한 사람들에게 감사한다.

캐더린 갓비는 안식년에 나의 연구조교로서 일했다. 그녀는 헨리 루스 재단과 계약한 시간보다 더 많은, 말할 수 없이 많은 시간을 일했다. 그녀에게 얼마나 일했는지 묻기가 두렵다! 그녀가 일을 철저하게 해준 덕분에 나는 도서관과 컴퓨터에서 보내야 할 시간을 많이 절약할 수 있었다. 그녀는 직감을 통해 가장 중요한 목록을 정리해서 프로젝트에 적합한 것들을 발굴해낸다. 그리고 내용과 스타일에 대한 그녀의 제안은 정곡을 찌른다.

다른 친구들과 동료들은 자기 분야의 전문가로서 성실한 피드백을 해주었다. 데이비드 발크, 브래드 비너, 짐 듀크, 래리 그래함, 빌 헨드릭스, 제임스 하이드, 찰스 스캘라이즈, 프랭크 터퍼, 제니스 유스크는 원고를 선별해서 읽어주었다. 에미 쿠퍼와 타메리 스파이어스는 초본 원고의 편집을 위해 많은 제안을 해주었다. 연구년에 나의 연구조교로 일한 린다 포드와 앤디 셀튼은 자료를 찾고 여러 일을 하면서 시간을 많이 단축하도록 도왔다. 안식년 동안 행정조교인 쉐리 윌리스와 수잔 스톤은 행정 업무와 절차를 열심히 도와주었다.

웨스트민스터 존 낙스 출판사 편집인인 스테파니 에그노토비쉬는 처음부터 끝까지 지속적인 지지와 격려로 이 책이 완성될 수 있도록 도와주었다. 나는 이 책의 구조와 내용 그리고 스타일에 대한 그녀의 영감있는 아이디어를 매우 감사하게 생각한다.

43년 동안 나의 파트너이자 아내인 주디는 안식년 1년 동안 이 책을 쓰는 계획(나의 목표!)이 2년으로 연장(현실!)될 거라고는 기대하지 않았다. 그럼에도 아내는 이 책이 완성되기까지 맑은 정신을 유지하는 데 반드시 필요한 일과 여가를 위한 공간을 지속적으로 배려해주었다. 그뿐만 아니라 아내는 결혼과 가족치료사인 그녀의 관점에서 원고를 읽고 비평해주었고 치료현장에 적용하면서 얻은 아이디어들을 제공해 주었다. 나는 아내가 우리의 관계를 위해 베풀어 준 모든 것들 때문에 매우 기쁘고 감사한다.

1983년에 웨스트민스터 존 낙스 출판사에서 출간된 분노에 관한 나의 첫 작품인 『Coping with Your Anger: A Christian Guide』의 헌정사는 다음과 같다.

{ *창의적으로 분노를 다루는 방법을 처음 가르쳐 준 웨인 오우츠 (Wayne E. Oates)에게* }

웨인은 나의 스승이고 친구이고 목사이며 동료이었다. 나와 나의 가정에 그가 준 선물은 헤아릴 수 없이 많지만 그중에 하나는 분노에 대하여 신학적으로 윤리적으로 생각하는 방법이었다. 또한 이러한 면을 좀 더 창의적으로 알아내고 표현할 수 있도록 도와주었다. 이 책을 준비하고 있던 1999년에 그는 세상을 떠났다. 그에게 항상 감사하고 있다.

앤드류 레스터
2002년 여름

역자의 글

　한국에 돌아와서 '넘서심리와 목회상담'을 가르친 2007년 가을 강의실에 들어온 학생들이 예상 외로 넘쳐났다. 감정에 대한 높은 관심을 반영하고 있음이 분명했다. 그렇지만 대학교에서 교과서로 사용할만한 학문적인 서적은 드물었다. 더군다나 강의에 들어온 학생들이 읽는 많은 상담관련 서적들이 감정에 대하여 일방적인 이해를 하거나 심지어는 왜곡된 이해를 하고 있었다. 상담서적뿐 아니라 사람들도 비슷한 반응이었다. "감정은 참아야 해!" "긍정적인 감정은 느껴도 되지만 부정적인 감정은 버려야 해!" "분노와 수치심같이 해로운 감정은 상담을 통해 치료를 받아야 해!" "사람이 감정적이어서는 안 되지. 이성적으로 생각해야지!" 이러한 반응은 『앵그리 크리스천』을 반드시 번역해야겠다는 결심을 하게 했다.
　『앵그리 크리스천』을 번역하게 된 또 다른 동기는 교회와 기독교전통에서 팽배한 감정에 대한 이해 때문이다. 기독교전통에서는 여전히 감정을 이성과 비교하여 하등하게 여기고 조절하거나 극복해야 할 것으로 여긴다. 그래서 감정의 하나인 분노를 죄악으로 보고 분노를 억제하거나 적절하게 다스릴 수 있어야 성숙한 크리스천이라고 생각한다. 정말로 감정은 이성에 의해서 조절되어야 하는가? 분노를 억제할 수 있어야 성숙한 사람이 될 수 있는가? 분노와 같이 부정적인 감정은 극복하고 조절해야 한다고 생각하는 일반적인 기독교전통과 달리 기독교 안에서 요사이 일어나는 현상은 감정을 숨기지 말고 표현할 수 있어야 성숙한 크리스천이라는 생각이다. 그래서 감정을 적절하게 표현할 수 있도록 돕는 감정훈련이나 감정코칭이 유행하고 있다. 정말로 감정은 교육되거나 훈련되어야 하는 대상인가? 이 질문들에 대한 적절한 대답을 할 수 있는 책이 필요했다.

『앵그리 크리스천』은 위의 질문에 적절한 대답을 한다. 앤드류 레스터는 기독교 신학, 신경과학, 이야기심리학, 성서, 구성주의적 사회학, 정서심리학 등을 신중하고 자세하게 다루면서 감정에 대한 포괄적이고 적절한 이해를 할 수 있게 한다. 앤드류 레스터는 의미 있는 책들을 출간하였다. 그 중에 몇 권은 한국어로 출간되기도 했다. 『앵그리 크리스천』은 그의 마지막 책이지만 시대를 앞서가서 미래를 위해 쓴 책이다. 2003년에 출간되었지만 한국에서 현재 '뜨거운 감자'가 된 감정을 이미 다루었다. 성서와 신학뿐 아니라 이야기 심리학, 뇌과학 등의 도움을 얻어 인간의 감정을 깊게 다루고, 분노를 비롯한 감정들을 새롭고 바르게 이해할 수 있도록 돕는 책이다. 그래서 상담전문가, 심리학자, 의학전문가, 목회자뿐 아니라 인간의 감정을 이해하고자 하는 사람에게는 필독서다.

『앵그리 크리스천』을 허영자박사와 함께 번역하였다. 허영자 박사는 목회상담사일뿐 아니라 교수이고 시인이고 번역가이다. 이미 여러 권의 책을 번역하였고 시집도 여러 권을 출간했다. 2년이 넘게 걸린 번역과정은 서로 존중하고, 서로 경청하고, 배우는 과정이었다. 수 없이 만나고, 수 없이 이메일이 오고 갔고, 수 없이 전화를 걸어 통화하였다. 이 과정에서 우리는 용어를 통일하고 문장표현을 통일하려고 애를 썼다. 한국의 상황을 고려하여 용어를 통일하기보다는 혼용하기로 결정한 부분도 있다. 예를 들어 감정(feeling)과 정서(emotion)라는 단어를 혼용하였음을 알려둔다. 정서심리학에서는 감정과 정서가 구별될 수 있다. 그러나 일반적으로 감정과 정서는 혼용되고, 저자인 앤드류 레스터도 감정과 정서를 구별하지 않았다.

마지막으로 이 책이 사람을 돌보는 전문가들뿐 아니라 일반 독자도 감정에 대해 새롭게 이해하게 되어 자신을 자유하게 하고 관계를 새롭게 구성하는데 길잡이가 되기를 바란다.

2015년 겨울에 서울신학대학교 연구실에서
대표 역자 이희철

들어가는 글
분노의 문제

나는 성장하면서 화내기를 두려워하고 갈등을 불편해했다. "착한 아이"가 되라고 배웠다. 내가 성장한 가정환경에서 착한 사람은 화를 내지 않는다고 여겼다. 그뿐만 아니라 나는 내가 화를 내거나 다른 사람이 화를 낼 때, 그 분노가 파괴적인 결과를 초래하는 경험을 했다. 그래서 나는 분노가 위험한 존재라고 확신하게 되었다.

중학교 1학년 때였다. 아이라(Ira)라는 남자아이가 우리학교로 전학을 왔다. 이라가 왜 항상 나에게 집적거리는지 이해할 수 없었다. 내가 보지 않고 있는데 내 등에 올라탔을 때 가장 성가셨다. 나는 싸우지 않기 위해 그의 성가신 행동에 개의하지 않고 친절하게 대하려고 노력했지만 소용없었다. 하루는 아이라가 내 등에 올라탔을 때 분노를 참을 수 없었다. 분노가 폭발하면서 나는 아이라를 농구장에 메어쳐 버렸다. 아스팔트에 그의 머리를 대고 마구 때렸다. 코치가 말렸을 때 나는 분노로 몸을 떨고 있었다. 아이라의 머리에 흐르는 피와, 눈물을 흘리며 우는 모습에 나는 겁이 났다. 갑자기 죄책감이 몰려왔다. 화내지 말아야 하고 사람들에게 해를 끼치면 안 된다는 나의 도덕을 어기는 순간 나는 당황스러웠다. 그래서 다시는 화를 내지 않겠다고 맹세했다.

아이라는 당연히 혼나야 하는데 왜 죄책감을 느끼고 당황할 필요가 있느냐고 당신은 생각할지도 모른다. 착한 아이가 되어야 한다는 문화적 환경과 더불어 나는 선한 크리스천은 분노를 표현하지 않고 가장 훌륭한 크리스천은 분노 자체를 느끼지 않는다고 배웠다. 나는 이상주의적인 청소년이었기 때문에 가능한 훌륭한 그리스도인이 되어서 하나님과 부모님을 기쁘게 해드리고 싶었다. 그래서 나는 나 자신도 알아차리지 못할 정도로 분노를 잘 숨겼다. 청년시절까지 나는 분노를 숨길 수 있었다. 그러나 곧 나는 결혼했다.

내가 아내 주디와 함께 결혼성숙워크샵에서 여러 번 말했듯이 결혼 생활에서 가장 조절하기 힘든 부분은 분노를 어떻게 처리해야 하는가이다. 우리는 갈등을 창의적으로 다루지 못했다. 결혼 초기에 주디는 아무 말도 하지 않는 데 능숙했다. 나는 주디가 나와 말하지 않으려는 것을 눈치 챘다. 나는 아내와 멀리 떨어져 나만의 시간을 보냄으로써 보복하고 있었다. 도서관에 가거나 공부하는 척하거나 농구를 하면서 나만의 시간을 보냈다. 이렇게 하면서 밤에 늦게 들어가 아내가 혼자서 잠들게 했다. 아내는 혼자 잠드는 것을 무척 싫어했기 때문에 나는 이렇게 해서 아내에게 벌을 주었다. 유치하게 우리는 상대가 죄책감을 느끼고 먼저 사과하게 만들려고 노력했다. 그러나 그 순간 분노를 일으킨 원인이 무엇인지 몰랐다. 그래서 진짜 쟁점을 해결하지 못했다. 침묵과 철회는 감정적으로 거리감을 느끼게 했고 갈등은 부부로서 성장을 방해했다.[1]

내가 이 주제를 처음 연구하게 된 것은 분노를 새롭게 생각하는 방법을 배울 필요를 느껴서다. 분노를 새롭게 생각하는 방법은 분노를 다루는 새롭고 창의적인 방법을 제공해 주었고 우리 부부가 더 친밀해지도록 도와주었다. 또한 분노에 대한 새로운 관점들 때문에 치료사의 새로운 역할이 가능하게 되었다.[2]

당신도 나처럼 분노를 더 잘 이해하고 창의적으로 분노를 해결하는 지혜를 얻고 싶을 수 있다. 배우자나 자녀 또는 부모나 가까운 관계에 있는 사람들에게 느끼는 분노를 어떻게 처리해야 할지 고민하고 있을 수 있다. 빈정거림이나 쩨쩨한 반항 뒤에는 분노가 숨어있을 수 있다. 변덕스런 행동이 사실은 분노의 표현일 수 있다. 타인에게 상처를 주는 사람으로 자신을 인정해야 한다는 생각을 하면서 자신의 파괴적인 언행에 당황하며 죄책감을 느낄 수 있다. 분노 때문에 일어난 해직, 이혼, 학대, 폭력같은 심각한 결과 때문에 상처받고 고통스러워 할 수 있다. 무슨 일이 벌어지고 왜 상대방이 화가 났는지 이해하기 어려울 수 있다. 자기 자신에게 느끼는 분노를 이해하고 해결하기가 어려울 수 있다. 자기처벌의 결과가 자신의 관계에 무척 파괴적이라는 사실을 알기가 쉽지 않을 수 있다. 많은 크리스천들이 그렇듯이 하나님께 분노하고 그 분노를 어떻게 해결해야 할지 분명하지 않을 수 있다.

교회와 분노

기독교는 분노가 "육체의 속성" 가운데 하나이며 인간의 타락을 대표한다고 단정했다. 중세기에는 분노가 일곱 가지 치명적인 죄중의 하나였다. 다음 세대 신학자들은 이 오류를 더 심각하게 만들었다. 목사들은 타락까지 거슬러 올라가서 분노가 원죄와 상관이 없으면 인간이 분노 때문에 괴로워하지는 않았을 것이라고 강렬하게 설교하였다. 교회학교 교사들은 예수님을 자신에게 다가오는 모든 불의를 참아내는 사람으로 묘사하였다. 특히 성령강림절에는 더욱 그러했다. 그래서 예수님을 어떤 상황에서도 결코 화를 내지 않는 사람으로 여겼다. 산상수훈에서 예수은 다음과 같이 말했다. "옛 사람에게 말한 바 살인하지 말라 누구든지 살인하면 심판을 받게 되리라 하였다는 것을 너희가

들었으나 나는 너희에게 이르노니 형제에게 노하는 자마다 심판을 받게 되고"(마 5:21-22). 예수님의 이 말씀은 잘못 해석되어 분노가 살인이라고 여겼다.

그래서 많은 크리스천은 분노가 죄라고 배우게 되었다. 한 친구가 이렇게 말했다. 설교단에서 분노가 죄라는 메시지를 분명하게 전하는 설교를 듣지는 못했지만 "교회의 분위기중의 일부분은 분노가 죄라는 메시지를 은근히 내포하고 있었다." 내가 만난 크리스천들이 공통적으로 하는 말이었다. 그래서 많은 크리스천은 분노가 우리의 죄성에 뿌리내리고 있기 때문에 성숙한 크리스천의 삶에서는 찾아볼 수 없다고 생각하며, 이러한 생각이 성서적이라고 믿고 있다.

대조적으로 나는 분노할 수 있는 힘이 하나님의 선물 중의 하나이고 분노는 창조 때부터 있었고 인간의 삶에 중요한 역할을 한다고 믿는다. 물론 분노하면서 인간이 죄를 범할 수 있을지라도 분노는 또한 용기, 희망, 그리고 친밀함[3]으로서 인간의 삶에 기여한다. 분노가 반드시 사랑의 반대는 아니다. 분노는 실제로 사랑의 표현으로 기능할 수 있다. 불의와 억압이 일어나는 상황에서 분노하지 않으면 인간의 삶을 향한 하나님의 뜻을 놓치게 된다. 긍휼한 분노는 크리스천이 "포로된 자에게 자유"와 "눌린 자에게 자유"를 전파하기 위해 필요하다(눅 4:18).

분노표현을 권장하는 대중문화는 말할 것도 없이 심리학과 사회과학 그리고 최근에는 신경과학이 오랫동안 끈질기게 도전하였는데도 분노가 죄악이라는 관점이 아직 영향력을 지니고 있는 이유는 무엇인가? 이 관점은 많은 지배적인 이야기 속에 견고히 뿌리를 내렸다. 목회상담사, 심리치료사, 원목 그리고 여러 돌봄전문가들은 이러한 관점을 의식적으로나 무의식적으로 신뢰하여 분노를 죄로 여기며 무의식 중에 그런 식으로 행동하는 사람들을 돌보아야 한다. 이러한 사람들은 자신이 화가 난 사실을 인정하지 않는다. 분노를 느낄 때 억누르려고 한다. 마침내 분노를 표출해야 할 때에는 아이라와 경험했듯이 분노가 너무 격해져서 파괴적으로 폭발하여 죄책감과 수치심을 남기고 분노는 나쁘다는 부정적인 생각이 더 강해진다.

반대로 많은 크리스천들(그리고 돌봄전문가 대부분)은 분노가 단순히 인간이 지닌 자연스러운 부분이라는 현대심리학의 관점을 수용한다. 이들은 분노가 정상적이고 "자연스럽고" 건강한 정서라고 인정한다. 그래서 분노는 죄책감이나 수치심을 느낄 필요 없이 자유롭게 경험해야하는 것이다. 단지 문제는 어떻게 분노를 표현해야 하는지이다. 나는 이 관점에 일반적으로 동의한다. 그렇지만 이 관점은 분노가 도덕적으로 중립적인 경험인양 접근하는 경향이 있다. 이 관점은 분노가 거의 통제하기 힘든 본능적 반응이라는 더 오래된 관점에서 너무 많이 생각을 빌려왔다.

이 책에서 나는 다른 관점을 가지고 신경과학과 사회과학의 새로운 발전을 소개하려고 한다. 신경과학과 사회과학은 전에 추측한 것과 달리 우리가 분노하는 이유와 분노하는 방법에 상당한 통제를 가할 수 있다는 사실에 우리를 직면시킨다. 뇌연구에 의하면 우리 안에 박혀있는 분노의 힘은 이유 없이 임의로 활성되지는 않는다. 한 사람이 분노를 정서로 경험하기 전에 외부환경에서 일어나는 사건이나 내면에서 일어나는 인지적 과정이 위협으로 해석되어야 한다. 이러한 연구결과에 근거하여 내가 개인적으로 정의하는 분노의 개념은 다음과 같다. "분노는 공격하거나 방어하려는 욕구로서의 성격을 띠고 있는, '자아에 대한 인지된 위협'에 대응하여 일어나는 신체적 정신적 정서적 자극패턴이다." 핵심문구는 "인지된 위협"이다. 이것은 구성주의 내러티브 이론이 상기시키는 부분이다. 우리의 중심 내러티브의 일부인 가치관, 신념, 의미를 위협한다고 생각되는 것에 우리가 통제를 가할 수 있다는 것이다.

무엇이 문제인가?: 분노는 파괴적일 수 있다

많은 사람들의 삶에서 분노는 파괴적인 길이 되어왔다. 우리는 자녀 때문에 화가 나거나 부모나 배우자 때문에 화가 난 사람들, 동업자나 직원 때문에 화가 나거나 교회 때문에 화가 난 사람들을 매일 만나는 듯하다. 많은 사람이 사실이든 아니든 자신의 실패나 실수 또는 자신의 나약함 때문에 분노한다. 많은 사람이 하나님에게 분노하면서 하나님에게서 멀어지기도 한다. 많은 경우에 분노는 삶을 파괴하는 경향으로 표출된다. 권력을 가진 사람이 표출하는 폭력적인 분노에 심하게 상처를 받고 자존감과 자생력에 입혀진 심각한 손상 때문에 고통스러워하는 사람들을 알고 있다. 이 사람들은 어려서 경험한 언어적 신체적 학대 때문에 중요한 타인들과 관계하는데 어려움을 느낀다. 이들의 행동 패턴은 가정에 영향을 끼치는데 특히 아동들에게 더 큰 영향이 미친다. 아동들은 세대를 거쳐서 전해 내려온 "부모의 죄"로 인한 해로운 결과 때문에 고통스러워 한다. 교회는 이러한 패턴을 끊는 데 중요한 역할을 할 수 있다.

분노는 해로운 잠재력이 있는 강력한 감정이다. "해로운 분노"라고 말할 때 우리 자신, 타인 그리고 하나님과의 관계를 파괴하는 분노를 의미한다. 해로운 분노는 우리 자신을 비롯하여 다른 사람과 하나님을 마음을 다해 사랑하게 하지 않는다. 사랑이 있는 관계를 창조하지 않는다. 막힌 담을 허물지 않는다. 평화를 더하지 않는다. 화해를 일으키지 않는다. 오히려 해로운 분노는 분열, 멀어짐, 적대심 그리고 소외와 같은 반대방향으로 우리를 몰고 간다. 창의적인 분노는 영적 건강으로 우리 공동체를 인도하지만 해로운 분노는 우리 공동체를 영적 역기능 상태로 끌고 간다.

사랑 대신에 증오가 있다.
은혜 대신에 형벌이 있다.

화해 대신에 소외가 있다.
용서 대신에 복수가 있다.
치유 대신에 상처가 있다.

타인과 우리 자신과 하나님에게 파괴적으로 표현되는 분노는 우리의 영적 여행에 악영향을 끼친다. 분노의 힘은 건강을 파괴할 수 있다. 분노가 가지고 있는 힘은 관계와 공동체를 파괴할 수 있다. 분노의 힘은 하나님의 은혜와 현존에 대한 우리의 감각을 파괴할 수 있다.

▶건강의 위험

만성적으로 화를 잘 내는 사람은 신체적으로 대가를 치른다. 고질적 분노는 울화, 비통, 적개심이나 증오가 되고, 이 분노는 면역체계에 영향을 주어 질병에 더 약해지게 만든다.[4]

엉뚱하게도 자기 자신에게 분노의 주소를 찾을 수 있다. 화를 내는 자신에 대하여 죄책감이 들거나 분노를 두려워하거나 분노 앞에 당황하여 외부 위협에 대해 분노하기보다는 오히려 자기 자신에게 분노한다. 내재화된 분노는 두통, 고혈압, 과민성 대장, 위경련과 같은 신체 증상으로 나타난다. 우울증과 같은 정신적 문제나 자해행위가 동반될 수 있다.

▶관계의 위험

분노는 친밀한 관계를 파괴하여 부부 사이에, 부모와 자녀 사이에, 동료 사이에, 대가족 안에서 혼돈을 초래한다. 분노 때문에 관계는 고통스러워지고 지속되기 어렵다. 부부간의 갈등이 냉전 또는 열전이든지 간에 오랫동안 친밀감을 차단하여 결혼생활은 지치고 찢겨서 더는 복구가 어려워진다.

분노를 표현하기 위해 사람들이 자주 사용하는 방법은 죄 없는 사물이나 사람에게 표출하는 것이다. 죄 없는 대문을 발로 차거나 잘못이 없는 어린아이의 뺨을 때리거나 선량한 배우자를 호되게 꾸짖기도 한다. 분노표출의 대상이 되어버린 배우자, 어린이, 동료가 느끼는 부당함 때문에 관계가 깨져버린다. 많은 어린아이들이 상처가 난 정체성과 깊숙이 자리 잡은 분노를 성인이 될 때까지 가지고 있다. 이 분노와 정체성은 부모가 이유 없이 자녀들에게 신체적으로 또는 침묵과 자기 안의 철회를 통해서 자녀들에게 표출한 파괴적 분노 때문에 초래되었다.

파괴적 분노는 관계 속에서 우리가 가장 자주 듣는 학대만이 아니라 여러 가지 방법으로 나타날 수 있다. 침묵과 철회와 더불어 분노를 흔하게 표현하는 방법은 목회자, 가족치료사, 목회상담사를 비롯한 다른 돌봄 수행자들의 관심거리가 된다.

끊임없는 잔소리 - 잔소리나 야단법석은 다른 사람들이 우리가 원하는 행동을 하게 하려는 시도이다. 잔소리는 다른 사람의 행동을 변화시키지 못하는 무력감을 전달한다. 그래서 잔소리는 무력감에 대한 분노의 표현이다. 변화를 기대할 수 없다는 것을 잔소리하는 사람과 듣는 사람 모두 잘 알고 있다. "내가 천 번도 더 말했잖아…", "얼마나 여러 번 말했는지 아니…" 이러한 말은 무력감을 잘 드러낸다. 잔소리는 장기적으로 볼 때 효과가 없다. 화해는커녕 결론에도 도달하지 못하기 때문이다.

수동 공격적 행동 - 수동 공격적 행동은 자명한 분노도 아닌 적대적 행위이다. 분노를 표현하는 한 가지 방법은 다른 사람을 몹시 화나게 하거나 괴롭게 하거나 속상하게 만드는 것이다. 저항은 분노의 간접적 표현일 수 있다. 저항은 꾸물거림, 망각, 지각 또는 혼동으로 표현될 수

있다. 이러한 행동을 하는 사람은 다른 사람의 기대와 다르게 행동하여 그 사람을 분노하게 만든다. 다른 사람에게 일어나는 결과를 보고서 우리는 그러한 행동이 "차가운" 분노의 표현임을 확신하게 된다. 수동 공격적 행동을 하는 사람은 잘 화내지 않는다. 행동이 간접적일지라도 그 보복적 행동은 앙갚음하기에 충분하다. 수동 공격적 행동은 가족관계에서도 발생하고 더 큰 시스템에서도 일어난다. 특히 권력이 일방적으로 사용되거나 부당하게 사용될 때 수동 공격적 행동이 발생하게 된다. 수동 공격적 행동이 일어나면 누군가가 잔소리를 하고 야단법석을 떨기 마련이다.

비우호적 유머 - 비우호적 유머를 하는 목적은 재미있으려고 하는 것이 아니다. 상처를 주고 비웃고 벌을 주는데 목적이 있다. 비우호적 유머는 자주 사용하는 분노의 가면이다.[5] 비웃음은 굉장히 상처가 될 수 있다. 조롱은 자신이 멍청하고 무능력하다고 느끼게 한다. 놀림이나 농담은 재미있을 수 있다. 그러나 분노를 표현하는 데 목적이 있을 때는 유머가 누군가를 경멸하고 찢어서 깔아뭉개 상처를 남기고 만다. 파티에서 자기 파트너를 의도적으로 놀리는 사람을 본 적이 있을 것이다. 재미를 위해 가볍게 놀리는 경우라도 단어에는 숨은 앙심이 있다. 희생자는 굴욕을 당하고 멍청하게 보이고 만다. 파티에 온 다른 손님들은 조용해지고 이 상황이 속히 종료되기만을 바란다. 희생자는 물론 화가 나서 파트너에게 직면한다. 그러나 파트너는 비우호적 유머를 사용하면서 서로 화를 내고 있었다는 사실을 부인할 것이다. "난 단지 농담으로 그런 거야. 재미있으려고 그런 건데 넌 너무 심각하게 받아들인다!"

언어학대 - 어떤 사람들은 즉흥적으로 욕설을 퍼부으면서 분노를

표출한다. 그로 인해 배우자, 아이들, 동료들은 두려움을 느끼고 자신을 폄하하는 반응을 한다. 어떤 사람들은 상처가 되는 언어표현으로 통제권을 획득하거나 보복하거나 자존감을 살리려고 할 수 있다. 화가 난 사람은 직장과 같이 화를 내면 안 되는 곳에서 무력함을 느끼고 무고한 대상에게 언어학대를 하게 된다.

폭력 - 창조적으로 처리되지 않은 분노 때문에 폭력이 발생한다. 예를 들어 판사들은 가정폭력범을 분노조절과정을 밟게 한다. 그러면 그들은 좀 더 책임 있게 분노를 조절하는 방법을 배우게 된다. 그러나 모든 폭력이 분노 때문에 일어나지는 않는다. 힘과 지배를 가지려는 기본적 욕구 때문에 폭력이 일어나기도 한다. 어떤 남성들은 화가 나지는 않았지만 자신의 지배아래 두려고 여성이나 어린이가 자신을 두려워하도록 만들기 위해 폭력적으로 행동한다. 경찰과 군인들은 자신들이 분노하지 않더라도 정부기관들이 법(마약단속, 시위단속)을 시행하고 법을 준수하는 시민들을 보호하기 위해 폭력을 사용할 수 있다. 그러나 일반적으로 분노는 분쟁과 폭력의 전제조건이다. 이 책에서 폭력은 주요 관심사가 아니다. 그러나 우리 사회에서 폭력을 감소시키기 위해서는 분노에 대한 좀 더 통합적인 이해와 이 폭발하기 쉬운 정서를 조절하는 방법의 배움이 절대적이다. 우리 문화에서 신체적 폭력은 너무 흔하다.

▶공동체의 위험

어떠한 기관이든지 구성원들 간에 분노를 경험하면 그 시스템 안에서 분쟁이 일어난다. 교회 안에서도 이러한 상황은 분명히 일어난다. 많은 교인들에게 고통스런 결과를 가져오는 교회분쟁에 관련하지 않은 사람이 우리 가운데 누가 있겠는가? 교회분쟁의 부정적 경험 때문에 얼마나 많은 사람들이 교회를 떠났는가?

공손의 상실, 가정폭력의 증가, 편협의 상승, 추한 증오범죄의 증가 그리고 사회적 차별을 해결하기 위한 힘의 사용은 분명한 관심사이다. 영화, TV(어린이 만화영화조차도), 잡지, 스포츠 그리고 무기사용의 용이성에서 설명되듯이 미국문화는 항상 폭력을 허용할 뿐만 아니라 권장해왔다. 고성능 자동소총과 같은 강력한 무기를 손쉽게 사용할 수 있기 때문에 실제로 모욕을 당하거나 모욕을 당했다고 생각하는 데서 일어나는 분노는 수십 년 전에는 상상할 수 없던 학살로 이어질 수 있다.

이 책을 저술하는 이유

사도 바울은 교회가 하나님에게 속하였기에 위험이 따르는 임무인 "화목의 사역"(고후 5: 18)을 위해 부름 받았다고 상기시킨다. 화목의 사역자는 많은 인간관계에서 나타나는 적대, 소외 그리고 증오 속으로 들어가는 위험을 무릅써야 한다. 이러한 분열을 일으키는 주요 원인 중의 하나는 풀어지지 않은 분노에서 나오는 적개심이다. 분노하는 사람들을 어떻게 돌볼 수 있을까? 어떻게 효과적으로 "화목하게 하는 말씀"(고후 5: 19)을 전해줄 수 있을까? "그리스도의 사신"(20절)으로서 우리는 그리스도가 "우리의 화평"이시고 "둘로 하나를 만드사 원수 된 것 곧 중간에 막힌 담을" 허셨다(엡 2: 14)는 복음을 선포할 수 있도록 살며 행동해야 한다. 파괴적인 분노는 많은 사람의 신체적, 정서적, 영적 건강을 갉아먹고 부모, 자녀, 배우자, 동료, 친구 그리고 교인들과의 관계를 파괴한다. 우리는 이러한 파괴적인 분노를 대면하여 변화시켜야 할 특권과 책임이 있다. 우리는 하나님의 사랑이 지니고 있는 조화하는 힘과 화해의 가능성을 우리 안에서 경험하고 타인들에게 제공해야 한다.

이 책을 저술하는 세 가지 목적이 있다. 첫째 목적은 인간이 경험하는 분노와 분열을 교회가 이해할 수 있도록 돕는 분노의 목회신학을 개발하는 것이다. 초대교회 신학자들이 분노에 대하여 수용적인 자세를 취한 히브리전통에서 부정적이고 은폐하는 자세로 옮겨가게 한 역사신학적 구성체로부터 교회는 계속해서 고통받고 있다. 분노가 지니고 있는 창조적이고 활력 있는 잠재력이 너무 자주 간과되었고 지금도 간과되고 있다. 그래서 분노가 지니고 있는 생명력과 치유의 원천으로서 기능이 상실되었다. 분노를 죄라고 여기는 역사적 전통이 우리의 생각을 여전히 지배하기 때문에 교육프로그램, 예배 그리고 돌봄에서 분노에 대한 신학적 윤리적 소개를 합법화하는 데 목회자와 교회는 어려움을 겪고 있다. 그래서 나는 분노를 죄로 여기는 전통이 교회전통 안에서 일어나는 성서와 신학적 개념에 대한 부적절한 묘사라는 사실을 보여주고자 한다. 나는 분노를 죄로 여기는 전통적 교리 때문에 창조적인 삶을 사는데 방해를 받은 많은 크리스천들을 만났다. 나는 그들이 이 전통의 횡포로부터 자유해지기를 바란다.

이 책을 저술하는 둘째 목적은 이 목회신학이 윤리적인 측면의 배경이 되어서 일상생활에서 주기적으로 발생하는 분노와 갈등을 개인, 가정 그리고 교회가 처리하는 데 주력하는 것이다. 크리스천들은 좀 더 애정을 가지고 이 강력한 정서를 생산적으로 처리할 수 있는 분노처리방법을 개발하여 우리의 처리방법을 재평가해야 한다. 크리스천들이 가정, 교회, 교단 그리고 공공장소에서 고조된 갈등을 경험하고 있기 때문에 교회는 분노에 대한 새로운 신학적 윤리적 관점을 개발해야 한다.

셋째 목적은 분노와 그에 따른 갈등 상황에 효과적으로 개입하고자 하는 목사와 기독교 돌봄제공자와 상담사를 위해 이론적이고 실제적인 안내를 제공하는 것이다. 사역을 하는 사람들은 분노를 계속해서 직면하고 싶지 않다. 수년 동안 목사로 섬겨온 친구가 다음과 같이 썼다.

목회를 하면서 얼마나 많이 내가 분노하였는지 모른다. 때로는 나 자신에게 화가 났다. 그러나 성도들에게 더 자주 분노하였고 하나님에게 분노하였다. 많은 사람들이 목회는 사랑이 가득하고, 친밀하고, 위로가 되며, 조화롭게 하는 경험이 된다고 믿으면서 목회사역을 시작한다. 그러나 깜짝 놀라게 된다.[6]

당신은 분노와 맞붙을 필요가 있는 사람들을 만나고 있을 수 있다. 그들은 풍요로운 사람을 살고자 하며 그 여정에서 그들을 인도할 방법을 찾고 있다. 많은 목사들은 교회와 같이 큰 시스템과 개인 양쪽을 돌보는 업무를 위한 적절한 훈련을 받지 못했다. 전문가로서 사람들을 만날 때마다 당신은 이 돌봄의 업무를 잘 수행할 수 있는 개념과 통찰력을 구해야 한다는 압박감을 느낄 수 있다. 여기서 제공되는 목회신학이 목회적 돌봄뿐만 아니라 설교와 교육목회의 자원이 되어 가정, 교회 그리고 더 커다란 문화 속에서 분노와 갈등을 다룰 수 있기를 바란다.

목회신학 구성하기

인간의 조건은 신체적 기능, 정신적 과정, 특별한 관계와 공동체 참여, 문화와 상호작용 그리고 **신의 현존체험**을 포함한다. 목회신학의 주요 목적은 인간의 조건에 대한 신학적 이해를 개념화하는 데 있다. 목회신학은 신학적 인간학에 기여하는 데 특별한 관심을 가지고 있다. 신학적 인간학은 임무를 수행하기 위한 기초적인 준거틀이다.[7] 목회신학자들은 인간의 신체적, 정신적, 정서적, 영적 잠재력에 관심이 있다. 무엇이 잘못되어서 이러한 잠재력이 방해되는지에 관심이 있다. 어떠한 과정을 통해서 치유가 일어나고 건강하게 되는지에 관심이 있다. 이러한 이해는 목회적 돌봄과 상담사역에 영향을 줄 뿐 아니라 설교, 교육, 지도의 목회기능에도 영향을 준다. 이것이 바로 목회신학의 최우선 목적이다.

목회신학은 인문과학과 신학 사이의 경계에서 작업한다. 과학에는 자연과학과 사회과학이 포함된다. 자연과학은 신경학, 생물학, 화학, 물리학 같은 과학이다. 사회과학은 심리학, 사회학, 철학, 인류학, 문학 그리고 여러 다른 인문학을 포함한다. 신학에는 성서연구(언어, 문서비평, 성서신학), 신학적 연구(역사신학, 종교철학, 조직신학), 윤리학이 포함된다. 목회신학은 인간이라는 공통된 연구주제에 대한 대화의 자리에 인문학과 신학을 앉게 하면서 경계선에서 작업한다.[8]

목회신학자가 이 모든 분야의 전문가가 될 수는 없다. 이렇게 많은 분야에 관심을 가지기 위해서는 다른 분야의 학자들에게 의존해야 한다. 더욱이 이렇게 다양한 분야에 대한 완전한 해설은 이 책의 분량상 불가능하다. 목회신학자는 정서과학분야에서 알려진 학자인 자크 팬크세프(Jaak Panksepp)와 조셉 르듀(Joseph LeDoux) 같은 이름 있는 신경과학 전문가에게 의존한다. 실존주의자, 여성주의자, 과정신학자와 같이 정서, 특히 분노에 대해 편안한 마음을 가지고 있는 신학자들은 탁월하다. 여기서는 이 책의 목적과 관련된 간략한 요약만 제공한다. 더 자세한 연구를 돕기 위해서 미주와 참고문헌에서 자료를 제공한다.

내가 이해하기로 목회신학은 인식론의 폭넓은 범위를 알고 있다. 인식론은 객관적이고 주관적인 과정을 통해서 진실을 알아내는 여러 가지 방법을 인준한다. 목회신학은 과학적 방법을 존중하고 양적 연구가 제공하는 자료를 포함시킨다. 그러면서 또한 목회신학은 우리 존재의 "진리"에 대한 지식을 주는 다른 자원들을 고려한다.[9] 후기근대주의 사회과학자인 폴린 마리 로스너(Pauline Marie Rosenau)의 말을 빌리자면, 우리는 인간을 이해하는 중요한 자료로서 "감정, 사적인 경험, 공감, 정서,

직관, 주관적인 판단, 상상"을 고려한다.[10]

목회신학자들은 자신들의 경험과 성도들의 경험을 중요한 연구자료에 포함시킨다. 목회신학을 위한 중요한 질문은 "살아온 삶의 이야기를 하는 사람과의 실제적 만남이 인간의 삶에 대하여 무엇을 가르쳐주는가?"다. 예를 들어 자신의 경험을 해석하는 과정을 일부 사회과학자들은 무시하지만 목회신학에서는 자신들의 현실을 통찰하게 하는 가치 있는 방법으로 받아들인다. 그러므로 목회신학자들은 인문과학과 신학분야 간의 대화가 이어질 때 임상경험을 포함시킨다.[11] 나는 분노 경험을 나누어준 학생, 교회성도, 병원환자, 내담자에게 감사한다. 이 경험이 이 책의 개념을 만드는 데 상당한 도움이 되었기 때문이다. 이런 경험 중의 일부는 동의를 얻어 이 책에서 언급했다. 대부분의 이야기는 흐름과 이해에 영향을 주지 않는 범위에서 편집되었다.

인간의 본성에 대한 자연과학과 사회과학의 연구는 인간에 대한 신학적이고 철학적인 질문의 성격을 바꾸었다. 이십 년 전에 신학자 존 맥쿼리(John Macquarrie)는 "인간론이 현대신학을 위한 출발점"이라고 제안했다.[12] 믿을 수 있는 과학적 증명을 하기 위해 신학자들은 인간을 이해하는데 과학적인 면에서 변호할 수 있는 인류학적 기반을 보여주어야 했다. 볼프하르트 판넨베르그(Wolfhart Pannenberg)는 신체적 환경과 문화적 환경 모두와 상호작용하는 인간을 이해해야 인간존재에 대한 신학적 성찰이 가능하다고 지적한다.[13] 신앙에 대한 어떠한 변증이나 설명도 "인간존재의 해석이라는 영역에서" 이루어져야 한다.[14] 판넨베르그는 말하기를 신학적 인류학은 오늘날 인간에 대한 교리의 전제에서 시작하지 않는다. 오히려 생물학, 심리학, 문화인류학 또는 사회학에서 검증된 인간존재의 현상에 관심을 갖고 종교와 신학에 연관될 수 있는 의미에 눈을 돌린 상태로 이 분야들에서 발견한 것을 검토한다.[15]

인문과학이 제공한 결과에 관심을 가지지 않는다면 어떠한 신학적 인간학도 신뢰할 수 없다는 점은 분명하다. 분노에 대한 신학적 이해를 발전시키기 위해서 우리는 한편으로 자연과학과 사회과학을 신중하게 다루어야 하고 다른 한편으로 성서와 신학에 있는 기독교전통을 신중하게 고려하여야 한다. 양쪽은 인간에 대한 이해를 제공하고 있기 때문이다.

이 책의 여정에 대한 지도

각 장에는 논리적인 순서가 있지만, 특정 주제와 관련된 결론과 정보를 얻기 위해서 개별적으로 읽어도 된다. 이 책은 4부로 구성되어 있고 각 부에는 장들이 들어있다. 다음에서 각 장을 간략하게 소개하겠다.

분노는 정서이다. 그러므로 분노를 정서라는 큰 주제에서 분리한다면 분노의 목회신학은 적절하게 이루어질 수 없다. 1부 "정서에 대한 생각"에서 정서라는 광대한 주제를 간략하게 개관한다. 1장 "정서의 중요성"에서는 역사적으로 나타난 정서에 대한 의구심과 선입견을 살펴본다. 그리고 철학, 심리학, 사회학, 신경과학(특히 뇌과학)에서 일어난 이 주제에 대한 관심의 재탄생을 살펴본다.

2장 "기독교전통과 정서"에서는 정서에 대한 기독교 반응을 살펴본다. 여기서 예수님과 하나님이 경험한 정서에 대하여 무엇이라고 기록되어 있는지에 특히 관심을 두면서 성서적 관점들을 검토한다. 그리고 초기 신학자들에게 영향을 끼친 철학적이고 문화적인 요인들을 간단히 살펴보고 기독교역사 초기부터 20세기까지 가장 영향력 있는 신학자들 몇몇이 표현한 정서에 대한 신학적 관점을 요약한다.

3장 "정서의 신학적 이해"에서는 의미 있는 정서신학을 만들기 위해서 신경과학, 사회과학, 성서, 역사신학에서 수집할 수 있는 몇 가지 기본개념을 밝힌다. 여기서는 체화, 창조, 몸과 정신의 통합, 느끼는 감정에 대한 책임에 집중한다.

"분노는 어디서 오는가?", "왜 사람들은 분노하는가?" 이러한 질문들은 2부 "분노에 대한 이해"에서 다룬다. 그러나 과학자들과 신학자들은 분노와 공격성을 혼돈하고 서로 교환하여 사용하기 때문에 먼저 4장에서 분노와 공격성의 차이점을 연구한다. 공격성에 대한 신학적 고찰로서 4장을 마무리한다.

분노의 인간경험에 대하여 신경과학적 이해가 5장 "분노는 어디서 시작되는가? 신경과학의 공헌"의 주제이다. 5장은 분노를 느끼는 잠재력이 생리학적 기본이기 때문에 우리는 분노할 수 있는 능력과 연결되어 있다고 지적한다. 그러나 분노할 수 있는 능력은 위험하거나 위협받는 상황이라고 판단될 때 활발해진다. 그렇지만 신경과학은 왜 특정한 사람에게만 상황이 위험하게 느껴지는지를 말할 수 없다.

그래서 6장 "왜 사람들은 분노하는가? 구성주의적 내러티브 관점"에서 구성주의적 내러티브 이론에 눈을 돌려 "사람들은 무엇이 위협적인지 어떻게 알거나 판단하는가?"라는 질문을 다룬다. 자아에 대한 구성주의적 내러티브 이해는 신체적 생존이나 심리사회적 정체성에 위협을 감지할 때 분노가 일어난다고 입증하고 있다. 분노는 항상 생리적 자극뿐만 아니라 처한 상황에 대한 해석과 연관되기 때문에 해석학적 과정이 분노경험의 중심에 있다고 나는 주장한다. 자신들의 이야기들, 즉 자신들의 가치, 의미, 신념의 렌즈를 통해서 삶의 정황을 해석할 때 개인과 공동체는 무엇이 위협적인지를 결정한다.

분노의 목회신학을 구성하는데 도움이 되는 정보를 신경과학과 사회과학으로부터 얻은 후 기독교전통의 기여를 다룬다. 3부 "분노의 구성주의적 목회신학"에서 분노의 목회신학을 구성하는데 성서신학과 역사신학이 준 기여들을 알아본다.

7장 "왜 분노는 죽음에 이르게 하는 일곱 가지 치명적인 죄 가운데 하나인가?: 기독교 전통"에서 교회를 지배했던 "분노=죄" 전통의 역사를 알아본다. 먼저 초창기에 교회가 발전하는 데 영향을 끼친 세 가지 문화적 요인을 살펴본다. 세 가지 문화적 요인은 지중해 철학(특히 스토아철학), 하나님의 초월적 성결을 변호할 필요성 그리고 영육의 이원론적 이해이다. 그런 다음에 분노를 "죽음에 이르게 하는 일곱 가지 치명적인 죄"의 하나로 만든 신학자들을 이야기하겠다. 분노를 신랄하게 규탄한 신학자들이 또한 분노의 긍정적인 면을 인정했음을 나는 알게 되었다. 내러티브 이론이 칭하는 이 "대안적 이야기들"은 "분노=죄"라는 이야기에 의해서 광범위하게 억눌렸고, 종속되었다. 이 대안적 이야기들은 분노에 대하여 내리는 결론에 정보를 제공할 것이다.

8장 "성서적 관점: 인간 분노에 관한 대안적 이야기"에서는 분노에 대하여 성서에서 배울 수 있는 점들을 알아본다. 성서학자들은 성서는 분노에 대하여 부정적인 면들만 말하고 있다는 일반적인 관점에 도전한다. 성서는 분노가 초래하는 해로운 결과들을 우려하지만 인간이 분노를 당연히 경험하여야 한다는 점에는 추호의 의심도 없다. 성서는 분노를 근절해야 한다고 강조하지는 않는다. 대신에 성서는 우리가 파멸에 이를 정도로 행하지 않도록 하기 위해 **왜 우리가 분노하고 어떻게 분노를 윤리적으로 표현해야하는지**에 관심을 가지고 있다.

9장 "하나님과 예수님의 분노"는 예수님과 하나님이 경험하고 표현한 분노를 성서가 어떻게 묘사하는지를 다룬다. 하나님과 예수님은 분노하였기에 죄를 범하였는가? 특히 구약성서에 나타난 하나님의 분노는 신학적인 쟁점이 되었다. 그래서 이 쟁점을 간략하게 다룰 것이다.

이 책의 중심은 10장 "분노의 목회신학을 향하여"다. 이전 장들에서 수집된 자료들(신경과학, 구성주의적 내러티브이론, 성서신학, 교회역사에 얻어진 신학적 관점들)에 근거하여 분노의 목회신학이 만들어진다. 분노는 우리의 죄성이 아니라 창조에서 시작된다고 나는 생각한다. 그래서 어떻게 분노가 체화와 연결되어 있고 어떻게 하나님이 주신 선물인 하나님의 형상(imago Dei)의 기본 요소가 되었는지를 논한다. 더욱이 어떻게 분노를 표현할지 뿐만 아니라 분노할 수 있는 능력을 활발하게 하는 사건들을 선택할 자유를 우리는 가지고 있다고 나는 생각한다. 이 결론은 많은 목회자, 목회상담전문가 그리고 다른 치료전문가들이 가지고 있는 현대적 관점에 도전한다. 이 현대적 관점은 분노는 '자연적인' 현상이기에 우리가 관심을 가져야 할 점은 분노를 표현하는 방법이라는 관점이다. 신경과학적 연구, 분노에 대한 구성주의적 내러티브이론의 이해 그리고 과거로부터 내려오는 신학적 지혜에 의지하여 볼 때 나는 우리가 우리를 분노하게 하는 **대상**을 결정할 수 있는 엄청난 자유를 지니고 있다고 주장한다.

4부 "분노다루기: 기독교적 돌봄과 상담"에서는 어떻게 이 분노의 목회신학이 크리스천의 삶에 도움을 주는지를 살펴본다. 4부의 각 장에서는 분노를 표현하기에 적절한 환경을 살펴보고, 분노를 다루기 위한 윤리적 한계와 지침을 찾아보고, 개입전략과 방법론을 설명한다.

그래서 11장 "영적 동반자인 분노"에서 분노는 영적인 적군이 아니라 희망, 용기, 친밀감, 자아의 회복과 더불어 협력하는 영적 동맹자로 생각해야 하고 정서적 영적 성장의 기회를 제공하는 "우상탐지기"며 "진단하는 창"으로 기능한다고 생각해야 한다고 본다.

12장 "긍휼의 분노"에서는 분노의 목회신학에서 나오는 중심이 된, 아마도 가장 색다른 개념을 다루고자 한다. 그 개념은 다름 아니라 분노가 때로는 가장 애정이 어린 반응이며 크리스천들은 불의, 심각한 고통, 억압 같은 삶의 현장에서 분노해야 한다는 생각이다. 이 분노는 사랑의 돌봄을 받아야 할 뿐만 아니라 사랑의 윤리적 경계에 의해서 인도되어야 한다.

13장 "분노를 창의적으로 다루기"에서는 분노경험을 통해 우리만의 방법을 책임 있게 작업하는 과정을 설명한다. 분노를 긍정적이고 창의적인 어떤 것으로 변화시키는 방법은 우리의 분노를 알아주고, 인정하고, 수용하는 것이다. 그러고 나면 우리는 위협적인 이야기를 알아내고 평가하여 우리를 위험에 방치하는 이야기들을 바꾸어야 할 책임이 있다.

제한된 관점들

신학적 견해를 정립한 책을 저술하는 것은 하나님에 대한 개념이 정립되었다고 넌지시 알리는 위험이 있다. 그렇게 하는 것은 분명히 교만의 표현이다. 나는 여기에 기술된 신학적 견해를 심적으로 강하게 지지하지만 모든 신학적 담론이 임시적이고 제한되어 있음을 알기 때문에 여기에 표현되는 생각들은 하나님이나 인간에 대한 절대 진리가 될 수 없음을 인정한다. 동료이자 친구인 캐롤 소시(Carroll Saussy)가 다음에서 나눈 생각 속에는 내가 느끼는 점이 표현되어 있다.

> *신학은 위험할 수 있다. 그렇지만 신학은 또한 제한된 관점에도 불구하고 은혜가 가득한 생명을 주는 관점을 제공할 수 있다. 그래서 신학은 측정할 수 없는 것을 측정하는 제한된 시도임을 알기 위해서... 신학은 신중하게 그리고 시험적으로 제시되어야 한다. 하나님의 경험을 아는 사람은 없다. 그러나 신을 믿는 신앙인이 있기 때문에 사람들은 하나님의 마음과 생각을 알려고 시도했다. 하나님의 얼굴을 보고 하나님의 목소리를 듣고 하나님에 대한 지식에 도달하려고 노력했다. 모든 시도는 인간 지식의 한계를 뛰어넘어 형언할 수 없는 존재를 알기 위해 신비를 파헤치는 노력이다.*[16]

그러므로 이러한 한계들을 숙지하고 많은 사람들에게 해를 끼치는 분노에 대한 크리스천 내러티브에 이의를 제기하는 것이 나의 책임이라고 생각한다. 중요한 임무는 성서와 신학이 가지고 있는 대안적 이야기들을 분명하게 알아내고, 이 대안적 관점들이 신경과학과 사회과학의 연구와 이론에 의해서 지지를 받도록 하고, 분노라는 문제시되지만 잠재적으로 창조적인 정서에 대한 좀 더 신중한 신학적 관점을 세우는 일이다.

나의 관점은 나의 독특한 경험에 의해서 제한된다. 나는 중년(아니 중년후반!!) 백인남성이고 개신교전통을 대변하는 (과학자가 아닌) 목회신학자다. 더욱이 나는 여섯 중에 장남으로서 태어나서 십년 동안 시골에서 살았고 그 이후 도시에서 살았다. 이러한 면이 독자인 당신과 다른 나만의 이야기를 만든다. 당신의 이야기는, 원가족과 외상경험은 물론이고, 당신의 나이, 성별, 인종, 문화적 배경, 신앙전통에 의해서 엮어졌다. 당신은 여기서 내가 제공하는 나의 생각을 이러한 당신의 이야기로 바꿀 수 있다고 믿는다.

그래서 이론과 임상이 인간경험에 대한 당신의 생각을 명료하게 하고 넓히고 도전하기를 기대하면서 당신에 이 작업을 맡긴다. 개인적인 바람을 말한다면, 이 생각들로 인해 당신의 분노경험을 더 잘 이해할 수 있게 되기를 바란다. 마지막으로 물론 분노한 영혼들을 당신이 돌보는 데 이 책이 도움이 되기를 바란다. 분노하는 사람들을 효과적으로 돌보게 되면 분노의 파괴성을 제한할 수 있고 동시에 분노의 창조적인 힘을 사랑의 베풂 안으로 포함시킬 수 있다.

1부

정서에 대하여 생각하기

THE
ANGRY
CRISTIAN

1장

정서의 중요성

 분노는 인간의 정서이다. 슬픔, 두려움, 기쁨과 같이 감정으로서 경험된다. 인간은 정서적 존재라는 커다란 현실을 우선 고려하지 않고 분노의 목회신학을 발전시킬 수 없다. 정서는 인간의 조건을 연구하기 위한 기본적 범주이다. 이번 장에서 철학적 관점, 사회과학적 관점, 신경과학적 관점에서 정서를 살펴보려고 한다. 또한 여기서 서구문화와 기독교전통이 가지고 있는 정서에 대한 견해라는 더 넓은 쟁점을 다루고자 한다. 이러한 관점들은 반드시 분노 같은 특정의 정서를 이해하는 데 영향을 끼치기 때문이다.

정서는 무엇인가?

 감정을 느끼는 순간 '이게 정서구나' 하고 우리는 즉각 알게 된다. 그러나 철학자와 심리학자는 정서의 정확한 개념이 무엇인지 논쟁한다. 대부분의 정서개념은 아리스토텔레스의 개념과 비슷하다. "정서는 감정의 상태이다... 생각이나 의식에 영향을 끼쳐 움직이게 하고 요동하게 하는 조건이다."[1] 사전은 "흥분한 정신 상태"와 "마음의 동요 또는 소란" 같은 어구로 동일한 현상을 묘사한다. 모든 사람이 정서는 정신적 상태라는 점에서는 동의하지만 정서가 다른 정신적 상태와 어떻게 다른지에 대해서는 의견이 분분하다.

정서의 개념을 정의하고 설명할 때 정서에 동반하는 신체적 감각을 '느낌'이라고 표현하면서 이를 두고 정서라고 대부분 말한다.[2] 신경과학자 자크 팬크세프(Jaak Panksepp)는 "감정의 거센 파도가 세상에 존재하는 우리 자신의 정체성을 압도할 때" 정서가 일어난다고 쓴다.[3] 정서는 예상할 수 없다. 정서는 우리의 방어벽을 자주 허물어 버린다. 정서는 적절한 행동뿐만 아니라 부적절한 행동도 강요한다. 정서는 몸과 마음에 동요가 일어나 행동으로 움직이게 하는 신체적 정신적 동기유발 상태라는 아리스토텔레스(Aristotle)의 생각에 다양한 학자들이 동의한다.

행위와 정서의 연관성은 정서를 이해하는데 매우 중요하다. 정서 때문에 우리는 특정의 행동반응을 하게 된다. 자극에 의해 일어나든지 아니든 간에 분노는 대항하는 행동을 하게 하고 두려움은 숨게 만들고 기쁨은 춤을 추게 하고 슬픔은 울게 한다. 분노가 공격에 저항할 힘을 주는 때에는 정서가 유발한 행동이 도움이 될 수 있다. 그러나 분노가 가정폭력을 일으키는 경우와 같이 정서적 충동의 신체적 표현은 때로 부적절하다. 정서가 행동을 유발한다는 점은 인간에게 정서가 왜 발달했는지를 알게 하는 중요한 단서가 된다. 나중에 이야기하겠지만 원시적 두뇌시스템은 우리 조상이 생존하도록 돕는 기능을 하면서 발전했다.

정서에 반대하는 철학적 입장

인생에서 정서가 차지하는 위치에 대한 지중해 철학자들 간의 고전 철학적 논쟁은 기독교신학을 포함하는 서구 문화에 중대한 영향을 끼쳤다. 플라톤(Plato)과 아리스토텔레스 같은 고대 그리스 철학자들 대부분은 정서가 원래 목적대로 작용하려면 이성의 조종을 받아야 한다는 점에서 단호하다.

그럼에도 그들은 정서가 인생에 긍정적 역할을 한다고 생각했다. 선한 사람은 정서가 이성의 지배 아래서 기능하도록 의지적으로 노력한다고 고대 그리스 철학자들은 주장한다. 대조적으로 스토아철학은 더 부정적인 태도를 취한다. 그래서 그들은 주장하기를 정서는 양심적인 삶에서 중요하지 않기 때문에 감정을 버리고 "무감동이나 평정의 상태"로 삶에 대응할 때에 인간의 삶이 의미 있다고 한다.[4]

현대 서구문화에서는 철학자들이 스토아의 견해를 택하는 경향이 있다. 정서는 변두리로 몰려나서 축소되어 다루어진다.[5] 프랑스 철학자 르네 데카르트(Rene Descartes, 1596-1650)는 생각을 강조하여 "나는 생각한다. 그래서 나는 존재한다"고 말했다. 여기서부터 이성과 인지는 인간을 대표하는 특성이 되었다. 고대 그리스 철학자들에게만 아니라 현대에서도 이성과 인지는 인간을 동물과 구별하는 가장 중요한 표시였다.[6] 더욱이 정서는 완벽한 연구가 어려운 복잡한 현상인 반면에 합리주의자들은 사고과정의 비교적 명확한 부분을 쉽게 다룰 수 있었다.[7] 근대의 대표적 특성 중의 하나는 이성과 정서 중에 이성을 더 우월하게 여기는 이원론이다.[8]

대부분 철학자들은 정서에 대하여 의심하는 태도를 가지고 있다. 정서가 이성적 과정에 왜곡되는 영향을 미칠까 봐 두려워서 정서는 중화하거나 무력화해야 한다고 생각한다. 유명한 18세기 철학자 임마누엘 칸트(Immanuel Kant)는 정서가 "마음의 병"이라고 말하면서 정서에 대해 부정적인 접근을 하도록 바람을 넣었다.[9] 정서를 병에 비유함으로써 칸트는 정서를 병리화했을 뿐만 아니라 정서를 외부환경과 소통한 결과가 아니라 개인의 정신기능 안에서 일어나는 심리내적 사건으로 제시했다. 더욱이 칸트는 정서가 자신만의 생활방식이 있다고 개념화했다. 다시 말하면 정서는 동물성을 가지고 있고 외부와 소통 없이도 존재할 수 있는 본능적 독립체이다. 다수의 철학자들은 정서가 "신체적 느낌 같아서 이성에 의해 조종되지 않고 생각 없이 일어나는 눈먼 동물의 반응과 동일하다"고 하면서 정서를 무시한다고 철학자 마르타 누스바움(Martha Nussbaum)은 기록한다.[10] 아래에서 논의하겠지만 과거나 지금의 사회적 환경이나 신체적 환경과 접촉하지 않고는 정서가 생물학적으로나 심리내적으로 일어나지는 않는다는 설명이 지난 수십 년 동안 계속되었다.

칸트는 "정서와 열정은 이성의 지배를 받지 않는다... 정서는 눈을 멀게 만든다"고 주장함으로써 정서가 비이성적이라는 신념을 지속하게 했다.[11] 비이성의 비평은 철학에서 오랜 역사를 가지고 있다. 철학자 로베르토 웅거(Roberto Unger)는 역사적 측면에서 다음과 같이 지적한다. 정서에 대한 관심은 "열정이 이성을 위협하고 사회를 위기에 빠지게 한다"는 생각에 집중했다.[12] 감정적으로 내린 판단은 인간이 바꿀 수 없는 현실에 대한 잘못된 전제에 기초한다는 추측 때문에 정서는 하찮게 여겨졌다.[13] 그러나 아래에서 논하듯이 현재 진행하는 연구에 의하면 인지적 과정에서 정서를 분리하는 것은 불가능하다.

정서를 비이성성과 연결하는 일은 심리학에도 영향을 끼쳤다. 지그문트 프로이트(Sigmund Freud)는 열정을 원자아 안에 자리 잡게 하고 이치에 맞게 움직이는 자아인 '이성'에서 열정을 분리함으로서 정서를 비이성성과 연결하는 분위기를 만들었다. 정신분석 이론에서 볼 때 이성적인 자아는 원자아의 비이성적인 열정 때문에 당황하게 되는 위험에 항상 처하게 된다.

20세기 서양철학에서 정서는 관심을 받지 못하고 무시되었다. 철학자 로버트 솔로몬(Robert Solomon)은 철학이라는 학문에 '마음의 구멍'이 남았다고 말하면서 이러한 누락을 비평하였다.[14] 그는 정서에 대한 현대적 관점을 다음과 같이 요약한다. "열정(정서)은 원초적이고 자연스러워서 비이성적이고 지장을 초래하기도 하여서 이성적 판단력이 부족할 뿐만 아니라 놀랍게도 자신의 의견도 없다."[15] 철학자들은 정서가 미성숙한 상태나 정신적으로 병든 상태를 반영하기도 하고 이성적 판단력에 위협이 된다는 인식 때문에 인간이 이성적으로 행동하게 하기 위해서 정서를 근절하거나 잘 조절해야 한다고 믿었다.

심리학과 다른 사회과학은 정서에 조금 더 많은 관심을 둔다. 그러나 이러한 학문들은 학문으로서 인정받기 위해서 엄격한 과학적 방법을 사용하려고 노력했다. 정서는 양적으로 분류하기 어렵다고 알려졌기 때문에 학문적 연구에서 등한시 하였다. 더욱이 20세기 심리학자들은 개인과 사회의 행동을 예측하고 통제하는데 관심이 많았다. 정서는 비이성적이고 예측하기 어렵다고 여겨졌기 때문에 정서보다는 인지하고 추론하는 과정의 연구가 더 적절하게 여겨졌다. 정서를 연구하려는 용기 있는 학자들조차 정서에 대한 한 가지 개념이나 수용할만한 한 가지 연구방법에 좀처럼 동의할 수 없다.[16]

심리학자와 정신과의사 그리고 특히 심리치료사가 정서에 더 많은 관심을 가지고 있었다. 이들은 정서는 중요하다는 점에는 동의하지만 정서에 대해 상반된 견해를 가지고 있었다. 정신적으로 장애를 겪고 있는 사람들을 다루고 있기 때문에 심리치료사들은 건강한 사람들을 위한 정서의 중요성을 다루기보다는 정서병리학에 더 많은 시간을 보냈다.

후기근대주의시대의 정서회복

20세기에 들어와서 실존주의는 정서를 철학적으로 다루게 하는데 중요한 역할을 하였다. 마르틴 하이데거(Martin Heidegger), 장 폴 사르트르(Jean Paul Sartre) 그리고 롤로 메이(Rollo May)는 인지, 정서 그리고 의지를 상호의존 없이 이루어지는 마음과 정신의 활동인양 자아의 분리된 능력으로 구별하는 것을 반대하였다. 그들은 다음과 같이 주장한다.

"감정은 인간을 구성하는 전체 안에 한 자리를 차지한다. 그리고 어느 주어진 순간도 살아있는 생명체 전체에 속한… 지적이고, 정서적이고, 의지적인 요소들을 포함한다."[17] 오늘날 많은 철학자, 심리학자 그리고 사회과학자들은 인간의 건강한 삶을 위해 정서의 중요성을 재고한다. 그래서 어떠한 사건을 이해하는 데 우리 존재의 일부분, 즉 생각, 감정, 의지 중에 어떤 것도 간과될 수 없다고 생각한다. 예를 들어 솔로몬은 "정서는 단지 우리가 조절할 수 없는 우매한 것"이라는 근거 없는 믿음(신화)을 만들어 낸 책임이 근대에 있다고 지적한다. 그리고 이 근거 없는 믿음(신화)은 현재 진행되는 연구들에 의해서 붕괴되고 있다고 주장한다.[18]

후기근대주의시대에 정서를 회복시키는 이유는 정서가 풍성하고 활기찬 삶을 살아가는데 분명히 중요하기 때문이다. 신경과학자 다니엘 골만(Daniel Goleman)은 다음과 같이 말한다. "모든 감정은 그 자체로 가치와 중요성이 있다. 열정 없는 삶은 무미건조한 황무지와 같고, 풍요로운 삶으로부터 단절되고 소외될 수 있다."[19] 실존주의와 인식론의 관점에서 정서는 삶의 전체에 활력을 주기 때문에 지금은 인간성의 중요한 면으로 인정받는다. 종교철학자 제임스 길만(James Gilman)은 "정서는 우리의 삶에 활력을 불어넣어 주는 대단한 힘으로 구성되어 있다"고 말한다.[20] 정서 없는 삶은 로봇같이 무감각하고 밋밋해 진다. 정서가 기술사회에서 필요하지 않은 생리 역사적 잔재와 같다는 생각은 강력하게 반박되었다. 솔로몬은 인간이 존재하는 데 주요한 부분인 정서에 대한 후기근대주의의 긍정적 관점을 다음과 같이 훌륭하게 요약한다. "정서는 단순히 반사나 본능이 아니다. 정서는 세상과 지적이고 교양적이고 개념적으로 풍성한 만남이다."[21]

근대주의자와 후기근대주의자의 정서에 대한 인식의 차이는 *스타트렉 오리지널 시리즈*와 *스타트렉 넥스트 제너레이션*의 차이에 의해서 설명될 수 있다. 신학자 스탠리 그렌츠(Stanley Grenz)는 스타트렉 오리지널 시리즈에서 스팍은 이성적이기 때문에 영웅으로 여겨졌다고 지적했다. 스팍의 이성은 정서에 의해 타협되지 않았기 때문에 근대주의의 "초월적 인간 이상형"이었다. 스팍은 복잡한 정서의 방해를 받지 않는 완전히 이성적인 존재를 가능하게 하는 '순수이성' 단계에 도달하려는 근대주의자의 욕망을 반영한다. 그러나 후기근대주의 시리즈인 **넥스트 제너레이션**에서 스팍은 안드로이드 선원 데이터로 교체된다. 데이터는 스팍보다 더 이성적 생각을 하는 자이다. 그러나 스팍과 달리 데이터는 인간으로서 가져야 할 본질인 정서가 없기 때문에 자신을 불완전하다고 생각한다. 정서에 대한 데이터의 호기심과 욕망은 이성만으로 인간이 되기에 충분하지 않다는 후기근대주의적인 확신을 보여준다.[22]

▶정서와 이성

진리를 깨닫고 어떻게 행동해야할지 방향을 알려주는 가장 실용적인 방법으로 이성을 우러러보는 문화적 태도는 너무 제한적이다. 이것이 후기근대주의의 주요 신조이다. 다양한 분야의 사회과학자들은 이성이 인간의 삶을 이해하는 데 도움을 주는 유일한 안내라는 '근대주의적 신념'을 반박한다. 『정서지능 Emotional Intelligence』라는 책에서 신경과학자 다니엘 골만은 다음과 같이 그의 비평을 요약한다.

> *정서의 힘을 무시하는 생각은 슬프게도 근시안적이다. 우리의 삶에서 정서가 차지하는 위치에 대해 과학이 지금 제공하는 새로운 이해와 비전에 우리는 성원을 보낸다. 경험해서 알지만, 결정하고 행동하기 위한 과정에서 감정은 사고보다 더 자주 그리고 많이 모든 순간을 계산한다. 우리는 순수이성의 가치와 중요성을 지나치게 많이 강조했다.*[23]

더욱이 심리학과 철학 분야의 후기근대주의 사상가들은 신경과학연구가 발전하면서 정서를 이성에서 완전히 분리하기가 불가능해졌다고 한다. 심리학자들은 정서가 동물적 유산의 흔적이라기보다 오히려 인간의 본질적인 면과 반드시 연결되어야 한다고 논의한다. 정서는 사회경험, 인지, 심상, 개념화, 생리적 변화와 행위에 전반적으로 관련된다.[24]

역사적으로 정서가 비합리적이라는 철학적 신념은 많은 학문 분야에서 공격을 받고 있다. 솔로몬은 "정서는 스스로 합리성을 지니고 있다"고 주장한다. 그는 정서가 "개념적이고 지적인 형태를 가지고 있어서 자신의 방식으로 표현하고 있다"고 최근 연구가 증명한다고 말한다.[25] 일찍이 사르트르는 "정서가 세상을 이해하는 방법"이라고 기술하고, 정서가 "인간이 정황을 읽고 세상을 향해 적절히 응답하도록 하는 기본 정황"이라고 주장한다.[26] 솔로몬은 정서가 "세상을 이해하고 참여하는 길이고 세상속으로 들어가는 우리의 방식"이라고 말하면서 사르트르에 동의한다.[27] 이성과 직관뿐만 아니라 정서도 세상을 이해하도록 돕는 데 필수적인 요인이다. 오늘날 지식인들은 생각하는 과정에서 정서가 중요한 역할을 한다고 여긴다.

인간은 이성과 정서를 동시에 경험한다. 이것은 정서가 비합리적이라는 생각을 반박하고 있다. 테레사 수녀와 그를 따르는 사람들이 희생적인 삶을 살기로 한 결정이 단지 이성적 판단에 근거한 것이었는가? 아니면 그들 소명의 선택이 하나님을 향한 사랑과 질병과 가난에 대한 감정적 응답으로 내린 헌신 때문인가? 이성이 내린 결론에 정서가 동의할 경우 정서는 이성이 내린 결론을 지지하게 된다. 이것은 가치체계로 설명하기 쉽다. 마틴 루터 킹(Martin Luther King)은 인종차별은 권리장전의 위반일 뿐만 아니라 기독교 윤리적으로도 지지할 수 없는 것이라고 생각과 마음으로 동의했다. 가치가 있다고 생각하는 것에 감정적으로 결합되어 있을 경우, 정서는 인지적 판단을 지지하는 강한 헌신과 위험을 무릅쓴 행동을 하게 하는 에너지를 제공한다. 평등을 위한 여성과 흑인의 헌신은 평등에 대한 신념에서 자라난 강한 정서에 의해서 부추겨진다.

▶정서, 진리 그리고 현실

진리는 객관적 현실에서만 존재하기에 이성으로만 진리를 알 수 있다는 근대주의 전제는 후기근대주의에 의해서 반박된다. 예를 들어 사회과학자 폴린 마리 로즈너(Pauline Marie Rosenau)는 다음과 같이 말한다. "이성과 합리성은 정서에 대한 후기근대주의 생각과 모순된다." 과학적 방법은 이성 외에 인간의 다른 능력을 자주 간과한다고 그녀는 지적한다. "감정, 직관, 자기성찰, 상상력, 판타지, 관상" 등이 과학에서 간과되는 인간의 속성이다.[28] 후기근대주의 사상가들은 '진리'가 대부분 주관적이고 정서를 포함한 다양한 인간 속성을 통해 알려질 수 있다고 주장한다. 그렌츠는 "후기근대주의자들은 정서와 직관을 격상시키면서 지식에 도달하기 위해 이성뿐만 아니라 비이성적 방법도 추구하고 있다"고 정리하고 있다.[29] 후기근대주의는 정서를 격상시켜 인간이 자신을 인식하게 하는데 이성과 더불어 중요한 역할을 하게 했다.

지금 많은 사람들은 정서가 인식하는 현실과 이성이 인식하는 현실이 다를 수 있다고 주장한다. 정서적 반응은 이성에게 전달되는 '정보'와 다른 '정보'를 포함하기 때문에 이러한 차이점이 생긴다. 신학자와 과학자로 구성된 어느 단체는 다음과 같이 서술한다. "우리의 정서적 반응은 (많은 경우 무의식적으로) 우리가 아는 것에 대한 정보를 제공하지만 이성적 담론이나 의식적 정신 이미지를 형성할 수는 없다. 우리의 무언의 지식은 정서적 반응을 통해 의식세계와 소통한다."[30]

후기근대주의자들은 정서가 반드시 이성적 과정과 상반되게 기능 하지는 않는다고 생각한다. 상황에 대한 정서적 반응에서 얻은 정보와 다르게 논리가 진행되는 경우 이성적 과정은 전체 상황을 왜곡하여 이해하기 쉽다.

상황을 이해하는데 정서와 이성이 함께 할 경우에 현실에 대한 더 통합된 그림을 그릴 수 있다.[31] 융 분석가 제임스 힐만(James Hillman)은 현실에 대응하고자 할 때 이성만큼 정서가 진실을 밝혀내는 데 매우 믿을만하다고 생각한다.[32] 근대주의자들이 '객관적 현실'이라고 생각하는 것의 문화적인 측면은 우리의 인지과정을 제한하고 있다. 그러나 정서는 '현실'에 대한 특정 사회의 이해를 초월하는 좀 더 '주관적인 현실'과 연관된다. 힐만은 다음과 같이 우리를 상기시킨다. "정서의 원리적 의도는 우리가 살고 있는 세상과 우리의 동물 본성을 연결시키는 것이다. 정서는 일어나는 현실에 즉각적으로 응답한다. 정서는 현실에 관심을 갖는 가장 기민한 형식이다."[33] 예를 들어 분노는 중요한 가치를 위협하거나 관계를 파괴시키는 불의에 대해 인지적 해석보다도 더 신속하게 대처하게 한다.

정서는 깊은 관계적 의미와 실존적 현실에 이성보다 더 연관되어 있다. 관계의 깊은 의미와 실존적 현실과 더 연관된다. 힐만은 정서가 서로 공감할 수 있도록 도와주기 때문에 "우리 인간의 공유능력으로 인해 정서에 감사할 수 있다"고 말한다.[34] 실존주의 관점에서 신학자 존 맥퀘리(John Macquarrie)는 다음과 같이 말한다. "감정은 이성과 사고에 상반되지 않는다. 오히려 감정은 통찰력의 원천이다."[35] 예를 들어 한계상황에 처해서 느끼는 실존적 불안은 이성이 알아채기 어려운 방법으로 현실을 이해하고 수용한다.

▶정서와 자아

철학과 인지과학 교수인 데이비드 로젠탈(David Rosenthal)은 정서가 자아를 이해하는 데 효과적인 구조로서 역할을 한다고 주장한다. 그 이유는 "성격과 인격을 구성하는 데 실제로 기여하는 복합패턴에 정서가 함께하기 때문이다."[36] 더욱이 정서적으로 힘을 받으면 주요 생활방식과 신념체계는 자아를 위한 통일된 힘을 발휘할 수 있다.[37] 팬크세프는 다음과 같이 말한다.

"정서는 우리 개인의 삶에서 매우 영향력 있는 과정이다. 우리 정신 상태의 질에 영향을 줄 뿐만 아니라 신체적 건강에 대한 우리의 감각에도 영향을 준다."[38]

실존주의적 관점은 인간을 정신과 신체의 연합체로 본다. 이 관점은 정서를 우리 주위에 있는 신체적 사회적 세계와 연합하게 하는 자아의 한 면이라고 본다. 실존주의자들이 지적하듯이 감정은 세상에 직접 참여하는 가장 독특한 방법이다. 폴 리쾨르(Paul Ricoeur)가 atmospheric이라는 말을 사용하듯이 실존주의자들이 사용하는 언어는 정서가 어떻게 이루어지는 과정인지를 묘사하고 있다. 이 과정에 의해서 우리는 "세상 속에서 숨을 쉬고 우리가 살고 움직이고 존재하는 환경으로서 세상에 처신하게 된다."[39]

실제로 여러 학문에서 진행된 연구 때문에 정서장애에 대해 더 잘 이해하게 되었다. 정신과 의사는 정서장애가 정서를 느끼거나 표현하지 못할 때 생기는 자아발달의 문제라고 생각한다. 결국에 자아발달의 문제는 실감정증(alexithymia)이라는 임상적 증상으로 나타난다. 이 증상은 사회참여에서 인지적 과정을 지나치게 의존하여 정서를 알아차리거나 수용하거나 표현하는 데 어려움을 느끼는 심리적 상태이다. 세 사람의 정신과 의사인 그래미 테일러(Graeme Taylor), 마이클 백비(Michael Bagby), 그리고 제임스 파커(James Parker)는 많은 정신의학적 장애는 "정서적 불규칙성"에서 초래한다고 주장한다.[40] 이것이 가벼운 증상으로 나타나면 반사회적이라고 부르고, 심한 증상일 경우는 정신병이라고 부른다.[41] 이러한 장애에 대한 연구로 인해 건강한 인간이 되는데 정서가 얼마나 중요한 기능을 하는지 깨닫게 된다.

사람들의 생각에 정서가 연결되지 않으면, 인간은 삶의 의미를 만들거나 살아야 할 이유를 찾아내기 어렵다. 솔로몬은 이성만으로 삶의 의미에 대한 질문에 답하기 어렵다고 지적한 후 다음과 같은 연결점을 제시한다.

그러나 이성만으로 답이 될 수 없다면 감동이 없는 삶(그리고 매우 이성적인 삶)은 어떠한가? 이성적인 삶이 실제로 가능한가? 그러므로 정서가 삶의 의미라고 제안한다. 감동하고 느끼기 때문에 삶에 의미가 있다. 순수하게 이성적인 삶이 아니라 감동적인 삶이 의미 있는 삶이다.[42]

웅거는 정체성을 확립하고, 실존적 경험을 이해하고, 행위에 동기를 부여하기 위해 정서가 얼마나 중요한지를 지적한다. 그러면서 웅거는 인간다운 삶을 영위하기 위한 탐색에서 '열정'의 중요성을 설득력 있게 서술한다.[43] 사르트르는 비슷하게 말한다. "세상과 인간현실의 관계를 정서가 전체적으로 표현하고 있다."[44] 정서는 인간다워지는 과정, 즉 자신의 독특성을 수용하고 세상과 원만한 관계를 맺는 실존적 과제를 수행하는 데 필수적이다.[45]

신경과학과 정서

신경과학 연구는 정서를 더 잘 알고 심리학적 가설을 세울 수 있도록 도와준다. 그러면서 신경과학 연구는 정서의 생리적 구성요소를 이해할 수 있도록 생물학적 기초를 제공한다.[46] 기술향상은 신경학 연구에 획기적인 발전을 가져왔다. 특히 비외과적 절차라는 기술을 이용하여 뇌의 신경학 연구에 큰 발전이 있었다. 신경해부학, 신경화학, 신경생리학의 발전으로 복잡한 뇌기능을 이해할 수 있게 되었다. 예를 들어 뇌영상 기술은 연구대상이 분노와 두려움 같은 정서를 경험하고 있는 동안 뇌세포가 어떻게 기능하는지를 관찰할 수 있게 해주었다.

역사적으로 심리학자들은 심리내적 현상에 집중했기 때문에 정서는 오직 심리내에서만 일어난다고 여겨졌다. 그래서 그들은 정서를 심리학 용어로 정의하면서 심리작용을 가능하게 하는 생물학적 환경을 무시했다. 그러나 현재의 신경과학 연구는 마치 정서가 생리학과 전혀 상관없고 순수하게 심리적 현상이듯이 여기는 주장을 지지하지 않는다. 뇌연구는 정서를 경험할 때 복잡한 신경과정이 작용하고 있다는 것을 증명한다.

신경과학 연구는 정서경험과 연관되는 뇌의 활동을 말하는 일명 "정서 프로그램"[47]에 대한 새로운 이해를 가져왔다. 실제로 그들의 관점이나 연구방법과 상관없이 정서를 연구하는 모든 과학자들은 분노, 두려움, 기쁨 그리고 슬픔을 기본정서의 후보명단에 포함한다. 기본정서 후보명단에 포함되어야 한다고 지지를 받는 정서들은 사랑, 놀람, 혐오감 그리고 수치심이다.[48] 기본 정서는 각각 다양한 친척들을 가지고 있다. 그래서 어떤 이론가들은 정서를 개별적으로 구별하기보다는 여러 정서를 정서 '가족'으로 포함하기를 선호한다. 그러므로 당연히 분노와 가까운 친척인 두려움은 분노와 함께 기본정서의 후보명단에 포함된다.[49]

전에는 연구자들이 모든 정서는 동일한 뇌시스템에서 진행된다고 생각하였다. 그러나 지금은 다양한 정서가 여러 가지 다른 신경시스템에서 진행된다고 알고 있다. 정서의 신경과학적 독특성을 구별하기 어렵다는 연구결과 때문에 정서 각각의 생물학적 특징에서 나타나는 차이에 대한 과학적 논쟁은 여전히 진행 중이다. 어떤 신경과학자들은 모든 정서를 불러일으키는 비슷한 패턴이 있다고 믿는다. 반면에, 다른 과학자들은 각각의 정서 '가족'은 서로 다른 독특한 생물학적 과정을 가지고 있다고 주장한다.[50] 나는 개인적으로 신경과학 연구가 진척되면서 비슷한 점이 확인될 뿐만 아니라 차이점이 계속 발견될 것이라고 생각한다.[51] 정리해 보면 슬픔, 두려움 그리고 분노와 같은 감정에서 명확하게 일어나는 신체적 반응은 각각 독특한 생물학적 표시가 있지만 정서를 유발하는 데는 보편적 과정이 있다.

신체는 특정한 상황에 대처하기 위해 어떻게 결정하는가? 우리가 환경을 해석하고 응답하는 기본적인 방식은 다음과 같다. 시각과 청각

같은 감각이 환경에서 자극을 받는다. 우리는 보고 듣고 만지고 맛을 보고 또는 냄새를 맡는다. 감각은 원자료를 시상으로 전송한다. 시상은 뇌의 일부분으로서 감각에서 전송되는 자료를 분석하고 정리하는 처음 단계를 담당한다. 시상은 감각에서 전송된 자료를 두 신경시스템(편도체/변연계와 신피질/전두엽)을 통해 전달한다. 이 두 종류의 신경시스템은 정보처리와 해석을 하고 우리의 안전을 지켜 주는 적절한 신체적 반응을 하게 하는 일을 담당한다. 편도체/변연계는 생물학적으로 초기에 발달한다. 그래서 편도체/변연계는 포유류의 뇌 또는 더 일찍 발달한 파충류의 뇌와 같은 기관이다. 신피질/전두엽은 의식과 인지능력을 담당하는 인간만이 지닌 뇌이다. 신경과학자들은 벌어진 일에 자신이 반응할 필요가 있는지를 결정하기 위해서 감각이 전송한 정보를 뇌에서 거의 동시에 처리하는 두 경로를 알고 있다. 이해를 돕기 위해 이 두 경로를 분리해서 다루고자 한다.

▶편도체와 정서

최근까지 신경과학자들은 모든 정서반응이 신피질을 통해 가능했다고 생각했다. 그러나 더 최근에 진행된 연구에 의하면 신경경로는 시상을 편도체와 변연계에 직접 연결한다. 감각에서 전송된 정보는 이 경로를 통해 신피질을 우회하여 편도체와 변연계로 전해진다.[52] 보고 듣는 기능과 아마도 다른 감각기능까지도 편도체와 변연계에 연결되어 있다는 증거가 있다. 이 증거는 시각과 청각이 어떻게 즉각적인 반응을 촉발하는지를 설명한다.[53] "정서적 뇌"라고 불리는 변연계는 "생각하는 뇌"라고 불리는 신피질 없이도 기능할 수 있다. 편도체는 기록하고 저장하고 과거사건을 회상하는 기억의 과정에 관여하는 해마체를 비롯한 뇌의 여러 다른 부위와 연결되어 있다. 감각정보가 수신될 때 편도체는 신속히 파일을 점검하여 신체의 동원, 즉 특정의 자극반응을 요청한 과거사건과 연관되어 있는지를 본다.

신피질이 완전히 형성되기 전에 신피질을 대신할 수 있는 신경경로들이 발달할 수 있었을 것이다. 그러나 성인기에 하는 경험도 기억체계에 인상을 남겨서 나중에 시상에서 편도체로 직접 전송된 감각정보에 의해서 활성화될 수 있다. 새로운 자극이 외상경험 같은 과거 사건과 비슷하다고 판단되면 사건을 의식하기도 전에 몸이 준비되어 행동을 취하게 된다. 참전용사의 회상이 예가 될 수 있다. 지상 가까이 날고 있는 비행기 소리와 같은 현재 자극이 생각지 않은 반응을 유발할 수 있다.

▶신피질과 정서

두 번째 경로를 통해 시상에서 보낸 정보가 "생각하는 뇌" 또는 "추리하는 뇌"라고 불리는 신피질(또는 전두엽)로 전해진다. 신피질은 뇌의 일부분으로 인간에게 잘 발달되어 지각을 담당한다. 신피질은 우리의 진화역사에서 발전한 인지능력의 거주지이다.[54] 그러므로 신피질은 시상에서 전송된 감각정보를 해석하는 다른 하나의 방법을 책임지고 있다.

인간은 연결되고 싶고, 안전하고 싶고, 인정받고 싶은 심리사회적 필요에 뿌리내리고 있는 다양한 정서를 느끼는 능력을 발전시켰다. 이러한 정서는 고등한 뇌기능과 더불어서 발전했다. 신피질은 감각에서 전송된 정보를 처리하고 기억을 저장하고 감각정보에 신체적 반응을 활성화하는 뇌의 부위(편도체와 변연계의 다른 부위들)에 광범위한 신경접속을 한다.[55] 더불어 신피질은 감각과 해석 그리고 심리사회적 사건에 더 분명하게 연결된 환경적 사건에 응답 사이를 교환하는 뇌의 주요교환대이다. 신피질은 환경과의 만남을 생각할 수 있게 하고 결단을 내릴 수 있게 하고 신체적 생존을 넘어서는 필요와 욕구에 행동을 연결시킬 수 있게 한다. 신피질은 가치관, 의미, 관점 그리고 정체성과 관련한 섬세한 응답을 만들어낸다.

그전의 가설과 달리 신피질은 자체적으로 정서를 만들어낼 수 없다. 전극으로부터 자극을 받을 때 신피질은 정서적 반응을 만들어내지 않는다. 정서는 신피질 아래에 위치한 피질(皮質) 하부구조에서 생성된다. 피질하부구조는 뇌의 가장 원시적인 부분으로 구성되어 있다. 피질하부구조를 일반적으로 파충류와 포유류 부위 그리고 변연계라고 불린다.[56] 그러므로 신피질은 우리 정서 대부분의 촉발자이지만 감정경험에 근거한 신체적 촉발을 만들어내기 위해 더 원시적이고 하등한 뇌구조에 의존한다.

신피질이 시상에서 전송된 메시지를 자세히 살펴보고 해석하고 특정한 응답을 요구하는 환경물체를 알아내면 그 정보는 편도체로 전달된다. 시상이 전송한 정보 또는 신피질이 전달한 경고메시지에 응답할 때 편도체는 변연계를 준비시킨다. 그리고 편도체는 자율신경계에 속하는 교감신경을 자극하는 신경시스템을 통해 즉시 메시지를 전달한다. 신체는 신피질의 해석에 맞추어 반응한다. 그리고 이러한 반응은 슬픔, 동정심, 성적 흥분, 두려움, 분노 같은 특정의 정서를 일으킨다.

신피질은 정서를 일으키는 외부사건에 대한 인지적 판단에 관여하는 뇌이다. 그러나 상호적인 면에서 신피질 또한 정서에 의해서 상당히 영향을 받는다. 정서는 신피질에 신호를 보내 창고를 준비시킨다. 정서가 명령하여 준비된 이 창고에는 해석의 기초가 되는 기억이 저장된다. 이 기억은 나중에 정서반응을 일으키는 해석에 근거를 제공한다.

▶**정서의 진화**

진화생물학자와 신경과학자는 인간발달에서 정서의 기능을 조사하고 정서의 자연사에 대한 이론을 발전시킨다.[57] 정서는 우리의 조상들이 생존문제를 해결하도록 동기부여를 하는 활력을 주는 과정으로서 발전하였다는 데 대부분이 동의한다. 우리 조상들은 음식, 물, 피신처, 안전, 사회활동, 출산과 같이 생명을 유지하는 데 필수적인 요소들을 얻기 위해 열심히 일하도록 생리적으로 준비되어야 했다.[58] 4장에서 다시 다루겠지만 "분노회로"는 침략자의 공격에서 살아남거나 화재, 홍수, 화산폭발 같은 자연현상의 위험에서 생존하기 위해 신체가 전투태세를 갖추는데 필수적이다. 정서 발달 없이는 생존을 위해 행동 하게 하는 신체적 자극 패턴이 있을 수 없다.

많은 철학자들과 행동과학자들은 행동을 취하고 정서를 표현하는 가장 근본적인 이유가 자신의 이익이라고 믿는다. 반면에 다른 사람들은 자신의 이익을 고려하지 않고 타인의 필요를 우선하면서 '타인에 대한 관심'에 집중할 때 긍정적인 정서가 나타날 수 있다고 주장한다. 그러나 로버트 프랭크(Robert Frank)는 도덕적 행동, 협동, 공정성, 사랑으로 이끄는 정서는 양쪽 모두에게 유익을 가져온다고 암시한다.[59] 그의 결론은 이것이다. '좋은' 정서는 생존하는 능력의 일부이다.

▶정서와 이성

나는 예전부터 이성과 정서를 구별하려는 철학의 경향을 알게 되었다. 물론 정서와 이성 모두 뇌의 생리에 근거한 정신적 과정이다. 생각과 느낌은 신경적 과정에서 발생한다. 신경과학자들은 신경시스템이 작동하는 중에 발생하는 인지와 정서의 연결점을 구성해왔다. 신경과학연구에 의하면 정서가 생리시스템에 그 뿌리를 가지고 있지만 감정을 일으키기 위해서는 계기가 되는 사건이 반드시 필요하다.[60]

신경과학적 연구는 정서반응이 신경반응을 유발하는 환경을 인지하는 데 비롯한다는 것을 분명히 하고 있다. 이전에 설명되었듯이 특정한 정서경험은 외부사건이 특정한 신경프로그램의 작동을 요구한다고 뇌가 인지하는 순간에 시작된다. 이에 응하여 뇌는 화학적 메시지를 전달한다. 이 메시지는 정서의 '감정' 성분을 제공하는 생리적 반응을 활성시킨다. 예를 들어 한밤중에 전화벨이 울렸다고 하자. 그러면 신피질은 나쁜 일이 생겼다고 해석하기 쉽다. 그러면 전화를 받으면서 신체는 즉시 불안상태로 활성된다. 당신의 어머니가 병원의 심장병동에 있다고 하자. 그러면 당신은 어머니의 상태를 보고 어머니가 더 악화되어 죽을 수 있다는 해석을 할 수 있다. 정말로 당신의 어머니가 죽게 되면 신피질은 어머니의 죽음을 커다란 상실로 해석하면서 애통이라는 자극상태가 된다. 물론 모든 해석은 사회화 과정과 과거와 현재의 경험에서 비롯된다.

본능이 생체시계에 의해서 활성화하듯이 정서가 뇌에서 생성되지는 않는다. 외부에서 일어난 사건이든지 아니면 내적으로 일어난 정신적 이미지든지 간에 그것에 대한 인지적 깨달음은 생리반응을 실제로 일으키게 된다. 이러한 해석과정은 인지적 수준과 무의식 수준 모두에서 일어난다. 과거경험이 있기 때문에 인지적으로 반응을 진행시키는 시간을 가지기 전에 편도체와 변연계는 반응할 수 있다. 때에 따라 정서가 지배적일 수 있거나 인지가 지배적일 수 있지만 정서와 인지는 항상 서로 연결되어 있다. 정서와 환경 사이의 상호작용을 이해하기 위해 도움이 되는 구성주의 내러티브 개념들을 6장에서 다룬다.

▶몸과 마음 연결하기

어떤 심리학자들은 몸과 마음을 구별하려고 하였다. 그러나 대부분은 몸과 마음의 깊은 연관성을 인정한다. 인지와 기억의 끊임없는 상호작용은 주변 환경에 대한 지속적 해석에 영향을 준다. 개인의 정서경향도 인지와 기억의 상호작용에 의해 영향을 받는다. 개인의 독특한 생리와 경험 때문에 정서경험과 정서표현이 독특하게 된다.

우선 외부사건에 대한 우리의 반응에 영향을 주는 생리적 차이점을 살펴보자. 각 사람의 독특한 유전자암호는 소리, 빛, 움직임 같은 환경에 강도가 다르게 반응하도록 신경과학적으로 독특한 준비를 하게 한다. 예를 들어 신경과학적 차이점 때문에 어린아이의 성격을 말할 때 '느긋하다', '쉽게 흥분한다', '굉장히 활동적이다', '쉴 줄 모른다' 등으로 표현한다. 생물학적 다양성으로 인해 축적된 성격패턴과 정서와 기분을 경험할 수 있는 경향성(신경기질)을 묘사하기 위해 우리는 자주 '기질'이라는 단어를 사용한다.[61] 많은 사람들이 알고 있는 눈송이 입자와 지문의 비유처럼 각 사람은 세상을 독특한 방법으로 경험하도록 신경학적으로 프로그램되어 있다. 우리의 기질이 독특하기 때문에 각 사람은 정서를 조금씩 다르게 경험한다.

둘째, 개인의 일생에 일어난 외부사건들에 일일이 대응하는 반응들이 그 사람의 신경시스템을 형성했다. 더욱이 느껴진 정서는 개인의 독특한 기분(감정보다 조용하지만 더 오래 지속한다)을 창조하는 주관적 관점들로 이어진다. 개인의 정서경향은 타고난 기질과 지속적인 경험에 의해서 정보를 받는다. 특히 외상경험에 대응하면서 그러하다. 사고와 부상 같은 고통스런 사건, 뇌우(雷雨)같은 깜짝 놀라게 하는 사건, 부모의 이혼이나 가족의 죽음 같은 상실 그리고 강간이나 근친상간 같은 끔찍한 사건들은 모두 우리의 신경시스템을 구성하는 데 영향을 끼친다.[62] 간단히 말해서 우리 뇌에 있는 신경회로는 특히 외상경험 같이 우리를 도전하는 삶의 정황과 교류하면서 변한다. 그러므로 5장에서 더 자세히 다루겠지만 생애전반에 걸쳐 우리의 뇌는 뇌에게 과거경험을 '상기'시키는 사건들에 대해 특유의 방법으로 반응한다.

의식적으로 만들어진 기억과 무의식적으로 만들어진 기억이 있는데 경험들이 이러한 기억을 구성한다. 기억을 구성하는 경험을 하는 상황에서 편도체/변연계와 신피질/전두엽은 감각정보를 처리한다. 우리는 경험과 문화 속에서 성장한다. 이 경험과 문화는 신경적 가능성을 형성한다. 실제로 우리의 사적 경험과 집단 경험은 신경시스템을 설치하는 데 영향을 준다. 지난 몇십 년 동안 신경과학자들은 인지가 정서를 활성화하는 데 관련된다고 알고 있었다. 그러나 최근 연구는 그 반대도 사실이라고 인정한다. 즉, 정서경험은 주기적 형태로 인지적 지각에 정보를 주고 영향을 준다. 팬크세프는 다음과 같이 말한다.

> *신경시스템에 폭넓은 영향을 줌으로써 정서회로는 한 유기체의 행동과 정신활동에 상당한 영향력을 발휘한다. 정서회로는 감각처리, 지각처리 그리고 인지처리를 변화시킨다. 정서회로는 정서경험의 고유한 행동경향성과 동시에 발생하는 생리적 변화를 주도한다.*[63]

정서는 인생전반에 걸친 경험에 의해서 만들어지기도 하고 그 경험들을 만들기도 한다.[64] 생각과 느낌이 뇌의 구별된 기능 또는 과정이라는 의견은 현재 진행된 연구에 비추어볼 때 옹호하기 어렵다. 인지와 정서(생각과 느낌)는 상호교류적이다. 그래서 양쪽 모두 개인이 환경과 소통하는 상황에서 발전한다.

독특한 정서경향을 지니게 하는 데 생물학적 다양성이 기여한다는 인식이 계속 증가하고 있다. 그럼에도 신경생물학 연구가 답하지 못한 두 가지 질문이 있다. "*왜* 다른 무엇도 아니고 꼭 외적 사건이 신경시스템을 유발하는가?", "*왜* 어떤 외적 사건들은 어느 사람에게는 정서반응을 일으키고 다른 사람들에게는 일으키지 않는가?" 6장에서 다루게 될 구성주의 내러티브 이론들이 이 질문에 답할 수 있게 할 것이다. 5장에서 살펴보겠지만 우리는 위협을 당하면 분노를 느끼게 되어 있다. 그러나 신앙이야기를 포함하여 개인이야기와 문화이야기는 우리가 위협이라고 분별하는 것을 구성하고 분노를 표현하는 방법을 구성한다.

신경과학과 목회신학

뇌신경 연구분야에 괄목할만한 발전을 이룬 시대에 우리는 살고 있다. 신경과학과 신경심리학의 발전은 많은 인간행위에 대한 이해를 변화시키고 있다. 그러한 연구는 정서를 경험하게 하는 생리적 요인에 대한 상당한 정보를 밝혀냈다. 그래서 정서에 대한 관심을 후기근대주의적 관점에서 새롭게 하는데 이 신경과학적 정보는 매우 중요한 자리를 차지하게 되었다. 우리가 계속적으로 우리의 신학적 인간학을 갱신하는 과정에서 이러한 학문들은 목회신학의 필수적인 대화파트너이다.

정서에 대한 결정적인 답은 아직 모른다. 데이빗슨은 다음과 같이 말하면서 신경과학의 한계를 상기시키고 있다.

> *인간 뇌에서 정서를 예시하는 회로는 복잡하고 많은 연관된 구조들을 가지고 있다고 강조되어야 한다... 그러므로 정서를 생성하는 데 참여하는 구조세트에 대한 가설은 분명히 추측에 근거하였음이 틀림없다.*[65]

신경과학이 지속적으로 발전한다면 수년 안에 우리는 신경회로가 정서경험에 영향을 주는 구체적인 방법들을 더 많이 이해하게 되리라고 추정할 수 있다.

분노의 신학은 정서의 신학과 연관되어야 하고, 정서의 신학과 지속성을 입증하여야 한다. 그러나 목회신학의 관점에서 정서에 대한 신학적 성찰은 기독교신학에서 배울 수 있는 것도 포함하여야 한다. 그러므로 정서에 대해서 기독교 전통의 진술을 살펴보기 위해 다음 장에서 성서와 신학을 검토하려 한다. 그리고 3장에서 정서에 대한 신학적 성찰을 위해 신경과학, 심리학 그리고 여러 사회과학의 놀라운 발전과 후기근대주의 철학이 주는 새로운 생각에 성서와 신학에서 얻은 생각들을 병행하려고 한다.

기독교전통과 정서

    인간실존에 정서가 가졌던 중심지를 되찾고자 하는 철학자와 사회과학자들의 현재 관심에 신경과학은 생리학적 기초를 제공한다. 정서에 대한 이 새로운 주장은 기독교 전통에서는, 적어도 분노같이 부정적으로 여겨지는 정서들을 못마땅하게 여긴다는 인식에 상반되는 듯 보인다. 이 책의 앞부분에서 나의 목적은 정서에 대한 기본적 신학개념을 정립하는 것이다. 그러므로 기독교 전통적 관점에서 정서의 연구는 반드시 필요하다. 인간의 정서에 대해서 교회는 무엇을 말하는가?

    신학자 제임스 화이트헤드(James Whitehead)와 에벌린 화이트헤드(Evelyn Whitehead)는 경건훈련에 끼치는 신학사상의 영향을 연구한 후 도움이 되는 개략적 소개를 제시한다. 그러면서 기독교영성 전통 안에 존재하는 정서에 대한 상극되는 두 관점을 찾아낸다. 상극되는 두 관점 중에 지배적인 관점에 의하면 "정서는 제멋대로 돌발적으로 폭발하는 본능이다."[1] 이 접근은 정서가 신앙생활에 위험할 뿐만 아니라 악마와 같을 수 있다는 신학적 그림을 제시한다. 이렇게 문제가 많은 정서에 대한 대응책은 정서를 억누르는 것이다. 제임스와 에벌린 화이트헤드가 설명하듯이 이 관점은 "정서는 억누르고 길들여야 할 야생동물과 같다"[2]고 주장한다.

둘째 관점은 정서가 변덕스럽고 위험하다고 인정하지만 또한 정서는 "성결과 건강을 추구하는 데 파트너"[3]가 될 수 있다고 본다. 이 긍정적 접근은 정서를 싸워 물리치거나 그 존재를 부인하는 대신 정서의 중요한 힘과 잠재력을 수용하고 길들여서 이용하려고 한다. 정서의 '주인'이 되기보다는 '친구'가 되는 데 더 강조점을 둔다.[4] 이러한 영적 관점은 몸과 영혼이 서로 적이 아니라 우리를 창조주와 연결해줄 수 있는 잠재적 파트너라고 믿는다. 영성에 대한 이러한 관점은 이원론을 거부하고 육체와 영혼을 연합체로 생각한다.

기독교 사상가들이 인간존재의 보편적 표시와 어떻게 씨름했는지를 살펴볼 때 우리는 양쪽 관점의 예를 찾아볼 수 있다. 그러나 우선 정서의 신학에 영향을 미치는 성서에서 무엇을 배울 수 있을지를 살펴본다.

정서와 성서

성서는 가인의 질투로부터 다윗의 욕망까지, 베드로의 두려움에서부터 마리아의 애도까지 삶에 대한 정서적 반응을 보여 주는 이야기들로 가득 차 있다. 인간정서의 모든 종류가 성서의 장마다 드러나고 있다. 성서는 정서가 인간의 조건이라고 전제한다. 나는 여기서 몇 세기에 걸쳐서 논의되는 쟁점들에 집중하려고 한다. 하나님의 속성과 예수님의 생애 속에 나타난 정서가 바로 뜨겁게 논쟁된 이슈들이다.

▶예수님과 정서

복음서를 자세히 살펴보면 우리가 받는 시험과 유혹을 그대로 받는 인간 예수의 그림이 그려진다(히 4: 15). 예수님은 인간이 느끼는 정서를 완전하게 느끼고 표현했다고 복음서저자들은 말한다. 예루살렘 성을 바라보며 느낀 슬픔(눅 19:41), 겟세마네에서 표현한 두려움(마 26: 37-

44), 나사로 무덤에서의 애도(요 11:35), 어린아이들을 축복하며 보인 기쁨(막 10:16), 베드로의 부인에 대한 실망(눅 22:61) 그리고 특히 흥미로운 점은 여러 경우에 예수님이 표현한 분노이다. 몇 가지만 예를 든다면 베드로에게, 바리새인에게 그리고 성전에서 보여주신 분노이다(9장에서 이 부분에 대한 자세한 논의가 있겠다).

예를 들어 겟세마네에 기도하러 갔을 때 예수님은 자신을 잡으려는 사람들과 만남을 예견하고 있었고 잡혀서 죄를 선고받고 사형되리라는 짐작을 하고 있었다. 누구나 그러하듯이 미션이 실패로 돌아가고 죽음을 당할 가능성 때문에 예수님은 스트레스가 생겼다. "이 잔을 내게서 옮기시옵소서" 하고 하나님에게 부탁할 때 예수님은 두려움이 있는 듯하다(막 14:36). 복음서 저자들은 예수님의 불안을 잘 묘사하고 있다. 마태복음 26장 37절에서 보면 예수님은 "고민하고 슬퍼하셨다." 마가복음 14장 33절에서 예수님은 "심히 놀라시며 슬퍼하셨다." 초대교회는 예수님의 정서를 표현하는데 거리낌이 없었다. 그래서 누가복음 22장 44절의 원본에 보충한 사본에서는 예수님의 '고뇌'를 표현하기 위해 "힘쓰고 애써 더욱 간절히 기도하시니 땀이 땅에 떨어지는 핏방울 같이 되더라"고 했다.[5] 이러한 서술문구들은 강력한 정서경험을 하는 예수님을 의도적으로 묘사한다. 예수님은 완전한 인간이었기 때문에 상실과 고통의 순간 그리고 생명에 위협을 당하는 순간에 느끼는 고뇌와 불안을 포함하여 유한한 삶의 모든 면에 참여했다고 복음서 저자들은 한목소리로 선언했다.

기독교 전통에 있는 모든 사람이 예수님의 인성에 동의하지는 않는다. 초대교회에 있었던 가현설(Docetism) 논쟁은 몸과 영 사이에 그리고 정서와 이성 사이에 분명하게 선을 긋는 헬레니즘철학의 이원론과 싸운 교회의 신학적 투쟁을 반영했다. 가현론자들은 영은 선하지만 육체를 포함한 모든 물질은 악하다는 이원론적 신념을 받아들였다. 예수님은 하나님의 아들로서 신성의 표현이기 때문에 가현론자들은 예수님의 영적인 면을 본질로서 지켜야 할 필요를 느꼈다. 그들은 인간의 육신 안에 참여하는 신을 생각할 수 없었다. 그래서 예수님은 우리와 같은 인간의 몸을 가지고 있지 않았지만 몸을 지닌 듯이 나타났을 뿐이라고 주장했다.[6] 이러한 신념은 예수의 인성에 대한 여러 가지 결론에 이르게 했다. 그중에 하나는 예수님이 어떠한 인간의 정서도 경험하지 않았기 때문에 당연히 분노같이 부정적인 정서를 경험하지 않았다는 결론이다.

가현설은 초대교회에서 냉대를 당했지만 그 개념들은 기독교 전통에 다양하게 스며들었다. 오늘날조차 그리스도의 형제자매라면 부정적인 정서, 특히 분노를 느껴서는 안 된다는 생각이 일반적이다. 교회공의회와 교단교리는 예수님의 신성과 인성의 조화를 조심스럽게 시도하지만 기독교 가르침은 예수님의 신성(하나님의 아들)을 자주 강조하고 예수님의 인성(인간의 아들)을 무시한다. 특히 정서라는 면에서는 더욱 그렇다. 어떤 사람들은 나사렛에서 온 목수의 '인성'은 사람들과 일상생활에 대한 정서적 반응을 말한다는 점을 받아들이기 어려워한다.

예수님은 완전히 인간이었다는 기독론을 가지고 있는 사람들도 예수님은 정서를 초월했다고 추정할 수 있다. 정서에 대해 의구심을 가지고 있는 신앙공동체에서 성장한 신앙인들은 예수님에 대한 선입견을 가지고 예수님은 감정을 느끼기에는 너무 '선'하거나 너무 '완벽'하다고 마음속으로 생각할 수 있다. 예수님을 성숙한 크리스천의 모델로 받아들이기 때문에 그리스도를 닮은 사람들은 정서를 느끼는 어떠한 경향성도 극복했다고 가정할 수 있다.

가현설 전통에 의하면 예수님은 '사랑'했지만 그 사랑은 복음서에 묘사된 사랑이 아니라 고통이 빠진 다정하고 안락하고 사려 깊은 특성을 지닌 사랑이다. 예수님이 표현한 사랑은 긍휼(compassion)로 채워져 있었다.

영어에서 '긍휼(compassion)'이라는 단어는 "함께 느끼다"는 의미인데 타인의 고통과 심적 고통을 즉각 동일시한다는 말이다. 신약학자 마커스 보그(Marcus Borg)는 복음서 저자들이 예수님을 묘사하기 위해 '긍휼'이라는 단어를 자주 사용했다고 주장한다.[7] 그리스어 *splangchnizomai*는 "긍휼에 이끌리어"로 해석되며, 복음서에 열두 번 나오는데 예수님 또는 하나님에게 사용되었다. 그리스어 *splangchma*는 우리 인체의 '가장 깊은 곳'을 의미하며 남성의 창자와 여성의 자궁을 가리킨다. 거기서 우리는 정서의 생리적 증상을 가장 강하게 느낀다.[8] 목회신학자 도날드 맥닐(donald McNeill), 더글러스 모리슨(Douglas Morrison) 그리고 헨리 나우웬(Henri Nouwen)은 이 그리스어에 대해서 다음과 같이 지적한다.

> 그리스어 *splangchma*는 긍휼을 의미하고 야훼의 자궁을 지칭하는 히브리어 *rachamim*와 관련 있다. 긍휼은 예수님 안에 깊숙이 중심을 잡고 있는 강력한 정서이다. 그래서 긍휼은 하나님의 자궁의 움직임으로만 묘사될 수 있다… 예수님이 긍휼에 이끌리었을 때 모든 생명의 근원이 흔들리고, 모든 사랑의 토대가 폭발하고, 하나님의 거대하고 지치지 않고 측량할 수 없는 온유의 심연이 드러난다.[9]

예수님의 긍휼은 얄팍한 동정이 아니라 깊고 강력한 느낌이다.

▶하나님과 정서

예수님이 정서를 경험한다고 일단락 짓는다면 하나님은 어떠한가? 신비로우신 하나님을 다 알 수는 없다. 그렇지만 기독교전통은 성서에 기록된 하나님경험을 신중하게 수용했다. 성서는 감정을 느끼시는 하나님을 그린다. 더욱이 크리스천이 종교적 체험을 할 때 만난 하나님은

감정을 표현한다고 자주 보고된다.[10]

구약성서를 보면 이스라엘 사람들은 감정을 느끼시는 하나님을 분명하게 경험하였다. 홍수 이야기가 시작되는 부분에서 여호와는 인간의 죄악을 보시고 "마음에 근심"하셨다 (창 6:6). 동일한 이야기 속에서 우리는 후회의 정서를 찾을 수 있다. 여호와는 "창조한 사람을... 지었음을 한탄"하였다(창 6:6-7). 하나님은 솔로몬으로 인해 "기뻐하셨고"(왕상 3:10), 이스라엘 민족으로 인해 "실망하셨고"(민 14:11-12), "질투하는 하나님"으로 자신을 선포하셨다(출 20:5). 하나님은 "긍휼이 많으시고 은혜로우시며 노하기를 더디 하시고 인자하심이 풍부하시고 아버지가 자식을 긍휼히 여김같이 긍휼히 여기신다"(시 103:8,13).[11] 정서적 묘사는 단순히 의인화 언어를 사용하기 때문에 따라오는 당연한 결과인가? 아니면 인간의 경험이 하나님으로 투사된 것뿐인가? 죄 없는 사람들에게 폭력을 가하라는 하나님 명령(9장에서 다룰 문제)을 포함한 구약성서 사건들을 고려할 때 자주 듣는 답은 투사이다. 이 사건들의 해석에 동의한다고 할지라도 하나님이 느낀 모든 정서가 단순히 인간의 투사라고 결론지을 수 없다.

신약성서도 하나님의 정서적 속성에 대한 중요한 이해를 제공한다. 예수님은 신비롭게도 완전한 인간이면서 완전한 신이라고 기독론적으로 주장할 때 다른 중요한 신학적 진리가 펼쳐지게 된다. 기독교 전통은 삼위일체 개념을 발전시켜 이스라엘의 창조주 하나님과 하나님이 보낸 나사렛 예수님과 교회의 독특한 성령체험의 관계를 설명하려 했다. 삼위일체 개념에 대한 폭넓은 주석의 결과로 삼위일체의 관계를 이해하는 데 다양한 관점들이 생겨났는데 각 관점은 예수님이 하나의 신격이라고 어느 정도 이해하고 있다. 이러한 접근은 예수님과 동시대에 살던 사람들에게 걸림돌이 될 수 있었다. "유대인들이 이로 말미암아 더욱 예수님을 죽이고자 하니 이는 안식일을 범할 뿐 아니라 하나님을 자기의 친아버지라 하여 자기를 하나님과 동등으로 삼으심 이러라"(요 5:18). 삼위일체에 대한 이해가 무엇이든지 상관없이 삼위일체 참여자로서 예수님이 정서를 경험한다면 논리적으로 다른 두 참여자도 당연히 정서를 경험한다고 볼 수 있다. 결론적으로 예수님의 말을 인용하면 "나와 아버지는 하나이니라"(요 10:30).

보그가 설득력 있게 주장하듯이 복음서에서 긍휼한 예수님만 묘사되어 있지 않다. 긍휼이라는 개념은 하나님에 대한 예수님의 가르침을 압축하여 묘사한다. "하나님이 긍휼하였으니 너희도 긍휼하여라"(눅 6:36)라는 간결하고 강력한 예수님 말씀이 이것을 잘 설명한다.[12] 보그는 다음과 같이 말한다. "긍휼은 하나님의 중심 되는 특성이고 하나님 중심의 삶을 드러내는 도덕적 특성이다."[13] 예수님의 말씀 속에 있는 신학을 이해하기 위해서 '긍휼'이라는 단어를 더 살펴봐야 한다. '긍휼'의 히브리/아람어는 '자궁'을 뜻한다. 고대 히브리인은 생각을 하는 머리가 아니라 아랫배와 긍휼을 연관시킨다. *rachamim*이라는 단어는 우리에게 소중한 사람들을 연상할 때 우리 몸 깊숙이 느끼는 강한 감정을 말한다.[14] 하나님은 긍휼하시다고 한 예수의 선포는 근본적으로 신학적 사고이다. 하나님은 몹시 감정적이시다! 하나님은 매우 감정적이어서 창조하신 세상을 보면서도 감정적이다.[15]

어떤 사람들은, 하나님이 긍휼하시다고 할 때 '긍정적' 정서인 긍휼은 분노하시는 하나님이라고 할 때 '부정적' 정서인 분노와 다르다고 한다. 그들은 기독교인들에게 긍휼한 마음을 가지라는 도전은 분노하라는 도전과 다르다고 한다. 그러나 이 책의 12장에서 볼 수 있듯이 분노와 긍휼은 이들이 생각하는 것보다 매우 가깝게 연결되어 있다.

기원후 몇 세기가 지나서야 신학자들은 성서에 나오는 하나님과 관련된 정서가 성서기자들의 투사이기 때문에 문자적으로 받아들여서는 안 되며,

하나님은 분명히 불변하시고 감정이 없으시다고 주장하기 시작했다.[16] 긍휼하신 하나님에 대한 예수의 신념은 변하지 않았으며 감정을 품지 않는 하나님이라는 생각에 도전한다. 다음으로 기독교전통이 인간의 정서경험을 어떻게 다루는지를 살펴보고자 한다.

기독교전통에 영향을 준 역사적 요인들

몇 세기에 걸쳐 철학자들뿐만 아니라 기독교 신학자들도 정서에 대하여 양면적 태도를 취했다. 이러한 양면적 태도를 취하게 된 철학적, 신학적, 문화적 이유를 알아내기란 쉽지 않다. 정서에 대한 초대교회의 태도에 영향을 끼친 모든 요인들을 정확히 집어낼 수는 없지만 세 가지 요인은 확인할 수 있다. 전통적인 그리스철학과 후기의 스토아철학에서는 정서보다 이성이 신을 더 분명히 이해할 수 있도록 안내할 수 있기 때문에 이성이 정서보다 더 영적이라고 믿었다. 이것이 첫째 요인이었다. 그리스로마 시대에는 유명한 신들이 파괴적인 정서를 지니고 있어서 인간과 같이 사악하고 비도덕적인 존재로 묘사되었다. 그래서 이러한 신들과 대조적으로 하나님을 초월적이고 거룩하고 도덕적인 신으로 변호하고자 하는 기독교 변증가들의 요구가 있었다. 이것이 둘째 요인이었다. 그 유명한 신들에는 알렉산더 대왕과 같이 신격화한 강하고 폭력적인 인간들이 포함되었다. 그들의 비도덕적인 행위는 주로 질투, 복수 그리고 폭력으로 표출된 분노의 결과였다. 셋째 요인은 수도원전통의 신념과 실천에 스며든 육체와 영을 차별하는 이원론이었다.

▶지중해 철학의 영향

고대에는 이성과 정서 사이에 분명한 긴장 또는 양분된 관계에 근본적 관심이 있었다. 가장 유명한 고대 그리스 철학자인 플라톤(기원전 427

-c. 347 년경)과 아리스토텔레스(기원전 384-322)는 서로 다른 성향의 철학자이지만 정서가 인간이 자기 파괴적인 행동을 하게 하는 힘이 있다고 인정했다. 이 철학자들은 이성에 의해서 정서가 길들여지지 않는 사회는 우리가 소위 말하는 '역기능적인' 사회가 될 위험이 있다고 걱정했다. 그러므로 의지(자유의지)와 함께 영혼의 두드러지게 우수한 부분인 이성에 의해서 정서는 항상 지배되어야 한다고 이 철학자들은 주장했다. 이성과 정서의 긴장 관계는 은유로 설명되었다. 이 은유에서 정서는 마차를 끄는 말들이고 이성은 마부이다. 마부(이성)가 지휘를 할 때 말들(정서)은 효과적으로 기능하여 목적을 성취한다. 그러나 마부(이성)가 제어하지 못하면 말들(정서)은 반대방향으로 마차를 끌고 가서 혼란한 상태가 되고 만다. 정서는 굴레를 씌워서 이성적으로 단호하게 제어해야 한다.

 스토아철학은 1세기 후에 그리스에서 번창하였고 다음으로 로마에서 번창하였다. 이 스토아철학은 정서를 그렇게 긍정적으로 보지 않는다. 유명한 스토아 철학자 세네카(기원전 4 - 기원후 65)는 마음이 열정에 취약해서 정서가 느껴지고 표현될 때 그 이성적인 힘을 잃어버린다고 믿는다.[17] 스토아주의는 외적인 관심사가 개인의 내적인 삶에 영향을 주어서는 안 되고 오직 이성만이 내적인 삶에 영향을 주어야 한다고 주장한다. 정서는 개인이 두려워하거나 욕망하는 외적인 것에 대한 응답이기 때문에 정서는 이성적으로 생각하는 데 부족함이 있다.[18] 더욱이 스토아학파는 정서가 영적 원리의 적이기 때문에 이성이 정서를 제어할 뿐만 아니라 억눌러야 한다고 믿었다. 버논 맥캐스랜드(Vernon McCasland)가 요약하듯이 스토아학파에게 "정서는 성격이 비정상적이고 병들어서 일어나는 이상 현상이다. 스토아학파의 목적은 정서를 전멸시키는 데 있다. 도덕적인 사람은 결코 기쁨, 슬픔 또는 분노에 굽혀서는 안 된다."[19]

고전 그리스 관점 중에서 훨씬 진보적인 스토아철학의 관점은 정서에 대한 초대교회의 이해에 영향을 끼친 문화적 요인들 중의 하나였다. 많은 초대 크리스천은 두려움과 분노같이 격렬한 정서를 제어하는 스토아학파의 능력을 높이 찬양했다. 초기 수도원 저자들은 스토아철학의 개념을 이용해서 신학적 견해를 보완하고 강화하였다. 그래서 초기 기독교 문서들 속에 이러한 사상이 발견된다.[20] 이성이 해야 할 주요 역할은 감정을 제어하고 식욕을 억제하는 것이라고 이들은 생각했다. 예를 들어 일곱 가지 치명적인 죄의 전신이었던 기독교 선악목록은 스토아철학과 특정의 성서 구절들 사이에 유사점을 보여준다. 이러한 신학적 강조로 인한 부정적 결과는 다름이 아니라 정서에 대한 스토아학파의 혐오감이 점차적으로 수용되고 하나님과 연합하려고 노력하는 과정에 정서가 관여한다는 데에 의구심을 가지게 되었다는 것이다.

▶기독교 변증론: 하나님의 성결에 대한 변호

초기 기독교 변증가들은 창조주 하나님이 그리스문화의 '이방'신들과 다르다고 입증해야 했다. 너무나도 인간과 흡사한 그리스 신들의 감정에서 초래한 과잉행동과 비도덕적 행위(질투, 음욕, 욕심, 강간, 살인 등)에서 기독교의 하나님이 자유하다고 변증가들은 어떻게 변증할 수 있었나? 인간의 악덕으로부터 하나님을 분리하는 한 가지 방법은 하나님은 인간이 느끼는 감정을 소유하지 않기 때문에 하나님은 감정을 해롭게 표현할 줄 모른다고 주장하는 것이었다. 하나님에 대한 이러한 기독교변증은 해롭고 악한 행동 뒤에는 정서가 주된 범인이라는 그리스인들과 초기 크리스천들의 공통된 인식에 의해서 형성되었다. 하나님이 어떠한 정서도 품지 않았다면 하나님은 죄를 지을 수 없다. 그래서 기독교 신학자들은 하나님은 아무런 감정도 없고 불변하기 때문에 세상으로부터 오는 정서에 의해서 움직이지 않고 세상을 향해 정서적으로 움직임을 보이지 않는다고 주장하기 시작했다.

초대교회 시대에 가장 영향력 있는 신학자인 어거스틴(354-430)은 반증하는 성서구절들이 있음에도 하나님과 천사들은 어떠한 정서도 느끼지 않는다고 주장했다. 하나님을 묘사하기 위해 성서에서 사용된 정서적 단어들은 하나님의 행위를 설명하는 인간언어의 한계에 있다고 그는 주장했다. "하나님과 천사들은 우리와 같이 약하지 않다. 그렇지만 그들의 행위는 우리가 느끼는 정서들 때문에 우리가 처하는 행위와 비슷하다. 그래서 일상 언어에서 이러한 정신적 감정들을 하나님과 천사들에게 속한 것으로 생각한다."[21] 작품 활동을 통해 수도원전통에 상당한 영향을 주었던 존 카시안(John Cassian 360-430)은 하나님이 모든 정서로부터 자유롭다고 믿었다.[22] 그래서 그는 성서의 권위에 의지하여 하나님은 "비가시적이고 형언할 수 없고 이해할 수 없고 측량할 수 없고 단순하면서 복잡하다"[23]고 주장했다.

이러한 신학의 영향은 상당히 오래 지속되었다. 토마스 아퀴나스(1224-1274년경)는 하나님은 정서가 아니라 의지에 의해서 움직인다고 분명히 했다. "정서가 하나님 또는 천사의 속성이라고 할 때… 하나님이나 천사의 행동들은 정서에 의해서 촉발된 행동과 동일한 결과를 일으키지만 사실은 정서가 동반되지 않는 의지적 행동을 말한다."[24] 어떤 신학자들은 감정에 의해서 움직이지 않는 불변의 하나님에 대한 신학을 계속 형성했다. 예를 들어 스토아학파에 대하여 공부하고 글을 쓴 장 칼뱅(1509-1564)은 시편주석에서 하나님의 법은 "바뀔 수 없고" 하나님은 "변함이 없기 때문에 어떠한 것도 하나님의 불변성에 영향을 줄 수 없다"고 기록했다.[25]

▶육과 영: 이원론

많은 초대교회 신학자들이 영적인 것들과 육적인 것들을 분명하게 분리한 수도원 전통에 소속되거나 상당히 영향을 받았다. 수도자들은 하나님과 하나 되기 위해 마음의 청결을 추구하였고 그리스도와 같이 사랑하는 데 완전해지려고 애썼다. 그들의 이원론적 신학은 육체가 타락하여서 영성의 반대편에 서 있기에 하나님과 하나 되는 능력을 방해한다는 것이다. 그러므로 구원에 이르기 위해서는 육체가 완전히 극복되어야 한다. 반대로 영은 순결하여 우리가 하나님을 만나는 무대이다. 수도자들은 이성과 정서의 한계를 알고 있었기 때문에 감정에서 초래된 행동과 논리에서 초래된 행동의 차이점을 말하는 "머리와 마음"의 이원론보다는 "육체와 영"의 이원론을 더 신뢰하였다.

정서와 동반되는 신체적 반응들은 어떻게 정서가 신체와 연결되었는지를 쉽게 이해할 수 있게 해준다. 마음보다도 신체가 정서를 준비시켜 준다. 더욱이 많은 초기 수도원 저술가들은 정서가 항상 개인의 이기적 목적을 충족시키는 데 사용되었다고 생각했는데 이것이 정서를 육체적 욕구와 연결시키는 이유이다. 그러나 이성을 신에게 인도하는 영적 안내의 자리로 격상시킨 지중해 철학자들과 달리 수도자들은 이성이 정서와 같이 육체의 일부분이어서 사람을 하나님에게서 멀어지게 할 수 있다고 믿었다. 그러므로 정서와 이성 모두 육체의 일부분이고 "그리스도의 마음을 가지기 위해서"[26] 정복되어야 했다.

그리스도를 닮기 위한 수도자의 길에는 물질의 소유를 포기하여 얻는 가난과 사람을 자랑하고 교만하게 만들 수 있는 이성과 정서를 억눌러서 얻을 수 있는 겸손이 포함되어 있다. 육과 영을 이원론적으로 대조시키는 신학은 또한 수도원 공동체 안에 금욕주의적 분위기를 만들어냈다. 초기의 어떤 수도자들은 "육체를 부정하는" 극단까지 갔다. 고의(hair shirts)를 입기도 하고, 잠을 참기도 하고,

자신의 몸을 채찍질하기도 하고, 굶기도 하고, 사람들을 만나지 않기도 했다. 이렇게 하면서 육체를 다스려서 음식을 원하는 육체적 욕구(식탐의 문제)와 섹스를 원하는 육체적 욕구(색욕의 문제)를 억제하기를 희망했다. 정서를 포함한 몸을 다스리려는 그들의 긍정적 목적은 영이 하나님을 발견할 수 있도록 자유케 하는 데 있었다.

신학자들의 생각

20세기 이전 기독교 신학자들은 '열정(passions)'과 '애착(affections)'이라는 자신들의 생각만 주로 말하기는 했지만 조심스럽고 신중하게 정서에 대해서 이야기했다. 삶을 바꾸는 종교적 체험이 있었기 때문에 신학자들은 영성생활과 도덕성에 대한 관심과 신학적 성찰을 분리하지 않았다. 신학적 성찰은 하나님을 이해하기 위한 시도일 뿐만 아니라 그리스도의 성실한 제자가 되기 위한 성찰이었다. 신학자들은 정서가 하나님을 알고 하나님의 뜻에 순종하기 위해 지속적으로 관심을 가져야 할 대상이라고 경험적으로 실존적으로 인정했기 때문에 반드시 정서를 분석하고 이해해야 한다는 당위성을 느꼈다. 그래서 그들의 시대적 상황에서 신학자들은 정서의 문화적 이해와 기독교 신앙을 조화시켜서 그들이 이해한 '그리스도의 삶'을 가장 성실하게 살려고 노력했다.[27]

고대 그리스 철학자들 같이 초기 신학자들은 인간 이성을 중시하였지만 인지적 과정을 정서적 과정에서 분리하지는 않았다. 정서보다 이성을 우월하게 여겼지만 이성과 정서를 모두 의식의 기본요소로 인정했다. 다시 말하면 초기 신학자들은 스토아철학보다는 플라톤과 아리스토텔레스를 더 추종하였기 때문에 기본적으로 정서를 완전히 부정하기를 거부했다. 초기 신학자들은 하나님의 창조물로서 정서를 받아들였다. 그리고 정서는 해를 끼칠 수 있는 잠재성이 있지만 풍족한 생활을 하도록 기여하기도

한다고 이해했다. 종교개혁에서 20세기에 이르기까지 신학자들은 이성 대 정서의 역학구조와 씨름했다. 그들은 정서에 대하여 양가감정이 있었다. 그래서 그들은 크리스천 생활에 정서가 끼치는 위험에 대하여 경고하기도 하고 신앙과 종교적 체험이라는 면에서 정서를 인간에게 중요한 부분으로 수용하기도 했다. 이제는 어거스틴으로 시작하여 조나단 에드워드(Jonathan Edwards)에 이르기까지 일곱 명의 유명한 신학자들을 다룬다. 그리고 정서에 대한 20세기 신학의 접근을 간단히 요약하고 비평하고자 한다.

▶성 어거스틴(354-430)

이성적인 생각을 하고 인간의지에 집중할 수 있는 능력이 원죄 때문에 타락하였다는 신념에서 성 어거스틴은 스토아학파와는 달랐다. 그렇지만 어거스틴은 스토아학파와 마찬가지로 이성적 능력을 여전히 높이 평가했다. 어거스틴 신학에서 하나님의 명령에 불순종하여 낙원에서 추방되는 순간 인간은 분열된 의지에 종속되었다. 결국 우리는 하나님에게 순종하여 선한 일을 하고 싶지만 정서가 우리를 그릇된 길로 인도하도록 허락하는 일을 비롯하여 죄된 선택을 한다.

그러나 어거스틴은 정서를 소멸시키고 싶지 않았다. 그는 이성을 적절하게 이용하여 정서를 하나님께로 인도하기를 원했다.[28] 『하나님의 도성 *The City of God*』에서 어거스틴은 정서에 대한 스토아학파의 관점과 플라톤과 아리스토텔레스의 관점을 비교하였다. 그리고 어거스틴은 정서를 제거하려는 스토아학파의 갈망에 반대하여 "기독교 지성의 극치에 이르면" 정서를 하나님의 제어를 받게 할 수 있어서 하나님은 우리가 정서를 절제하고 굴레를 씌워서 올바른 용도로 사용할 수 있게 도와준다는 관점을 취했다.[29] 어거스틴은 하나님이 정서를 창조하였기 때문에 크리스천의 삶에서 잠재된 중요한 역할을 한다고 분명히 한다.

▶성 마크리나(327-379)

니사의 성 그레고리와 성 바실의 누나, 성 마크리나(Saint Macrina)는 정서가 하나님이 창조한 인간의 일부분이고 "영에 연결된 갈구하는 기백 넘치는 능력"이지만, "영의 본질을 구성하는 것"은 아니라고 믿었다.[30] 그녀가 창조를 삶과 생존에 필수인 육욕이 먼저 식물과 동물에게 심겨지고 나중에 육체적 쾌락과 지적인 이성이 혼합되어 가득 채워진 창조의 꽃인 인간에게 심겨지는 과정으로서 이해했다는 점은 흥미롭다. 마크리나는 그레고리에게 이 정서들은 "악한 목적으로 인간의 삶에 할당되기보다는" 영이 "선과 악을 선택하기 위해서" 필수적이라고 가르쳤다.[31] 정서가 악한 목적으로 창조되었다면 하나님에게 책임이 있을 수밖에 없다고 논하면서 그녀는 그 가능성을 완전히 배제했다. 다른 신학자들(또한 철학자들)과 마찬가지로 마크리나는 정서가 우리의 이성적 능력의 통제에서 벗어날 때만 문제가 된다고 믿었다.[32] 이성의 통제를 받을 때 정서는 악을 섬기지 않고 선을 성취한다. "정서가 마음을 지배하면 사람은 지적이고 신성한 모습을 떠나 비이성적이고 우매한 모습이 되고 갑자기 돌출하는 감정으로 파멸하게 된다."[33]

▶토마스 아퀴나스(c. 1224-1274)

그의 책 『신학대전 *Summa Theologiae*』의 3권을 정서에 대한 신학적 성찰로 가득 채운[34] 아퀴나스는 정서를 생리적인 면에서 이해했다. 그는 정서가 동물세계와 공유하는 존재의 특성이라고 믿었다. 그래서 그는 인간행동만을 논하는 장보다는 오히려 인간과 동물이 공유하는 특성들을 논하는 장에 정서를 의도적으로 포함시켰다. 정서는 궁극적으로 인간의 혼에 뿌리내리고 있지만 제한적으로 신체적 감각에 근거한다고 아퀴나스는 믿었다.[35] 그래서 그는 정서는 창조 질서의 일부분이고 창조주가 계획한 유한성의 한 면모라고 믿었다.

▶마틴 루터(1483-1546)

루터는 정서가 의도된 하나님의 창조에 기초하고 있다고 확신했다. 그래서 루터는 정서에 대한 부정적 태도를 취하는 스토아학파와 스토아철학을 수용한 수도자들을 비판하였다. 동료의 죽음을 애도하는 설교에서 루터는 "선한 친구의 죽음으로 인해 상여 앞에서 울지 않는 것이 미덕"이라고 여기는 '이교도'의 생각에 도전하였다.[36] 루터는 "하나님이 창조하지 않았고 전혀 하나님을 기쁘게 하지도 않는 위선이기에 우리는 모든 인간 정서를 완전히 소멸시켜야 한다"[37]는 스토아사상을 지적한다. 스토아철학에 대한 기독교 반응은 분명했다. "스토아사상은 잘못되었기 때문에 우리는 그 사상을 규탄한다."[38] 루터는 하나님은 인간을 돌같이 창조하시지 않았고 인간에게 의지적으로 오감과 마음을 주셨기 때문에 우리는 사랑할 수 있고 분노할 수 있고 슬픔을 느낄 수 있다고 말했다.[39] 그는 '감정'에 의해 움직이지 않는다는 것은 "감정에 의해서 움직이도록 하나님이 창조한 자연스러움에 반대하는 것"이라고 다른 강의에서 주장했다.[40]

루터는 정서가 구원에 이르게 하는 믿음을 위해 필수적이고 인간으로서 존재하는데 중요한 조건이라는 사실을 인정했다. 크리스천의 삶을 위해 이성보다도 정서가 더 중요하다고 믿었기 때문에 그는 로마서주석에서 믿음이 감정이라고 주장했다.[41] 시편119편을 논의하면서 루터는 정서에 대한 강한 호감을 표현했다. 그래서 "믿음은 이해가 아니라 감정을 요구한다"고 말했다. 그는 어떻게 믿음이 우리의 정서들을 조명하는지를 묘사했다. 그러나 그는 강조하여 "믿음은 이해를 조명하지 않기 때문에 이해는 오히려 믿음을 눈멀게 한다"고 말했다.[42] 루터는 역동적인 믿음을 위해 정서가 기본적이고 아마도 우선적인 위치를 차지하고 있다는 분명하고 강한 입장을 취하고 있다.[43]

▶장 칼뱅(1509-1564)

칼뱅(John Calvin)은 이성이 '비이성적 동물'과 인간을 구별하게 하는 인간성의 표시이었다고 믿었다. 실제로 그는 몇 군데에서 하나님의 이미지를 보여 주는 자아의 면모로서 이성성을 인정하는 듯하다.[44] 정서는 과도하게 작동하여 하나님에게 항거하고 지성과 이성의 제어를 받지 않으려 하고 영혼을 위험에 처하게 한다고 그는 주장했다.[45] 칼뱅은 영 對 육의 전통적 이원론과 삶의 경험에 의해서 영향을 많이 받았다. 그래서 그는 몸이 죄의 실체이고 영혼의 감옥이라고 여겼고 몸을 "얼룩과 부패" 그리고 '냄새가 지독한 전염병'으로 묘사했다.[46] 몸에 대한 부정적 관점은 그의 정서 개념에 영향을 끼쳤다. 고대 철학자와 신학자들과 마찬가지로 칼뱅도 이성이 동반되지 않은 정서는 매우 위험하다고 여겼기 때문에 정서를 이성의 엄격한 제재 아래 두고 싶었다. "하나님은 우리의 감정과 싸울 수 있는 이성과 판단력을 주셨다."[47]

그런데도 불구하고 칼뱅은 지혜롭고 성숙한 자는 모든 정서를 완전히 억눌러야 한다는 스토아학파의 주장에 반박했다. 스토아학파는 "한 사람에게서 감정을 빼앗아버리려는, 상식이 결여된" 사람들이라고 칼뱅은 지적했다.[48] 예수님의 정서적 삶을 분명히 보여주는 성서이야기로 시작하면서 칼뱅은 예수님의 정서는 그의 본질적 인간성의 일부분이었다고 주장했다. "하나님의 아들은 인간 감정의 영향을 받지 않는다고 주장하는 이들은 인간으로서 예수님을 인정하지 않는다."[49] 칼뱅은 예수님이 "놀라고 불안으로 괴로워했다"고 지적하면서 자신의 주장에 덧붙였다. 칼뱅은 다음과 같이 결론 내렸다. 정서는 예수님의 인간성에 기본이었으므로 "우리 안에 하나님이 심어주었고" 크리스천에게 마땅히 어울리는 것이다. 그러므로 "정서 안에 불완전과 흠을 찾으면 하나님을 모욕하는 것이다."[50]

게다가 칼뱅은 역동적인 신앙을 체험하고 구원하는 하나님 지식을 얻는

데 정서의 중요한 위치를 인정했다. 그는 이성이 신앙에 반드시 도움이 되지는 않는다고 생각했다. 『기독교강요』에서 칼뱅은 "하나님을 아는 지식"은 머리가 아니라 마음에 근거한다고 지적했다.[51] '정신'(mind)을 제쳐놓는다면 칼뱅에게는 '마음'(heart)이 분명히 "정서가 위치하는 자리"다.[52] 그래서 그는 실제로 신앙을 "지식에서 일어나는 단순한 동의"로 생각하고 "신앙의 중요한 부분인 마음의 견고하고 지속적인 불변성을 유념하지 않는" 학자들을 질책하였다.[53] 칼뱅은 성령에 의한 깨달음에 대한 신앙적 신뢰를 논하면서 이 깨달음이 정신에만 속하는 것이 아니라 '마음'에도 속한다고 지적했다. 그는 "신앙은 인간 이해보다 고등하다"고 가르치면서 신앙의 본질은 지적으로만 이해할 수 없는 것이라고 논하였다.[54] 신앙을 완전히 이해하기 위해서는 정서를 포함하여 우리 자신의 다른 면들도 사용하여야 한다.

▶존 웨슬리(1703-1791)

"인간이란 무엇인가?"는 제목의 설교에서 웨슬리(John Wesley)는 영혼과 몸을 구별했다. 웨슬리는 몸 안에 '내부 원리'가 있다고 믿었다. 그 '내부 원리'는 생각하고 판단하고 추리할 뿐만 아니라 "사랑하고, 증오하고, 기뻐하고, 슬퍼하고, 갈망하고, 두려워하고, 희망할 수 있는 능력, 즉 일반적으로 열정과 감정으로 불리는 내적 정서들이다."[55] 그는 우리 존재의 본질적 양식들을 '영혼'이라고 칭하고 이 영혼을 "열정과 감정을 다해 스스로 움직이고 생각하는 원리"라고 묘사한다.[56] 웨슬리에게 정서는 하나님이 의도한 창조이며, 우리를 "아주 놀랍고 대단하게 만들어지도록" 하는 데 필수적이다.[57]

▶조나단 에드워즈 (1703-1758)

미국에서 조나단 에드워즈(Jonathan Edwards)는 정서를 신학적 인류학에 포함시킴으로써 개혁주의자들을 추종하였다. 에드워즈는 종교적 체험에서 정서의 중요성을 변호하기 위해서 그의 유명한 책 『*Religious Affections*』을 저술하였다.[58] 그는 '감정'이 인간행위의 주요 동기라고 보았다. 대각성운동의 부흥운동에서 목격한 과도한 열심과 무절제한 열의를 의심하기는 했지만 그는 종교체험에서 정서의 위치를 매도한 사람들에 반대하여 신학적으로 논하였다. '감정'을 '이해'와 '의지'로부터 분리하지 않으려고 조심하면서도 에드워즈는 정서가 종교체험에 기초요소라는 점에 단호했다.[59] 그는 개인의 영혼 속에 일하는 성령이 정감, 기쁨, 열의로 표현된다고 주장했다. 진정한 종교체험은 "상당 부분 거룩한 감정들로 구성된다."[60] 그의 신학은 정서가 하나님의 계획된 창조라는 사상을 분명하게 지지한다.[61]

▶20세기 신학자들

이 책을 쓰면서 깜짝 놀라게 된 점은 20세기 신학자들, 적어도 영향력 있는 신학의 거장들이 정서라는 주제를 거의 다루지 않았다는 것이다. 주요 신학자들의 업적에는 정서의 신학을 찾기가 힘들고 분노의 목회신학에 기여하는 부분은 더욱 찾기 어렵다. 어떤 학자들은 이 주제를 도외시하고 또 다른 학자들은 의도적으로 이 주제를 무시하였다.

예를 들어 『교회교의학 *Church Dogmatics*』에서 칼 바르트(Karl Barth)는 주권자 하나님이 예수그리스도 안에 계시한 진리에 관심을 가졌다. 그래서 그는 주관적 종교체험이 진리를 깨닫게 하는 실제적 창이라는 생각에 도전했다. 프리드리히 슐라이어마허(Friedrich Schleiermacher)와 달리 바르트는 '접촉점'[62]으로서 감정을 거부했다. 그래서 그는 하나님을 아는 지식이나 하나님과의 관계의 분별에 중요한 매개체로서 감정(affections)과 격정(passions)에 신학이 관심을 가져야 한다고 생각하지 않았다. *Ethics*에서 그는 다음과 같이 분명하게 말했다. "심리학적 분석은 인간에게 자신의 죄와 자기방어를 드러내는 수단이 될 수 없을 뿐만 아니라 하나님의 뜻에 열리게 하는 수단도 될 수 없다."[63] 더욱이 바르트는 인간의 죄성이 자신을 이해할 수 있는 능력에 흠집을 냈다고 주장했다. 이러한 접근이 정서에 대한 그의 의심을 더했다. "기독론에서 인류학으로 가는 길은 있어도 인류학에서 기독론으로 가는 길은 없다."[64]

바르트와 동시대 인물인 에밀 브루너(Emil Brunner)는 고대 철학자들과 마찬가지로 지식과 신앙이라는 의식(意識)의 두 면 사이의 긴장을 더 상세히 설명하지 않고자 하여 그의 책 *Revelation and Reason: The Christian Doctrine of Faith and Knowledge*에서 정서를 다루지 않았다.[65] 이 책은 계시와 지식에 초점을 두지만 하나님을 아는 지식에서 정서의 역할을 다루지 않는다. 그의 책 *Dogmatics*에서 브루너의 인류학적 접근은 "성서는 인간을 전인적으로 이해하고 '혼' 또는 '영'과 '육'으로 구성된 실체로서 이해한다"는 인식으로 한정되어 있다.[66] 그는 긍정적으로 체화를 다루지만 정서, 격노(passion) 또는 감정(affection)을 포함하지 않고 있기 때문에 이것들은 인간의 조건을 이해하는 데 무관하다는 생각을 독자들에게 남기게 된다.[67]

라인홀드 니버(Reinhold Niebuhr)의 주요 저서 *인간의 본성과 운명*의 색인을 보면 정서의 개념이 포함되어 있지 않다.[68] 불안을 간략하게 다루면서 신학적 인류학을 발전시키려고 노력하고 있지만 인간의 조건이 되는 중요한 면으로서 범주에 정서를 포함하지 않는다. *The Self and the Dramas of History*에서 니버는 인간의 본성을 조사하지만 정서라는 주제가 인간의 독특한 면으로서 표현되지는 않는다.[69] 그의 형제

리처드 니버(Richard Niebuhr)는 포용적인 자세로 정서를 대하였는데 특히 그의 책 『*Experiential Religion*』에서 더욱 그러하다. 거기서 그는 감정(affections)과 격노(passions)의 많은 의미들을 연구하고 다음과 같이 말한다.

> *감정을 설명하는 모든 방법들에 함축된 것은 분명하다. 신앙이 깊은 사람을 이성적인 영혼을 지닌 자로 여기거나 스스로 선택할 수 있거나 의지가 강한 데서 자존감을 찾는 이성적인 사람으로서 받아들이는 것은 충분하지 않다. 그는 또한 감정적인 사람이다. 이 사실을 무시한다는 것은 심리학적 환원주의 태도를 취하는 것이다.*[70]

실존주의 신학자 폴 틸리히(Paul Tillich)는 정서를 특정의 범주에 넣어서 다루지는 않는다. 그렇지만 이성을 다룰 때 정서를 포함한다. 『조직신학』에서 그는 이성적 사고를 하는 과정에 정서의 역할을 포함한다. 예를 들어 그는 "모든 이성적 행위에는 정서적 요소가 함께 있다"고 주장한다. 그리고 "어떤 이성적 행위에서 정서적 요소가 더 결정적이라고 해서 그 이성적 행위의 이성성이 감소하지는 않는다"고 말하면서 정서의 긍정적 역할을 옹호한다.[71] "정서는 인지의 매개체"라고 주지하고 "정서적 참여 없이는 주체와 객체의 연합은 불가능하다"고 주장하면서 틸리히는 정서의 중요성을 제시하기까지 했다.[72] 특히 계시에 대하여 토론하면서 틸리히는 '정서적 왜곡'을 경고하기는 하지만 정서와 이성은 동등한 파트너라고 선언한다.[73]

흥미롭게도 『조직신학』 2, 3권에서 틸리히는 인류학적 주제들을 다루지만 극히 부분적으로만 정서를 다룬다. 예를 들어 실존적 관심사를 다룰 때 우리의 실존적 모습에 대한 그의 긍정적 관점은 정서가 소외감과 죄악에 관련하여 역할도 하지만 긍정적 역할도 한다고 암시한다.[74] 또 다른 예로 '자기실현'을 이야기하고 우리의 유한성에 주는 '영적 현존'의 결과를 논할 때에 정서는 겨우 살짝 스쳐가는 이슈이다.[75] 그의 책 『존재의 용기 The Courage to Be』[76]는 신학적 인류학에 지대한 기여를 했지만 정서를 자세히 분석하지는 않는다. 그러나 이 책에서 두려움과 죄책감을 포함하여 불안을 다루면서 틸리히는 합리성 이상의 것에 관심을 둔다. 그는 우리가 유한한 존재이기 때문에 '비존재(nonbeing)'의 위협으로 자연스럽게 찾아오는 불안(natural anxiety)은 우리 실존에 퍼진다고 그의 책에서 분명히 하고 있다.[77] 우리의 운명에 대한 질문 속에, 의미에 대한 위협 속에 그리고 도덕적 삶을 살려는 우리의 시도와 연관된 모호성과 죄책감 속에 이 불안이 드러난다. 정서의 성격을 가지고 있다고 생각될 수 있는 이 흔하고 자연스럽게 찾아오는 불안(natural anxiety) 가운데 틸리히는 용기의 역할에 대하여 연구한다.[78]

한스 큉(Hans Küng)은 『On Being a Christian』에서 사랑의 중요성을 언급하지만 정서를 신학적 범주로서 다루지는 않는다.

> *에로스가 평가절하 되고 아가페가 반대로 과대평가 되어 인간성이 떨어질 때... 정력, 정서, 감정이 강제로 배제되어서 사랑이 완전히 매력을 잃어버리게 될 수 있다. 사랑이 단순히 의지적 결정이지 마음의 모험이 아니라면 사랑은 진정한 인간미가 떨어지게 된다.*[79]

더욱이 '완전한 인간'이 되어야 하는 우리의 책임을 말할 때 큉은 다음과 같이 말한다. "인간의 가능한 최선의 성숙, 즉 본능과 감정을 포함하여 모든 면에서 완전한 인간성을 추구하여야 하지 않는가?"[80] 완전한 인간으로서 존재하기 위해 정서의 중요성이 명시되었기 때문에 충분한 논의가 된 듯하지만 사실은 그렇지 않다.

　판넨베르그(Wolfhart Pannenberg)는 그의 책 『*Anthropology in Theological Perspective*』[81]의 한 장을 할애하여 감정들을 다루면서 그의 신학적 인간학에 정서를 포함한다. 판넨베르그는 정체성과 자아의 문제라는 점에서 감정적인 삶을 논한다. 그리고 그는 감정을 우리가 관계 속에서 살고 있음을 깨닫게 하는 '근본적 친밀함의 시야'로서 본다.[82] 이 깨달음은 기쁨과 불쾌라고 말할 수 있는 감정들을 통해 우리에게 다가온다. 더욱이 '근본적 친밀'의 토대로서 감정을 보는 관점은 판넨베르그가 정서적 삶에 대하여 포괄적으로 쓰고 있다는 뜻이다.[83] 감정의 '근본적 친밀'은 생후 초기에 돌보는 사람과 세상으로부터 우리 자신을 분화시키기 시작하는 방법과 연관된다고 그는 믿는다. 감정은 분화가 일어나게 하는 '공생의 실존적 확실성(symbiotic existential certainty)'을 제공한다.[84] 이와 관련하여 다른 중요한 점은 판넨베르그에게는 "모든 감정이… 한 개인의 삶 전체에 연관되어 있다"[85]는 점이다. 이 전인성은 죄책감과 '양심적 판단'에 의한 소외에 대한 그의 토론에 계속해서 배경이 된다.[86] 죄책감과 양심적 판단에 의한 소외 속에서 우리는 전인성과 진실 된 관계에서 분리된 우리 자신을 발견하게 된다. 소외는 "비동일성에 우리를 감금하는" 것인데 공동체를 통해서만 이 감금에서 해방될 수 있다.[87]

　현대 독일 신학자 위르겐 몰트만(Jürgen Moltmann)은 신학적 인류학에 조직적으로 주의를 기울지는 않는다. 그래서 그가 집필한 글에는 신앙체험이나 인간실존을 위한 중요한 부분으로서 정서를 다루지 않는다.

　기독교 초기 작가들의 정서에 대한 풍부한 탐험 후 틸리히와 판넨베르그를 제외한 조직신학자들 중에 정서에 대한 관심의 부족은 놀랍기도 하고 실망스럽기도 하다. 정서에 대한 관심의 부재를 어떻게 설명할 수 있을까? 이 조직신학자들은 주로 독일인을 중심으로 한

유럽계통의 남성이었다. 이들은 정서보다는 지성을 우수하게 여기는 문화에서 자랐다. 그래서 아마도 정서를 다루면 자신들의 저술이 신뢰가 떨어지게 될까 봐 두려워했을 것이다. 역사적으로 신학자들은 철학의 영향을 받았다. 그래서 데카르트에서 시작하여 20세기 중반에 이르는 대부분의 서양철학자들은 몸과 마음을 나누는 이원론에 치우치는 경향이 있었다.[88] 아마도 이 신학자들은 생각보다 더 이원론적이다. 리처드 니버(Richard Niebuhr)는 이 문제를 다음과 같이 기술한다. "감정을 설명하기 위해 신학자는 의지와 인지를 초월하는 데까지 자신의 관점을 확장하지 않았다. 그래서 결국에 개신교의 신앙은 여전히 과도한 이성주의로 시달리고 있다."[89] 1장에서 논하였듯이 객관성, 논리성, 과학적 방법을 강조한 근대주의의 학문적 환경에서 이 신학자들은 대부분의 생애를 보냈다. 개인 경험이 가치 있는 인식론적 자료로 받아들여지지 않았다. 이 신학자들은 학문분야가 분리되어 학자들이 자기분야 밖으로 관심을 갖지 않는 때에 글을 썼기 때문에 자연과학과 사회과학의 훈련을 받지 않고 정서를 학문적으로 다루는 것은 부적절하다고 느꼈을 것이다.

　이유야 어찌되었든 간에 이렇게 영향력 있는 신학자들이 인간생활의 중요한 면을 다루지 않은 것은 실망스러운 일이다. 그들의 설교에서 드러나듯이 신앙과 일에 대한 강한 열정이 자신들의 삶도 안내했다는 것을 우리는 알고 있다. 그러나 그들의 조직신학 작업에서 정서의 누락은 정서적 반응이 지적으로 볼 때 하등하거나 무관하다는 생각을 내포하면서 그들이 정서적인 삶을 무시하고 있다는 점을 말하고 있다. 신학자들이 인간론에서 정서를 체계적으로 다루지 않았다는 것은 정서가 논리적 사고과정에 방해가 된다고 생각하여 정서를 지적인 삶의 변두리에 두기로 한 근대주의자들의 결정과 일치한다는 인상을 남긴다.[90] 의도와 상관없이 신학자들의 침묵은 정서가 신앙생활에서 서열상 이등 시민에 불과하다는 즉 신앙생활에 중요하지 않다는 뜻을 담고 있다.

예리한 독자들은 20세기 신학자들의 예가 나의 결론을 지지하기에 충분하지 않다고 생각 할 수 있다. 시간과 공간의 제약 때문에 분명히 한계가 있다. 의심할 여지없이 많은 현대 신학자들이 정서에 깊은 관심을 표했다. 신학자들이 더 철저한 연구를 하여 정서가 간과된 신학적 심리학적 이유를 이해하는 학문적 시도를 하기 바란다.

20세기 후반 몇십 년 동안 여성주의신학자와 과정신학자들은 정서를 인간이 되는 중요한 조건으로서 인정하였다. 그들은 그 당시의 신학적 작업에서 정서의 누락에 관심을 가지게 되었다. 패트리시아 비티 융(Patricia Beattie Jung)은 20세기 주요 신학자들을 읽으면서 나와 비슷한 경험을 요약하여 말한다. 그리고 그녀는 여성주의 신학과 이 우세한 신학의 다른 점을 힘주어서 설명하고 있다.

> *여성주의신학에서는 기쁨만이 아니라 슬픔, 분노, 두려움까지 포함하여 모든 감정은 인간의 전인성을 위해 필수적이다. 대조적으로 가부장적 신학은 일반적으로 '정서주의(emotionalism)'를 못미더워하고 특히 '부정적인' 정서를 규탄한다… 대부분의 전통신학은 감정을 폄하고 정서로부터의 거리를 두는 스토아주의 이상을 옹호한다. 가부장적 신학자들은 감정이 지니고 있는 방해하는 능력을 제거할 수 없다면 규제하라고 권한다… 그러한 신학에서는 감정의 중요성이 상당히 과소평가 되어 왔다.[91]*

도덕성과 영성생활을 고려할 때 정서의 중요성 회복은 반드시 필요하다. 도덕성 발달을 연구하는 사회과학자와 신학자들은 무엇을 가치 있게 여기고 어떻게 행동해야 할지 결정하는 때에 정서가 하는 중요한 역할을 회복시킨다.[92] 여성주의 윤리신학자들은 신앙순례와 윤리적 선택을 위해 정서의 중요성을 입증하고 있다. 예를 들어 엘렌 채리(Ellen Charry)는 인간이 근본적으로 정서를 느끼지 않거나 정서를 느끼기 두려워하는 인지적 사고를 하는 사람이라는 생각에 도전하면서 "신학이 정서를 되찾도록 격려하기"를 원한다.[93] "우리 감정을 알아채는 데 통찰력이 없거나 우리가 무엇을 느끼는지 모른다면 효과적으로 도덕적인 행동을 하는 사람일 수 없다"고 비버리 해리슨(Beverly Wildung Harrison)은 말한다.[94] 시드니 칼라한(Sydney Callahan)은 양심발달을 위한 정서의 중요성에 대하여 폭넓게 저술하였다.[95] 구성주의적 관점(6장을 참조)에서 그녀는 도덕적 가치관을 구성하는 데 정서와 이성의 중요성을 신중히 논하고 있다.[96] 정리하자면 이 신학자들은 정서의 신학적 이해가 기독교신앙과 행위를 통합하는데 필수적이라고 주장한다.

정서에 대한 관심이 부족한 20세기의 현상에서 과정신학자들은 예외이다. 과정사상에서 감정은 하나의 형이상학적 범주이다. 우주 만물이 감정을 통해 연결되어 있고 끊임없이 다른 것들에 관계하고 있기 때문에 알프레드 화이트헤드(Alfred North Whitehead)의 철학에서 감정은 중요한 부분이다. 감정적 어조는 모든 관계를 분명히 보여준다. 관계성은 그 자체가 "영향을 주고 영향을 받는 능력"이다.[97]

과정사상가들이 볼 때 우주 전체는 "느끼는 개체들"로 구성되어 있기 때문에 현실 그 자체는 "감정의 바다"라고 생각될 수 있다. 과정신학자들은 삶에서 우리가 경험하는 모든 것이 실제로 감정으로서 경험된다고 주장한다.[98] 찰스 하트숀(Charles Hartshorne)은 초창기에 영향력 있는 과정사상가이다. 그는 화이트헤드의 방법을 이용하여 1917년과 1918년에 그가 한 경험을 이해하려고 했다. 청년시절에 프랑스에 있는 절벽에서 아름다운 해안을 바라보면서 그는 "갑자기 사물의 생명을 깊숙이 보고 그

순간에 살아서 감정을 표현하는 자연"을 감지하게 되었다.[99]

더욱이 하나님은 전적으로 관계적이고 모든 정서를 수용한다고 이해하는 과정신학자들의 하나님 개념에서 감정은 중요한 역할을 한다. 하나님은 "감정을 일으키는 미끼이고 욕망을 일으키는 영원한 충동"이라고 화이트헤드는 주장했다.[100] 이 주장에서 우리가 이해할 수 있는 것은 감정을 통해서 우리에게 다가오는 "매순간의 경험마다"[101] 하나님이 우리를 계속적으로 만지시거나 부르시어 각각의 상황에서 우리에게 최선의 것으로 가게 하신다는 것이다. 하트숀은 하나님이 "완전한 존재이시고 당신 안에 있는 모든 현실이 완전하기에 [하나님은] 우주의 모든 독립체의 감정을 느끼시고 모든 경험 안에 있는 가치들을 영원히 보전하신다"고 믿었다고 브라이언트 킬링(L. Bryant Keeling)은 기록한다.[102]

인간의 기본적인 조건이 되는 정서적 삶을 무시하는 '자아' 이해로부터는 설득력 있는 신학적 인류학이 만들어질 수 없다. 정서가 없는 인간은 완전히 다른 생명체가 된다는 사실을 신학은 반드시 인식해야 한다. 감정생활에 무관심하면서 신학적 인류학을 세운다면 모터의 역할을 다루지 않고 자동차를 이해하려는 시도나 마찬가지가 된다. 간단히 말해 정서는 인간조건에 대한 신학적 숙고에 필수적인 요소이고 신학적 인류학을 위해 반드시 필요하다.

1장에서 철학, 신경과학, 심리학, 사회과학의 분야에서 정서에 대한 발견을 간단히 개관했다. 이번 장에서는 기독교전통에서 정서에 대한 신학적 논쟁의 역사를 선별해서 개관하였다. 이러한 개관을 기억하면서 다음 장에서는 정서에 대한 신학적 관점들을 논의하고자 한다.

3장
정서의 신학적 이해

 분노는 정서이기 때문에 정서신학의 기본 구성요소들의 확립은 분노의 목회신학을 세우려는 나의 목적을 위해 중요한 밑거름이 된다. 분노의 신학적 연구는 일반적으로 정서에 대한 타당성 있는 신학적 관점들에 의지하고 뿌리 내리고 조화를 이룬다. 이번 장에서는 앞의 두 장에서 이루어진 철학적, 심리학적, 신경과학적, 성서적, 신학적 작업에서 얻은 자료에서 도출한 정서에 대한 새로운 발견과 이론에 대한 신학적 숙고를 시도하려고 한다.

 서구문화의 역사를 통해 볼 때 철학과 과학뿐만 아니라 종교에서조차 정서는 자주 부인되고 평가절하되었다. 신학은 인간본성의 파괴적인 역할을 정서에게 할당하면서 정서에 대하여 의심하는 태도를 가졌다. 수세기에 걸쳐 어떤 크리스천들은 슬픔, 황홀감, 성욕, 분노를 포함한 인간의 정서적인 면을 타락한 육체적 속성으로 평가절하하고 금하기까지 했다. 그리고 그들은 정서적인 면을 인간의 '포악한' 부분으로 격하시켰다. 한때는 모든 정서가 영성에 해롭다고 여겨졌다. 이러한 접근의 부정적인 결과는 삼십 대 후반의 목사인 예나(Yena)가 쓴 일기에서 예를 찾을 수 있다.

생각, 이성, 논리성에 대한 서구문화의 강조를 지지하는 가정에서 나는 성장했다. 정서는 이성적 판단능력에 위협된다고 여겨졌다. 그래서 단단히 통제하려고 했고 가능하면 뿌리뽑으려고 했다. 스토아적 견해를 수용하여 정서는 거룩한 삶을 위해 도움이 되지 않는다고 생각했다. 교회는 이러한 결론을 내리고 "크리스천은 감정적으로 되서는 안 된다"고 전한다. 정서는 무가치하고 무용지물이라고 여겼다. 그리고 정서가 환경을 변화시킬 수 없다고 여겨서 정서를 억제하게 했다… 울거나 "상을 찌푸리고 돌아다니지" 말라고 말하시는 부모님을 기억한다. 부모님이 이런저런 말을 하실 때 내가 받은 느낌은 부모님이 내가 정서적 표현을 하지 않기를 바랄 뿐만 아니라 내가 이러한 감정을 아예 품지 않기를 바라신다는 것이다. 여기서 받은 메시지는 정서가 초대받지 않았고 불필요하고 무익하다는 것이다. 어떻게 느꼈는지는 상관없었다. 내가 느낀 슬픔, 외로움 또는 분노 같은 부정적 감정을 느낀다는 것은 내가 무엇인가 잘못한 결과이었다… 그래서 '부정적 감정'의 느낌에 덧붙여 그러한 감정들을 품은 것에 대한 죄책감도 느꼈다! 많은 크리스천들도 마찬가지겠지만 나는 선한 사람은 이런 감정을 품지 않으리라고 느꼈다.

최근에 이르러서 실존주의 사고와 후기근대주의 사고에서 정서를 앎의 길로서 인정하였다. 20세기 중후반에 이르러서 특히 여성주의 신학과 과정신학에서 우리는 정서를 인간 영혼의 친구이고 선물로서 받아들이게 되었다. 여성주의 신학자들과 과정신학자들은 정서를 신학적 성찰의 필수적인 부분으로 인정하였고 자연스럽게 기독교윤리의 필수적인 부분으로 받아들였다.

기독교 돌봄 전문가들은 정서에 대한 자신들의 관점의 지지를 성서와 신학 안에서 찾았다. 그러나 돌봄과 상담에 관련한 문헌에서 정서에 대한 조직신학적 관심을 찾기는 힘들다. 그들의 사역에 도움이 되기 위해서 돌봄사역자들은 신경학과 사회과학의 최근 발전으로 도움을 받은 분노를 포함한 정서의 목회신학을 통해 사려 깊은 숙고를 마땅히 해야 한다. 임상과 신학의 더 강한 교류를 요청하는 심리학자 아치발드 하트(Archibald Hart)는 이 필요성을 다음과 같이 표현한다.

> *때때로 기독교상담은 그 성서적이고 신학적인 기초를 세우기도 전에 앞서 가려고 한다. 예를 들어 우리는 정서의 기독교적 이해를 확장하려고 노력했지만 정서의 신학은 없다… 우리는 세속모델에서 빌려왔다… 우리는 세속의 심리학 분야에서 이미 알려진 것에 지나치게 의존해야만 했다. 그래서 때로는 우리가 그것을 빌려오는 데 충분히 분별력을 지니고 있지는 않았다… 더욱이 우리는 신학하는 동료들로부터 도움을 거의 받지 못하거나 전혀 받지 못했다… 현재 우리가 가지고 있는 많은 상담 개념을 재점검하려는 관점을 가지고 상담사들과 유수한 신학자들과 성서학자들 사이에 더 많은 대화가 필요하다.*[1]

다음에 할 토론은 그 대화에 몇 가지 생각을 첨부할 수 있고 더 일관성 있는 정서의 목회신학을 세우는 데 기여할 수 있다.

정서와 체화

과학에서 얻을 수 있는 첫째 결론은 정서를 경험하는 능력은 정신보다 생리학에 근거한다는 것이다. 과학적 관점에서 볼 때 정서는 타고난 생물학적 필요에 근거하여 일어나지 않기 때문에 엄밀히 말하면 본능이 아니다. 우리는 신경학적으로 정서적 응답을 할 수 있는 능력이 연결되어 있지만 이러한 능력은 우리가 삶의 정황에 부딪힐 때에만 작동한다.

정서를 느끼는 능력은 뇌의 일부(편도체 또는 신피질)가 삶의 정황을 생리적으로 반응할 가치가 있다고 해석할 경우에만 작동한다. 이 관점이 새롭지는 않다. 이미 30년 전에 실존주의 신학자 존 맥쿼리(John Macquarrie)는 "감정, 정서 또는 기분은… 본질적으로 인간구조에 속하였기에 인간을 설명하려는 시도를 할 때 간과될 수 없다"고 말했다.[2] 좀 더 최근에 신학자 패트리시아 비티 융(Patricia Beattie Jung)은 이에 동의하며 말하기를 "체화가 무슨 뜻인지를 설명하는 데 정서는 필수적인 부분이다"고 했다.[3]

성육신 개념은 인간 정서에 대한 우리의 생각에 기여할 수 있다. 성육신, 즉 육신으로 하나님의 오심은 체화의 두 번째 축복이다(첫 번째 축복은 창조이다). 정서는 성서 전반에 기록된 인간 경험의 일부이다. 각각의 이야기 속에 사람들은 지속적으로 슬퍼하고, 기뻐하고, 불안해하고, 불쌍히 여기고, 두려워하고, 분노한다. 예수님의 다양한 감정반응을 탐색하면서 더 분명해지는 것은 성육신이 정서능력을 포함했다는 것이다. 예수님은 자신의 인간성을 증명할려고 감정을 초월하는 모습을 보이지 않았다. 오히려 슬픔과 분노 등의 경험을 통해 정서를 경험하고 표현하는 것이 인간성에 기본이 된다고 확인시켜 주었다.

정서를 제거하고 싶어 하는 크리스천은 이 정서를 느끼는 능력이 체화의 토대가 되는 뇌와 신경시스템에 뿌리 깊게 박혀있다는 것을 간과한다. 수술을 하거나 특정의 질병을 앓지 않고서는 정서를 제거하기가 불가능하다. 자크 팬크세프(Jaak Panksepp)가 썼듯이 "생각하고 공상에 잠겨서 결국에는 인간문화가 진화하는 많은 독특한 길들을 추구하는 인간피질의 능력(인지능력)은 정서적 시스템의 지시방향을 감소시키고 형성하고 변형시키고 집중시킬 수 있지만 정서적 시스템을 제거할 수는 없다."[4]

정서적 경험을 할 수 있는 능력은 신경과학적으로 이미 정해진

능력이다. 그래서 정서를 억누르는 시도는 인간을 완전한 인간이 되지 못하게 한다. 정서를 체화로부터 분리시키는 신학적 담론은 통전적 신학적 인식론을 성취하기 어렵게 한다. 여성주의 신학자들은 매우 빠르게 이 사실을 깨달았다. 비벌리 윌덩 해리슨(Beverly Wildung Harrison)이 말하듯이 "여성주의자들은 당연히 하여야 하지만 우리가 '우리 자신, 우리의 몸'과 함께 시작한다면 도덕적 지식을 포함한 모든 지식이 몸으로 중재된 지식이라는 것을 깨닫게 된다. 모든 지식은 우리의 육감에 근거한다."[5] 신체와 정신의 통합은 인간이 통합적으로 기능하는 데 기본이 된다. 신체와 정신의 통합을 위해 정서와 자아의 통합은 반드시 필요하다.

태초에 – 정서

과학에서 얻을 수 있는 둘째 결론은 정서적 자극을 실행하는 신경학적 능력이 생리적 역사 전반에 걸쳐서 발전했다는 것이다. 인간의 정서능력은 돌연변이같이 갑자기 나타나기보다는 수백만 년에 걸쳐 원시적 두뇌시스템에 기반한다고 신경과학적 연구는 보여준다. '긍정적'이거나 '부정적'인 모든 정서는 인간발달 즉 인간으로서 "되어감"에 매우 중요하다. 신학적 관점에서 볼 때 우리의 정서능력은 창조의 일부분이고 태초부터 인간의 필수적인 부분이라고 결론지을 수 있다.

성서는 동일한 결론에 도달하도록 기여한다. 성서는 유한성의 정서적인 면들에 전적으로 관심을 갖는 이야기들로 가득 차 있다. 성서는 정서가 표현되는 방법을 우려하고 정서로 인해 일어나는 파괴적인 행동에 비판적이면서도 정서가 인간본성의 일부라는 현상학적 관찰에 이의를 제기하지는 않는다. 더욱이 성서해석자가 성서해석과정에 어떤 신학적 논쟁거리를 가져오지 않는 이상 정서능력은 하나님이 의도한 창조와 모순된다고 암시하기 위해 성서를 해석할 수는 없다. 또한 성서해석자가 성서를 해석하는 과정에서 신학적 문제를 거론하지 않는 이상 신실한 사람들은 감정적이 되지 않도록 노력해야 한다고 제안하기 위해서 성서를 해석할 수는 없다. 인간정서는 창조 질서의 일부분이고 유한한 인간의 중요한 부분이라고 성서이야기는 전제하고 있다.

정서가 고통과 아픔을 초래할 때 성서는 분명히 관심을 갖는다. 예를 들어 에베소서는 관계를 파괴하는 분노의 모든 표현들을 버리라고 독자들에게 권고한다(4:31). 나는 이렇게 말하고 싶다. 정서가 고통을 초래하는 경우에 대하여 성서는 명백하다. 정서가 본질적으로 파괴적이어서 고통을 초래하는 것이 아니다. 오히려 정서가 인간의 어두운 부분을 표현하였는데 윤리적으로 잘못 다루어져서 고통을 초래하는 것이다. 정서가 파괴적으로 표현될 수 있다는 점은 적절한 지적이다. 그러나 우리의 다른 유한한 부분들과 마찬가지로 정서가 파괴적이 될 가능성이 있기 때문에 정서능력은 악한 것이고 그래서 근절되어야 한다고 말할 수는 없다.

하나님의 형상대로 창조됨

창조에 대한 기독교 신앙과 연관된 다른 하나의 결론은 *imago Dei*, 즉 창세기 1장 26절에 표현된 하나님의 형상에 따른 인간창조와 관련되어 있다. "하나님이 이르시되 우리의 형상을 따라 우리의 모양대로 우리가 사람을 만들고..." 신학적 인간학의 핵심적인 부분에서는 우리가 오묘하게 하나님의 모습을 가지고 있거나 반영하고 있다고 주장한다.

2장에서 언급했듯이 성서와 유대-기독교 신학의 여러 줄기들 속에 하나님은 정서능력을 소유하고 있다고 인식되고 있다. 성서적이고 신학적인 관점에서 정서는 하나님의 본성의 일부분이라고 결론내리면서 정서의 경험과 표현이 하나님의 형상(*imago Dei*)으로 창조되었다는 의미를 담고 있다고 주장할 수 있다. 정서는 인간을 위해 창조주가 오묘하게 만든 원래 계획 중의 하나이다. 우리는 나중에 다루려는 분노를 포함하여 하나님의 본성의 일부분인 다른 정서들과 긍휼의 능력으로 창조되었다. 하나님의 형상으로 창조되었기 때문에 정서를 누르거나 우리의 삶으로부터 제거하려는 것은 하나님의 형상을 부정하는 것이다.

"하나님이 긍휼함같이 너희도 긍휼하라"(눅 6:36)는 예수님의 외침에서 중요한 포인트는 *하나님은 감정을 느끼시는데 그것도 아주 강렬하게 느낀다*고 예수님이 생각한다는 점이다. 더욱이 예수님은 듣는 사람들에게 하나님과 같이 정서적이며 긍휼하게 되라고 초청하고 아마도 도전하기도 한다. 하나님이 정서를 느끼듯이 우리도 정서를 느끼는 능력을 지닌 존재로 창조되었다고 예수님은 분명히 믿었다. 하나님이 정서적이기에 우리도 정서적일 수 있다.

더욱이 2장에서 우리가 보았듯이 예수님은 분명히 정서적이기 때문에 슬픔부터 분노에 이르는 모든 인간감정을 느꼈다. 그래서 삼위일체의 한 인격으로서(그러나 신학은 이 미스터리를 설명한다) 예수님은 정서가 삼위일체의 특성의 일부라는 것을 보여주고 있다고 말하는 것이 이치에 맞는다.

정서의 선물

후기근대주의적인 철학과 사회과학의 관점과 더불어서 신경과학 연구에서도 정서가 긍정적 목적을 이루기 위해 인간의 생물학적 역사 속에 발전했다는 견해를 확립했다. 사르트르(Sartre)는 "정서는 인간현실과 세상의 관계의 전체성을 부각시킨다"고 쓰면서 정서의 중요성을 옹호했다.[6] 해리슨이 상기시켜 주듯이 정서는 우리와 세상을 연결시켜 주고 주위 세상과 연결을 유지시켜 준다.[7] 정서 없이 사랑은 불가능하고 기쁨이나 고통도 있을 수 없다. 정서 없이 우리는 타인, 환경 또는 하나님과 의미 있는 관계를 가질 수 없다.

더욱이 2장에서 언급했듯이 정서는 의미를 추구하는데 중심역할을 한다. 철학자 로버트 솔로몬(Robert Solomon)이 말하듯이 "우리의 감정은 우리의 삶을 조성한다. 감정은 홀로 우리의 삶에 의미를 제공한다."[8] 정서는 인지적 과정과 연합하여 우리의 생각과 가치에 의하여 행동하도록 동기부여를 한다. 그러면서 정서가 의미를 만드는 데 결정적인 역할을 한다는 증거를 제공한다. 철학자 로베르토 웅거(Roberto Unger)는 "자유를 추구"하고 "세상 속에서 편안"해지기 위해서 감정의 중요성에 대해서 설득력 있게 썼다.[9] 그는 우리의 정체성을 세우고 우리의 실존적 경험을 이해하고 우리의 행동을 자극하는데 정서의 중요성을 지적하면서 풍부한 인간적 삶에 정서가 기여하는 점들을 높이 평가한다.[10] 되어감(becoming)의 과정은 우리의 소중한 자아를 위해 수용을 경험하는 실존적 프로젝트이다. 이 과정을 위해 정서는 반드시 필요하다.[11]

정서능력은 하나님이 인간을 창조하는 과정에서 만들어진 부분이다. 그래서 하나님이 창조물을 보시고 심히 좋았다고 선포하실 때 정서도 명백히 포함되었다(창 1: 31). 정서는 하나님이 의도한 창조이고 우리 형상의 축복된 부분임이 분명하다. 그래서 신학자들은 정서를 신앙의 기본요소이고 하나님과의 관계에서 중요한 원인이 된다고 인정한다. 더욱이 정서는 우리의 신앙이야기를 창조하고 윤리적 행동을 자극하는데 전체적으로 관여한다. 정서능력 안에 있는 모든 선한 잠재력을 인정하면 정서는 창조 때 받은 선물이고 신체적, 정신적, 영적 완전을 위해 전인적 삶으로의 신성한 초대의 기초이다.

그렇다. 정서는 문제가 될 수도 있지만 우리의 유한성의 한 부분으로서 정서의 존재는 긍정적이다. 우리가 정서를 신중히 대하고 가치를 인정하고 정서로부터 배우려고 한다면 정서는 풍요로운 삶에 창조적인 도움이 될 수 있다. 정서를 "좋은 것"과 "나쁜 것"으로 분류하려는 유혹 때문에 모든 정서의 기본 목적은 삶의 파괴가 아니고 삶의 향상이라는 과학적 이론과 경험적 현실을 간과하게 된다.[12] 정서가 파괴적인 행동을 유발할 수 있는 잠재력이 있음을 인정하면서 가치 있는 신학적 인간학이라면 모든 정서가 중요하다고 인정하는 데에 그쳐서는 안 되고 기본적으로 정서의 선함을 찬성하여야 한다. 신학자 제임스 화이트헤드(James Whitehead)와 에블린 화이트헤드(Evelyn Whitehead)가 제안하듯이 "정서는 고통 대신에 선물로서, 불명예보다는 오히려 은혜의 원천으로서 다가올 수 있다."[13] 인간을 바로 잡으면 감정을 느끼지 않을 것이라고 주장하는 신학은 과학적으로나 성서적으로 변호 받을 수 없다. 우리는 정서가 선물임을 주장하여야 할 특권과 책임이 있고 윤리적 행동을 통해 정서를 지도하는 용기를 모아야 할 특권과 책임이 있다.

심리학 연구는 자신의 정서와 접속할 수 없거나 접속하려 하지 않는 사람들은 충분히 인간다워질 수 있는 능력이 어떻게 해서든 약해진다고 결론을 내린다. 정서는 하나님이 의도한 창조라는 신학적 견해에 동의하면서 심리치료사들은 정서가 사람들의 건강을 위해 필수적이라고 주장해 왔다. 애도, 기쁨 그리고 슬픔과 같은 정서들은 자신을 깨닫게 하는 원천이 될 수 있고 우리 자신과 우리의 관계에 대하여 볼 수 있게 해주어서 변화를 시도하게 하는 역할을 한다. 융(Patricia Jung)은 다음과 같이 간단히 말한다. "감정은 친절하고 도움이 된다. 그래서 감정은 타인과 세상과 그리고 하나님과 상호 연결시키는 삶의 질을 높이는 원천이다."[14] 11장에서 보여주듯이 더 해로운 정서들 중의 하나인 분노와 관련해서 이 언급이 더 어울린다. 실제로 분노의 경험은 '진단하는 창'으로서 역할을 하여 어떤 다른 상황에서 구할 수 없는 통찰력을 얻을 수 있다.

공공연히 정서를 비난하는 여러 신학은 실제로 하나님의 창조를 확증하기보다는 인간됨을 평가절하하고 있다. 제4부에서 분노에 대해 논의하고 있듯이 여러 신학은 분노를 진압하고 억압하게 하여 풍요로운 삶을 영위하지 못하게 한다. 현재 진행되고 있는 신경과학과 사회과학의 연구와 이론은 성서와 수세기에 걸친 저명한 신학자들의 업적 속에 나타난 정서의 긍정적 이해에 의해서 입증되었다. 이 이론과 연구들을 이용하여 신학적 인간학은 인간다워지는 과정에서 정서의 중심역할을 인정하고 기념해야 한다. 그리고 정서능력의 근본적 선함을 지키기 위해 노력해야 한다.

머리와 가슴: 전인적 접근

그 순간에 감정이나 이성이 우세하였는지에 따라 달라지는 행동을 설명하기 위해서 오랜 세월에 걸쳐 기독교 작가들은 정서가 '마음'에서 시작되고 논리나 이성은 '머리'에서 시작된다고 설명했다. 이러한 현상학적 차이의 인식을 의심 없이 수용하는 것은 정서와 이성을 우리를 위해 협력하는 존재라기보다는 서로 적대시하는 분리된 존재로서 여기는 이원론적 개념을 갖게 할 수 있다. 철학, 신경과학, 심리학 그리고 사회과학의 이루어진 최근 연구에 의하면 정서는 우리 환경의 인지적 해석과 연관된다고 한다. 여러 학문에서 정서와 이성은 정신기관 안에서 독립된 존재로 기능하기보다는 오히려 상호 간에 정보를 제공한다고 결론 내린다. 우리 존재의 모든 구성요소를 통합하면서 심신이 전인적으로 연합하여 기능할 때 하나님의 창조물로서 우리는 완성된다는 신학적 관점을 여러 데이터가 지지한다.

신학적 이원론은 정서와 이성이 분리될 수 있다고 제안한다. 정서와 이성 모두 육체에 속한다고 하는 순간조차 신학적 이원론은 정서와 이성이 분리될 수 있다고 본다. 이러한 신학적 이원론은 뇌에 대한 최근 지식에 근거하여 볼 때 더 이상 지지받을 수 없다. 성서학자와 신학자들의 최근 작업에서 이원론은 천천히 삭제되고 있다. 이들은 정서와 인지가 상호 연결되어 있음을 인정하고 양쪽 모두 자아의 기초를 이루는 부분들이라고 이해하고 있다. 최근에 이루어진 바울에 대한 이해는 그의 다양한 인류학적 단어들은 인간구조의 특정부분이 아니라 전체로서 인간을 가리키고 있다는 데 동의한다.[15]

최근 과학이 발견한 관점에 의해서 인간을 연구하는 과학자, 신학자 그리고 철학자들의 그룹이 있다. 이 그룹은 이원론적 사고를 거부하고 자칭 '비환원적 물리주의(nonreductive physicalism)'를 지지하는 데 합의를 이루었다.[16] 이 문구는 다음과 같은 그들의 결론을 의미한다. '영혼'은 신체로부터 분리되지는 않았으나 사회와 하나님 양쪽 모두와의 상호작용 그리고 인간관계로부터 초래되는 더 수준 높은 복잡한 기능의 그 무엇이다.[17] 더 수준 높은 복잡한 기능은 당연히 정서적 반응도 포함한다. 그래서 '영혼'은 정서능력을 포함한다고 결론내릴 수 있다. 이 학자들은 "종교적 체험이 인간의 평범한 정서적 인지적 능력을 초월하는 어느 특별한 능력에 의지하는 것이 아니기 때문에" 의미 있는 종교적 체험이 반드시 인간에 대한 이원론적 개념을 초래하지는 않는다고 주장한다.[18]

우리의 토론은 정서와 이성의 연관성을 포용하지 않는 이상 인간을 자극하고 움직이는 중요한 생명력을 연구할 수 없다는 결론에 도달한다. 해리슨은 이 점을 잘 표현하고 있다. "지적인 힘을 포함한 모든 힘은 감정에 근거한다. 감정이 상하거나 단절되면 세상을 인식하고 대처하는 힘이 파괴되고 이성이 손상된다."[19] 1장에서 보았듯이 철학자와 심리학자들은 현실판단을 돕기 위해서 정서가 인지능력과 함께 일한다는 이론을 확립했다. 인간의 삶에 논리적인 뇌의 중요성의 강조도 신학적으로 적절하지만 인지적 과정에서 정서가 하는 역할의 평가도 동일하게 중요하다. 실제로 진화생물학적 관점에서 신학은 인지능력의 역사적 발달과정에서 정서가 차지하는 우월한 자리를 수용할 필요가 있다.

쇠렌 키에르케고르(Søren Kierkegaard)는 오래전에 마음의 순수성을 추구하면서 생각과 감정의 통합을 추구했다.[20] 파커 팔머(Parker Palmer)는 영성과 교육에 관하여 저술하면서 생각과 감정에 대한 관심에 시적인 목소리를 선사하고 있다. "정신의 눈"에 지나친 의존을 말한 후에 그는 "정신의 눈이 보지 못하는 현실을 찾을 수 있는 다른 눈, 즉 마음의 눈"을 열라고 권하고 있다. 마음의 눈이나 정신의 눈 홀로는 충분하지 않다. 우리는 정신과 마음이 연합하여 세상을 보는 "총체적 시야(Wholesight)"가 필요하다.[21] 팔머는 크리스천들은 정신의 관심을 끄는 지식뿐만 아니라 "총체적 시야"(Wholesight)를 통해 볼 때 발견될 수 있는 진리를 추구할 욕망과 책임을 가지고 있다고 한다.[22] 신체의 각 부분의 중요성을 말하는 바울의 비유를 통해 우리는 정서와 이성 모두가 자아 전체를 섬긴다고 말할 수 있다. 사막교부는 이 연관성을 거꾸로 보았다. 그래서 그들은 그리스도에게 순종하고 하나님과 연합하는 단계까지 가기 위해서 이성과 정서를 굴복시켜야 한다고 생각했다.

정서와 인지의 분리는 과학과 모순되고 창조, 체화, 성육신에 대한 개념과도 모순된다. 그래서 그러한 분리는 신학적으로 더는 수용될 수 없다. 모든 전문분야의 후기근대주의자들뿐 아니라 신학자들도 하나님이 의도적으로 정서와 이성을 서로를 필요로 하면서 어울리게 인간의 삶 가운데 배치시켰다고 논할 수 있다. 데카르트의 기본전제인 "나는 생각한다. 그래서 나는 존재한다"와 마찬가지로 "나는 느낀다. 그래서 나는 존재한다"는 타당한 가치로 인정되어야 한다. 양쪽 모두 신학적으로 실제이기 때문이다. 신학적 관점에서 더 나은 요약 설명은 다음과 같다.

"나는 생각하고 느낀다. 그래서 나는 존재한다. 그리고 나는 계속 되어가고 있다."

우리는 우리가 느끼는 정서에 책임이 있다

1장에서는 우리의 삶에 정서가 기여하는 긍정적인 면들을 보여주면서 인간이 존재하는 데 정서가 차지하는 중요한 위치를 지지하는 철학, 심리학, 신경과학의 최근 주장들을 제시하였다. 임상경험에서 이러한 주장들이 입증되기 때문에 많은 심리치료사, 목사 그리고 목회돌봄 전문가들은 이러한 주장들을 수용하게 되었다. 그들은 이론과 실제를 위한 안내로서 정서의 "자연스러움(naturalness)"에 대한 사회과학적 관점을 사용한다. 그들은 정서가 표현되는 방법을 평가할 수는 있지만 정서적 경험은 평가할 수 없고 정서는 자연스럽게 경험해야 할 삶의 중요한 부분이고 자연스러운 현상임을 이해하게 도와준다.

이러한 접근은 정서적 경험이 도덕적으로 중립에 있다고 이해하는 경향을 가지고 있다. 그러나 정서는 환경에 대한 해석에 응답하여 일어난다는 사실은 정서적 반응을 유발하는 이야기들, 즉 우리의 가치관과 신념에 대한 책임이 우리에게 있다고 제시한다. 신경학과 사회과학에서 이루어진 최근의 발전은 도덕적 중립성이라는 근대적 개념을 재검토하게 한다.

우리는 무력하게도 감정에 의해서 장악된다고 말하는 "수동성의 신화"(myth of passivity)를 다루고자 한다. 이 신화는 정서가 강하게 우리를 압도한다는 의견에 가깝다. 정서에 대한 언어는 감정이 지배한다는 생각(감정들은 우리를 "휩쓸어가", 감정들은 "우리의 넋을 빼앗아가", 감정에 "사로잡힌다", "감정 때문에 어쩔 수 없어")을 반영하고 촉진시킨다. 누구든지 분노 같은 정서의 노예가 될 수 있음을 우리는 안다. 그러나 생물학적인 면에서 볼 때 정서에 의해서 반드시 압도되지는 않는다.

6장에서 보여주듯이 정서는 삶의 올바른 길을 설명하기 위해 발전시킨 우리의 이야기들과 경험들에 의해 구성된 환경에 대한 응답으로서 일어난다. 우리는 이야기들을 변화시킬 자유가 있다. 그래서 환경에서 벌어지는 사건들 중에 어느 사건이 정서를 유발하게 할지 통제할 수 있다. 우리의 삶에 대한 책임은 우리의 정서를 구성하는 것과 정서가 표현되는 방법에 대한 책임을 포함한다.[23] 이 개념은 4부에서 다루어진다.

정서는 물론 해로운 행동을 유발할 수 있다. 정서가 본질적으로 악하기 때문이 아니라 인간의 악용과 학대의 도구가 되었기 때문이다. 이성도 또한 사람들이 악한 행위를 하게 하고 창조주가 처음에 의도했던 선(善)보다는 다른 목적에 기여한다는 점을 기억해야 한다.

정서는 인지적 과정과 분리된 생명체이며 우리의 지지와 상관없이 우리의 행동을 지배한다는 생각에 우리는 도전해야 한다. 이러한 생각은 최근의 과학적 인식과[24] 창조와 자유에 대한 신학적 개념에 모순된다. 신체적 손상, 주요 화학적 불균형, 뇌질환 그리고 다양한 형태의 치매 같은 경우를 제외하고 인간은 정서를 조절하고 창의적으로 또는 파괴적으로 이용할 수 있는 능력이 있다. 악한 목적으로 정서나 이성을 사용하면 자유를 부정적으로 표현하는 결과를 가져오게 된다. 이러한 표현은 분명히 정서와 이성이 우리 존재 가운데 부여된 근본적 목적에 모순된다. 정서의 목회신학은 위에서 언급된 한계 안에서 언제 그리고 무엇을 느끼고 어떻게 정서들을 표현할지를 선택하는 책임을 인정해야 한다.

이제 2부와 3부로 넘어가서 분노의 정서를 알아보자. 먼저 신경과학과 사회과학의 관점을 탐구하고 그 다음으로 신학적 관점을 이해하기 위해서 성서와 기독교전통을 살펴보고자 한다. 이 모든 전문적 지식을 사용하여 10장에서 분노의 목회신학을 만들어 보고자 한다.

2부

분노에 대한 이해

THE
ANGRY
CRISTIAN

분노인가 공격성인가?

우리는 분노라는 특별한 정서로 돌아가기 전에 분노와 공격성의 관계를 생각해 보아야 한다. 이 두 용어는 사회과학의 연구문헌과 일반적인 상황에서 빈번하지만 부정확하게 혼용된다. 1장에서 정의한대로, 나는 "분노"는 정서에 관계된 것이지만 "공격성"은 행동을 묘사하는 용어로 사용되어야 한다고 이 장에서 주장한다.[1] 분노와 공격성은 두 가지의 다른 역동인데 공격성은 근본적으로 분명한 신경적 작용에서 나타나는 다양한 행동들에 대해 언급한다. 많은 공격 행동들이 분노의 동기로 행해지는 것이 아니며 분노가 항상 공격성으로 이어지는 것도 아니다. 분노가 어떤 특별한 공격 행동의 정서적 동기요인이 되는 경우에서만 서로 연결된다. "분노"라는 단어가 공격 행동을 언급하는 것으로 오해되지 않도록 나는 이 책에서 두 단어를 구분한다. 나는 또한 공격성의 긍정적인 의미들을 서술하고 몇 가지 신학적 성찰을 하려고 한다.

과학과 공격성

1960년대와 1970년대 미국에서 문화혁명은 공격성과 폭력 수준이 그 특징인데, 이는 세기 초기의 노동조합운동 이래로 직면할 필요가 없던 문제였다. 세계 2차 대전 후의 비교적 평온한 시기가 지나자 베트남 전쟁에 대한 항거, 도시의 폭동, 시민 권리를 위한 행진, 폭발, 경찰견들 그리고 암살 행위와 같은 문제들이 일어나게 되었다. 이러한 공격성과 폭력은 사회과학자들의 반응을 요구했다. 그리하여 모든 학파, 곧 정신분석학자, 심리학자 사회학자들에게서 공격성과 폭력에 관한 연구가 쏟아져 나오게 되었는데 그 결론들은 서로 엇갈렸다. 뒤돌아 볼 때, 이러한 연구의 많은 부분에 결함이 있었음을 알 수 있다. 왜냐하면 일정한 상황과 특별한 공격성의 형태에만 적용되어야할 결론들이 모든 공격 행동에 적용될 정도로 일반화하고 대립되는 이론들은 서로 모순을 드러내고 있었기 때문이다.[2] 더구나 "분노"와 "공격성"이라는 용어들은 정서와 행동을 혼돈하면서 동의어로 사용되었다.

▶ "공격성"이라는 용어의 사용

역사적으로 동물 행동을 연구하는 과학자들은 "분노"라는 단어보다 "공격성"이라는 단어를 사용했는데 그것은 동물에게 정서가 있다거나 생물학적인 필요를 넘어서는 동기가 있다는 의미의 용어를 사용하고 싶지 않았기 때문이다. 비록 최근의 연구 조사는 동물학자들로 하여금 동물들이 경험하는 의식 수준에 대해 새로운 질문을 하게 했지만 정서는 대개 자기초월적 의식의 한 특징으로 간주되었기 때문에 이런 신중함은 적절하다.[3]

그러나 이런 신중함은 심리학자들을 포함하여 사회과학자들이 왜 "분노"라는 단어를 피하는지에 대한 설명을 제공하지는 않는다. 이유는 다양하겠지만 그들이 정서를 수량화하거나 측정하는 데 따르는 어려움에 집중하고 있음을 알 수 있다. 대조적으로 그들은 공격성이란 정의할 수 있고 측정할 수 있는 행동이라고 생각한다. 그러나 실제로는 사회과학자들이 분노를 그들이 관찰한 행동의 정서적 내용으로 규정하지 않기로 결정했을 때조차 공격적 행동뿐만 아니라 분노의 정서에 대해 빈번하게 연구했다. 더구나 사실상 공격적 행동이 분노의 정서에 근거한 것이 아닐 가능성이 있는 경우에도 공격적 행동에 집중된 연구조사의 결론을 설명하기 위해 그들은 "분노"라는 단어를 사용했다. 유감스러운 결과는 공격성에 관한 많은 결론들이 분노의 문제에 대해 말하고 있는 것으로 가정된다는 것이다. 그러나 아래서 살펴보겠지만 사실상 공격성의 다양한 표현들이 가진 신경과학적 기초들과 비교해 볼 때 분노의 독특한 신경과학을 그들이 간과하고 있다고 여긴다. 공격성이라는 단어를 정서와 행동에 모두 사용하는 것은 계속적인 혼돈을 자아내는 실수다.

분노와 공격성을 구분하는 데에서 또 하나의 문제점은 공격성의 개념이 복합적이고 상반되는 의미를 가지고 있다는 것이다. "공격성"이라는 단어는 긍정적인 행동과 부정적인 행동에 모두 사용된다. 판매원이 공격적으로 판매를 하려고 한다고 말할 때 우리는 긍정적 의미를 함축한다. 의학 치료 팀이 질병을 공격적으로 치료하고자 할 때 우리는 모두 지지를 보낸다. 그러나 우리는 "공격적"이라는 단어를 운동장에서 다른 아이들을 괴롭히는 행동과 빨리 자라는 암을 묘사할 때도 사용하는데 모두 부정적인 의미를 내포한다. 핸드백을 낚아채는 소매치기와 뺏기지 않으려고 맞서는 여성에게도 공격적으로 행동한다는 말을 사용한다. 폭동을 일으키는 사람들이나 경찰도 공격적으로 행동할 수 있다. 공격성은 본래 선한 것도 악한 것도 아니며 도덕적 평가는 평가자가 소속한 단체의 윤리강령을 포함하는 당시 상황에 의존한다. 하지만 부정적인 공격성에 대해 말할 때, 우리는 분노하는 공격성으로 추정한다. 어떤 사람이 파괴적으로 행동할 때 우리는 그 행동뿐 아니라 동기가 되는 정서를 묘사하기 위해 "공격성"이라는 단어를 빈번하게 사용하는데 그것은 분노가 항상 나쁜 것이라는 생각으로 이어졌으며 실제로 모든 공격성은 부정적인 것이라는 동일하게 잘못된 생각을 지지했다.

예를 들면 유명한 심리분석가인 에리히 프롬(Erich Fromm)은 공격성에 관한 그의 기념비적인 연구인 『인간 파괴성의 분석 *The Anatomy of Human Destructiveness*』에서 "악의가 없는"(긍정적인) 공격성과 "악의가 있는"(부정적인) 공격성을 구분했다.[4] 그러나 어디서도 공격성과 분노를 구분하지 않았다. 사실상, 분노는 색인에서도 나타나지 않는다. 이러한 간과로 인해 프롬은 창조적으로 표현된 분노 동기나 전혀 분노가 동기가 아닌 데서 발생한 악의없는 공격적 행동과 미움, 질투, 혹은 적개심으로 변한 분노 동기의 악의적인 공격성을 거의 구분하지 않는 결과를 낳았다.

▶동물의 공격성

거의 대부분의 척추동물들과 모든 포유류는 공격성을 드러낸다. 동물연구는 "포유류의" 뇌가 어떻게 작동하는지에 대한 기본적인 정보를 신경과학에 제공했다. 오늘날의 세부적인 신경지도는 포유류 뇌의 다양한 신경시스템들이 다양한 공격적 행동을 활성화하는 메시지들을 보내는 과정을 보여 준다. 동물에게 있는 세 가지 공격 형태의 뇌 회로가 규명되었다. 포식적 공격성(먹이를 위해 죽인다), 수컷들 간의 공격성(영역과 암놈에 대한 경쟁) 그리고 "정서적 공격"("분노회로"라고도 불린다)이 그것들이다.[5] 포식적 공격성이나 수컷들 간의 공격성은 그 어느 것도 인간이 분노할 때의 신체적, 정신적 반응의 특징을 나타내지 않는다. 이 신경의 각성 패턴은 먹이를 잡는다든지 암놈에게 생식을 위한 접근을 계속하는(혹은 도전하는) 것과 같이 생물학적인 필요를 위해 효과적으로 개입할 수 있게 하는 생리적 준비성만을 제공한다.

그러나 정서적 공격이나 분노회로라고 불리는 공격적 행동 양상은 신체적 특징(이빨을 드러낸다든지, 코를 벌름거리는)과 인간이 분노나 격노라고 부르는 각성 패턴과 비슷한 행동들을 보인다. 공격적 반응의 정서적 공격 양상은 동물이 함정에 빠지거나 상처를 입었을 때 혹은 먹이 공급이나 새끼에게 위협이 닥쳤을 때 활성된다. 그렇게 "궁지에 몰린" 동물을 관찰한 결과 우리는 격노하는 사람을 "사나운 짐승 같다"고 이름 붙이게 된 것이다. 이런 "격노"하는 기능과 그에 따른 신체적 움직임은 동물의 생존을 위한 기본적인 여건이 된다. 정신과 의사인 테오도르 릿츠(Theodore Lidz)는 두려움과 분노에 대해 다음과 같이 언급한다.

> *위험에 대항하는 이런 내재된 자동적 방어들은 적과 싸우고, 위험에서 도망치고, 위기에서 자원을 활용하는 능력을 발휘하기 위해 진화 과정의 초기에 발생하며 세포 조직의 필요에서 나오는 욕구보다 (배고픔이나 성적 충동과 같은) 동물 보존에 조금 덜 중요하다.*[6]

인간 분노와의 신경적 유사성으로 인해 "정서적 공격" 혹은 "분노회로"[7]라고 불리는 특별한 각성 패턴에 관한 생리학적 자료를 공급하는 동물 연구들은 우리의 원초적 분노의 원천인 각성 패턴 기저에 있는 두뇌회로에 대해 근본적인 통찰을 제공한다.[8]

우리는 일정한 환경적 자극이 동물로 하여금 공격적 행동을 하게 하는 신경의 분노회로를 유발한다는 것을 안다. 그러나 동물들도 공격적 행동의 동기가 되는 다른 많은 생존적 필요를 갖고 있는데 배고픔, 성적 각성, 알품기 본능, 사회적 접촉이 가장 공통된 필요들이다.[9] 그러나 이런 공격적 행동들은 인간의 분노처럼 보이는 공격적 각성 패턴(분노회로)과는 아주 다르다. 동물의 공격성 중 한 가지 형태만 인간에게 있는 격노와 신경과학적으로 유사하다는 것을 고려할 때 동물에게 있는 모든 공격성을 분노라고 이름 붙이고 이러한 관찰을 인간에게 적용하는 것은 인간 분노에 대한 우리의 이해를 잘못 인도하고 또 왜곡한다.

▶인간의 공격성에 적용된 동물연구

사회과학자들은 동물의 공격성에 대한 연구 결과를 인간의 상황에 과도하게 적용하려고 시도하는 과학자들을 향해 강하게 비판했다. 심리학자 돌프 질만(Dolf Zillman)은 초기 문헌들을 샅샅이 검토하면서 이러한 상관관계를 조사했는데 그 결과 "연구 모델들을 인간에게 과도하게 확대하여 적용하는 것이… 동물로부터 인간으로 옮겨가는 추론적 도약 속에 노골적으로 드러났으며 그러한 내용들이 공격성에 관한 일부 가장 인기 있는 이론들의 핵심"이라고 불만을 표시했다.[10] 그는 또한 폭력에 관한 문화적 관심으로 인해 파괴적인 행동의 폭발이 공격적 행동의 동기인 정서 연구에는 거의 주의를 기울이지 않던 공격성 개념과 연결될 때가 많다는 데에 관심을 가졌다.[11]

공격성과 정서의 차이를 구분하지 않는 공격성 연구는 과학적 작업에서 신빙성이 없는 적용을 하게 되었다. 예를 들면 콘라드 로렌츠(Konrad Lorenz)는 그의 저서 『공격성에 관하여*On Aggression*』에서 서술한 인간의 공격성과 폭력에 관한 이론들로 인하여 학술계에서 잘 알려진 동물행동학자다.[12] 그러나 그가 실제로 연구한 것은 인간이 아니고 거위와 다른 동물들이었다. 로렌츠는 공격성이란 각 종 동물들이 생존에 필요한 행동을 하게 하는 생태적으로 진화 발달된 것이라고 했다.

그가 행한 연구의 이러한 관점은 폭넓은 지지를 받았다. 그러나 그의 저서 마지막 부분에서 로렌츠는 자신의 전문 영역에서 벗어나 사회심리학 분야에 접근했으며 자신의 연구를 인간의 행동에 적용하려는 시도를 했는데 그것이 많은 문제를 야기했다.[13] 그는 동물의 공격적인 행동은 긍정적인 진화의 목적을 지닌다는 것을 확증했다. 그러나 그의 결론을 인간 행동에 적용하면서 공격성에 관한 그의 정의를 잔인하고 고통스럽고 파괴적인 부정적 행동에 제한하게 되었다. 그러한 제한은 새로운 세계를 탐험한다든지 불법적인 착취에 대해 항거하는 것과 같이 인간 공격성이 긍정적이고 동기적인 면에 공헌한 것을 무시하게 된다.

동시대의 로버트 아드레이(Robert Ardrey)는 인간의 진화 역사에 있어서 공격적 행동의 뿌리에 대해 연구 조사했다. 그의 첫 저서 『아프리카 제네시스*African Genesis*』에서 아드레이는 최초의 인류는 "살인자들"이라고 주장하며 인간은 초기부터 동료 인간들을 죽이기 위해 여러 가지 장비들을 무기로 개발했다고 가정했다. 그는 "인간은 그 자연적 본능이 무기를 가지고 죽이는 약탈자"라고 결론지었다.[14] 그의 저서 『세력권*The Territorial Imperative*』에서 아드레이는 인간이란 자기 영역을 방어하도록 생물학적으로 프로그램되어 있으며, 공격성은 그러한 목적을 성취하는 데 필요한 행동을 하도록 하는 진화적 본능이라고 주장한다.[15] 데스몬드 모리스(Desmond Morris)는 이러한 생각들을 『벌거벗은 유인원과 인간동물원*The naked Ape and The Human Zoo*』에서 대중화했다.[16]

이런 모든 연구들은 몇 가지 오류를 범하고 있다. 첫째, 그들은 동물의 공격성을 관찰 가능한 행동 패턴에 기초하여 정의를 내렸으며 정서를 이러한 공격적 행동 뒤에 존재하는 동기로 지목하지 않았다. 그러나 그들이 인간 행동에 대해 묘사할 때는 공격성은 생존 욕구가 아닌 분노 정서가 동기인 행동과 연결된다. 그들은 분노란 인간에게만 개발된 정서적 역동이라는 것을 거의 인식하지 못했다.

둘째, 많은 관찰자들이 파괴적인 공격성을 분노라고 부르는 정서와 연결함으로써 분노는 공격성과 마찬가지로 생득적이라는 결론을 내렸다는 것이다. 이 저자들이 많은 독자들로 하여금 동물에게 있는 공격성이 본능적인 것이라고 여기게 만든 그런 방식으로 인간의 분노도 본능적인 것이라고 믿게 만들었다. 두말할 것 없이, 분노란 인간이 통제할 수 없는 것이며 인간은 생물학적인 결정론으로 인하여 원하지 않게 수동적인 존재가 되어 버린다는 결론에 이르게 되었다.

셋째, 분노는 파괴적인 행동에만 초점을 맞춘 인간 공격성에 관한 정의와 결합되기 때문에 그들은 분노에 대해 협소하고도 부정적인 견해를 가질 수밖에 없었다. 그리하여 우리에게 분노가 없다면 문명이 더 발전할 수 있을 것이라는 의미와 함께 모든 분노는 문명의 장애물로 규정되었다. 이러한 결론은 분노는 죄라는 기독교 전통과 심리적인 의미에서는 동일하다.

간단히 말해서 이 저자들은 우리 문화 속에 살고 있는 많은 사람들로 하여금 분노란 인간 조건의 선천적이고 본능적인 속성이라고 과학적 연구들이 증명했다고 추측하게 만들었다. 그러므로 정서로서의 분노가 보통 정서적으로 중성인 기본적 공격 충동들과 구별된다는 이론을 정립하고 최근의 신경과학의 연구조사(그리고 6장에서 살펴본 구성주의 내러티브 이론들)는 위의 개념들에 반대한다는 사실을 지적해야만 한다. 로렌츠의 처음 동물 연구가 시사하듯이 공격성은 항상 부정적이거나 파괴적이지 않고 생산적이며 삶을 향상시킬 때가 많다.

▶유인동기와 성가심동기의 공격성

사회과학자들은 성공과 과업성취와 아동보호와 게임 승리의 욕구들과 같은 다양한 목표와 목적이 공격적 행동으로 이어진다는 데에 주목하면서 인간 공격성에도 다양성이 존재한다고 강조했다. 이러한 목표들을 성취하는 데 필요한 어떤 행동도 분노의 감정이 동기가 되지는 않을 것이다.

사회 과학자들은 "유인동기"와 "성가심동기"의 공격성을 구분했다.[17] 유인동기의 공격성은 음식, 물, 안식처, 교제, 생식에 대한 기본적 필요를 채우는 방식으로 행동하는 본능적인 인간 욕구다. 합리적인 결정을 통해 목표를 달성하려는 정상적인 욕구들은 공격적이라고 분류될 수 있는 행동으로 이어질 수도 있지만 통상적으로 분노가 그 동기가 되지는 않는다. 유인동기의 공격성은 반응적이고 각성된 형태의 신체 반응없이 고려되고 행해지는 행동과 관련된다. 이런 형태의 공격성은 분노와 관련된 것이 아니다. 왜냐하면 그것은 타인과 싸우거나 상해를 주려는 욕망과 연관된 신체적 각성을 내포하지 않기 때문이다. 그것은 다음 장에서 설명하는 바와 같이 위협에 대한 반응이 아니며 필요에 대한 반응일 뿐이다.

다른 한 편으로 성가심동기의 공격성은 목표를 달성하거나 기본적인 필요를 채우려는 행동에 기인한 것이 아니고 불쾌한 외부 자극에 대한 반응이다. 이러한 형태의 공격성은 "분노의 공격성"[18]이라고 불리는데 그것은 분노라는 정서적 경험이 동기가 된 행동이기 때문이다. 성가심동기의 공격성을 경험하는 사람의 목표는 분노를 일으키는 근원에 도전하여 그것을 감소시키거나 제거하는 것이다. 이러한 형태의 공격적 행동은 미리 계산된 것이 아니며 자극에 대한 반응으로서 자연적으로 일어난다. 그리고 유인동기의 공격성과는 달리 신체가 깊이 개입한다. 불쾌한 자극들은 신체로 하여금 도전할 준비를 시키면서 동물의 분노 회로와 유사한 신체적 각성 패턴을 유발한다.

기본적인 필요나 선택한 목표를 만족시키려는 유인동기의 공격성이 좌절될 때 분노가 생길 수 있다는 것은 분명하다. 다시 말하자면 만약 어떤 사람이나 조직이 성공을 위해 고군분투하는 우리의 노력을 저지한다면 우리는 성공에 대한 좌절로 인해 위협감을 느낄 것이며 그 길을 가로막은 사람이나 단체에 대해 화를 낼 것이다. 만약 실패의 갈등이 분노 기능을 자극했다면 그로인해 일어나는 신체적 각성은 원초적인 목표에 초점을 둔 공격성과는 다른 신경 과정을 내포할 것이다.[19] 그러한 분노는 우리의 노력을 차단한 대상에게 대항하는 공격적 행동으로 이어질 것이다. 그럼에도 불구하고 (가해를 한 사람들을 벌주려는) 두 번째 공격성은 분노의 표현이지만, (기본적인 필요나 선택한 목표를 향한) 최초의 공격성 표현은 분노와 관련된 것이 아니다. 비록 분노가 특별한 공격적 행동의 동기 요인이 될 수는 있지만 분노와 공격성이 항상 동일한 신경 역동을 가지는 것은 아니다. 다시 말하자면 공격성은 행동을 묘사하고 분노는 정서로 규정된다.

생명력인 공격성

공격성에 대한 또 다른 이해는 공격성이 신체적인 차원에서나 심리적인 차원에서 생명을 유지하는 데 필요한 자기주장적인 행동들과 연관된다는 것이다. 이러한 종류의 공격성은 다음과 같은 다양한 이름들을 가지고 있다. 주도성, 주장성, 충동, 욕망, 동기가 그것이다. 목회상담학자인 캐서린 그라이더(Kathleen Greider)는 공격성이란 생존하며 번성하고자 하는 욕망에서 나오는 생명력의 일차적 표현이며 목표, 인간, 대상, 장애물들을 향한 그리고 그것들과 함께 체화된 긍정적이고 부정적인 움직임"이라고 정의한다.[20] 중국어 기(*ch'i*) 역시 "영, 에너지 그리고 각성"의 의미를 전달하는 생명력 개념을 내포한다. 철학자인 리 이얼리(Lee Yearly)는 기(*ch'i*)가 "우리로 하여금 활력적인 자기표현을 할 수 있도록 자극하는 생리적이고 영적인 에너지"[21]와 관련된 것이라고 말한다. 이 생명력은 생명의 동기적 에너지인 생물학적 "소여성"의 한 부분이다. *기* 혹은 "생명력"은 다양한 표현 양식을 가지고 있는데 그 가운데 하나가 생존을 위해 싸우고자 하는 강력한 생리적, 정신적 준비성이라고 생각할 수 있다. 이러한 외적 표현에서, *기*는 분노의 정서로 나타날 수 있고 부수적으로 혹은 독립적으로 공격적인 행동으로 드러날 수도 있다. 요약하자면 분노는 공격적 행위로 드러날 수 있다. 그러나 분노하는 공격성은 생명력이 표현할 수 있는 공격적 양상들 가운데 하나에 지나지 않는다.

분노가 공격적 행위로 이어지는 경우가 빈번하지만 항상 그렇지는 않다. 정서로서의 분노는 표현되지 않고 억압되거나 위장될 수도 있으며 보통 공격이라고 여겨지지 않을 정도의 수동적인 방식으로 표현될 수도 있다. 분노는 복수에 대한 백일몽과 같은 공격적인 심상을 생성해 낼 수도 있다. 그러나 그러한 이미지들이 반드시 공격적 행위로 귀결되는 것은 아니다. 다음 장에서 분노를 정의할 때 분노를 "방어하거나 공격하려는 욕망"으로 결론짓기로 나는 제안한다. 그러나 이 욕망은 공격적인 행동으로 표현되지 않을 수 있다. 요약하자면 많은 공격적 행동들이 분노의 동기에서 행해지는 것이 아니며 분노가 항상 공격적 행동으로 귀결되는 것도 아니다. 그러므로 나는 우리가 통상 "분노"라고 부르는 정서에 우선적인 관심이 있기 때문에 분명하게 행동에 관계된 경우가 아니라면 "공격성"이라는 용어를 이 책에서는 사용하지 않을 것이다.

생명력의 원초적 표현으로서의 공격성은 생물학적인 뿌리를 가지고 있는 것이 분명하며 그것은 기본적 생존의 필요를 채우려는 추구와 우리가 의식적으로 채택한 심리적/사회적/영적 목표들에 동기를 부여한다. 그러나 이러한 생리적인 양상은 내가 5장에서 설명한 분노의 신경과학적 각성 패턴과는 동일하지 않다. 분노는 그 자체가 공격적인 행동으로 표현될 수 있지만 "공격성"이라는 단어는 이 생명력이 표현되는 다른 많은 긍정적 행동들을 묘사하는 것일 수 있다. 그러므로 "공격성"이 분노의 정서 자체를 묘사하는 것으로 사용된다면 혼돈을 일으키게 될 것이다.

요약하자면 분노와 공격성이 대조를 이루는 주요 관점에 대해 우리는 유념을 해야 한다. 동물에게 "공격성"은 생존을 촉진시키는 강하고 다양한 활동들에 관계된 것이고 그 가운데 오직 한 가지 활동만이 인간에게 "격노"라고 불리는 것과 유사하다고 볼 수 있다. 인간에게 도 "공격성"이라는 용어는 긍정적이고 윤리적인 결과나 부정적이고 파괴적인 결과를 가져오는 다양한 행동들과 관련된다. 인간에게 공격적인 행동이란 분노의 결과일 수 있지만 분노와 연관되지 않을 수도 있으며 일정한 목표들을 성취하기 위한 강력한 활동과 연관될 수 있다. 그러나 분노를 표현하는 공격성이라고 할지라도 파괴적일 필요는 없으며 안전이나 생존과 같은 긍정적인 목표들을 이루는 적절하고 효과적인 반응이 될 수 있다. 공격성은 생존과 관계성을 확보하게 해주는 생명력의 근본적인 표현일 수 있다. 그러나 일상적으로 공격성의 개념은 부정적으로 사용될 때가 많으며 사회과학에서는 분노와 혼동되는 경우가 많았고 그 정서를 묘사하는 데 상호교환적으로 사용되었다.

신학적 성찰

앞에서 생명력의 원초적 표현으로 정의된 공격성은 우리가 인간 피조물로서 타고난 속성의 한 부분이다. 주도성, 활동, 모색, 탐험, 시험, 작업 등을 통하여 표현되는 이 공격성은 우리의 생리 기능에 깊이 뿌리 내리고 있으며 우리의 전 생물학적인 역사를 통하여 발전되었다. 이 동기부여적인 생명력이 없다면 우리 조상들은 생존하지 못했을 것이다. 더구나 인류가 예술, 언어, 조각, 정부 그리고 기타 다른 문명의 양상들을 발전시키기 위해서는 공격적인 요소가 인간의 기본적 본성의 한 부분이 되어야만 했다. 진 블롬퀴스트(Jean Blomquist)가 말한 바와 같이 "창조하고 생산하고 재배하고 회복하고 새롭게 하려는 열망이 인간의 마음 깊은 곳에 자리하고 있다."[22] 그라이더는 이러한 능력의 목적에 대해 "살아있는 피조물들은 전체적으로 생존하고 번성하려는 욕망을 창조주로부터 받았다"[23]고 말한다. 공격성이라는 능력은 하나님께서 우리의 체화된 존재 안에 부여하기를 의도하신 것들 가운데 한 부분이다.

공격성이라는 것이 너무나 근본적인 것이기 때문에 공격성과 사랑은 인간 조건의 동일한 양상들인 인간의 잠재력을 완성시키는 데 필요한 "두 가지의 원초적인 힘"이라고 그라이더는 규정한다. 그녀는 이 두 가지 기본적인 생명 촉진적 본성을 인식했으며 그것들이 이상적으로 "융합되고" "얽혀" 있다고 생각했다.[24] 그러나 그녀는 공격성이 사랑에 대항하는 기능을 할 수 있다는 사실을 인식했다.[25] 인간의 다른 특성이나 잠재성과 마찬가지로 공격성을 사랑의 섬김보다 파괴적인 목적으로 사용할 수 있는 자유를 우리는 가지고 있다. 우리에게 부여된 다른 모든 특성들과 마찬가지로 우리는 공격성을 부정적이고 파괴적인 방식으로 표현할 수도 있고 인간 공동체 가운데서 생명과 사랑을 촉진하는 창조적 방식으로 표현할 수도 있다. 공격성이 본래의 목적대로 생명을 주는 행위의 도구로 사용될 때 "공격성은 생존과 번성에 대한 생물학적이고 심리 영적인 욕망의 표현"이 된다고 그라이더는 말한다.[26]

유대 기독교의 이야기들이 공격적인 하나님에 관한 이야기로 가득 차 있다는 것은 분명하다. 창세기의 처음 두 장에 나오는 창조 기사에서 하나님께서 창조 이전의 혼돈으로부터 질서를 창조하고 최초의 피조물들에게 생명을 불어넣으며 세상이 존재하도록 능동적으로 말씀하신 것을 볼 수 있다. 히브리성서 전체를 통하여 하나님은 이스라엘 백성에게 적극적으로 **영향력**을 행사하고 그들을 인도하며 나라를 지도한 것을 볼 수 있다. 예수님은 말씀과 행함을 통하여 그의 사명을 완수해 나가던 동안 늘 주도권을 잡으셨다. 과정신학자인 마죠리 수하키(Majorie Suchocki)는 하나님은 "지속적인 상호작용-능동적이고 반응적인"[27] 과정을 통하여 세상에 진기한 새로움을 가져 오는 일에 친밀하게 개입했는데 그것은 하나님께서 세상에 대하여 수용적인 태도뿐만 아니라 공격적인 태도도 취한다는[28] 의미라고 설명한다. 그녀는 "가능성과 현실성에 대한 개방성은 하나님의 중요한 특징"[29]이라고 지적한다. 직접적인 설득은 하나님이 세상과 상호작용하는 지속적인 역동이라고 그녀는 믿는다.[30] 나는 하나님은 사랑이라고 이해하는데 그러한 이해는 세상과 "끊임없이 상호작용하는"

하나님의 다양한 양식들을 사랑의 표현으로 보게 한다.[31]

그라이더가 묘사하는 감정의 톤이나 공격성의 활동이 2장에서 논의한 하나님의 긍휼과 같은 것이라고 나는 규정한다. 나는 요한일서 4장 8절의 "하나님은 사랑이시라"는 말씀이 하나님의 변하지 않는 성품에 대한 가장 근원적인 설명이라고 생각한다.[32] 그리고 나는 공격성을 행동으로 정의하기 때문에 공격성은 사랑을 실현하는 하나님의 강력한 활동이라고 생각한다. 하나님의 공격성은 사랑의 행동적 표현이기 때문에 나는 그것이 공격성의 근원인 사랑에 대항하거나 사랑과는 거리가 먼 파괴적인 태도로 활성화한다는 것을 상상할 수 없다. 나는 하나님의 사랑이 공격적인 행동을 통하여 자비롭게 드러나는 것을 쉽게 상상할 수 있다. 그러나 하나님의 공격성이 활성화하기 위해 사랑에 역행하는 행동으로 나타난다는 것을 상상할 수 없다. 나는 10장에서 하나님의 분노는 분리된 하나의 특성이 아니고 사랑의 표현이라고 주장하면서 사랑과 분노의 관계에 대해서 비슷한 관점을 제시한다.

이러한 기능은 하나님의 형상으로 창조된 우리 존재의 한 면이 아니겠는가? 생명력의 표현인 공격성의 능력이 그 자체로 세상에 하나님의 사랑을 표현하는 한 가지 방법이라면 하나님의 형상(*imago Dei*)의 한 부분인 우리의 인간성 안에서 공격성을 발견하는 것은 놀라운 일이 아닐 것이다. 사랑할 수 있는 능력과 함께 공격성은 창조주가 부여한 인간 존재의 기본적 능력에 있어서 중요한 부분이 된다. 그렇기 때문에 이 능력을 우리의 "하나님 형상을 닮음"에 대한 이해와 연결시키는 것이 적절하다고 생각한다. 이 공격성의 능력은 임신과 함께 다음 세대로 전달되는 유전적 프로그램의 한 부분이며, 하나님께서 가능케 한 인간 잠재력의 기본적인 요소로 창조주가 우리 안에 심어 놓은 것이다.

5장
분노는 어디서 시작되는가? 신경과학의 공헌

　우리는 인간의 삶에서 정서가 전반적으로 매우 중요하다는 사실을 확인했고 정서에 관한 신학적 관점도 살펴보았으며 분노와 공격성의 차이도 검토했다. 이제 나는 분노라는 구체적인 정서에 관심을 돌리고자 한다. 분노에 관한 목회신학은 "분노는 어디서 시작되는가?"라는 질문과 씨름을 할 필요가 있다. 나는 신경과학이 분노의 근원에 대해 제공하는 구체적인 정보를 설명하는 것으로 이 질문에 대한 대답을 시작하고자 한다. 인간의 분노를 이해하기 위해서는 다른 차원에서도 연구조사를 해야겠지만, 앞 장에서 논의한 대로 동물의 분노회로에 관한 신경과학적 연구조사가 오랫 동안 진전되었으며 분노 경험의 기본이 되는 인간 뇌의 여러 부분에 대해 많은 것을 가르쳐 준다. 나는 기억에 관해 토의하고자 하는데 기억은 신경의 작용 과정에 매우 중요한 부분이다. 그 후에 분노와 두려움의 연결성에 대해 생각해 보고자 하는데 그것은 우리가 위험한 상황을 경험할 때 가장 밀접하게 연결되는 두 가지의 우선적인 정서체계다. 이 정서체계에 대한 정보는 내가 분노의 "위협 모델"[1]이라고 부르는 것에 대한 이해를 가능케 하고 분노가 일어나는 이유에 대한 설명을 해주며 마침내 일정한 신학적 성찰에 이르게 할 것이다.

두뇌와 분노

분노가 일어날 때 인간의 뇌에서는 어떤 일이 일어나는가?[2] 통상적으로 두뇌가 위험을 알리는 감각으로부터의 정보를 해석할 때 분노가 시작된다. 감각기관으로부터의 정보는 신경전달물질에 의해 전기화학적 메시지 형태로 전송되며 시상이라는 뇌 부분이 그것을 받아들인다. 시상은 감각으로부터 온 자료들을 대조하고 조직하는 첫 단계를 책임지는 뇌의 한 부분이다. 그 다음에 시상은 감각정보를 처리하고 해석하며 생존보장을 위한 생리적 반응을 일으키는 두 신경시스템을 통해 이 정보를 내어 보낸다. 그것은 편도체/변연계와 신피질/전두엽 체계다. 그러므로 환경 가운데 자신에 대한 어떤 위험이 존재하는지 확인하기 위해 감각으로부터 온 정보를 처리하려면 뇌는 두 개의 통로를 사용하게 된다. 쉽게 이해할 수 있기 위해 우리는 이러한 통로를 개별적으로 살펴보고자 한다.

▶편도체 혹은 "느끼는 뇌"

하나의 통로가 시상하부를 편도체와 변연계에 직접적으로 연결하는데 그것은 때로 "정서적"뇌라고 불린다. 최근까지만 해도 신경과학자들은 모든 정서적 반응들을 신피질을 통한 신경 전달로 생각했다. 그러나 최근의 연구는 위험 신호를 전달하는 정보가 신피질을 지나쳐 감각으로부터 편도체와 변연계로 바로 전달된다고 알려 준다.[3] 연구 증거는 보고 듣는 기제들이 바로 대뇌변연계에 연결되어 있다는 것을 보여 준다. 그리고 그것은 어떻게 어떤 광경이나 소리가 분노회로에서 즉시 반응을 유발하는지 그리고 분노와 두려움이 왜 그렇게 강력한지 이유도 모르는채 갑자기 극도의 두려움과 분노를 느낄 수 있는 데 대한 설명이 된다.다.[4]

해마와 편도체는 모두 기억의 과정에 연결되어 있다. 그 기억의 과정은 고통스러웠고 외상 적이었기 때문에 위험한 것으로 경험된 과거의 사건들을 기록하고, 저장하고 그리고 회상하는 과정이다.[5] 연구 조사에서는 외상적인 경험의 결과로 형성되었을 가능성이 있는 신경회로를 통하여 이런 감각 자료들이 돌아다닌다고 밝히고 있다. 이런 대체적인 회로들이 신피질이 충분히 형성되기 이전인 개인의 인생 초기에 발달되었을 수 있다. 그러나 성인기의 경험들도 시상으로부터 편도체로 직접 보내진 감각 정보에 의해 이후에 활성화한 기억체계에 흔적을 남긴다. 감각으로부터의 정보가 받아들여지면 편도체는 그 메시지가 위험했던 과거의 사건들과 연관이 있는지 점검하기 위해 재빠르게 정보 파일을 교차 점검한다. 만약 새로운 자극이 과거의 외상 사건과 동일한 것으로 인식되거나 해석되면 편도체는 전 변연계에 경고를 보낸다. 이런 경우에 생각하는 뇌 (의식적인 마음)는 작동하지 않고 변연계가 즉각적으로 위험한 상황에 대해 경계를 갖추게 된다. 그리고 무슨 일이 발생했는지 우리가 의식적으로 알아채기도 전에 몸이 움직이며 행동을 취하게 된다. 그리하여 자기를 방어하기 위한 신체적 반응을 할 뿐만 아니라 우리를 위험하게 만든다고 여겨지는 사물이나 사람에 대한 분노의 정서적 폭발이 신체적 반응에 따라 온다. 이 연구는 외상후스트레스장애와 "플래시백"과 같은 특수한 정신적 현상에 대한 이해에 새로운 빛을 던져 준다.

▶신피질 혹은 "생각하는 뇌"

두 번째 회로에서는 시상으로부터의 정보가 때로 "추론하는" 혹은 "생각하는" 뇌로 일컬어지는 신피질이나 전두엽으로 보내진다. 신피질은 인간에게 아주 발달한 부분이며 의식과 인지적 과정을 담당하는 뇌 영역이다. 그러므로 신피질 안에서는 감각들로부터 온 정보에 대한 다른 형태의 해석이 이루어진다. 감각으로부터의 정보를 처리하는 뇌 영역과 감각 정보에 대한 생리적 반응을 활성화하는 뇌 영역에 대한[6] 광대한 신경연결망을 가지고 신피질은 지각하고, 해석하고, 그리고 환경에 반응하는 일 사이에서 중요한 신경 스위치보드 역할을 한다.

그러나 생각하는 뇌로부터 처리된 정보의 성격은 정서적 뇌가 반응하는 성격과는 다르다. 신피질은 즉각적인 신체적 위험보다는 자신에 대한 더욱 복잡한 위협과 관련된 위험들을 규명해 낸다. 인간으로서 우리는 위험한 사건들이나 환경들로 인한 물리적인 위협을 경험할 뿐만 아니라 심리적으로 혹은 심리사회적으로 위협을 받는데 그것은 우리의 가치관이나 의미, 세계관, 특별한 관계들 그리고 미래에 관한 계획들을 포함하며 그 모든 것들은 우리의 자아개념과 개인적 정체성 형성에 기여한다. 외부에서 일어난 일로 인해서든지 혹은 내면의 정신적 이미지로 인해서든지 간에 위와 같은 존재의 양상들에게 위협을 받게 되면 우리는 두려움과 분노를 경험한다.

그 위협이 신체적 생존에 관한 것일 수도 있지만 그 위협의 성격이 편도체가 감각정보로부터 단순하게 파악할 수 있는 그런 종류가 아닐 수도 있다. 오히려 그 환경은 우리의 인지 과정에 의해 해석되어야 하는데 그러한 작업은 우선적으로 전두엽 안에서 일어난다. 예를 들면 간에 악성 종양이 있다는 의사의 보고는 신피질 만이 위험으로 해석할 수 있는 정보다. 그 정보가 자신에 대한 위협으로 해석되면 신피질은 "앞에 위험이 있다!"는 즉각적인 메시지를 편도체에 전달한다.

변연계가 정서적인 신경 방어 네트워크를 조정하는 뇌의 영역이지만 신피질, 혹은 "생각하는 뇌"는 인간에게만 있는 독특한 분노 과정의 일부를 설명해 준다. 팬크세프는 다음과 같이 요약한다.

> 분노 행동에 대한 설득력 있는 설명을 하고자 한다면 더 고차원적인 대뇌

능력에 대해 고려해야 할 것이다. 그리고 동물 연구가 인간이 공격성을 드러내거나 숨기는 이유에 대해 충분한 설명을 해 줄 것이라고 믿는 것은 합당하지 않다. 분노 안에 있는 많은 인지적 양상은 인간에게만 존재한다는 것이 자명하다.[7]

인간은 심리사회적 위협에 근거한 이차적인 정서와 그보다 더 복잡한 정서 기능을 개발했 으며 위협의 결과 생기는 분노로 인해 정서 기능 개발에서 급속도의 성장을 하게 되었다. 인간은 동물세계에서는 알려지지 않은 다양한 어감적 차이를 구분할 수 있는 풍부한 분노 단어를 개발했다. 질투, 복수, 앙심, 빈정거림, 적개심, 원한 그리고 미움과 같은 부정적이고 파괴적 묘사를 하는 단어들도 있고 자비, 불의에 대한 항거, 저항, 변호 그리고 자유를 위한 투쟁과 같은 긍정적인 의미를 전달하는 단어도 있다. 인간 안에 있는 이러한 정서들은 고도의 두뇌 기능들과 함께 발달되었다. 신피질은 우리의 진화적 과정 안에서 초기에 확립된 더 기본적인 체계와 상호작용하는데 그 체계는 특별히 관계 안에서의 위협에 대해 미묘한 반응을 하도록 이끈다.[8]

그러므로 신피질은 심리사회적 생존을 위해 분노를 건설적으로 사용하는 일뿐만 아니라 다른 인간에게 대항하는 파괴적인 행동에도 책임이 있다. 생물학적인 억제체계가 동물세계 안에 존재하는 것 같으며 그 결과 동물들이 동종의 다른 동물을 죽이는 일은 드물게 된다. 그와는 대조적으로 인간은 생물학적인 유산을 초월하는 추론적 뇌를 소유한 자유를 남용함으로써 서로에게 그리고 지구에 끔찍한 파괴를 초래한다. 인간은 그러한 억제체계를 무시하고 진화된 것 같으며 동물세계에서 알려진 그 어떤 행동보다 더 파괴적인 욕망과 목표를 동기로 한 행위들을 계속적으로 행한다.

▶ "무장하라는" 명령

위험을 나타내는 시상으로부터의 정보에 대한 자체 해석에 반응하든지 신피질로부터의 경고 메시지에 반응하든지 간에 편도체는 신체의 내적 경고체계를 유발하면서 변연계를 통하여 즉각 메시지를 전송한다. 뇌의 여러 부분은 도망 혹은 싸움을 위해 몸을 준비함으로써 이 "무장하라는 명령"에 반응한다. 자율신경계의 교감신경은 즉시 신체 변화를 활성화한다. 혈액에 화학적 변화가 일어나고(에피네프린과 노르에피네피린이 분비된다), 혈압이 상승하며(얼굴이 붉어진다), 심장박동수가 증가하며(심장이 "두근거리며 뛴다"), 근육이 긴장하고(콧구멍이 벌름거리며 이를 악문다), 체온이 상승한다(뜨거운 느낌). 몸은 방어, 탈출 혹은 반격을 위해 준비된다.[9]

그러나 도주하거나 싸우는 행동 이전에 우리가 "마비" 되거나 "긴장성 무운동"이라고 부르는 "얼어붙는" 순간이 있다. 동물들에게는 그러한 반응이 보편적이기 때문에 우리는 놀란 사람들에 대해 "헤드라이트에 비친 사슴 같은" 표정에 비유한다. 생물학자들은 동물들의 그런 반응이 그들의 움직임에 시선을 집중하는 포식동물들의 탐지를 피하기 위한 것이라고 해석한다. 더구나 많은 동물들은 그들이 얼어붙게 될 때 주위 환경과 구분이 안 되는 피부 색깔로 바뀌기도 하는데 그것은 발견될 수 있는 기회를 감소시킨다. 우리는 분노나 두려움을 느낄 때 일어나는 이러한 다양한 신체적 변화를 알아챌 수 있다. 우리의 몸은 입력되는 가능한 모든 정보를 받아들이도록 준비시키는 고양된 자각 상태를 즉시 만든다. 우리의 동공은 확대되고(말 그대로 눈이 크게 열린다), 코는 냄새를 맡기 위해 벌름거리고 청각도 예민해지며 심지어 팔의 털들도 움직임이나 접촉을 감지하기 위해 일어선다.

기억의 중요성

분노가 아주 순식간에 일어나기 때문에 화를 내는 의식적 결정을 내릴 여유가 조금도 없는 것 같은 그런 상황들을 잠시 생각해 보자. 당신 주위에서 일어나는 어떤 일에 당신의 몸이 "직감적인" 반응을 한 그런 상황을 기억해 보라. 당신은 갑자기 눈앞에 나타난 어떤 물체를 "직감적으로" 피했을 수 있고 사고를 피하기 위해 "직감적으로" 브레이크를 밟았거나 차도를 이탈했을 수도 있을 것이다. 우리는 이런 경우에 "직감적으로"라는 단어를 사용하는데 그것은 우리의 뇌가 "나를 다치게 할 수 있는 무언가가 날아오고 있어. 피하는 것이 좋겠어"라고 말할 수 있는 것보다 더 빠르게 피하는 것 같이 보이기 때문이다. 혹은 인지적으로 자료를 처리하여 차가 정지신호를 무시하고 달리니 피하는 것이 좋겠다는 이성적인 결정을 하기 전에 우리는 브레이크를 밟는다. 이런 "직감적인" 움직임들은 그러한 상황에서 급작한 분노 폭발이 동반되는 경우가 많은데 그것은 편도체가 그 상황을 위험하다고 인식하기 때문이다.

실제로 일어난 일은-뇌 속에 위험한 것으로 기록되고 저장된 과거의 경험들에 근거하여 -우리가 "직감적인" 반응을 했다는 것이다. 편도체와 신피질은 기억을 관장하는 뇌영역에 연결되어 있다: 기억은 고통스러웠거나 외상적이었기에 위험한 것으로 경험되었던 과거 사건들을 기록하고 저장하며 회상한다.[10] 우리가 일어나고 있는 어떤 일에 대해 의식적으로 인식하기도 전에 뇌의 그러한 영역들이 그 사건을 "감지하게" 되거나 그것이 과거의 위험한 경험을 상기시키기 때문에 위험하다고까지 해석하는 것이다.[11] 감각들로부터의 이러한 정보 자료는 신피질을 지나쳐서 편도체로 직접 전해진다. 그리고 이성적 뇌가 해석하기 전에 반응하게 한다.

어떻게 이런 직감적인 반사운동이 일어나는 것일까? 무엇이 뇌에 위험 신호를 주는지 우리는 어떻게 "알 수" 있는가? 우리는 어떻게 소위 "무릎반사"반응이라고 불리는 이런 즉각적이고 무의식적인 반사반응을 발달시키게 되었을까? 생물학자인 조셉 르듀(Joseph LeDoux)에게서 부분적인 설명을 들을 수 있는데, 그는 구뇌는 공격적인 행동이나 회피적인 행동을 하도록 경고 신호를 주는 옛 기억들로 정비되었다고 주장한다.[12] 그는 인간이 레이더 역할을 하는 원형적인 기억들을 오랜 세월 발달시켰으며 이 레이더는 잠재적인 위험들을 감지하고 "눈을 깜빡이거나" "피하는 것"과 같은 기본적인 무의식적 반응들을 유발한다고 믿는다.

뇌 속에 잠복된 이런 오래된 기억들에 더하여 이런 형태의 반응은 개인의 독특한 삶의 경험으로부터도 나올 수 있다. 우리는 개인의 역사 속 어느 시점에 일정한 상황들과 위험을 연상시키는 것을 배웠다. 이런 연상이 우리의 이성적 추론 과정과는 관계없어 보이는 두려움과 분노 경험들을 설명해 준다. 그러나 그러한 연상은 의사 사무실과 고통스러운 주사를 연상시키기 때문에 그 장소를 보며 놀라는 어린아이의 경우와 같이 시각적, 청각적 자각과 분명하게 연결되어 있다. 이런 상황에서 감각들은 편도체에 경고 신호를 직접적으로 보내는데, 기억에 근거한 편도체의 해석이 상황이 그다지 위협적이지 않다고 인식하는 신피질의 해석을 대신한다. 의식적 자아는 그 이유를 알지 못할 수 있다. 그러나 뇌의 원초적 영역들은 구조 신호를 내보내며 위기의 경보상태를 가동시킨다. `

우리의 기억에는 의식적으로 그 사건들을 계속적으로 생각할 때 느끼는 정서적 고통에서 우리를 보호하기 위해 의식적 마음이 정신기제의 뒤편으로 밀어내어 버린 외상 사건들이 저장되어 있다. 생애 초기에 인간은 신경적 표지와 메시지를 변연계 안에 남기는 외상을 경험할 수 있다. 이런 메시지들이 우리 기억은행의 일부가 되어서 현재의 상황이 유사해 보이면 재빠르게 유발된다. 분노가 아니라 기억이 저장되는 것이다.

요약하자면 과거의 외상적 사건들에 의해 만들어진 신경 통로는 의식적인 마음이 그 상황을 즉각 알아채지 못하는 때에도 뇌가 인지하는 그런 자극에 의해 활성화될 수 있다. 그러므로 어떤 분노 경험들은 기억 속의 위협적인 경험들과 연결되기 때문에 신속하고도 강렬하게 일어난다. 우리가 현재 상황에 비해 과도한 반응으로 여겨지는 분노 경험을 할 때 과거의 외상과 연결되어 있을 가능성을 고려하는 것이 지혜로운 반응이다.

분노와 두려움

1장에서 언급한 바와 같이 생존은 인간의 진화 역사에서 중요한 동기 요인이다. 두려움과 분노는 생존이 주요 목표인 일차적 정서 반응이다. 이 정서들이 각성되는 것은 생존을 지속하고자 하는 욕구의 신경 기반 가운데 하나이다. 그러므로 두려움과 분노는 동일한 상황 가운데서 일어나는 경우가 많다.

우리는 두려움과 분노를 동시에 경험할 때가 많다. 우리를 놀라게 하는 것이 우리를 분노하게 할 수도 있고 우리를 분노하게 하는 것이 두렵게 할 수 있다. 실직하여 위축되어 있는 사람은 재정적 파산에 대한 두려움이 일어날 수 있는데 그와 동시에 그런 비인간적인 결정을 내린 사람에 대한 분노도 일어날 수 있다. 이렇게 두려움과 분노가 서로 **연합**되어 있는 현상에 대해 좀 더 들여다 볼 필요가 있다.

신경과학자들은 네 가지 일차적인 정서체계들(분노, 두려움, 기쁨, 슬픔) 가운데 상당한 중복이 신경시스템 가운데 일어나고 있다는 것을 보여 주었다.[13] "투쟁"(분노)과 "도주"(두려움) 반응 간의 생리적 연결이 계속 발견되고 있다. "동물이나 사람에게 뇌의 특수한 부분을 자극하면 노를 격발할 수 있는데 그것은 **두려움(FEAR)** 체계의 궤도와 병행한다"[14] 그리고 분노와 두려움의 신경 통로들이 뇌의 여러 영역에서 겹치고 있다는 사실도 점점 더 분명해지고 있다.[15] 우리가 위협적이라고 인식하는 유발적인 사건들에 분노와 두려움이 연결되어 있기 때문에 분노와 두려움은 매우 밀접하게 연관된다.

일부 신경과학자들은 정서를 두 개의 기본적인 회로로 나눈다. 하나는 미소를 짓거나 포옹하는 것과 같이 "다가가는" 반응 동기가 되는 긍정적 회로고 하나는 피하거나 치는 것과 같이 "멀어지거나" "대항하는" 반응 동기가 되는 부정적 회로다. 부정적 회로의 정의는 두려움과 분노를 내포한다.[16] 팬크세프는 그의 연구 조사를 통하여 방어적이고 공격적 행동으로 표현되는 분노는 격노와 두려움 시스템의 역동적 조합에서 발생한다고 가정하기에 이르렀다.[17]

우리가 두려움을 느끼는지 분노를 느끼는지 분별할 수 있는 핵심 요인은 주변 환경에 대한 우리의 인식이다. 위협적 환경에 대한 해석으로 인해 압도감을 느끼며 그 위협적 상황(총소리를 들음)에서 탈출하고자 하는 강한 욕구가 특징이라면 우리는 그 정서를 "두려움"으로 명명하는 것이 합당하다. 우리가 위협적 상황에 대해 대항해야 하거나 방어해야 한다고 해석한다면(누군가가 어린아이를 때리는 것은 볼 때) 우리는 대개 그 각성 패턴을 "분노"라고 부른다. 물론 우리가 두 가지 함께 느낄 때도 많다.

각성 패턴이 두려움인지 분노인지 구분하는 것은 성별 사회화처럼 해석에 영향을 미치는 다른 요소들에 의존하는 경우도 있다. 분노하는 것을 경계해야 한다는 식으로 자주 사회화하고 분노는 여성적이지 못하며 남성의 보복을 받을 가능성이 있기 때문에 위험하다는 가르침을 여성들은 빈번하게 받았다. 그러므로 여성은 어떤 특정한 상황에서 자신의 분노보다 두려움을 더 잘 자각할 수 있다. 반면에 많은 남성들은 두려움을 회피하도록 사회화되었다. 두려움은 남성답지 못하며 비겁한 정서라고 남성들은 가르침을 받았다. 남성은 두려움을 유발하는 어떤 특별한 상황에 반응하여 두려움을 느낄 때 그 두려움을 규명해 내는 것이 어려우며 자신의 분노를 규명하는 것에 더 편안함을 느낀다.

각성된 신체 상태를 (하나의 "감정") 두려움이나 분노로 명명할 때 정서적 반응을 더 깊이 탐색하면 다른 감정들도 존재하고 있다는 사실이 드러날 것이다. 더구나 분노나 두려움의 경험이 다른 정서 뒤에 따라 오는 경우도 많다. 예를 들면 열네 살 된 자녀가 파티에서 한 시간 늦게 돌아올 때 초조하게 서성대는 부모는 어떤 비극적인 일이 일어났는지도 모른다고 심한 두려움을 느낄 수 있다. 그러나 차문이 닫히는 소리가 들리고 딸이 안전하지만 무심하게 집 안으로 걸어 들어올 때 느끼는 지배적인 정서는 정시에 도착하지 않고 늦을 거라는 전화 한 통도 없던 데에 대한 분노로 바뀌어 버릴 것이다.

본능이 아닌 능력

분노가 우리 몸 어느 부분에 축적되어 있는 "그 무엇"이라는 것이 대중적 생각이다. 고전적 정신분석 전통이나 본능이론에 영향을 받은 심리치료사들은 사람에게는 폭발될 수 있는 분노 "저장소"가 있다는 생각을 전한다. 어떤 사람들은 아직 수압 모델에 대해 말하는데 그것은 정서의 압력솥이 "폭발할" 때까지 분노는 그 증기를 압축하고 있다고 믿는 이론이다.

이 이론들은 지금 우리가 잘못 아는 것처럼 분노란 우리가 거의 통제할 수 없는 하나의 본능이라는 견해를 갖도록 했다. 이 이론에 의하면 분노는 배고픔이나 성적 각성처럼 그 자체의 리듬에 의해 발생하는 생물학적인 신체 시계에 의해 본능적인 생화학적 원인들로 인해 활성화한다. 외부의 자극이 있거나 자극이 없을 때도 우리의 몸은 연료를 가져야 하기 때문에 배고픔을 느낀다. 그러나 분노의 전조인 내부의 생물학적인 변화에 대해서는 규명된 바가 없다. 생화학적인 전조가 결핍되었다는 사실은 분노가 예측할 수 없는 간격으로 분출되는 본능이 아니고 외부의 유발요인에 의해 활성화되는 신경의 능력이라는 사실에 더 무게를 두게 한다. 고전적 프로이트 이론에서는 분노가 이드 안에서 계속 끓어오르면서 파괴적인 목적으로 자아를 제압하려고 끊임없이 시도한다고 믿는데 신경과학적 연구는 그 사실을 입증해 주지 않는다. 신경과학자들은 분노라는 것이 어떤 순간에 갑자기 달려들거나 폭발하려고 인간 내부의 어느 곳에 존재하는 것이 아니라는 것을 알아냈다. 분노는 자아가 위협을 받는다는 뇌의 해석과 상관없이 그 자체가 생명을 가지고 존재하는 것이 아니다.

더구나 분노는 생물학적인 필요가 아니기 때문에 배고픔이나 성적 각성과는 다르다. 배고픔과 성적 각성은 생물학적으로 결정된다. 그러나 분노는 생물학적인 기제에 의해 자동적으로 활성화되는 것이 아니다. 인간은 살기 위해 먹어야 한다. 그러나 살기 위해 화를 낼 필요는 없다. 앞 장에서 이미 지적한 바와 같이 음식이나 거처 그리고 성적 파트너를 확보하기 위해서는 여러 가지 형태의 공격성이 필요한데 그런 의미에서 공격성은 생물학적 필요에 의해 유발되는 "본능적인" 것이다. 그러나 이미 말한 바와 같이 분노는 위협으로 인식되는 환경적 사건에 대한 반응으로서만 활성되는 정서인 것이다. 이론적으로 말한다면 만약 모든 위협들이 환경에서 사라진다면 인간은 분노의 경험 없이 인생을 살게 될 것이다.

분노의 위협 모델

"왜 인간은 분노하는가?"라는 우리의 질문에 대해 신경과학은 다음과 같은 해답을 제시한다. 우리가 위협을 당할 때 우리는 분노한다.

사회심리학자로서 심리생리적 연구조사에도 참여했던 돌프 질만(Dolf Zilman)은 "분노의 감정을 일으키는 것은 위험에 대한 인식이다"고 말하면서 신경학적인 관점을 요약한다.[18] 이러한 연구를 전제로 하여 나는 분노에 대한 실제적인 정의를 다음과 같이 내린다.

> **분노라는 것은 자아에 대한 위협을 인지하여 반응하는 신체적, 정신적, 정서적 각성 패턴이며 공격 아니면 방어 욕구로 특징 지워진다.**

이 정의의 핵심은 인식된 위협이라는 단어에 있다. 하나의 사건이 우리가 "분노"라고 부르는 각성 패턴을 유발하는데 그것은 그 사건이 자아의 어떤 양상에 대해 위협을 가한다고 뇌가 해석할 때에만 그렇게 된다. 그러므로 분노 경험은 우선적으로 해석적인 사건에 근거한다. 우리가 환경에 대한 해석을 끝내기 전에는 생리적 각성이 일어나지 않는다. 아주 짧은 순간이라 할지라도 실제로 각성 이전에 해석이 이루어진다. 촉발하는 사건은 보통 외부에는 일어나는 일이지만 과거나 미래의 어떤 일에 대한 정신적 이미지도 위협을 줄 수 있다. 그것이 바로 우리가 지난주에 일어난 일을 생각하거나 분노를 일으키는 미래의 사건을 예기하면서 각성하게 되는 이유다. 이러한 능력은 우리의 이미지를 미래에 투사하는 능력뿐만 아니라 분노 가운데 있는 기억의 장소에 대해서도 말해 준다.[19]

공격하거나 방어하려는 욕망은 우리의 인지적 사고 과정을 설명하는데 그것은 실행될 수도 있고 그렇지 않을 수도 있다. 우리의 정신적 이미지는 그 위협의 근원에 대한 비난, 조롱, 경멸과 같은 내적 독백과 원수에 대항하는 이미지들로 가득 차 있다. 분노에 대한 아리스토텔레스의 정의는 그러한 업신여김과 경멸에 대한 책임을 느껴야만 하는 사람에게 고통을 주려는 욕구를 포함한다.[20] 우리는 그런 내적인 이미지들과 독백들을 억제하기보다는 상대를 공격하지 않기로 선택하면서 우리의 외적인 행동들을 더 쉽게 통제할 수 있다.

인간에게 있는 분노의 특이성을 이해하기 위해서는 우리의 육체적 생존이 위태롭지 않은 상황에서 왜 우리가 화를 내는지 이해해야만 한다. 왜 인간은 이질적인 삶의 상황에서 화를 내는가? 신경과학은 사회과학의 도움이 없이는 이런 질문들에 답을 할 수 없다. 나는 인간의 뇌가 하나의 사건을 위협적으로 인식하게 되는 상황을 이해하기 위해 다음 장에서 구성주의 내러티브 이론에 대해 논의하고자 한다.

유동적인 뇌

우리는 뇌가 신경생물학적 수준에서 변화가 가능하다는 것을 분명히 알고 있다. 뇌에 관한 놀라운 사실들 가운데 하나는 특별히 신피질이 가진 유동성과 탄력성이다. 뇌에 관한 연구는 환경적 사건들과 뇌의 생리학적 발달 사이의 역동적인 상호작용을 계속적으로 보여 준다.[21] 외상적 사건들과 같은 심각하고도 강력한 새 경험들이 신경의 경로들을 바꿀 수 있다.[22] 오늘날 많은 신경생물학자들은 지속적인 학대나 심각한 초기 상실과 같은 삶의 경험들이 어린아이의 신경구조에 영향을 주며 통제할 수 없는 공포스러운 사건들(대학살이나 집에서 살인을 목격하는 것과 같은)을 경험한 성인들도 그럴 수 있다고 주장한다.

신경생물학자들은 인간의 이성적 뇌가 정서 안에 있는 각성패턴을 변화시킬 수 있다는 것을 보여준다. 일차적인 정서체계는 "인지적으로 입력된 정보에 의해 조정될 수 있다"[23]. 외부 상황에 대한 개인의 인식이 수정되면 뇌의 정서적 민감성에 변화가 일어난다. 간단히 말해서, 신체적으로 우리의 정서를 일으키는 신경 프로그래밍은 경험과 인식이 바뀔 때에 거기에 적응한다. 하나의 예가 고전적 조건형성인데 정서적으로 중립적인 자극은 위협적인 사건과 반복적인 연계에 의해 정서적 의미를 가진 것으로 프로그램화 할 수 있다. 이전의 중립적 자극이 나타나서 일차적 정서체계를 활성화시킬 때 신피질의 해석 과정이 그 위협을 "읽게" 된다.[24] 신경과학적 연구 결과에도 불구하고 인간은 현재의 분노 패턴을 변화하는 일에 무력하고 무능하다고 주장할 수 있겠는가. 정서적 뇌가 삶의 상황에 대한 신피질의 해석에 의존한다는 사실을 기억하는 것이 바로 사람들이 그들의 분노 경험을 어떻게 변화시킬 수 있는지 토의하는 장이 될 것이다.

과정 중에 있는 과학

과학의 관점에서 분노에 대한 결론적 해답은 아직 알려지지 않았다. 특별히 팬크세프는 분노에 대한 생각을 다음과 같이 언급한다:

> *분노를 통제하는 실제적 뇌의 기제는 복잡하며 다수의 생리적, 신경 해부학적, 신경화학적 통제를 받고 있고 우리는 그 기제를 대략적으로만 이해할 수 있을 뿐이라는 것을 기억해야 한다. 이 정서체계의 세부적인 면들이 더 밝혀져야 할 것이며 미래의 연구를 통해 많은 경이로운 사실들이 드러나게 될 것이다.*[25]

신경과학과 심리학의 급속한 발전은 우리의 신경 조직이 두려움 경험과 분노 경험에 어떤 식으로 영향을 주는지에 대해 더 많은 지식을 제공할 것이다.

유전자가 인간의 행동에 중요한 영향을 미친다고 강조하는 모든 현대적 경향들과 함께 이런 과학적 발견들이 인간의 조건에 관해 무엇을 가르쳐 주는지 평가하는 일은 매우 중요하다. 우리가 창조주에 의해 얼마나 "경이롭게 창조되었는지" 검토하여 그 체화의 놀라운 복잡성에 대해 감사하는 것은 우리의 특권이다. 분노에 관한 우리의 신학은 과학이 발달하는 것처럼 아직 끝나지 않은 주제로 남겨 두어야 할 것이다. 그러나 다음의 제안들은 현재 우리가 알고 있는 지식에서 나온 것이다.

분노의 목회신학에 대한 공헌

우리는 지금 "분노는 어디서 시작되는가?"라는 질문에 대한 전통적인 신학적 대답에 도전하고자 한다. 분노가 죄라는 전통은 2장에서 지적한 바와 같이 분노의 기원이 우리의 유한성보다는 죄성에 근거한 것으로 추정한다. 전통주의자들은 이러한 분노의 성향이 "태초의 타락" 사건 이후에 생긴 인간 본성의 연약함에서 비롯한다. 그러나 일반적인 정서에 대한 신경과학적 연구나 특별히 분노에 대한 연구는 그와 다른 대답을 한다. 그것은 3장에서 논의한대로 내가 성서와 전통신학에서 "대안적 이야기들"이라고 부르는 것들을 확증시켜 준다. 분노에 관한 분명한 이해를 위해 신학적 인간학은 뇌 연구의 발견들을 신중하게 받아들여야 할 것이다. 우리는 10장에서 이 점에 관해 논의하고자 한다. 그러나 몇 가지 예비적인 아이디어들이 필요할 것이다.

▶체화

분노의 정서는 우리의 뇌와 신경 시스템에 내재한 생리현상에 그 기반을 두고 있다. 이 분노의 능력이 우리의 체화된 자아에 얼마나 견고하게 뿌리내리고 있는지를 인정하지 않고서 우리는 분노에 관해 깊이 이해할 수 없을 것이다. 분노의 능력은 우리의 전 생물학적 역사를 따라 진행되어 왔으며 특히 신피질이 발달하는 동안 그러했다. 우리는 이 능력을 피조된 우리 실존의 핵심적인 양상으로 생각해야 할 것이다. 분노에 대한 목회신학은 우리의 인간됨 곧 "자아(self)"의 한 부분이 우리의 진화 역사를 통해 계속 발전되어 온 바, 분노를 경험하는 이 능력과 "연결된" 신경 프로그램이라는 것을 인정한다.

그러므로 우리는 이 능력을 가져야 할지 가지지 말아야 할지 결정할 어떤 선택권이 없다(정상적인 신경 기능을 저해하는 뇌의 비정상성이나 상해 혹은 질병이 없다면). 기독교 전통 가운데 일부 사람들은 분노에 대한 가장 성숙한 반응은 분노를 제거하는 것이라는 제안을 했다. 그러나 우리가 이 분노 능력의 신경 기반에 관해 신경과학에서 배운 바는 분노는 생리현상과 분리할 수 없는 실재라는 점이다. 분노 경험을 억압이나 억제를 통해 소멸시키려고 하는 사람들은 정신적으로나 영적으로 단절될 것이다.

▶창조

분노가 우리의 신경계에 뿌리를 내리고 있다는 것은 우리가 존재하게 된 방식과 다음과 같이 연결 된다. "분노의 정서는 우리 조상의 유산으로부터 내려온 인간의 생득권이다."[26] 체화가 하나님께서 의도하신 창조의 한 부분인 것처럼 분노의 능력 또한 그러하다. 이 분노의 능력은 창세기 1장 28절과 31절의 창조 기사에서 하나님께서 보시기에 좋다하시며 축복하신 그 내용에 포함된다. 어떤 크리스천은 분노가 존재하게 된 원인이 "타락"에 있다고 보면서 분노를 악과 죄에 연결시켰다. 그러나 이러한 관점은 분노를 표현하는 파괴적인 방식에 대해서만 적용되는 것이며 신경의 능력 그 자체에 대해서는 적용되지 않는다. 정서를 우리의 생리현상과 연결시킨다면 분노의 목회신학은 죄의 교리가 아닌 창조교리에 닻을 내려야 할 것이다. 이 능력은 창조주께서 우리 신경계의 발달 안에 의도적으로 형성해 놓은 것이라고 주장할 수 있다.

만약 이 능력이 하나님께서 의도적으로 창조하신 우리의 유한성 가운데 한 부분이라면 무슨 목적으로 그렇게 하신 것인가? 1장에서는 모든 정서가 인간의 삶에서 중요한 역할을 한다는 사실을 이야기했다. 심지어 부정적이라고 명명된 정서를 포함하는 모든 정서들은 인간의 잠재력을 충만하게 하는데 공헌한다. 하나의 종으로서 인간이 존재하게 된 초기에 분노는 특별히 일차적인 생존 기제인 신체적 삶을 보호하는 일에 관련되어 있었다. 분노는 위험이나 위협에 대한 가장 원시적인 신체 반응의 한 부분으로서 즉각적인 투쟁이나 도주 행동을 가능케 하는 효과적인 생리반응을 가동시킨다(아마 "얼어붙는" 반응이 선행된 후에). 우리의 조상들은 자연의 위협에 직면하여 신체적인 힘과 원기를 가동시킬 필요가 있었다. 그렇지 않았다면 그들은 생존하지 못했을 것이다. 분노의 생물학적 능력은 인간 유한성의 한 부분이며 우리의 체화한 실존 안에 형성되어 있는 보호적인 경고체계다.

▶책임

그러나 생존을 향한 움직임을 위해 인간을 준비시킨 이 오래된 분노 능력의 다양한 행동들이 문화가 발전하고 문명이 개발될수록 부적절할 때가 많다. 폴 에크만(Paul Ekman)은 정서적 반응에 대한 연구를 한 후에 다음과 같이 말했다.

> 분노는 가장 위험한 정서다. 오늘날 사회를 파괴시키는 주요 문제들 가운데 일부는 미친듯한 분노와 관계되어 있다. 그것은 우리로 하여금 싸우도록 만들기 때문에 가장 비적응적인 정서다. 우리가 정서를 아주 강력하게 다룰 수 있는 기술을 가지고 있지 않을 때 우리의 정서가

발달했다. 선사시대에는 순식간에 격노가 일어나서 잠시 동안 누군가를 죽이고 싶어졌을 때에도 쉽게 그 일을 저지를 수 없었다. 그러나 지금은 가능하다.[27]

몸이 신체적 행동을 준비할 때 일어나는 각성패턴의 강렬함과 각성이 되었을 동안 있을 수 있는 파괴적 행동으로 인해, 위협에 대한 신체 반응이 필요하지 않을 때는 자신의 신체를 안정시킬 중요한 책임이 우리에게 있다. 나는 13장에서 이 문제를 다룰 것이다.

일상의 삶 속에서 우리의 심리사회적 생존이 위협을 받을 때가 많다. 우리의 정서적, 신체적 그리고 영적 건강을 위해 자아의 통합성과 자아의 특별한 관계들을 보호하는 것은 매우 중요하다. 그러나 불행하게도 우리는 파괴적인 분노 반응을 유발하는 이기적이고 미성숙한 방식으로 사건을 해석할 때가 많다. 이러한 점에서 분노의 목회신학은 우리가 감당해야 할 책임에 대해 언급해야만 한다.

우리는 뇌가 유동적인 것과 위협을 인식할 때 반응하게 하는 신경시스템도 변할 수 있다는 것을 안다. 우리가 위협적이라고 인식하기 때문에 분노 경험을 유발하게 되는 것들에 대해서도 실제로 우리는 많은 통제력을 가진다는 것을 6장에서 살펴보도록 한다. 분노를 표현하는 행동뿐만 아니라 분노를 유발하는 것들에 대해서도 책임이 있다는 것이 우리가 선택할 수 있는 합당한 신학적 입장이다. 분노 사건은 항상 삶의 상황에 대한 해석으로 시작되기 때문에 우리에게 위협감을 주는 해석을 만들어내는 일에 대해 우리는 책임이 있다. "왜 사람들은 분노하는가?"라는 질문에 대해 계속적으로 답을 하기 위해 나는 다음 장에서 구성주의 내러티브 이론들을 사용할 것이다.

왜 사람들은 분노하는가?
구성주의적 내러티브 관점

　우리의 체화된 자아는 분노를 경험할 수 있는 능력을 가지고 있으며 이 신경적 반응은 우리가 위험에 처했거나 위협을 받는다고 인식할 때에만 활성화한다는 것을 이미 살펴보았다. 신경과학자들은 뇌가 어떤 특정한 감각 정보를 위험한 것으로 등록하지 않는 한 우리는 분노하지 않는다고 말하는데, 이는 다음과 같은 질문으로 우리를 인도한다. 인간은 어떻게 위험한 상황을 인식하는가 혹은 삶의 상황이 위협적이라는 판단을 어떻게 내릴 수 있는가?

　가장 기본적인 대답은 환경 가운데 있는 어떤 대상들과 상황들이 신체적으로 위험하다는 사실을 인식하게 하는 우리의 생물학적 준비성과 연관되어 있다. 이 준비성은 형체(뱀인지 몰라!)와 소리(저 소리는 위험한 동물 혹은 기계에서 나는 소리야)와 냄새(연기 냄새 같다) 등을 인식할 수 있는 능력을 포함한다. 준비성이란 목소리에 담겨 있는 경보를 즉각 인식하는 것을 포함한다. 만약 누군가가 "불이야!" 혹은 "조심하세요!"라고 소리치면 우리는 즉시 신체적 움직임을 경험하게 된다. 브레이크의 날카로운 소리, 사이렌, 폭발음, 총성 혹은 아이의 비명소리는 공포나 분노의 정서를 포함하는 생존 반응으로 몸을 재빨리 각성시킨다.

물론 우리는 인간으로서 신체적 위협에 대해 많은 분노를 느낀다. 우리는 신체적인 해를 당할 위험이 없는 사람이나 상황에 대해서도 분노를 느낄 때가 많다. 신체적 위협이 없을 때도 부모의 비판이나 사랑하는 사람으로부터의 거절 그리고 동료의 잘못된 결정으로 인해 분노하게 된다. 한 시간 전에 네 번째 전화통신 판매원이 나의 글 쓰는 작업을 방해하였는데 나는 그들이 초대받지도 않고 나의 사적인 세계에 침입한 것에 대해 화가 났다. 거기에는 분명히 어떤 신체적 위험도 없었다. 그렇다면 무슨 일이 일어나고 있는 것인가? 왜 나는 마치 싸워야만 할 것 같은 위협감을 느끼며 신체적으로 각성되었는가? 당신은 과거에 비판을 받고, 업신여김을 당하며 조롱받고 버림받은 상황들을 쉽게 회상할 수 있을 것이다. 어떤 시기에는 그런 사건들이 아무 문제가 안 된다. 그러나 다른 어떤 시기에는 그 사건 때문에 위협감을 느끼며 분노하게 된다. 왜 그런가? 더욱 더 놀라운 사실은 우리가 자신의 실수나 실패를 인식할 때 자신에 대해 분노를 느낀다는 점이다. 나는 최근에 한 위원회에 참석했는데 그 모임이 그다지 도움이 되지 않는다고 생각하며 고의적이지는 않았지만 다른 위원회 회원이 중요하게 여기는 의견을 폄하하기도 했다. 집으로 운전해 오면서 나는 민감하지 못했던 나 자신에게 화가 났다. 이러한 경우에 경험하는 위협은 우리의 신체에 대한 것이 아니고 우리의 자아감이나 자기 가치, 가치관 혹은 자아통합성에 대한 것이다. 이러한 위협은 신체적이라기보다 심리적이고 사회적인 것이어서 우리로 하여금 "무엇이 어떤 사회적 상황은 위협적으로 느껴지게 하고 다른 상황은 그렇지 않게 느껴지게 하는가?"라는 질문을 하게 한다.

우리가 사회적 상호작용에 대한 반응으로 분노를 느낄 때 신피질의 "생각하는 뇌"가 환경 가운데 어떤 위험이 있다는 메시지를 "느끼는 뇌"의 편도체에 보냈다는 사실을 신경과학자들은 알고 있다. 그러나 신경과학은 왜 심리사회적 사건이 위협적인 것으로 해석되는지를 설명하는 데 한계가 있다. 팬크세프는 신경과학이 분노의 신체적 과정에 대한 지식을 제공하는 데 지대한 공헌을 했다고 시인하면서 다음과 같이 언급한다.

> *신경과학은 공격성의 문화적, 환경적 그리고 인지적 원인들을 설명할 수 없다. 인간에게 분노를 유발하는 것은 통상적으로 사건에 대한 평가다. 인간에게 있어서 평가의 전제가 되는 많은 가치관들은 문화적으로 학습된 것이다. 예를 들면 현재 많은 사람들이 낙태나 사형제도 그리고 수많은 다른 사회정치적 이슈들에 대해 그들이 주장하는 견해들이 서로 다름으로 인해 다른 사람들에게 분노하고 있다.*[1]

어떤 과정이 우리의 인지적 과정으로 하여금 상황을 위협적인 것으로 규정하게 하는가? 이런 분노 경험들의 원인은 인간에게만 독특한 것이다. 우리가 어떤 삶의 상황들에 대해 위협적으로 인식하면서 분노하게 되는 그 이유를 이해하기 위해 나는 특별히 이야기 이론에서 표현한 것과 같이 자아에 대한 구성주의적 이해로 돌아가고자 한다.

구성주의자와 구성주의 이론

구성주의적 내러티브 관점[2]이라고 부르는 것을 설명하기 위해 나는 구성주의와 사회구성주의에 대한 설명을 해야만 한다. 일반적으로 구성주의자의 사상은 철학, 문헌분석과 원문비평, 사회, 철학, 실험심리학, 신경과학 그리고 심리치료의 여러 이론들과 방법론들이라는 다양한 그룹의 학문 분야에 뿌리를 내린 후기근대주의 시대에 발달된 사상이다. 이 다양한 학문 분야에 속해 있는 연구자들의 공통적인 특징은 자아의 본질을 이해하고 자아가 어떻게 사물에 대한 지식을 갖게 되며 아이디어를 개발하고 결정을 내리며 행동을 선택하는지 이해하기 위한 새로운 방법들을 모색하는 것인데 곧 인식론적이고 인지적 과정에 대한 질문들이다.

서구 문화 속에서 우리들은 우리의 이론이나 인식을 정확하게 반영해낼 수 있는 객관적 실재가 존재한다고 추정한다. 그러나 20세기 후반의 50년 동안 연구자들은 현실이라는 것이 상상한 것처럼 객관적이지 않다는 것을 점점 더 깨닫게 되었다. 과학자들은 원래 믿었던 것보다 더 적은 수의 보편적 기준들이 양적 연구를 통해 밝혀지고 규명될 수 있다는 것을 발견했다. 그리하여 그것은 진리란 하나가 아닌 다수로 존재하고 많은 지식들은 상대적이며 인간 조건의 중요한 양상들이 과학적 방법을 통해서는 파악될 수 없다는 후기근대주의의 관점에 기여하게 되었다. 이러한 새로운 발견들을 설명하는 한 가지 이론이 구성주의다.

우리가 세상에 대해 가지고 있는 아이디어들은 "현실"세계에 대한 정확한 복사본이나 그림 혹은 지도가 아니고 우리가 세상과 만나면서 마음속에 형성한 세상에 대한 심상이나 인식이라고 구성주의 이론은 가정한다.[3] 우리 각자에게 "현실"은 사실 외부 사물(자연, 영화, 미디어)과 사회 구조(직장, 기관, 교회, 정부) 그리고 관계적 상호작용(결혼, 부모/자녀, 우정, 중요한 타인들)에 대한 우리의 주관적 해석이다. 구성주의적 관점에서 우리의 세계관을 형성하는 이야기들은 세상에 대한 우리 자신의 독특한 해석을 반영하는 것이지 실제 세상과 혼합되는 것이 아니다. 이러한 의미에서 사람은 그들이 인식하는 세상에 대해 반응하는 자신의 생각, 감정 그리고 행동에 대한 책임이 있다.

심리학 연구뿐만 아니라 물리학 연구에서 발전된 구성주의 이론은 뇌가 받아들이고 검토하는 감각 정보까지도 우리의 독특한 생리적(특별히 신경적) 여건에 의해 선택되어진다고 말한다.[4] 우리는 피부와 뼈와 근육

안에 담긴 여러 액체들로 이루어진 신체적 존재들인데 이 모두가 송신기, 교환대, 컴퓨터(여기서 당신 자신의 은유로 명명하라)로서 작동하는 신경들의 네트워크에 의해 방향을 정하게 된다. 우리는 체화된 존재로서 보고, 듣고, 만지고, 맛보며 냄새 맡는 감각을 통해 환경과 만나게 된다. 그러나 우리의 독특한 신경 조직의 배열형태는 우리가 환경을 해석하고 반응하는 방식에 있어서 인식할 수 있을 정도의 차이를 만들어 낸다. 임신 시기부터 우리는 빛, 소음, 통증, 배고픔 등의 자극에 대해 서로 다른 수준에서 반응하도록 신경이 조직되어 있다. 개별적으로 독특한 신체적 특성으로 인하여 우리는 환경을 서로 다르게 해석하는 성향이 있다. 예를 들면 한 친구가 그의 첫딸과 둘째 딸의 탄생이 어떻게 다른지 묘사하면서 딸의 탄생을 알리는 이메일을 보내온 일이 있었다. 그는 딸 에리카의 탄생을 다음과 같이 묘사했다.

에리카는 "세상"이라고 부르는 이 곳에 리디아와는 얼마나 다르게 왔는지 모른다. 리디아는 처음 한 시간 동안 목이 터질 정도로 울어대며 절대 멈추지 않았다... 에리카는 조금 응얼거리고 칭얼거리다가 편안하게 엄마의 배 위에 자리를 잡더니 그 이후부터는 아주 만족스러워 보였다.

에리카는 감각적 자극에 대응하는 매우 다른 생리적 여건들을 가지고 있어서 환경에 대한 자신의 경험을 리디아와는 다른 식으로 해석할 것이다.
구성주의 이론의 일부 지지자들은 우리의 지각 밖에는 어떤 다른 현실도 존재하지 않는다는 급진적 구성주의 입장의 결론을 내렸다. 하지만 일부는 구성주의 이론의 진리들을 인정하면서도 아직 객관적인 세계가 존재한다고 주장한다.[5] 여기서 나의 목적은 "절대적인 진리가 존재하는가?"라는 철학적인 질문을 논하고자 하는 것이 아니다. 왜냐하면 그 질문에 대해서는 구성주의적 개념들이 반드시 연결될 필요가 없기 때문이다. 인간의 과학을 초월하는 외적 진리들이 존재한다고 믿는 사람들조차 개개인이 지각을 형성하는 방식은 그 경험들이 발생하는 환경과 문화적 장에 의해 객관적인 진리들이 많은 영향을 받는다는 것을 부인하지 못한다. 예를 들면 베베 스피드(Bebe Speed)는 객관적인 현실과 주관적인 구성을 둘 다 취하는 견해를 진지하게 묘사한다.[6] 구성하는 지각자와 알려져야만 하는 실재 사이의 연결에 대한 그의 개념은 "공동 구성주의(co-constructivism)"라고 불린다.

사회 구성주의는 사람들이 자신이 살고 있는 세상을 묘사하고 설명하는 관계적 과정을 이해하는 데 특별한 관심을 가진다.[7] 구성주의 이론의 이러한 강조점은 개개인은 진공 상태에서 어떤 의미를 창조하지 않는다는 가정에 근거한다. 이 이론의 지지자들은 최소한 다른 한 명의 타인 즉, 참여하는 다른 하나의 세계관이 사회적으로 존재할 때 의미가 창조된다는 것을 시사한다.[8] 비록 각 사람이 개인적인 이야기들을 창조할 때에 자신의 특성을 그 이야기에 부여하기는 하지만 그 이야기들은 독립적으로 만들어지는 것이 아니다. 마음은 결코 현존하는 관점으로부터 완전히 벗어나 자유롭게 움직일 수 없으며 사회적 장과 개인적 역사에 의해 지속적으로 영향을 받는다.[9]

우리가 성장하는 동안 가족들은 그들의 이야기, 가치관, 그리고 신념을 우리에게 주입시킨다. 우리는 세상에 대한 그들의 이해를 받아들인다. 그리고 확대가족이나 학교 시스템, 사회경제적 그룹, 종교적 전통 그리고 성별이나 정치, 인종적 유산을 통해 삶에 깊숙이 연결된 그런 의미에서 비롯한 더 큰 관점들과 통합시킨다. 성인이 되어 우리의 경험 세계가 넓어지는 것처럼 모든 문화권으로부터 그리고 세계로부터 비롯된 다양한 신념체계도 그렇게 된다. 우리는 동일한 가족과 환경 가운데서 성장한 사람들도 동일한 가치관과 신념과 의미를 형성하지 않는다는 것을 인정해야 한다. 각 구성원은 가족과 문화를 다른 관점으로 해석한다. 우리는 가족과 공동체의 이야기들을 해석하고, 자신의 생리기능과 해석의 개인적인 조합(기질, 성격)을 드러내는 독특한 관점을 거기에 더하며 그리고 자신만의 특별한 세계관을 개발해 낸다. 우리의 다양한 생리적 기능과 더불어 가족 밖에서의 부가적인 경험과 환경과의 독특한 경험들은 왜 형제자매들이 동일한 관점을 가지지 않는가 하는 점을 설명해 준다. 이 문제에 대한 나의 이론적 임상적 확실성은 내 형제와의 개인적 경험에 의해 확증되었다. 나는 여섯 남매 중 장남이었는데 나와 막내 남동생 사이에 18년의 나이 차가 있었고 그 사이에 네 명의 누이들이 있었다. 수년전에 아버지가 돌아가셨을 때 육남매가 누이의 집에 모여서 함께 성장 과정의 이야기들을 나누면서 나흘 동안 함께 지냈다. 나는 성별, 나이, 출생순서, 문화적 경험에 따라 원가족 안에 있었던 기본적인 사건들에 관한 관점이 다양하다는 데에 매우 놀랐다. 이런 의미에서 개인의 관점은 그것이 형성되어진 더 큰 현실의 구조에 의해 제한되고 또 일정한 방식으로 설명되어진다.

우리는 어떻게 우리의 환경에 대한 독특한 해석을 구성하며 우리가 만나는 세상에 대한 의미를 형성하는가? 대부분의 사회구성주의 이론가들은 언어가 그 핵심이라고 믿는다.[10] 언어는 "인간됨에 필요한 표지이다. 즉 언어는 역사를 가질 수 있게 해준다."[11] 사회 구성주의의 사상은 현실을 구성하는 기초로서의 언어에 초점을 모은다. 우리는 우리의 경험을 의사소통을 통하여 묘사하고 해석해야 하기 때문에 언어는 현실 구성의 중심적 과정에 존재하게 된다.

언어는 우리의 세상을 묘사한다는 의미에서 "표상적"일 뿐만 아니라 우리의 현실을 창조하는 정신적 개념들을 표현하기 때문에 "창조적"이기도

하다. "창조적이라는 의미에서의 언어는 해석과 구성 이상의 의미를 가진다. 언어는 경험을 창조한다... 언어는 경험을 표상하는 것이 아니다. 오히려 언어는 경험과 분리될 수 없는 것이다."[12] 언어를 창조적이라고 묘사함으로써 구성주의 이론가들은 의미와 언어 사이의 상호작용을 묘사하고 있다. 인지적 능력을 개발함으로써 우리는 우리의 언어를 다양한 경험과 결부시키며 그런 후에 우리의 새롭게 발견한 언어들을 삶의 사건들을 묘사하고 해석하는 데 사용한다. 사건들에 이름을 붙이고 묘사함으로써 인간은 현실에 대한 그들의 생각들을 구성할 뿐만 아니라 그들의 현실에 결부시킨 의미들을 구성한다.

타인과의 외적 상호작용과 내적 정신적 과정에서 환경과의 만남을 "언어화"하거나 "이야기화"하는 전체적 사건을 "담화"라고 부르는 경우가 많은데 이것은 언어가 우리 주변 세상과의 관계 속에서 발생하며 우리 자신의 내적 생각과 이미지들을 형성한다는 것을 말해 준다. 이 담화는 참여자의 세계관을 형성하는 이야기가 되며 그들이 현실에 대해 가지는 관점의 주요 내용이 된다

많은 구성주의 이론가들은 우리 이야기의 "현재적" 이야기를 "지엽적 지식"이라고 부른다. 그것은 더 큰 범위의 세계관이 인간 상황의 다양한 측면에 관해 서로 다르게 이해하는 상이한 문화권의 사람들이 주장하는 "진리"의 지각을 이해하고 분명하게 말할 수 있는 능력에 한계가 있다는 것을 의미한다.

내러티브 이론: 이야기로서의 삶

내러티브의 개념은 인간의 상황을 해석하고 설명하는 새로운 은유로 기능하는 권리를 확보했다.[13] 스티븐 크라이츠(Stephen Crites)는 인간의 삶이 이야기 형태로 이루어진다는 것을 개념화한 초기 이론가들 가운데 한

사람이었으며 "시간을 따라 일어나는 경험의 외형적 성격은 본질적으로 내러티브"라고 기록하고 있다.[14] 내러티브 이론과 이야기 심리학에서의 연구는 인간의 인격이 이야기화 되어지고 생각과 행동을 이해하는 신선한 방법들을 제공한다는 것을 확증했다.[15] 이론심리학자인 테오도르 사빈(Theodore Sarbin)이 명명한 "내러티브 원리"는 "인간은 생각하고, 지각하고, 상상하며 내러티브 구조에 따라 도덕적 선택을 한다"고 주장한다.[16]

내러티브 이론은 어떻게 자아와 개인적 정체성이 형성되는지에 대한 대안적인 방법을 제공하며 이러한 과정은 단독적으로 일어나는 것이 아니라 세상과 타인의 관계 속에서 일어난다는 개념을 내포한다. 우리의 개인적 이야기들은 고립된 상태로 발전되어 가는 것이 아니라 다른 이야기들 속에 끼어들어 간다. 존 나보네(John Navone)는 "삶의 이야기들이 서로 스며든다"고 말하며 이야기의 많은 부분이 상호작용하는 다른 사람들의 이야기들을 적절히 활용하는 것을 통하여 계속 발전한다고 한다. 이 이야기들은 우리의 이야기들을 형성하는데 있어서 지대한 영향을 미친다. 나보네는 사실 "자신에 대한 이야기는 타인들에 대한 이야기를 하지 않고는 말할 수가 없다"고 말한다.[17] 우리 각자는 우리의 환경 가운데 있는 개개인과 기관들에 대한 이야기들을 반영하는 일련의 삶의 의미들을 지속적으로 개발해 나가고 있다.

우리가 인간으로서 세상을 만날 때 우리는 "내러티브 구조화"[18]의 방법으로 우리의 경험을 조직하고 의미를 형성하는데 그것은 감각들로부터의 생생한 정보를 이야기 형태로 조직하는 정신적 과정과 연관된다. 환경과의 만남에서 우리의 체화한 자아는 자료를 수집하고 이야기로 조직하는 능력을 통해 삶의 의미를 형성한다. 우리의 정신적 과정은 정보를 설명할 수 있는 구성 방향이나 이야기 방향을 찾는다.

어린아이들은 끊임없이 "왜?"라고 질문하며 성인인 우리들은 비록 더 말로서 묻지는 않지만 우리의 환경에 대해 이 질문을 계속한다. "저것은 무엇인가?" 혹은 "왜 저 일이 일어났는가?"라고 묻는다. "오, 이제야 이해하겠다"는 결론을 내릴 때까지 우리는 어떻게 하나의 사건이 다른 사건과 관련되어 있는지를 분류해 내면서 마음이 정보들을 가지고 계속 작업해 나간다. 각각의 새로운 감각, 자극 그리고 대인관계적 상호작용은 우리의 정신적 과정을 통해 하나의 이야기 형태를 갖게 되며 그것에 의해 우리의 경험들은 우리 자신의 이야기로서 개인적 독특성을 갖게 된다.[19]

구성주의 내러티브 관점에서는 마음이 가진 중요한 기능은 우리의 경험을 인생에 일관성을 부여하는 하나의 조직된 구조로 형성하는 것이다.[20] 이러한 내러티브 과정은 사람들에게 삶의 의미 형성을 가능하게 해주는 링크인 연속성을 제공한다. 인간은 단순하게 이야기를 하거나 자신들의 삶을 이야기하기로 설명하는 것이 아니다. 그러나 마이어(Mair)는 아래와 같이 설명한다.

> *우리는 이야기 속에 살고 이야기를 통하여 산다. 이야기들은 여러 세상을 그려낸다. 우리는 이야기된 세상 이상의 세상을 알지 못한다. 이야기들이 삶에 정보를 제공한다. 이야기들은 우리를 함께 묶기도 하고 격리시키기도 한다. 우리는 우리 문화의 거대한 이야기들 속에 거주한다. 우리는 이야기를 통하여 산다. 우리는 우리의 민족과 처소가 지닌 이야기들에 의해 삶을 유지해왔다.*[21]

우리의 이야기들은 삶을 이해하고 해석하며 그리고 특별한 의미를 부여하는 매개변수들을 가지고 있다.

사회심리학자인 케네스 거겐(Kenneth)과 메리 거겐(Mary Gergen)은 내러티브 구조화의 기본적인 과업은 개인의 정체성 안에 연결성과 일치성을 형성하는 것이라고 했다.[22] 우리는 우리가 의식하는 이야기들이나 억제하고 있는 모든 이야기로부터 우리의 정체성을 구성한다. 다시 말하자면 우리의 경험을 이야기로 만들고 그 이야기들을 현재 진행 중인 우리의 핵심 이야기들로 통합할 때 우리의 자아감, 우리의 정체성이 한 부분, 한 부분 형성되어져 간다. 이 이야기들은 우리의 정체성을 확립한다. 그것들은 우리의 가치관, 신념 그리고 세상에 대한 이해를 형성하며 우리에게 의미를 제공한다.

핵심 이야기는 인간 상황의 특별한 양상으로부터 조직하고 의미를 만드는 가장 중요한 구조(다수의 작은 이야기들로 구성된)를 개인에게나 (혹은 체계에) 제공하는 핵심적인 해석적 주제다. 개개인은 결혼, 돈, 훈련, 일 그리고 기타 개념들에 대한 그들 자신의 이해와 가치관을 구성하는 핵심 이야기들을 가지고 있다. 개인의 종교적인 신앙 안에서 핵심 이야기들은 고난, 교회 그리고 기도와 같은 개념들을 설명한다. 우리가 나중에 살펴보겠지만 핵심 이야기가 위협받을 때 인간은 분노에 취약하게 된다.

이야기를 만드는 우리의 능력은 어떻게 개발되는가? 인간은 어떻게 이야기 만드는 자가 되는가? 구성주의 내러티브 이론가들은 신경과학자들의 의견을 따르는데 이야기 구성의 정신적 과정은 우리의 인간됨에 근거한 신경과학적인 실재라고 믿으며 그것은 우리의 정신적 과정이 진화된 자연적 과정의 한 부분이라고 한다. 비록 우리가 이러한 과정에 거의 주의를 기울이지는 않지만 자연적이고 자동적인 내러티브 구성 과정은 우리의 인식들을 계속해서 이야기로 조직한다. 성인으로서 우리는 이미 이야기로 만들어진 수많은 삶의 만남들을 가지고 있다. 그 이야기들은 우리가 새로운 만남을 어떻게 "듣고" 해석하는지에 영향을 미친다. 예를 들면 한 밤중에 전화벨이 울렸을 때 우리는 수화기를 들기도 전에 있을법한 이야기들을 재빨리 마음 속에서 진행시킨다. 전화벨은 하나의 소음일 뿐이다. 그러나 과거의 이야기들로 인해 우리는 그것이 전화기이고 누군가 우리에게 무언가를 말하기 원한다는 것을 안다. 우리의 문화나 개인적 경험은 한 밤중에 벨이 울릴 때는 별로 좋지 않은 소식이 있다는 것을 말해준다. 그 당시에 우리가 가진 다른 이야기에 의해 우리는 그 (이야기) 사건을 일정한 방식으로 해석한다. 만약 당신의 어머니가 병원에 입원해 있거나 아들이 대학에서 집으로 운전해 오고 있거나 딸이 임신 구 개월 째라면, 당신은 그 전화벨에 대해 어떤 이야기를 만들겠는가?

우리는 과거의 이야기들로부터 정보를 받을 뿐만 아니라 우리의 이야기들을 미래에 투사하기도 한다. 우리의 이야기들은 일시적인데 그것은 우리가 과거 이야기들과 현재 이야기들과 미래 이야기들을 가지고 있다는 것을 의미한다.[23] 예를 들어 한 아이가 다채로운 색깔의 상자를 보자 손을 크랭크에 올려놓고 도움을 받아 그것을 돌린다. 아 알겠어 어떻게 하는지! 그러자 뚜껑이 갑자기 소리를 내며 열리고 한 어릿광대가 나오는 것을 본다. 그녀는 놀랐다. 그러나 그녀는 반복해서 그 공연을 보기 위해 뚜껑을 닫고 크랭크를 다시 돌린다. 그 경험을 통해 그녀는 원인과 결과를 포함하는 하나의 이야기를 개발했으며 그것은 그녀가 미래에 투사할 수 있는 지식을 얻게 했다. 그녀는 자신이 크랭크를 돌린다면 어릿광대가 튀어나올 것을 안다.

어떤 현재적 사건이나 환경적 자극에 대해 우리 자신의 이야기 렌즈를 통하여 최초의 인식들을 형성하는 것 외에 우리에게는 선택권이 별로 없다. 주어진 신체적, 심리적, 경험적 역사의 독특성에 의해, 우리 각자는 삶의 상황을 다르게 해석한다. 모든 교수, 치료자 그리고 목사는 그들이 가르치거나 상담했던 사람들과 만난 경험들을 갖고 있는데 그들은 자신이 삶의 변화를 경험했던 문학, 수업에서의 토론, 치료회기 혹은 설교에서의 내용을 추천했을 것이다. 그러나 우리는 그들이 "들은" 내용에 대해서는 한 번도 이야기해 본 적이 없다는 사실을 안다. 그들이 실제로 "들은" 내용은 그들이 현재 전달하는 방식으로 해석되기 이전에 그들의 개인적 이야기들을 통해 걸러졌기 때문이다. 정치적으로 노련한 사람들이 진실을 왜곡하기 위해 의도적으로 "정보를 조작하는 것"에 대해 우리 모두가 개탄하지만 현재 우리의 이야기들이 어떤 사건을 해석할 때 우리도 자신의 방식으로 그렇게 하고 있다. 자기인식을 증가시키는 한 가지 방편은 세상과의 만남을 해석하는 자신의 방식을 기꺼이 이해하고자 하는 것이다.

내러티브 이론은 우리가 경험을 어떻게 이야기로 구조화하는지 설명해 줄 뿐만 아니라 이런 이야기들이 어떻게 우리의 현실을 구성하며 결과적으로 삶의 사건들을 어떻게 이해하게 되는지를 설명해 준다. 더 나아가 이것은 우리의 분노 경험의 핵심에 있는 해석학적 사건들을 설명해 준다(5장을 보라). 삶의 사건들을 해석하는 방식인 우리의 해석은 아래에서 설명하는 바와 같이 우리가 위협감을 느끼게 하거나 분노를 경험하게 한다.

분노에 관한 구성주의 내러티브 이론의 이해

그러면 왜 사람들은 분노하는가? 물리학과 사회과학에서 얻은 정보는 분노를 경험하게 되는 잠재적 기능이 인간 본성의 아주 기본적인 것이며 생물학적 특성들 가운데 하나라는 것을 의미한다. 신경과학의 연구는 우리가 신경적으로 분노할 수 있는 능력을 갖도록 "조직되어" 있다는 사실을 분명하게 말해 준다(5장). 더구나 사회과학은 구성주의 이론과 자아에 대한 내러티브 이론의 관점을 통해 이 분노 능력이 활성화 하는데 대한 지식을 확장시켜 준다.[24]

구성주의 내러티브 이론의 관점에서는 하나의 특별한 개인의 이야기들에 의해 형성된 자아가 환경 가운데 어떤 것이 위험하다고 인식할 때 분노가 발생한다고 본다. 내러티브 이론적 관점은 타인이나 그룹, 기관 혹은 국가의 행위가 위협적으로 여겨질 때 우리가 화를 낸다는 것이다. 아니면 화를 낸다는 것은 우리의 핵심 이야기들을 통해 어떤 특별한 상황을 볼 때 그것이 자신의 가치관, 신념 그리고 의미에 위협적으로 "인식되었다"고 말할 수 있다(5장의 정의를 보라). 신피질/전두엽은 지금 어떤 사람이나 체계에 의해 위협을 받고 있는 이 핵심적 이야기들을 저장해 왔다. 그 기억은행에 대항하는 사건을 점검한 후에 신피질은 이 상황을 위협으로 등록하며 우리를 방어 혹은 공격 행동으로 준비시키기 위해 편도체에 메시지를 보낸다.

나의 일과를 방해하여 나를 화나게 한 전화통신 판매원에 대해 앞에서 이야기한 바 있다. 어떤 이야기들이 위협을 받았는가? 첫째, 나는 가정이란 타인이 원하면 아무 때든지 올 수 있는 곳이 아니라 주인이 초대해야 올 수 있는 장소라는 이야기를 갖고 있다. 전화통신 판매원들은 나로 하여금 방해받은 느낌을 갖게 했고, 나의 가정을 그들이 원하는 아무 시간에나 방문할 수 있는 공공장소인 것처럼 취급했다. 둘째, 나는 조정은 타인과 관계하는 윤리적이고 정상적인 방법이 아니라는 핵심 이야기를 갖고 있다. 전화통신 판매원들은 대부분 사람을 조정한다. 실제로 그들은 빠르게 말하고 어떤 의미있는 관계를 맺지 못하도록 훈련받았다. 또한 그들은 그릇된 정보를 제시하는데 그것은 거짓말은 나쁘다는 나의 세 번째 이야기를 위협한다. 분명히 위협받은 나의 다른 이야기들도 있을 것이다. 그러나 당신은 여기서 대략적인 그림을 볼 수 있다.

이 위협의 아이디어는 완전히 새로운 것은 아니다. 아리스토텔레스에 의하면 화를 낸다는 것은 "누군가의 고의적 행동에 의하여 어떤 심각한 방식으로 한 사람이 (혹은 그의 소중한 사람이) 업신여김을 당하거나 잘못 취급 받았거나 혹은 모욕을 당했다는 그런 신념"을 필요로 한다.[25] 실제로 일어난 잘못된 사건은 중요하지 않다. 그것이 일으킨 신념이 분노에 불을 붙인다. 만약 분노한 사람이 그 잘못된 일이 실제로 일어나지 않았거나 의도적인 일이 아니었다고 알게 되면 분노는 사라진다.[26] "신념"이라는 단어는 이야기의 장에서 일어나는 사건들에 대한 해석과 관계가 있다는 데 주목하라. 어떤 사건에 대한 반응으로 우리는 타인들의 행동이나 체계의 의미에 관한 이야기를 구성하는데 그 이야기는 우리의 핵심 이야기들을 위협할 수도 있고 그렇지 않을 수도 있다.

　내러티브 이론가들은 인간 경험의 통일성과 그 경험의 장을 강조하는 내용의 인류학을 추구한다. 그들은 또한 하나의 특별한 인간 행동을 충분히 이해하려고 한다면 그 행동에 얽혀있는 전체적인 상황을 파악할 필요가 있다고 주장한다.[27] 스탠리 하우어워스(Stanley Hauerwas)는 더 큰 범위의 상황적 이야기를 아는 것이 한 상황을 이해하게 되는 기본적인 요건인데 그것은 "우리가 행동들 간의 연결성을 이해할 수 있는 것이 오직 이야기를 통해서"이기 때문이라고 기록하고 있다.[28] 더구나 내러티브 이론가들은 후기근대주의의 가정을 따라서 인간의 행동이란 개인의 행동을 초월하는 동기, 목적, 가치관 그리고 신념과 같은 주관적 이슈들에 주의를 기울일 때에만 이해되어질 수 있다고 주장한다.[29] 행동은 "인간의 의도, 동기, 열정 그리고 목적으로부터 지적으로 흘러나오기 때문에 우리가 한 사람의 모든 이야기 역사를 알 때에만 이 장을 알 수 있다."[30] 하우어워스는 다음과 같이 설명한다. "그러므로 이야기는 사건들과 사람들을 지적인 패턴으로 묶는 이야기인 것이다."[31] 어떤 특별한 분노 경험을 이해하기 위해서 우리는 그보다 더 큰 맥락의 이야기를 알아야만 한다. 한 특정한 분노 사건의 의미를 파악하는 것은 위협을 받은 다른 이야기를 알지 않고는 불가능하다.

　얼마 전에 나는 포트 워쓰로 돌아가는 길에 텍사스의 템플을 빠져 나와 와코를 향하여 1-35길을 북쪽으로 달리고 있었다. 나는 한 그룹의 18륜 화물트럭들이 지나가는 왼쪽 차선의 차들 속에 줄을 서 있었다. 나는 뒷거울을 통해 갑자기 붉은 짚차인 쉐로키가 두 트럭 사이에서 오른쪽 차선으로 방향을 바꾼 후에 내 뒤에 서 있었던 미니밴의 여자 앞으로 돌진하는 것을 목격했다. 이제 그는 나를 바짝 붙어 달리고 있었는데 트럭들 사이로 나의 오른쪽을 지나 다음 트럭으로 달려가기 전에 내 앞으로 돌진할 것이 분명했다. 나는 갑자기 화가 났다.

왜 나는 화가 났는가? 나를 위협한 것은 신체적 위협만이 아니었다. 나의 생각하는 뇌인 신피질은 내 뒤에서 일어나고 있는 일에 대해 알려주는 시상에서 메시지를 받고 있었다. 그것은 심리사회적 가치들 그리고 인생의 신념과 의미에 관한 나의 이야기들과 연관된 다른 류의 기억들을 사용했다. 나는 위협을 받았던 세 가지의 서로 다른 이야기들을 규명해낼 수 있었다. 첫째, 현실에 대한 나의 개인적 이야기는 줄을 서서 차례를 기다리는 것이었다. 나는 끼어드는 행동을 무감각, 부정한 행위, 타인 위에 군림하는 것, 그리고 겸손, 공정함, 평등성 그리고 타인에 대한 존중을 가치 있게 생각하는 나의 이야기들과 반대 되는 생각들에 연결시켰던 것이다. 둘째, 나는 부주의한 그 운전자들이 죄 없는 사람들을 위험에 빠트리는 미성숙한 자기도취주의자라고 인식했다. 세 번째 가치는 경쟁에 관한 더 큰 구조의 남성적 이야기와 연관되었다. 그 운전자는 와코로 가는 나를 앞서려고 했으며 나는 그 도전을 아무 대응 없이 지나치지 않을 생각이었던 것이다!

우리는 타인을 화나게 하는 것들에 대해 놀랄 때가 많다. 가족 안에서도 한 사람이 특정한 사건이나 상황에 대해 화를 내는 것을 보고 다른 한 가족이 큰 당혹감을 표현하는 것을 듣게 된다. "난 이해 못하겠어", "그녀는 아무 이유도 없이 화를 내는 거야" 그리고 "도대체 무엇이 그를 화나게 했어?"와 같은 말들은 결혼, 가족치료 그리고 관계치료에서 나오는 흔한 불평이다. 더구나 분노의 강도를 전혀 예상치 못할 정도인 경우도 많다. 리차드 데이빗슨(Richard Davidson)은 다음과 같이 기록하고 있다.

> *인간의 정서에 있어서 가장 현저한 특성들 가운데 하나는 가변성이라는 것인데 그것은 개개인이 성향적 기분의 질과 강도에 있어서 그리고 유사한 자극과 도전에 대한 정서적 반응에 있어서 개인차가 분명히 있다는 것이다.[32]*

이 가변성에는 여러 가지 이유가 있다. 첫째 이유는, 앞에서 언급한 바처럼 우리는 서로 다르게 "배선"되어 있다는 것이다. 둘째 이유는 우리의 이야기가 서로 다르다는 것이다. 예를 들면 당신이 그 붉은 지프 쉐로키에 대한 나의 반응(나의 이야기들)을 이해할 수 없다고 여기든지 미성숙하다고 여기든지 그것은 당신 자신의 이야기에 달려 있다.

사람들이 위협적이라고 인식하는 환경적인 사건들과 위협의 수준은 그들이 가진 경험의 역사와 학습에 따라 다르다. 그러므로 한 사람의 분노 경험을 이해하려고 하면 그 사람의 모든 이야기를 아는 것이 필수적이다. 해석의 독특성은 왜 동일한 상황이 한 사람에게는 분노를 일으키고 다른 사람에게는 그렇지 않은지를 보여 준다. 다시 말하자면 우리가 상황을 위협적이라고 해석할 때에만 화를 내게 되는 것이다.

요약하자면 내러티브 이론은 어디서 분노가 비롯되었으며 왜 사람들이 분노하는지 이해할 수 있도록 해준다. 우리가 인생과 기대와 가치와 신념과 아이디어 그리고 의미에 관해 가진 특별한 이야기들이 삶의 상황을 위협적인 것으로 해석할 때 우리는 분노로 반응하게 된다. 우리는 위협을 받지 않고 인생을 살아갈 수 없기 때문에 다양한 문화에서의 심리사회적 현실 구성은 어떤 삶의 상황이 위협적인지에 대한 인식에 영향을 미침에도 불구하고 내러티브 이론적 관점은 왜 분노가 전 세계의 보편적 경험인지를 설명해 준다. 분노의 위험성을 알고 있지만 사회과학은 분노가 생존과 발전에 중요한 위치를 차지한 것을 인정한다.

이야기들을 변화시킬 자유

사회과학자들은 "사람들은 어떻게 변화하는가?"라는 만만찮은 질문을 자주 던진다. 구성주의 내러티브 이론에서 보면 한 사람의 이야기가 변경되고, 재구성 되거나 혹은 다시 쓰였을 때만 변화가 일어난다. 한 사람의 분노 경험에서 변화가 일어나자면 그가 (혹은 그녀가) 삶의 상황을 위협적이라고 해석하는 이야기에서 일종의 변형이 일어나야만 한다. 스티븐 크라이츠에 의하면 "실제로 의식을 변형시키는 회심은 개인의 이야기에서 극적인 변화를 요구한다는 사실이 분명하다."[33] 한스-게오르그 가다머(Hans-Georg Gadamer)는 효과적인 치료는 변화시키는 우리의 능력과 새로운 주제와 은유와 이야기들을 개발하는 우리의 능력에 달려 있다고 지적한다.[34] 변화시키는 유일한 길은 우리의 이야기를 바꾸는 것이다.

"정서 스타일(affective style)"은 사람들이 정서를 경험하고 표현하는 방식에서 개인적 차이점을 규정하는 말이다. 신경심리학자들은 정서 스타일의 한 양상을 "정서조절"이라고 언급하는데 그것은 상황에 대한 자신의 정서적 반응을 조절하는 능력이다. 리차드 데이빗슨(Richard Davidson)은 "원치 않는 정서들을 더욱 바람직한 이미지 대본으로 대치할 수 있는 자기발생적인 이미지"에 대해 설명한다.[35] 이것들은 구성주의 내러티브 이론과 유사한 것이 분명하다. 우리는 새로운 이미지들을 개발할 수 있는 능력이 있는데, 다시 말하자면 새로운 이야기, 우리로 하여금 분노에 취약하게 만드는 바람직하지 않은 "대본들"(이야기들)을 만들어내는 이미지들을 대체하는 능력이다. 위협과 그에 따른 분노의 반응을 감소시키기 위해서 우리는 사건에 대한 우리의 해석을 바꿀 수 있는 새로운 이야기들을 구성해 낼 수 있다.

새로운 자료의 빛 아래서 우리는 우리에게 더 많은 의미를 부여해 주는 방식으로 과거와 현재의 이야기들을 "다시 쓸 수 있는" 자유와 능력을 소유하고 있다. 우리의 자아가 "변화되어" 가는 과정으로 나아갈 때 이런 변화의 기능은 견고한 발전과 더욱 급진적인 변화에 이바지하게 된다. 키에르케고르는 지금 "미래 이야기들을" 선택함으로써 우리의 잠재력을 활성화할 수 있는 자유를 우리가 갖고 있다고 강조한다.[36]

우리가 인생을 살아나갈 때 새로운 경험들이 우리가 개발하는 이야기들에 통합되어질 뿐만 아니라 이러한 이야기들에 변화를 가져오기도 한다. 변화는 늘 계속되고 있다. 사고, 새로운 직업, 이혼, 사랑하는 사람의 죽음, 종교적 회심, 노화, 기타 모든 것들이 우리의 이야기에 영향을 미친다. 새 경험은 현재 갖고 있는 이야기의 렌즈로 해석되어 진다. 그러나 동시에 새로운 경험이 그 이야기를 변화시킨다. 각각의 새로운 경험은 확증과 수정과 때로는 철저한 구성에 의해 일정한 방식으로 우리의 이야기에 덧붙여진다. 환경에서의 새로운 만남은 우리로 하여금 새로운 관점과 목적을 받아들이게 하면서 핵심 이야기나 내러티브 이론가들이 말하는 지배적 이야기의 방향을 바꿀 수 있다. 예를 들면 우리의 환경은 음식, 다이어트 그리고 건강과 관련된 영양에 관한 정보로 가득 차 있다. 음식에 관한 당신의 이야기도 바뀌었다. 즉 당신의 음식 섭취 방식이 십년 전과 달라졌다. 비록 변화가 쉬운 것은 아니지만 사람들의 이야기에서 변화가 일어나는 사실을 우리는 목격하고 있다.

예를 들어 사울의 지배적인 이야기는 율법이 우선이며 사람을 핍박하고 심지어 크리스천들을 죽이기도 하던 열성적인 바리새인으로서의 정체성을 확립했다. 그 때에 신비스러운 한 경험이 하나님에 대한 그의 핵심 이야기에 도전했으며 오랜 은거 동안에 그는 자신의 정체성을 바꾸면서 생애 이야기를 다시 쓰게 되었다. 그는 바울이 되었고 그의 지배적 이야기는 크리스천 선교사가 되는 것에 집중했으며 그의 우선순위는 율법이 아닌 은혜였다. 우리는 그의 개인적 이야기의 변화를 신학적으로 구속, 회심, 변형, 구원, 거듭남, 화해 혹은 새로운 피조물이 됨이라고 부른다. 분노를 감소시키기 위해 우리의 이야기를 변형하는 일에 관한 아이디어들을 우리는 13장에서 논의하게 될 것이다.

때로는 이야기들이 유연하고 변화도 쉽다. 그러나 많은 이야기들이 정체성에 관해서는 굳어 있어서 변화가 어렵다. 특별히 그 이야기들 뒤에 가족전통, 성서 혹은 신학과 같이 어떤 권위적인 힘이 있을 때 그러하다. 자아는 놀랄 정도로 유동적이다. 그러나 우리 자신의 많은 부분이 전혀 영향을 받지 않거나 습관, 특성 그리고 시간이 지나도 변하지 않는 인격적 특징들처럼 최소한 변화하기가 매우 어렵다.[37] 때로 사람들은 그들이 포기하고 싶지 않은 어떤 행동들을 유지하기 위한 변명으로 우리의 이야기는 변하지 않는다는 주장을 사용한다. 짜증을 내는 것이 그 한 예다. 마치 분노란 내면에서 돌아다니고 있는 것이어서 통제할 수가 없고 어떤 시점에서 폭발할 수밖에 없는 것인 양 "미안해요. 내가 발끈하는 성질이 있어서"라면서 자신의 성질을 비난하는 것으로 과열된 분노 반응을 방어하는 사람을 당신은 알고 있을지 모른다. 어떤 가족들은 가족 가운데 한 사람이 언제 성질을 "폭발시킬지" 몰라 마치 그를 군대 지뢰처럼 대우하기도 한다.

이야기의 어떤 부분들은 우리의 무의식 속에 묻혀 있다. 그리고 내러티브 이론도 인간의 모든 이야기가 다 의식적인 것은 아니라고 인정한다. 많은 이야기들이 의식적인 것은 아니다. 그러나 그것들은 배경

속에 남아 있을 수 있고 진행 중인 이야기에 영향을 미칠 수 있다. 어떤 이야기들은 우리 삶 속의 중요한 인물들이나 우리가 살고 있는 문화에서 선호하는 이야기들과 반대가 되고 그것을 의식화시키면 내외적으로 긴장을 초래할 수 있기 때문에 억제되기도 한다. 또 어떤 이야기들은 우리 삶의 지배적인 이야기와 정반대이기 때문에 의식적 자각이 일어나면 내적 긴장이 생길 것이기 때문에 억제된다. 그것들은 내러티브 이론가들이 말하는 대안적 이야기가 되는데 그 가운데 많은 이야기들이 치료적 과정을 통해 회복될 수 있다.

  이 기억되지 않은 이야기들은 갑작스러운 분노 경험이 우리를 사로잡아 "도대체 그 분노가 어디에서 온 것이지?" 하면서 놀라기 전까지는 우리가 깨닫지 못하는 그런 위협에 우리를 취약하게 만든다. 우리에게 중요한 무의식적인 이야기가 위협을 받을 경우가 많이 있다. 의식으로부터 숨겨져 있는 우리 자신에 관한 그 무엇을 우리가 이해할 수 있도록 분노가 우리를 초대할 때에 분노가 우리의 영적인 동맹자가 될 수 있는 하나의 방편에 대해 나는 13장에서 논의할 것이다.

  내가 다시-이야기하기(re-storying)라고 부르는 이야기 바꾸기는 우리가 의도적으로 교육과 통찰과 자기인식 그리고 지금도 진행되고 있는 이야기에서 변화를 이루어 내고자 하는 의지를 사용할 때 가능하다. 우리는 우리의 지배적 이야기와 우리 역사의 핵심 이야기들에 도전할 수 있으며 다른 목적을 성취하는 새로운 이야기들로 변형시킬 수 있다. 오랫 동안 의도적으로 변화를 시키고 나면 새로운 이야기가 한 사람의 인격에 뿌리를 내려서 우리 뇌의 신경시스템, 특히 신피질 안에서 우리의 결정을 의식적으로 자각하지 않아도 우리는 특정한 자극에 다른 방식으로 반응하게 된다.[38]

과거의 지배적인 이야기를 확인하고 변화시키기

12장과 13장에서 우리의 분노에 대한 윤리적 책임을 더 철저하게 토의했지만 우리의 분노를 효과적으로 다루는 첫 작업들 가운데 하나는 현재 우리가 이 분노의 정서를 다루는 방식을 형성하는 데 지속적으로 영향을 끼친 분노에 관한 과거의 이야기들을 확인하는 것이다. 앞에서 언급했지만 개인적인 이야기들은 가족, 이웃, 성별 그리고 문화라는 더 큰 틀의 이야기들 속에 묻혀 있다. 우리 모두는 분노가 무엇이며, 분노가 무엇을 의미하는지, 분노를 어떻게 표현해야 하는지, 누가 화를 낼 수 있으며 왜 그런지 그리고 하나님은 분노에 대해 어떻게 느끼시는지와 같이 분노에 대한 많은 생각들을 갖고 있다. 그것들은 더 큰 이야기들에 뿌리를 내리고 있지만 특별히 우리 가족의 역사에 뿌리를 내린다. 그러나 특별히 우리 가족의 역사 안에 뿌리를 내리고 있다. 이런 핵심적인 이야기들을 밝혀내는 것은 우리가 현재 분노를 경험하고 표현하는 방식에 관해 많은 것을 가르쳐 준다. 그러므로 자신의 분노에 대해 책임을 진다는 것은 이 이야기들을 규명해 내고 그것들이 우리의 현재 기능에 어떤 영향을 미쳤는지 평가하는 과정을 포함한다. 그것은 퍼즐 조각들을 분별이 가능한 패턴으로 맞추어 나가게 하는 단서들을 찾으면서 가능한 한 많은 정보를 수집하는 일종의 탐색 작업이 필요하다. 나는 도입부에서 나의 이야기들을 조금 했다. 여기에 어떻게 과거 이야기들이 자신에게 영향을 미쳤는지를 배워 나가는 몇몇 사람의 사례가 있다.

테드는 사십대 초반의 남자로 그의 아버지가 유명 인사였고 어머니는 아버지의 비서였던 남부의 작은 도시에서 성장했다. 그는 그의 가족이 바깥 세상에는 "평온하고 다정다감한 완벽한 가족의 모습"으로 보였지만 안에서는 "다른 이야기가 진실"이었다고 이야기했다.

나의 아버지는 항상 냉장고 위에 올려놓은 참나무 매로 우리의 행동을 통제하던 분노의 사람이었다. 밖에서 볼 때 우리는 우리는 완벽한 가족이었다. 그러나 들여다보면 그 진실을 알 수 있다. 부모님의 결혼은 의사소통과 갈등해결과 사랑에서 좋은 모델이 아니었다. 아버지는 일터의 긴장과 미움을 가정으로 가져왔고 어머니는… 순교자처럼 행동하며 지속적인 분노와 우울 상태에서 살았다. 나는 아버지가 많은 상황에서 분노를 드러내는 것을 보았다. 아버지는 나처럼 무언가가 감정을 폭발적으로 분출시키기 전까지 내면에 그것들을 쌓아두는 경향이 있었다. 우리는 항상 아버지가 언제 화를 내게 될 것인지를 알았다. 처음에 아버지는 몇 시간 동안 혹은 며칠 동안 조용했다. 그런 후에 냉소적인 말들을 내뱉었다. 만약 그 냉소에 순종이 따라오지 않으면 두말할 것도 없이 폭발했다. 다른 한편, 어머니는 소란이나 물리적 방법으로 분노를 표현하지 않았다. 어머니의 방식은 조정하고 언어적으로 공격하는 것이었다… 어머니는 항상 불평하는 것 같았지만 무언가 변화시키기 위한 행동은 결코 취하지 않았다. 어머니는 자신을 거스르는 모든 행위를 기억했다. 그러다가 되갚아 주는데 그것은 마치 지옥처럼 고통스러운 것이었다… 분노를 다루는 나의 경험의 일부는 부모로부터 전달된 것에 틀림없다… 나는 아버지의 변덕스러움을 닮았지만… 어머니의 순교자인양 하는 태도도 닮았다.

테드와 아내 사이에서 해결되지 않은 분노는 거의 이혼 직전까지 가게 만들었다. 그들은 치료를 받기 시작했으며 분노에 관한 그들 핵심 이야기들이 어떻게 심각한 문제들을 만들었는지를 밝혀내기 시작했다. 테드는 자기 가족의 특별한 이야기들이 자신의 아내와 관계하는 방식에 어떻게 영향을 미쳤는지를 이해해 가는 작업에 열심을 다하고 있다. 그는 아버지의 변덕을 닮았다는 것을 인정했다. 그러나 지금 그도 어머니가 그랬듯이 분노가 불평과 비난으로 새어나가는 것을 허용하며 침묵 속에서 고통을 겪는다. 최근에 이렇게 드러난 것들은 그로 하여금 가족에 대한 그의 이야기와 행동을 변화시키도록 했다.

삼십 대의 자넷이라는 여인은 그녀의 원가족에서의 분노 경험이 어떤 영향을 끼쳤는지를 다음과 같이 기록했다.

> 나의 부모님은 두 분 모두 분노의 문제를 갖고 있었다… 어머니는 언어적으로나 신체적으로 우리를 폭력적으로 다루었는데 볼기를 자주 때렸고, 고개가 흔들릴 정도로 어깨를 흔들어댔으며, 격노한 상태에서 우리를 손바닥으로 철썩 치곤 했다. 아버지는 정서적으로 우리를 학대한 "분노 중독자"였다… 비록 우리를 때린 적은 없었지만 그의 말은 어머니가 볼기를 쳤던 것보다 더 많은 상처를 주었다.

그녀는 아버지의 분노를 경험한 한 특별한 사건을 이야기했는데 그 사건은 분노에 대한 자신의 지배적인 이야기들 가운데 하나를 형성하게 했다.

> 나는 다섯 살 무렵에 일어난 한 사건을 기억하는데 그때 나는 세차하는 아버지를 돕고 있었다. 내가 씻고 있던 타이어가 정말 깨끗해지고 있었으므로 나는 온통 행복감에 젖어서 아버지가 얼마나 나를 자랑스러워할 지를 생각하고 있었다. 나는 얼마나 멋진 조력자인가! 그때 갑자기 그가 내 곁에 서서 "너 왜 타이어를 씻는 거냐? 항상 차 꼭대기에서 시작하여 아래로 씻어 가야 한다는 것을 몰라? 타이어는 맨 마지막에 씻어야 한단 말이야!"라고 고함을 쳤다. 나는 심하게 충격을 받았다. 그 사건으로부터 나는 분노가 얼마나 예측불허하고 두려운 것인지를 배웠다. 다시는 고함치는 소리를 듣지 않기 위해 나는 아버지 주위에서 긴장하는 것과 항상 일을 "똑바로" 하려는 태도를 익혔다. 오늘도 나는 때때로

타인의 분노를 두려워하는 회복 중에 있는 완벽주의자다.

아버지가 분노를 폭발했던 또 다른 사건을 이야기한 후에 그녀는 분노에 관한 다른 강력한 사건을 이야기했는데 그것은 위에 있는 지배적인 이야기와 충돌했기 때문에 그녀가 애써 억제하려고 했던 것이다.

나는 분노의 말들을 마구 내뱉고 타인을 상하게 하는 밉살스런 말들을 하거나 다른 사람(꼭 당신이 화내고 있는 사람일 필요는 없다)을 때리는 것이 분노의 정서를 다루는 방식이라고 생각했다. 나는 무엇에 화가 났든 상관없이 시야에 들어오는 가장 가깝고 약한 사람에게 고함을 치고 자신의 문제에 대해 타인을 비난하며 자신의 분노에 대해 책임을 지지 않는 것이 분노 정서를 다루는 방식이라고 배웠다.

"건방지다"는 이유로 어머니가 그녀를 어떻게 때렸는지 그리고 아버지에게 부당함을 항의했을 때 그가 얼마나 화를 많이 냈는지 이야기 한 후에 쟈넷은 이렇게 말한다.

나는 나의 분노가 부모님의 분노를 더 강화한다는 것을 배웠다, 나의 분노를 보여 주는 것은 안전하지 않았기 때문에 나는 분노를 더 이상 품고 있을 수가 없어서 폭발할 지경에 이를 때까지 분노를 안으로 감추었다.

자넷은 화를 내서는 안 된다는 그녀의 지배적인 이야기를 바꿀 뿐 아니라 그 분노가 "폭발해 나올 때" 일어나는 파괴적인 행동들을 수정함으로써 분노의 폭발적인 표현은 자신의 책임이라는 것을 받아들였다. 그녀는 자신의 분노를 더 빨리 확인하기 시작했으며 남편이나 자녀들과 더 신중하고도 직접적으로 의사소통을 할 수 있었다. 그녀의 강력한 이야기들 가운데 하나가 한 인간으로서 정당하게 남편과 자녀들에게 인정받고 존경받고자 하는 필요였으며 그들이 자신을 마치 "아내요 어머니가 아니라 하인처럼" 대우한다고 여겨졌을 때 화가 났다는 것을 그녀는 인정하게 되었다. 그녀는 가족들이 무심하게 행동했을 때 위협을 느끼지 않기 위해 자신의 필요와 욕구들을 가족들과 소통하기 시작했다. 무엇보다 가장 중요한 것은 자넷이 10장에서 정리한 분노에 관한 크리스천 내러티브를 받아들이기 시작했는데 그것은 분노가 하나님께서 축복하신 창조의 한 부분이며 많은 상황들 가운데서 우리가 수용할만한 경험이라고 보는 것이다.

헬렌은 다음 이야기를 일기에 기록할 때 분노를 표현하는 데 대한 자신의 두려움을 이해하려고 애썼다.

> 내가 성장하면서 분노에 관해 가졌던 주요 감정은 두려움과 회피라고 기억한다. 아빠는 격동이 되면 손바닥으로 때리거나 쳤으며 때때로 허리띠를 사용했다. 나는 그를 화나지 않게 하려고 조심스럽게 그를 살폈다.

그녀가 아홉 살 때 아버지는 심장마비로 쇠약해졌다. 가족들이 아버지의 건강에 대해 계속 관심을 기울인 일까지 기억이 났다. 헬렌은 다음과 같이 썼다.

> 나는 그를 화나게 하지 않도록 최선을 다함으로써 그 환경에 순응했다. 나는 그를 화나게 하고 그를 죽이게 될까 하여 거의 공포에 질려 있었다.

내가 스스로 정한 나의 임무는 집에서 모든 일들이 잘 돌아가도록 하는 것이었다.

분노하는 사람들과 연관된 이 순응의 이야기는 분노에 대한 그녀의 지배적인 이야기가 되었는데, 다시 말하자면 만약 그녀가 화를 낸다면 그것은 사람이 죽는 것과 같은 끔찍한 일이 일어날거라는 것이다. 두말할 것도 없이 그녀가 선택한 것은 부정과 억제였다. 이제 삼십 대 중반이 되어서 그녀는 매사가 매끄럽게 진행되고 있는지 아무도 속상한 사람이 없는지 확인하는 사람으로 알려졌다. 헬렌은 분노가 드러나지 않도록 엄청나게 긴장한다. 그녀는 "나는 수천 톤 무게의 분노가 홍수처럼 넘쳐흐르는 것을 두려워한다"고 말한다. 또 어떤 때는 "나는 분노라는 괴물을 풀어놓는 것을 두려워하여 내 안에 그것을 꽉 붙들고 있다"고 말한다. 그녀는 이 억압된 분노가 신체적으로 파괴적이라고 확신한다. 그러나 그녀의 두려움이 너무도 강하여 이 이야기를 바꾸기가 너무 어렵다는 것을 깨닫는다.

예나는 3장에서 이미 우리가 만난 바 있는 삼십 세의 사역자다. 몇 개월 동안 나와 함께 대화한 후에 그녀는 이 책에 있는 개념들을 경험적으로 그리고 이론적으로 탐구하기 시작했다. 아래 내용들은 분노에 대한 자신의 투쟁과 관련하여 그녀가 개인적으로 발견한 내용들을 요약한 일기에서 발췌한 것이다. 그녀는 분노에 관한 자신의 지배적 이야기를 탐색하는 것으로 시작한다.

내가 받은 메시지는 "화내지 마라"였지만 나의 생물학적 가족, 특별히 나의 주 양육자들에게서 목격한 모델은 분노에 대한 다른 지식을 갖게

했다. 나의 어머니는 목소리를 높이고 자신이 기분이 안 좋다는 것을 분명히 보여주는 억양과 언어를 사용함으로 분노를 다루었다. 그런 후에는 정서적으로 철회해 버렸다. 뒤돌아 보건대 그녀는 성가시게 잔소리하고 침묵하며 그리고 뒤로 물러나는 행동을 통해 분노를 간접적으로 표현했다.

예나는 분노를 다루는 방법에 대한 부모의 선택이 자신의 자기가치에 관한 이야기에 미친 영향을 깨닫게 되었다. 어머니의 잔소리와 정서적 철회에 대해 이야기한 후에 그녀는 다음과 같이 글을 썼다.

그러나 이 패턴은 집에서만 있는 일이었다. 집 밖에서는 전화를 걸어온 낯선 사람에게도 그녀는 상냥하고 정중하게 행동했다. 그 당시에 나는 그것을 이해할 수가 없었다. 자기 자녀들에게는 그렇게 냉정하고 침묵을 지키는 사람이 어떻게 다른 사람들에게는 그렇게 사려깊을 수 있는지 나는 의문스러웠다. 나는 그녀의 행동을 사랑의 결핍으로 해석했다.

그녀는 어머니의 분노에 대해 더 많이 이해하기 위해 노력했는데 특별히 그녀의 어머니가 예나의 행동에 의해 위협을 받게 되는 이야기들을 이해하려고 했다.

어머니를 화나게 한 사건들은 단순하고 작은 일일 때가 많았다. 그녀는 집이 깨끗하지 않을 때나 우리가 물건을 놓아야 할 자리에 놓지 않았을 때 화를 냈다. 그녀는 우리로 하여금 그녀가 원하는 방식으로 행동하도록 하기 위해 분노를 우리를 통제하는 기능으로 사용했다. 그러나 어머니는 우리가 무심하기 때문에 그녀의 마음에 들지않는 행동을 한다고 해석했다.

만약 우리가 그녀를 사랑한다면 우리가 집 안의 그런 작은 일들도 잘 할 것이라고 했다. 그녀에게는 사려 깊은 행동 표현이 사랑의 표지였다. 나는 그녀가 자신의 분노 감정뿐 아니라 그 표현에 대해서도 정당함을 느끼고 있었다고 믿는다.

어머니가 분노를 다루던 방식에 대해(그녀의 어머니를 위협한 것과 분노가 어떻게 표현되었는지에 대해) 그녀가 해야 했던 반응을 계속 탐색하면서 어머니의 분노에 대한 그녀의 초기 경험으로부터 배웠던 것을 그녀는 더 분명하게 알 수 있었다.

이 패턴에서 나는 여러 가지를 배웠다. 나는 사랑을 표현하기 위해서는 사려 깊은 행동의 표현이 요구된다는 것을 배웠다. 그리고 그런 행동이 없는 데 대한 분노와 이 분노의 표현은 비록 건강하지 못한 표현이라고 할지라도 정당화된다고 배웠다. 그리고 나는 분노가 사람들로 하여금 자신이 원하는 일을 하게 만드는 하나의 방법이라는 것도 배웠다.

어린아이로서 나의 집에서 분노를 다루는 방법에 대한 나의 반응은 다양한 모습을 띠었다. 내가 분노를 훌륭한 크리스천으로서 느껴서는 안 되는 그 무엇으로 믿었을 때는 나의 어머니와 비슷한 방식으로 분노를 표현했다. 나는 입을 뿌루퉁하게 내밀고, 목소리 톤을 바꾸었으며 나에게 무언가 잘못 되어 있다는 감정을 표현하는 언어적, 비언어적 의사소통 양식들을 사용했다. 비록 내가 받은 반응은 내 방으로 가라는 명령이었지만 나는 내가 본 이 패턴을 고집했다.

분노는 죄라는 모델을 믿은 나의 어머니처럼 나도 다른 사람들에 대해 분노를 경험할 때 내가 느끼는 것을 정당화했다. 나는 나의 분노를 인정했지만 이 부정적 정서에 대해 합리화하고 자신을 변명하면서 그것에 대해 타인을 비난했다.

> 분노, 슬픔, 외로움 그리고 느꼈던 모든 "부정적인" 정서들이 나에게 동일하게 느껴졌다. 나는 속이 아팠고 오해를 받는다고 느꼈으며, 그런 식으로 느끼지 않기를 바라면서 누군가 나에게 사랑을 보여 주기를 원했다. 나는 사려 깊은 행동이 사랑의 표시라는 어머니의 비난을 믿고 있었으며 사려 깊은 행동으로 나의 사랑을 어머니에게 보여 드리지 못한 것에 대해 죄책감을 느꼈다. 어머니가 바란 그 행동들을 나도 기대하게 되었고 그것이 훌륭한 크리스천이 행하는 바라고 믿으면서 완벽하게 행하려고 애썼다. 지금 뒤돌아보면 그녀가 우리로부터 정서적 철수를 해버렸을 때 나는 그녀에게 분노를 느꼈다는 것을 깨닫는다. 그러나 분노를 느끼는 것과 부모에게 분노하는 것은 용납될 수 없는 것이 분명했다. 그리하여 나는 어머니에 대한 분노를 부정했으며 나의 반복된 경험에서 아무 것도 배울 수가 없었다.

이러한 통찰들은 분노에 관한 예나의 이야기에 중요한 변화의 장을 마련해 주었으며 그것은 13장에서 더 논의할 것이다.

여기서 잠시 멈추어서 분노에 관한 당신의 지배적인 이야기를 확인해 보는 것이 도움이 될 수 있을 것이다. 당신이 경험한 특별한 분노 사건은 무엇인가? 당신은 당신의 원가족, 이웃, 동족 그리고 남녀 관계를 통해 당신이 경험했던 다른 사람의 분노를 어떻게 "이야기"하는가? 무엇을 채택하고 무엇을 버리는가? 누가 화를 낼 수 있고, 언제 분노를 느끼며, 분노가 허용되는지 안 되는지, 분노를 어떻게 표현해야 하는지, 그리고 하나님은 분노에 대해 어떻게 느끼시는지에 대해 당신은 무엇을 배웠는가? 당신은 가족 중 다른 사람과 이야기함으로 그들이 자신의 과거 이야기를 어떻게 기억하는지 보면서 이런 질문들에 대한 답을 찾으려고 할 수도 있다. 부모, 형제자매, 그리고 조부모는 위협을 받았던 다른 가족 구성원들의 이야기에 대한 당신의 기억과 이해를 넓혀 줄 수 있는 흥미로운 이야기들을 많이 알고 있을 수 있다.

암묵적으로나 명백하게 이 이야기들이 제공하는 신학을 당신은 10장에서 언급하는 분노에 관한 신학과 비교해 볼 수 있을 것이다. 그런 후에 당신은 크리스천 신앙의 이해에 맞지 않는 과거의 이야기들에 대해 도전할 것을 선택할 수 있다. 당신은 성경(8장과 9장)과 기독교 전통(7장)에 있는 대안적 이야기들을 지지하기로 선택 할 수 있다. 그리고 분노의 능력은 창조주의 선물이라는 것을 받아들여 인간으로서의 당신의 잠재력을 완성시키는 긍정적인 공헌에 분노를 활성화 하기를 선택할 수 있다. 어떤 핵심 이야기들을 변화시키는 것이 어렵기는 하지만 미래까지 적용되는 바, 우리가 의식적으로 선택하는 신학을 반영하도록 현재의 시간 속에서 과거 이야기를 재구성할 수 있다. 바라건대 새로운 이야기들이 당신으로 하여금 불필요한 위협들에 상처를 덜 받게 하고 크리스천의 헌신을 위협하는 이야기에 민감하게 하며(12장에서 언급한 윤리들에 기초하여) 긍휼의 분노로 인도하기를 바란다.

예나의 마지막 성찰은 분노에 관한 그녀의 생각과 감정을 어떻게 발전시켰는지에 대한 내용과 재구성된 이야기의 필요성에 대한 더 큰 그림에 초점을 맞추었다. 그녀는 이러한 필요를 그녀의 영적 순례와 연결시켰으며 분노에 대한 새로운 이해와 새로운 행동을 구성하는 일에 마음을 쏟았다.

> *내가 나 자신의 분노를 다루고 또 다른 사람이 그의 분노를 다루도록 도와주는 방식에 가장 강한 영향을 미치는 것은 내가 분노를 보는 관점이라고 배웠다. 나는 분노를 "영적 협력자" 혹은 "행위로의 부름"이라고 생각해 본 적이 없다. 분노에 관한 나의 이야기를 해체하고 재구성하는 것이 필요하다. 무언가 잘못되었다는 것을 알려주는 표지로서*

분노를 이해하는 것이 신뢰할만한 견해라고 나는 생각한다. 분노는 우리로 하여금 그 부름을 듣기 위해 시간을 투자할 것과 하나님의 유인을 분별할 것과 반응을 위해 고심할 것을 요구한다. 이러한 방식으로, 분노는 두려워하고, 회피하고 혹은 기도로써 없애야 할 그 무엇이라기보다 우리의 성장과 발전 그리고 그리스도의 제자가 되기 위해 헌신한 사람들의 성숙을 위한 긍정적인 파트너로 변형될 수 있다. 이러한 재구성은 다른 영적 훈련들과 다를 바 없이 훈련을 요구한다. 영적 훈련을 연습해 본 역사를 소유한 나로서는 훈련된 재구성이라는 개념을 충분히 이해할 수 있고 분노를 악이 아닌 유용성이라는 전혀 다른 범주로 분류하게 한다. 나는 이러한 재구성이 나의 삶에서 분노를 건강한 방식으로 다루게 해주고 다른 사람들도 그렇게 할 수 있도록 도와줄 수 있는 분노에 관한 최종적인 학습의 핵심이라고 믿는다.

예나의 이야기는 다른 사람들이 그들의 분노를 다루는 일에 대해 우리가 효과적인 도움을 주기를 원한다면 우리 자신이 가진 분노의 이야기에 돌보는 자로서 귀를 기울이는 것이 얼마나 중요한지 보여 준다.

분노의 목회신학에 대한 공헌

5장에서 논의한 신경과학과 함께 구성주의 내러티브 이론은 신학적 인간학에 중요한 공헌을 하며 신학적 인간학은 다시 분노의 목회신학에 대한 지식을 제공한다.

▶체화

내러티브 구성의 정신적 과정은 우리 뇌의 신경 능력에 기초한다. 이전 장에서 서술한 바대로 감각으로부터 이야기를 만드는 우리의 능력은 각성 패턴들을 활성화하는 과정처럼 생물학적 과정에 내재되어 있다. 그리하여 그것은 우리의 유한성의 한 부분이 된다. 이 해석적 능력은 분노를 이해하는 데 있어서 매우 중요하며 그것은 인간의 신체적 양상과 정신적 양상들 사이의 통합적인 연결을 포함한다. 신경과학 연구자들이 몸과 마음의 상호작용에 관해 내린 것과 동일한 결론을 구성주의 내러티브 이론에서도 내리는데 다시 말하자면 인간을 심리 신체적 구성체라고 믿는다는 것이다. 삶의 사건들에 관해 내러티브 해석을 구성하는 자동적인 정신적 과정은 체화의 한 부분인 복잡한 뇌기능에 기초한다. 그러나 종교 철학자들과 비종교적 철학자들은 수세기 동안 자기초월에 관해 토의하면서 육체성을 인간 상황으로부터 밀어내리고 했다. 그러나 키에르케고르가 주장했듯이 인간이 되는 한 가지 과업은 몸과 영혼을 하나의 통합체로 결합시키는 것이다.[39]

인간의 다른 생물학적 기능들과 함께 인지적이고 자기초월적 능력들을 심각하게 고려하지 않는 신학적 인간학은 분노를 이해하는 신학적 장을 제공하지 못한다. 만약 우리가 인간 경험에서 분노의 유일하고 독특한 양상들뿐만 아니라 보편적인 양상들을 이해하고자 한다면 이 두 관점을 모두 고려해야 한다고 주장하는 사람들에게 나는 동의한다.[40] 분노의 목회신학은 인간의 분노 경험을 정신 신체적 통일체로서의 경험이라고 주장한다. 이야기를 구성하는 우리의 능력은 창조주이신 하나님의 체화의 한 부분이며 하나님께서 의도적으로 인간 상황의 한 부분으로 창조하신 것이다.

▶ **하나님의 형상으로 창조됨**

구성주의와 내러티브 이론은 성서적, 신학연구에서 신선한 접근법들을 개발하는 일에 박차를 가했다. 복음은 예수 그리스도 안에서 하나님의 계시를 기록한 거룩한 이야기로 여겨졌다.. 하나님을 이야기하는 분으로 말하는 것은 구성주의 내러티브 이론의 관점에 의해 영향을 받은 신학자들이 사용하는 은유들 가운데 하나다. 창조주로서 하나님의 활동에 대해 묘사한 창세기의 이야기를 생각해 보자.

태초에 하나님이 천지를 창조하시니라. 땅이 혼돈하고 공허하며 흑암이 깊음 위에 있고 하나님의 영은 수면 위에 운행하시니라. 하나님이 이르시되 빛이 있으라 하시니 빛이 있었고(창 1:1-3)

처음에는 아무 것도 볼 수 없을 정도로 혼돈과 어둠이 모든 것을 덮었다. 그러나 하나님의 영은 이 혼돈을 덮어 버리고 세상의 각 부분들이 존재할 것을 말씀하셨다. "하나님이 이르시되... 하시니" 사물들이 존재하게 되었고 "하나님이 빛을 낮이라 부르시고"라는 말씀에서는 하나님이 사물에 이름을 주는 일에 언어를 사용하셨음을 보여 준다. 하나님은 이야기로 세상을 존재하게 했다. 하나님의 창조 활동은 이야기 구성이나 이야기의 계발이라는 은유로 이해될 수 있다. 과정신학자들이 잘 개념화한 바와 같이 하나님께서는 우리의 선택에 대한 반응으로 새로운 이야기들을 창조하시면서 항상 우리를 향하여 주도권을 가지신다.

이러한 은유에 비추어 볼 때 이야기를 구성하는 우리의 신경 기능은 이야기를 하는 분으로서의 하나님을 반영하는 것으로 인식하는 것이 합당하며 그것은 하나님의 형상으로 창조되었다는 내용의 한 부분이 된다. 하나님은 이야기 구성을 통해 창조 능력을 가지시며 우리도 우리 삶의 사건들을 일관성 있고 의미 있는 전체로 "이야기를 만드는" 능력을 통해 공동창조자로서 하나님께 참여한다. 우리가 분노의 생리적인 기능에 대해 언급한 바와 같이 이야기를 구성하는 이 능력도 하나님께서 축복하시고(창

1:28) "좋았더라"(창1: 31)고 말씀하신 인간 유한성의 한 부분이다.

▶자유

인간이 가진 자유의 실재는 사르트르의 말로 하자면, "논란의 여지가 없이 우리 자신이 사건의 저자로서" 책임을 진다는 의미라고 실존주의자들은 이해했다. 우리는 "우리에 의해 하나의 세계가 존재하게 된" 바로 그 사람들이다.[41] 이 "세계"는 우리가 이야기를 구성함으로써 창조된 것이며 다른 사람이 구성한 방법과는 결코 동일하지 않을 것이고 그리고 그 세계를 계속 구성해 나가는 과정에 있다.

자아에 대한 구성주의 내러티브 이론의 이해는 인간의 자유에 관한 다른 창문을 열어 준다. 하나님께서는 우리가 우리의 자아를 창조하는 일에 참여할 수 있도록 하시기 위해 우리가 이야기를 구성하는 능력을 가지도록 창조하시기를 선택하셨다. 우리는 우리 자신의 정체성을 하나님과 함께 창조할 수 있는 자유와 특권을 가졌다. 그 자유가 없이 우리는 변화와 성장과 개발 혹은 12장에서 논의한 바와 같이 우리의 윤리적 가치가 행동을 필요로 할 때 분노를 표현할 수 있는 동기를 가지기가 어렵다.

기독교 신앙의 모든 내용은 변화를 선택하고, 우리 자신을 다르게 재창조하고, 바뀔 수 있는 이 자유가 창조주가 의도한 선물들 가운데 하나로 이해한다. 그 자유는 예수 그리스도 안에서 우리에게 주어진 것이며 사도 바울이 결코 포기하지 말 것을 당부한 것이다(갈 5:1, 13). 그것은 우리로 하여금 불필요할 정도로 분노하게 하며 파괴적인 행동을 하게 하는 이야기들을 변화시킬 수 있는 자유를 내포한다. 우리는 우리가 놓여진 삶의 상황적 한계 안에서 하나님과 함께 우리 자신의 이야기를 창조하고 여정을 계획할 수 있는 자유를 하나님으로부터 받았다. 이미 앞에서 언급한 바와 같이 많은 사람들과 사건들이 우리의 독창적인 이야기 구성에 참여한다. 그러나 믿음의 사람들은 자신의 이야기를 다시 쓸 수 있는 기회와 잠재력 모두를 소유하고 있다. 신학적 관점에서 볼 때 하나님께서는 우리가 미래에 새로운 이야기를 구성할 수 있도록 ("새로운 피조물"이 되거나 "새로운 존재"가 되는) 과거와 현재의 이야기를 의미 있게 변화시킬 수 있는 자유와 힘을 우리에게 주셨다고 믿는다.[42] 이러한 신학적 관점에서 기독교적 돌봄 사역의 가정을 유출할 수 있는데 그것은 사람들로 하여금 최소한 윤리적으로 적절하지 않은 분노를 내게 만드는 이야기를 바꾸고 새로운 이야기를 만들도록 초청할 뿐만 아니라 심지어 도전하는 내용까지도 포함한다.

▶책임

어떤 특정한 사건이 우리 안에 분노의 경험을 유발하든 그렇지 않든 간에 구성주의 내러티브 관점에서는 우리에게 상당한 자유가 존재한다는 것을 알 수 있다. 우리는 사건에 대해 해석하고 의미를 부여하면서 자신의 이야기 렌즈를 통하여 사건에 반응한다. 비록 우리의 생리적 경향성이나 가족사 그리고 더 큰 범위의 문화에 의해 깊은 영향을 받기는 했지만 이러한 이야기들은 주로 우리 자신이 구성한 것이다. 여전히 그 이야기들은 우리의 것이다. 우리로 하여금 불필요하게 위협에 상처받게 하는 이야기들을 재구성하도록 도전하시면서 우리를 부르시고, 우리를 추적하시며, 또한 우리를 초대하시는 하나님을 우리는 상상할 수 있다. 하나님은 우리가 거룩한 이야기를 충분하게 용납하고 받아들이기를 원하시며 12장에서 논의한 바와 같이 신앙 이야기의 가치가 위협 받을 때만 우리도 위협감을 느끼기를 바라신다.

우리는 무엇이 우리를 분노하게 하고 왜 우리가 분노하며 언제 우리가 분노할 지를 스스로 결정한다(질병이나 사고에 의해 정상적인 뇌기능이 망가졌을 경우를 제외하고). 더구나 우리는 우리의 분노를 어떻게, 언제, 어디서 표현할지 결정한다. 이러한 책임은 우리로 하여금 불필요한 분노를 발하게 만드는 무의식의 이야기들을 밝혀내야 할 책임을 내포한다. 이제 우리는 분노가 마치 "통제 불능의 사람"처럼 우리 마음 안에서 일방적이고도 혼란스럽게 작동하는 생물학적 본능이 아니라 환경과의 신경적 상호작용 안에서 발생한다는 것을 안다. 필요하다면 우리는 이 이야기들을 평가하고 변화시킬 수 있는 의식의 장으로 가져올 책임이 있다.

우리가 성장 경험을 통해 구성한 이야기들은 우리의 해석과 행동에 영향을 미친다. 예를 들어 신체적 학대가 일상적인 환경에서 양육된 사람들은 신체적 학대가 일상적이지 않은 환경에서 성장한 사람보다 더 신체적 학대를 하는 경향이 있다. 그러나 우리의 양육 경험은 이런 초기 경험들을 반복할지 안할지를 선택할 책임으로부터 우리를 면제해 주지 않는다. 종교적인 장 안에서 우리가 성숙한 크리스천의 삶이라고 믿는 거룩한 이야기에 더욱 가까이 가고자 할 때에 이야기를 변화시키는 것은 우리의 지속적인 목표 중 하나가 될 수 있다. 돌봄과 상담은 빈번하게 이러한 목표를 가진다.

우리는 분노의 "감정"과 그에 뒤따르는 행동에 대해 모두 책임이 있기 때문에 분노의 목회신학은 책임의 문제에 대해 말을 해야만 한다. 나는 분노의 목회신학을 이야기하는 10장과 분노에 대한 우리의 윤리적 책임을 이야기하는 4장에서 다시 이 문제로 돌아갈 것이다.

3부

분노에 관한 구성주의 목회신학

THE
ANGRY
CRISTIAN

7장
분노는 왜 "일곱 가지 치명적인 죄" 가운데 하나인가?

기독교 전통

분노에 대한 기독교 전통의 지배적인 신념은 모든 분노가 죄 된 정서라는 것이다. 분노가 죄라고 믿는 전통은, 창조 때에는 인간에게 분노가 없었고, 인간이 하나님과 대적하게 하는 교만과 불순종이라는 원죄에 분노의 뿌리가 있다고 주장한다. 따라서 분노는 크리스천에게는 적절하지 못한 것이고 하나님에게서 멀어지게 만드는 악을 연상시킨다. 예외가 있다면, "의로운 분노"를 옹호한 사람들이다.

교회 안의 다양한 목소리들은 (설교단에서, 경건시간용 자료에서 그리고 신학 논문에서) 훌륭한 크리스천이라면 이 지독한 정서를 다스려야지 언행으로 결코 표현해서는 안 된다고 가르쳤다. 허버트 호엔슈타인(Herbert Hohenstein)이 요약했듯이, "인간은 분노하는 생각과 정서와 성령의 임재는 인간의 마음에 공존할 수 없다고 믿도록 아주 어릴 때부터 배운다."[1] 교회는 영적으로 가장 성숙한 사람들이 자신의 삶에서 분노를 완전히 제거했기 때문에 이 정서를 경험조차 하지 않는다고 자주 언급했는데, 이는 스토아 사상을 상기시킨다.

몇몇 여성 신학자들이 언급한 것처럼, 여성들은 이러한 신념에 희생되기 쉽다. 로즈메리 래드포드 류터(Rosemary Radford Ruether)는 "크리스천 여성에게, 특히 더 보수주의적인 전통에서 여성주의 의식이 부딪치는 장벽 중에 가장 어려운 것은 분노와 교만을 죄와 동일시하는 것이다"[2]라고 기록한다. 리타 나카시마 브록(Rita Nakashima Brock)도 "모든 분노는 죄로 정죄되었는데, 특히 여성에게 그러했다"[3]고 동의한다.

지배적인 이야기들과 전통의 형성

"지배적인 스토리(dominant story)"와 "지배적인 이야기(dominant narrative)"라는 용어는 이야기 이론에서 타당한 관점으로 여기는 특별한 견해나 신념을 나타내는 데 사용된다. 지배적인 이야기가 생성되는 과정에서, 현실에 대한 특정한 이해 방식이 용인된 정설이 된다. 지배적인 이야기는, 개인에게만 속하든지 공동체 전체나 조직 또는 (교회와 같은) 기관에 의해 선택되든지 상관없이 "사실로" 받아들여지고 개인에게나 공동체에 강력한 영향력을 끼쳐 마치 "의심할 여지가 없는 진리"처럼 보인다. 분노가 죄라는 전통은 그런 우위를 차지하여 교회의 지배적인 이야기들 중 하나가 되었다.

지배적인 이야기가 진실이라는 지위를 얻을 때, 의심하고 다르거나 의견을 달리하는 목소리는 듣기 어렵게 된다. 현실에 반대되는 인식은 소외되고 묵살되어, 이야기 이론가들이 말하는 "대안적 이야기들"이 된다. 지배적인 이야기의 지지자들은 이 대안적 이야기들을 그릇된 것으로 인식한다. 지배적인 이야기의 옹호자들이 진리의 안내자요 수호자의 역할을 맡을 때, 그들은 자기들이 진실이라고 받아들이는 관점과는 다른 위험하고 이단적인 이야기들을 제거하는 상당한 힘을 얻는 때가 많다. 이단적이고 진실이 아닌 것으로 명칭이 붙은 대안적 이야기는 자주 억압되고, 심지어 압제당하여 이야기 치료 용어로 "소외된" 이야기가 된다. 이야기는 적극적인 압제(예를 들어, 종교재판)나 그저 무시되고 비판받음으로써 소외될 수 있다.

분노에 관한 목회신학을 구성하는 데 필요한 작업은, 성서와 신학에 분노에 대한 대안적 이야기들이 존재하는지 기독교 전통을 연구하는 것이다. 이 대안적 이야기들을 밝히기 위해 나는 다음과 같이 접근한다. 이번 장에서는, 분노에 관한 전통적인 기독교의 견해가 어떻게 성립하게 되었는지를 이해하고 대안적인 의견을 탐색하기 위해서 수세기에 걸친 몇몇 저명한 신학자들의 저서를 살펴보는 데서 시작한다. 나는 분노가 죄라는 전통에 관한 대안적 이야기들이 존재한다고 제안한다. 실제로, 이 이야기들은 분노가 죄라는 전통적인 견해를 지지하는 생각을 한 동일한 신학자들의 글에서 자주 발견된다. 그러나 지배적인 이야기들의 형성에서 흔히 일어나듯이, 이러한 다른 목소리들은 빈번히 간과되고 교회가 전수한 가르침에서 제외되었다. 8장에서는, 성서에 나오는 간과된 대안적 이야기들을 검토한다. 9장에서는 하나님의 진노로 자주 알려진 하나님의 분노와 예수님이 경험한 분노에 관해서 성서가 드러내는 것이 무엇인지 탐구한다. 마지막으로, 10장에서는 분노에 관한 건설적인 목회신학에 대해 간단히 요약한다.

▶역사적 요소들

고대 이스라엘 사람들에게는 도덕성에 대한 10단계 안내인 십계명이 있었다. 여기에는 (주로 분노로 발생하는 살인 금지가 포함되기는 했지만) 분노가 포함되지는 않았다. 고대 지중해 연안 세계에서, 덕과 악덕의 목록들이 유대교와 기독교, 그리스 그리고 라틴 문헌에서 다수 발견되었다.[4] 형식과 내용에서 다른 이 목록들은 구체적인 행동과 마음 상태를 포함한다. 신약성서는 이 다른 원전들과 근동과 유대교의 지혜 전통에서 나온 자료를 자주 사용하는 몇몇 목록들[5]을 포함한다. 그 목록들의 목적은 크리스천의 "완전함"을 향한 도덕적 안내와 권고를 제공하는 것이다.

수 세기 후에 중세 교회는 도덕적 악에 관한 가장 유명한 목록들을 고안했는데 그것은 "일곱 가지 치명적인 죄",⁶⁾ 즉 교만, 탐욕, 정욕, 시기, 탐식, 분노 그리고 나태로 알려졌다. 현대의 교인들은 치명적인 죄 일곱 가지를 일일이 기억하지 못할지라도 분노가 그중에 속할 거라고 짐작한다. 분노가 일곱 가지 치명적 죄에 포함되어 있다는 사실은 분노를 부정적으로 바라보게 한 주요 원인이었고, 수많은 크리스천이 그렇게 가르침을 받았다. 사람들 대부분이 자랄 때, 분노가 그저 많은 악덕 중의 하나가 아니라 금지된 영역에 있는 치명적인 죄의 하나라는 메시지를 들었다.

분노는 왜 이 목록에 들어갔는가? 분노가 어떻게 교회에 그렇게 큰 문제가 되었는가? 분노가 죄라는 전통은 어디에서 유래했는가? 그 답은 쉽게 식별할 수 없지만, 우리는 (2장에서 다룬) 정서에 관한 양면가치에 기여한 문화적 맥락을 다시 논의함으로써 조금은 이해할 수 있으며, 분노에 대한 교회의 관점에 미친 영향을 검토할 수 있다. 이 문화적 맥락은, (1) 지중해 연안의 철학들, (2) 하나님의 거룩하심과 도덕성을 옹호할 필요, 그리고 (3) 육과 영의 이원론적 구분, 이 세 가지를 포함한다.

▶지중해 연안 철학들의 영향

고전적인 그리스 철학은 이성을 정서보다 우위에 두었기 때문에 분노는 항상 이성의 지배 아래에 있어야 했다. 플라톤(Plato)과 아리스토텔레스(Aristotle)는 분노를 포함한 정서는 어떤 상황에 대해 가장 합리적인 반응일 때 적절하다고 믿었다. 아리스토텔레스는 『니코마코스 윤리학The Nicomachean Ethics』에서 다음과 같이 말했다.

> 누구나 화를 낼 수 있고, 이는 쉬운 일이다. 하지만 화를 내야 할 사람에게, 적절한 정도로, 적절한 시간에, 올바른 목적을 가지고, 적절한 방법으로

화를 내는 일은 쉬운 일이 아니다.[7]

아리스토텔레스는 더 나아가 사람이 분노를 경험한다고 하여 판단을 받는 것이 아니라, 그 분노가 사람들에게 그리고 그 사람들을 통해 어떤 일을 하는지에 따라 판단을 받는다고 했다.[8] 그럼에도 아리스토텔레스와 플라톤은 분노란 이성의 제약에서 벗어나기 위해 끊임없이 애쓰며 비합리적이고 혼돈스러운 행동으로 이끄는 정서라고 보았다.[9] 그들은 분노가 벌이나 복수 또는 앙갚음으로 표현될 때 흔히 파괴적이라고 자신들의 관찰 결과를 신중하게 기록했다.[10]

분노는 스토아학파가 가장 관심을 많이 둔 정서 가운데 하나였으며 스토아 사상에서 분노는 오직 부정적인 용어로만 논의되었다. 스토아학파의 철학자로 가장 잘 알려졌고 예수님과 동시대의 사람이기도한 세네카(Seneca)는 분노가 "모든 정서 중에 가장 흉측하고 광란적이며 모든 악 중에 가장 큰 악"[11]이라고 기록했다. 아리스토텔레스와 플라톤과 대조적으로 세네카는 이성이 분노를 효과적으로 통제할 수 있다는 가능성을 생각하려 하지 않았다.

분노는 이성을 압도하며 이성을 휩쓸어 버린다.[12]

단언하건대, 분노에는 이런 커다란 결점이 있으니 - 다스림 받기를 거절한다.[13]

분노가 제약을 받는다면, 그것은 다른 이름으로 불려야 한다 - 그것은 더는 분노가 아니다. 내가 이해하기에 분노는 억제할 수 없고 다스릴 수 없는 것이기 때문이다.[14]

분노에 대한 그의 정의는 더 광범위한 인간 경험보다는 통제할 수 없는 격노에 대한 현대적 정의를 보여 주는 것 같다. 세네카는 분노와 이성적인 행위는 결코 화합할 수 없어서 "분노가 이성에 귀를 기울이고 이성이 이끄는 대로 따른다면 그것은 더는 분노가 아니다"[15]라고 믿었다. 분노에 관한 스토아학파의 견해는, 분노가 항상 지나쳐서 복수심에 불타는 격노로 바뀌고 그리하여 화합하는 사회 조직에 해를 끼친다는 관찰에 근거했다. 세네카는 로마의 정치 상황에서 글을 쓰면서 권력자들이 드러내는 살인적인 분노의 결과를 직접 겪었다. 네로 정권 아래 일을 하는 동안 세네카는 로마의 적들이 핍박당하고 로마가 불타는 것을 목격했으며 아마 그러한 상황들은 분노가 언제나 파괴적이라는 인식에 영향을 주었을 것이다.[16]

스토아학파에서는 분노를 포함한 모든 감정이 위협적일 수 있는 외부 사건들에 대해서 무관심한, 소위 "무감정(apatheia)" 태도를 개발함으로써 한 사람의 삶에서 천천히 지워질 수 있다고 믿었다. 세네카는 현명한 사람이라면 분노를 뿌리째 뽑아야 한다며, "분노를 조절하려 말고 모두 제거하자. 어떻게 우리가 악한 것들을 조절할 수 있다는 말인가"[17]하고 주장했다. 분노한 사람들은 스토아학파의 신념과는 반대로 이성에 등을 돌려 버렸다. 스토아학파의 세계관은 수도원 전통에서 수 세기 후에 발전된 금욕주의를 강조하는 철학적 기초를 제공했다. 초대 기독교의 많은 수도원이 정서에 대한 스토아학파의 관점을 채택했으며, 수도사들이 분노에 관해 성서를 읽는 방식에 영향을 끼치고 영과 육의 이원론과 분노가 죄라는 전통의 발전에 기여했다.

▶기독교 변증론: 하나님의 거룩성에 대한 변호

2장에서 논의했듯이 초기 기독교 변증론자들은 하나님과 그리스 로마

신들의 다른 점을 논증하기 원했다. 즉 예수를 보내신 하나님은 충동에 이끌리는 그리스 로마의 신들처럼 기만적이고 파괴적으로 행동하지 않으신다는 것이다. 성 어거스틴(St. Augustine)과 존 카시안(John Cassian)과 같은 몇몇 사람들은 하나님은 무감각하시고 변하지 않으시며 분노와 같은 인간적인 열정에서 전적으로 자유롭다는 설교와 가르침을 통해 구분했다.

가장 영향력 있는 초기 신학자들 중 한 사람인 성 어거스틴(354-430)은 『하나님의 도성 The City of God』이라는 저서에서 하나님과 천사들은 분노를 느끼지 않는다고 주장했다.

> *거룩한 천사들은 하나님의 영원한 법으로 징벌을 받게 된 자들을 벌주면서 분노를 느끼지 않는다… 그러나 일상적 언어는 그들이 이러한 정신적인 정서를 지닌 것으로 묘사한다.포 왜냐하면 그들에게는 인간과 같은 연약함이 없지만, 그들의 행동은 이러한 정서들이 우리를 움직이는 행동과 닮았기 때문이다. 그리하여 하나님도 분노하시지만 아무런 동요가 없는 것으로 성서에 언급된다. 이 단어는 하나님의 벌의 결과에 대해 사용되었지 혼란스러운 정신적 상태에 대한 것이 아니다.*[18]

어거스틴은 정서가 인간의 정신적 과정에서 더 나약하고 덜 중요한 측면이라고 믿었다. 그는 또 거룩하신 하나님에게는 "연약함"이 없다고 믿었기 때문에 하나님과 하나님의 천사들도 분노를 느낄 수 없다고 결론지었다. 어거스틴은 성서에서 분노하시는 하나님에 대해 언급한 것은 인간의 제한된 언어로 하나님의 동기와 행동을 묘사한 성서 기록자들의 결함이 있는 시도의 결과였다고 주장했다. 그는 단순히 하나님께서 인간이 분노라고 생각하는 방식으로 행동하셨다고 해서 성서 기록자들이 잘못하여 분노를 하나님의 성품으로 돌린 것으로 믿었다. 이런 식으로 어거스틴은 하나님은 분노와 조금도 관계가 없으며 그렇기 때문에 정서적인 "연약함"과 하나님은 거리가 멀다고 적극적으로 주장했다.

저서를 통해 수도원 전통에 지대한 영향을 끼친 존 카시안(360-430)도 하나님은 분노와 같은 격정에서 자유롭다고 믿었다.[19] 그는 "하나님은 격노하시고 분노하신다고 말하기" 때문에 "잘못을 범한 형제들"을 향한 인간의 분노는 타당하다고 주장한 초대교회의 사람들과 논쟁했다.[20] 이러한 주장이 "가장 치명적인 죄에 대한 변명"을 제공할 뿐만 아니라 그의 반대자들이 불경스러운 태도로 "하나님의 무한성과 모든 정결의 샘이 인간의 격정에 의해 오염되었다"[21]고 말하는 것이라고 생각했기 때문에 카시안은 이를 불편해 했다.

카시안은 이 주장이 죄에 대한 변명을 제공할 뿐만 아니라 (그는 모든 분노가 죄라고 믿었기 때문에) "육신적 격정에서 나온 불의를 하나님의 거룩하신 무한성과 모든 정결함의 근원에 기인한다"[22]고 설명하는 것은 신성모독이라며 반격했다. 분노하시는 하나님을 묘사하는 몇몇 성서 구절을 인용한 후에 그는 성서 저자들이 사용한 의인화한 언어의 "혐오스러운 해석"을 공격했다. 카시안은, "분노의 소동(격노는 물론이고)"은 "엄청난 신성모독"이 아니고서는 하나님의 속성이라고 할 수 없기 때문에 "끔찍한 신성모독 죄"를 짓지 않고 하나님이 분노하신다는 성서 말씀을 "문자 그대로 이해"할 수 없다고 한다.[23] 나중에 보겠지만, 하나님의 불변성에 대한 카시안의 신념은 인간의 분노 경험에 대한 그의 견해에 직접적으로 영향을 주었다.

우리는 카시안 글에서 그의 신학적 반대자들이 분노가 죄와 싸우고 정의를 추구하는 데 중요한 정서라고 생각했다는 것을 안다. 그렇지만 분노가 죄라는 생각이 지배적 이야기가 되었기 때문에 우리는 카시안의 의견에 반대한 사람들에 대한 다른 많은 내용이나 신학적 논쟁에 대해서는 모른다. 나중에 보겠지만 실제로 어거스틴과 카시안도 인간의 삶에서 분노가 긍정적인 면을 지닌다고 인정했다. 하지만 분노가 죄라는 전통이 지배적이었기 때문에 그들의 대안적 이야기들은 사회적으로 무시되었다.

 탁월한 두 신학자의 저서에서 우리는 초대교회가 하나님을 인간성의 어떤 오점, 특히 분노라는 지독한 정서에서 완전히 분리해야 할 필요가 있었음을 알 수 있다. 신플라톤주의와 스토아 철학이 그들의 신학적 추론에 영향을 주었고 격정의 하나님을 받아들일 수 없게 했다. 그 결과 성서의 이야기들에서 발견되는 것과는 상당히 다른 하나님에 대한 관점이 초기 기독교 사상에 형성되었다.[24] 어거스틴과 카시안의 신학은 수도원의 실천에 영향을 주었고 분노가 죄라는 지배적인 전통에 크게 기여한 금욕주의 신학을 대표한다.

▶육과 영의 이원론

 초기 기독교(수도원) 시대의 이원론적 관점에서 육체가 영과 대립한다고 한 2장을 기억해 보라. 육체와 연관된 모든 것은 진정한 영적 삶에 해로운 것으로 경멸당하고 그러한 관점은 금욕주의의 신학적 기초가 되었다. 분노와 (다른 정서들과 함께) 이성과 몸은 모두 육체에 속한 것이며 영적 성숙을 향해 노력하는 사람들이 극복해야할 자기(selfhood)의 측면이 되었다. 분노를 육체에 속한 것으로 여기면서, 육체와 영의 긴장은 분노가 죄라는 가설이 뿌리를 내리는 신학적 토양을 마련했다.

 수도원 전통의 목표는 하나님과 일치하고 예수님의 예에 근거한 이러한 일치를 반영하는 삶을 사는 것이다. 수도자들은 하나님과 하나가 되는 데 방해되는 모든 것에서 자신을 비우기 원했다. 그리하여 육체를 부인하고 세속적 욕망을 포기하며 이기심과 물질적 소유에 대한 집착을 버리는 금욕주의가 강조되었다. 육체와 영혼의 이원론은 수도원 신학자들이 "노하기는 더디 하고"라는 말씀에서 "모든 분노를 피하라"는 말씀으로 옮겨 가게 했다.

우리가 기독교 초기부터 이십 세기까지 영향력 있는 신학자들의 저서에서 분노가 죄라는 전통의 발달 과정을 추적할 때, 스토아 사상의 영향과 육과 영의 이원론 그리고 불변하고 격정이 없는 하나님에 대한 개념이 분명히 드러난다.

기독교 신학의 분노: 초대교회

분노가 죄라는 전통적인 신학은 분노를 너무 부정적인 시각에서 묘사하여서 분노에 대한 긍정적인 말을 할 여지가 조금도 없어 보인다. 더구나 영향력 있는 기독교 사상가들이 분노는 죄라고 강경하게 주장했기 때문에 이 문제는 "종결된" 것으로 표시될 수 있었다. 분노를 "일곱 가지 치명적인 죄" 가운데 넣는 것이 결정적인 것처럼 보이지만 이러한 접근법은 (1) 이 신학자들이 서술한 분노에 관한 대안적 이야기들에 대해서는 매우 불공정하게 다루었고, (2) 다음 장에서 논의하듯이 성서에 나타난 대안적 이야기들에 대해 잘못 진술했다는 것을 알게 될 것이다.

초기 신학자들의 저술을 주의 깊게 살펴보면 다른 관점을 발견할 수 있는데, 이는 분노를 인간 조건의 필수적이면서 잠재적으로는 긍정적인 면으로서 받아들이는 견지이다. 분노가 파괴적이 될 수 있는 가능성을 경고하면서도 이 신학자들은 실제로 분노를 긍정적 속성이 많은 인간 조건의 일부로 받아들였다. 분노가 죄라는 이야기가 지배함으로 인해서 우리는 이러한 다른 관점에 대해 많이 듣지 못했으나, 대안적 이야기들은 이 신학자들이 주장한 분노에 관한 관점에 균형을 제공한다. 우리는 아래에서, 분노에 대한 인간 경험을 성찰하는 데서 얻은 그들의 지혜가 신경과학과 사회과학의 최근 발견들을 확인하여 준다는 것을 보게 된다. 더구나 그들의 대안적 이야기들이 분노가 죄라는 전통적인 견해보다 성서의 견지에 더 가깝다. 이 대안적 이야기들은 분노에 대한 목회신학 구성에 중요한 자료를 제공한다.

아래 신학자들의 저술에서 나는, 분노가 죄라는 전통에 기여한 지배적인 이야기와 분노가 어디에서 비롯했으며 또 언제 우리가 분노해야 하는지에 대해 긍정적 시각을 제안하는 대안적 이야기를 나누어서 보여 줄 것이다. 이러한 설명 방식은 각각의 신학자에게서 두 가지 분리된 이야기, 즉 분노가 나쁘다고 말하는 이야기와 반면에 파괴적인 분노의 문제점을 인식하면서도 분노의 긍정적인 특성과 유용한 역할을 인정하는 또 다른 이야기를 분명하게 구분할 수 있게 해준다.

▶성 바실 대제(330-379)

바실(Basil)은 교회 안에서 저명한 가족의 일원으로 태어났다. 그의 할머니, 어머니, 아버지, 누나 그리고 두 형제도 뛰어나서 공적으로 성인이 되었다.[25] 고등 교육을 받은 바실은 최고의 세속 사상과 정중한 방식으로 대화하면서도 자신의 신학을 지킨 것으로 알려졌다. 시리아와 이집트에서 수사로 살다가 그는 카이사리아 근처에서 은둔자가 되었다. 그가 카이사리아의 주교였을 당시 마지막 십 년 동안에 교회에 가장 중요한 헌신을 했다. 동방의 수도원주의에 미친 바실의 영향은, 그리스 정교회의 수도사들과 수녀들이 그들의 소명을 매일 매일 표현하는 지침으로 그의 "규율"을 계속 사용함으로써 오늘까지 지속되고 있다.

지배적인 이야기. 바실은 분노란 인간을 완전히 야만적으로 만드는 "악덕"이라고 불렀다.[26] 분노한 사람에 대한 그의 경험은 그들을 유독한 동물로 보게 했다. "이 격정으로 자극된 사람에게 끼치는 분노의 영향은

독액을 품고 다니는 동물에게 독이 끼치는 영향과 같다. 분노한 사람들은 미친개처럼 광포해지고, 전갈처럼 날아가며, 독사처럼 문다."[27] 바실은 "자신을 괴롭히는 사람에게 상처를 입히기 시작한" 격노한 사람의 광포함을 "외모와 영혼의 상태"에서 "마귀에게 사로잡힌 사람"에 비유했다.[28] 또 다른 부분에서 "분노는 일종의 일시적 미친 상태"[29]라는 그의 진술은 분노를 정신 질환으로 본 몇몇 후기 철학자들 관점의 전조가 되었다(1장을 보라).

대안적 이야기. 바실은 자신이 분노하는 사람을 해로운 동물이나 악마에 비유하고 분노를 정신적 질병과 연관시킨 것이 모든 분노 경험에 대한 것이 아니라 파괴적인 분노를 언급한다는 것을 분명히 밝혔다. 그의 부정적인 은유에는 분노가 분명히 이성과 분리되어 있다. 나중에 그는 이성을 분노의 긍정적인 역할과 연결했다. "우리가 말을 통제하듯이 분노를 다루어야 하며… 우리의 이성에 복종시켜야 한다"[30]고 말하면서 그러한 분노의 조절은 분노가 "목자들의 양치는 개처럼 이성의 인도를 충실하게 따르고 이성의 부름에 복종할 때만" 가능하다고 경고했다.[31]

바실은 적절하게 평가되고 변화된 분노는 "여러 가지 덕행에 유용하다… 분노는 선한 일들을 성취하는 데 필요한 활력을 제공하는 영혼의 힘의 원천이다"[32]고 기록했다. 그러므로 바실은 크리스천은 악에 대항한 전쟁에서 분노를 촉진해야 한다고 주장했다.

> *마귀에 대항하여 분노가 일어나지 않으면 마귀가 마땅히 받아야 할 만큼 맹렬하게 당신이 그를 미워할 수 없다. 왜냐하면 죄에 대한 우리의 미움은 덕에 대한 우리의 사랑만큼 강렬해야 한다고 믿기 때문이다. 그리고 분노가 이를 불러일으키는 데 매우 유용하다.*[33]

바실은 분노의 또 다른 긍정적 공헌이 "아주 조금의 철로써(영혼을) 강하게 하는" 잠재적인 힘이라고 말한다. 그는 분노의 긍정적이고 부정적인 가능성을 인식했으며 분노를 표현하는 방법을 선택할 자유를 강조했다.

> 그러므로 우리의 구원을 위해 창조주에게서 받은 능력을 우리 자신을 위한 죄의 기회로 삼지 말자. 다시 설명하자면 적절한 시간과 적절한 방식으로 표현한 분노는 용기와 인내와 절제를 가져온다. 그러나 올바른 이성에 반대로 행동하면 분노는 광기가 된다.[34]

특히 바실은 하나님이 어떤 정해진 분노 경험을 축복하신다고 생각했다. 그는 기독교 신앙은 "이를테면 치료적인 방편으로서, 분노가 적절한 대상을 향하여 표현되는 것을 금하지 않는다"[35]는 말의 근거로서 시편 4편 5절을 인용했는데, 이는 에베소서 4장 26절의 "분을 내어도 죄를 짓지 말며"라는 말씀의 출처일 수도 있다.

▶에바그리우스 폰티쿠스(345-399년경)

은둔자 에바그리우스로도 알려진 에바그리우스(Evagrius Ponticus)는 갑바도기아 교부들의 제자였다. 영성 생활에 관한 그의 저서 가운데 특히 『프락티코스*The Praktikos*』는 악덕과 덕에 관한 범주의 발달에서 그 다음 세대의 사상에 영향을 주었다. 그는 나지안주스의 그레고리와 함께 381년 콘스탄티노플에서 열린 제2차 공의회에 참석하였고, 후에 이집트로 가서 초기의 사막 교부들과 함께 외딴 지역에서 남은 생애를 보냈다.[36]

지배적인 이야기. 『프락티코스』에서 에바그리우스는 "여덟 가지의 악한 생각들"을 밝히는데 그중 하나가 분노다. 그는 분노가 "영혼을

어둡게 만들" 힘을 가진 "가장 강렬한 격정"이라고 했다.[37] 에바그리우스는 "악령들은 분노와 증오의 하수인들"[38]이라고 가정하며 한 사람의 분노에 "불을 붙임으로써" 덕이 높은 사람을 기도하지 못하게 할 수 있다고 경고했다.[39] 분노에 대한 그의 부정적인 감정은 기도에 관한 가르침에 표현되었는데, "분노는 영혼의 눈을 어둡게 하고 기도하는 상태를 망칠 수 있다"[40]고 했다. 기도하는 동안에 "당신이 분노하는 것을 정당화하는" 것 같은 생각들이 떠오를 수 있다고 그는 경고했다. "그러나 당신의 이웃에 대한 분노는 전혀 정당하지 않다."[41]

대안적 이야기. 분노의 파괴적 위험성에 대한 염려에도 불구하고 에바그리우스는 분노가 인간 조건의 자연적인 부분임을 확신했다. 그는 분노를 여덟 가지 악한 생각 중 하나로 밝히면서도 그의 독자들에게 "우리가 이러한 생각으로 불편해할지 아닐지 결정하는 일이 우리의 힘에 있는 것이 아니라 그 생각이 우리 안에 계속 머무를지 아닐지 그리고 우리의 격정을 휘저어 놓을지 아닐지 결정하는 일이 우리에게 달려 있다"고 경고했다.[42] 에바그리우스는 분노가 부정적인 결과를 가져올 수도 있다는 것을 인정했지만, 크리스천이 분노를 그들의 마음과 정신에서 제거하기로 선택할 수 있다고 믿지는 않았다. 오히려 그는 타인이나 우리 자신의 영적 성숙에 해로운 분노 행동을 통제하기 위해 분노하는 생각을 허용하지 말아야 한다는 데 관심을 두었다. 에바그리우스에 의하면, 우리가 할 수 있는 윤리적 선택은 분노로 죄 짓지 않기 위해 분노에 대한 책임을 지는 것이다.

그러나 에바그리우스는 더 나아가서, 분노에는 긍정적인 목적도 있다는 것을 인정하며, "분노는, 우리가 악령들에 대항하여 싸우고 모든 쾌락에 맞서 싸울 수 있도록 받은 것이다"[43]고 했다. 이른바 죄라고 하는 우리의 이 부분이 실제로 우리가 죄에 대항하여 싸우는 데에 주된 동력이다.

에바그리우스는 유혹에 대항하는 첫째 방어선이 분노라고 생각했다. 그리고 그는 우리가 유혹을 받을 때 먼저 해야 할 반응은 기도가 아니라 "당신을 괴롭히는 사람에 관하여 분노의 말을 먼저 하라"고 썼다. 왜냐하면 분노가 "적의 책략"[44]을 혼동하게 할 것이기 때문이다. 분노의 말을 하는 것이 우리가 기도할 수 있도록 자유롭게 하는 데 창의적일 수 있다.[45] 더 나아가 에바그리우스는 천사들이 "악령에 대해 분노하라고 우리를 격려한다"고 믿었는데, 분노의 기원을 하나님에게 두는 것으로 보인다.

▶성 어거스틴(354-430)

"서구 교회의 교부들 가운데 가장 영향력 있는"[46] 힙포의 어거스틴은 지금의 알제리에 있는 로마 영토인 누미디아의 작은 마을 타카스테에서 태어났다. 이교도였던 아버지 패트리시우스는 시청 행정에 종사했다. 어머니이며 교회의 성인인 모니카는 경건한 크리스천으로서, 어거스틴이 그의 생애 초기 삼십 년 중에 영적으로 탐색하며 갈등할 때 상당한 영향을 미쳤다. 384년에 어거스틴이 수사학을 가르치기 위해 밀란으로 옮겼을 때 그는 밀란의 주교인 암브로스의 영향을 받았다. 설교에서 드러나듯이 암브로스 사상의 깊이와 진실성은 어거스틴이 386년에 그리스도교로 회심하는 데 크게 공헌했다. 어거스틴은 391년에 사제로, 그리고 396년에 힙포의 주교로 임명되었으며 그의 수많은 저술은 "바울 이후 어떤 크리스천 작가보다도 사상사에서 더욱 영향력이 있었다."[47]

지배적인 이야기. 앞에서 기록했듯이 어거스틴은 하나님과 천사들은 분노를 느끼지 않는다고 믿었으며 성서 저자들이 인간이 분노라고 부르는 행동을 묘사하기 위해 정서적인 언어를 사용했다고 주장했다. 분노는 다른 정서와 마찬가지로 연약함의 표시였다. 어거스틴은 『하나님의 도성』에서 분노란 우리의 의지를 불순종으로 잘못 향하게 할 수 있는

"복수하고 싶은 욕망"이라고 기록했다.[48]

대안적 이야기. 어거스틴은 분노의 파괴적 가능성을 알고 있었지만 분노의 긍정적인 잠재력에 대해서도 서술했다. 2장에서 언급했듯이, 그는 『하나님의 도성』에서 우리의 격정을 하나님에게 굴복시켜서 하나님이 분노를 의의 방향으로 바꾸는 일에 우리를 도우시도록 하라고 지도했다.[49] 분노가 파괴적이 되지 않도록 할 뿐만 아니라 분노를 긍정적이고 건설적으로 사용할 수 있기 위해서 우리는 분노에 주의를 기울여야 한다. 어거스틴은 분노의 원인을 분별하는 것이 중요함을 이해했다.

> *우리의 윤리에 따라, 우리는 경건한 영혼이 분노하는지 묻기보다는 왜 그가 분노하는지 묻는다… 잘못을 저지른 사람에게 분노하는 것이 잘못이라고 보는 올바른 생각을 지닌 사람을 알지 못하기 때문이다.[50]*

분노가 왜 생겼는지 분별하는 것은 위협과 그 위협에 왜 우리가 취약한지를 알아내는 책임을 지는 일이다. 어거스틴은 우리가 "잘못하는 사람"의 행동에 위협받을 수 있다고 생각한 것이 분명하다. 이 점은 12장에서 다시 이야기할 것이다.

▶존 카시안(360년경 – 430-435년경)

카시안은 젊은 시절 베들레헴에 있는 수도원에서 살았다. 그곳에서 그는 이집트 광야에서 사막의 교부들과 함께 고립되고 금욕적인 삶을 살았으며, 이것이 후일 그의 저서에 중요한 영향을 미쳤다. 399년경 카시안은 로마에서 교황 이노센트 1세에 의해 임명을 받았다. 그는 마르세이유에 두 수도원을 세웠으며 그곳에서 수년 동안 수도원장을 지냈다.[51] 카시안은 수도원 공동체의 수행을 안내하는 데 가장 영향력 있는 두 권의 책인 『관행*The*

Institutes』과 『회담The Conferences』을 저술했다. 제자 훈련에 대한 그의 가르침은 서구 교회에서 수 세기 동안 주요한 영적 지침서로 사용되었다.

지배적인 이야기. 카시안이 얼마나 많은 관심을 분노의 주제에 쏟았는지를 보면, 그가 분노를 가장 강력한 감정으로 보았다는 것을 추정할 수 있다. 그는 분노가 하나님과 우리의 관계를 해치고, 우리에게 영원한 생명이 있다는 것을 망각하게 하며, 지혜에 참여하지 못하게 하며 의의 능력을 소유하지 못하도록 하는 "파괴적인 악"[52]이라고 이름 붙였다.[53] 이러한 부정성은 2장에서 설명했듯이 하나님은 정서가 없다는 그의 신념에 근거한 것이었다. 인간은 이러한 격정이 없는 하나님의 형상을 따라 창조되었기 때문에 우리의 진정한 본성은 분노의 정서를 포함할 수 없다. 카시안은 에베소서 4장 31절의 "모든 분노는… 당신에게서 제거되어야 한다"는 자신의 번역을 인용함으로써 어떻게 이러한 신념이 영적인 삶에 영향을 미쳐야 하는지 요약했으며, 이러한 말씀에는 예외가 없다고 수사들에게 경고했다. 모든 분노는 제거되어야 한다.[54]

카시안에 의하면, 수사는 격정을 다스리는 것을 목표로 삼아야 한다. 격정을 성공적으로 다룸으로써 수사는 마음의 정결을 유지할 수 있다. 그래서 "온전함을 향해 나아가며 영적 투쟁에 합당하게 참여하려는 수사는 모든 면에서 분노와 격노의 악덕에서 자유로워야 한다."[55] 이 강력한 투쟁은 전쟁과 동등하며, 카시안은 넷째 "전투"에서 "영혼의 깊은 곳에서 완전히 몰아내야 할 분노의 치명적인 독"에 대해 서술한다.[56]

카시안이 분노가 죄라는 신학을 강화하는 데 중요한 역할을 한 것은 명백하다. 5세기 말에 이르러 분노는 죄라는 견해가 서구 수도원 제도 전반에 걸쳐 자리 잡았고 수도원의 가르침이 교회에 퍼졌다. 그리하여 헌신적이고 영적인 사람들 대부분에게 분노를 억압하는 것이 중요한 목표가 되었다.

대안적 이야기. 카시안은, 분노가 크리스천의 삶에서 제거되어야 한다고 확신한 것 같은데도 나중에 이 논리의 다른 면에 대해 말한다. 그는 『관행』의 두 장에서 분노를 죄로 비난한 후에 방향을 전환하여 "우리 내면에 아주 적절하게 자리한 분노의 기능이 있는데... 그것은 우리에게 유용하고 유익이 된다"고 서술했다. "우리는 제어할 수 없는 마음의 움직임에 분노하고 우리의 수치스러운 행위에 분노를 느끼기 때문에"[57] 분노는 긍정적인 역할을 하며 우리는 분노를 긍정적인 방식으로 사용하게 된다. 우리 마음속에 숨어 있으면서 영적 성숙을 향해 움직이는 노력을 헛되게 하려는 다른 욕구에 대해 우리는 분노할 수 있다고 카시안은 인정한다. 그는 수용할만한 분노 경험과 분노 표현의 본보기로서 자기 자신에게 분노한 다윗 왕을 예로 들었으며, "그러므로 우리는 우리 자신에게 그리고 모습을 드러내는 악한 제안들에 대해 건강한 방식으로 분노해야 한다"고 결론을 내렸다.[58] 분노의 선한 목적과 분노하라는 명령은 모두 하나님에게서 유래한다.

▶그레고리 대제(540-604년경)

그레고리 대제(Gregory the Great)는 수도원의 전통을 강력하게 후원했다. 그는 자신의 가족이 사는 집을 수도원으로 개조했을 뿐만 아니라 누르시아의 성 베네딕트에 관한 유일한 일대기를 기록했는데, 그의 규율(성 베네딕트 규율)은 지금도 전 세계 수도원 공동체를 인도하는 수칙이다. 그레고리는 콘스탄티노플의 교황 대사가 되었으며 나중에 로마로 돌아와 교황을 섬기다가, 590년에 교황으로 선출되었다.[59] 역사가들은 그리스도교와 서구 문화에서 중요한 시기에 교황권을 강화한 데 대해 그를 기린다. 그의 저서들은 라틴어에서 영어, 프랑스어, 이태리어 그리고 스페인어로 번역되었다. 교황인 그레고리의 글과 작품은 신실한 사람들이 도덕적 규율을 개발하도록 격려하고 수도원 생활의 전파를 촉진하는 데 공헌했다고 알려졌다. 라틴 교부들과 중세 스콜라 학자들을 이어 주는 가장 영향력 있는 저술가로서 그레고리의 저서들은 수도원 전통과 평범한 크리스천에게 수 세기 동안 유효한 크리스천의 행동에 관한 표준을 만들어 주었다.[60]

지배적인 이야기. 그레고리는 많은 작품을 썼는데, 특히 덕과 악덕의 개념을 포함하여 신앙과 도덕성에 관한 글을 썼다. 가장 주요한 또는 "중대한" 죄에 관한 글은 "치명적인 죄"의 개념으로 나아갔다 그레고리는 도덕적 삶에 대한 카시안의 이념을 발전시켰으며 비록 카시안이 열거한 중대한 죄의 목록을 그대로 따르지는 않았지만 그도 목록에 분노를 넣었다.[61] 그레고리는 분노가 가장 위험한 죄 중 하나라고 분명하게 확신하면서 분노에 관해 냉혹한 진술을 많이 했다.

그레고리의 영향 아래 교회는 분노에 대해 부정적인 태도를 강화했다. 그레고리는 콘스탄티노플에 있는 수도원 공동체에서 한 강연에서 일반적인 악덕들에 관해 논했고, 이는 나중에 『도덕*Moralia*』이라는 책으로 출간되었다. 그는 "그러므로 분노의 죄가 얼마나 큰지 깊이 생각하자"는 분명하고 강력한 반대 의견으로 분노에 관한 부분을 시작한다. 그의 핵심 개념은 분노가 "우리의 창조주를 닮지" 못하게 하고 우리가 분노할 때 "신의 형상을 닮은 모습이 망가진다"는 것이다.[62] 그레고리는 분노가 영성 생활에 파괴적이라고 자주 강조하여, "분노로 인해 지혜가 떠나가고", "의로움이 사라지며", "조화가 깨어지고", "진리의 빛을 잃어버리며", "성령의 빛이 사라진다"[63]고 하였다.

대안적 이야기. 분노가 가장 나쁜 죄 중의 하나라고 분명하게 정립했지만 그레고리도 나쁜 분노와 좋은 분노가 있다는 것을 인정하여, "성급한 기질로 인한 분노는 열의로 인해 발생된 분노와 다르다. 처음 것은 악에서

흘러나오고 둘째 것은 선에서 나온다"[64]고 하였다. 분노의 근원에 대한 이러한 설명은 분노가 전적으로 죄 된 정서라는 그의 초기 주장과는 아주 다르다.

더욱이 그레고리는 악한 행동에 분노하지 않는 사람들을 향해 염려를 표현했다. 그의 저서 중 이러한 부분에서 그레고리는 죄와 악에 대해 분노하지 않는 것 자체가 죄라고 암시했다(12장에서 다룬다). 카시안처럼 그레고리도 우리 안에서 죄를 발견할 때 우리도 죄에 대해 분노해야 한다고 말한다. 더욱이 우리는 "우리 자신을 사랑하듯이 이웃을 사랑하라는 명령을 받았기 때문에 우리의 악한 길에 대해 분노하듯이 그들의 잘못에 대해서도 분노해야 한다"[65]고 주장한다. 여기서 우리는 분노에 대한 어떤 경험은 사랑에 기초한 기독교적 가치관의 결과라고 믿는 신학자를 보게 된다. 따라서 어떤 분노는 사랑과 반대되는 것이 아니라 사랑의 표현일 수 있다.

그러나 그레고리는 이런 의로운 분노라 할지라도 "우리 마음을 지배하거나" "마음의 통제를 벗어나지" 않도록[66] 주의 깊게 감시해야 한다고 경고했다. 분노가 이성의 지배를 받아야 한다는 그레고리의 관심은 고전적인 그리스 철학의 영향을 보여 준다. 그는 덕스러운 목적을 가진 분노가 덕에서 악덕으로 변질되지 않게 하기 위해서 덕스러운 목적의 분노가 "정확한 분석으로써 증가하는 마음의 동요를 늦추고 열정을 억누르며 충동적인 감정을 드러내어 진정시켜야 한다"고 기록했다.[67] 이성의 통제 아래 있는 분노는 받아들일 만하고 창의적이지만, 이성의 통제를 벗어났을 때 분노는 "어리석은 사람들을 파괴한다." 이에 대해 그레고리는 "열심으로 생기는 분노는… 이성의 통제 아래 있지만, 죄로 말미암은 분노는… 이성과 반대로 패배한 마음을 지배한다"[68]고 요약한다.

▶요한 클리마쿠스(7세기 초)

요한 클리마쿠스(John Climacus)는 7세기 초 시나이 산에 있는 수도원의 수도원장이었다.[69] 그의 주요 저술인 『거룩한 등정의 사다리The Ladder of Divine Ascent』는 동방 교회에서 영성 생활에 관한 서적 중 가장 널리 읽힌 책이다.[70] 클리마쿠스는 세속의 삶에서부터 그리스도의 제자로서 영적 온전함에 이르는 잠재적인 순례 여행을 묘사하기 위해 사다리의 가로장을 올라가는 비유를 사용했다. 분노는 "평온과 온유"를 언급하는 여덟째 단계에서 다뤄졌다.

지배적인 이야기. 클리마쿠스는 분노를 "숨은 증오의 표시"며 "영혼의 손상"이라는 부정적인 관점으로 논했다. 성령은 "영혼의 평안"과 동일시되기 때문에 분노는 "마음의 소동"이며 "우리 안에서 성령의 임재에 분노보다 더 큰 장애물은 없다"고 그는 말한다.[71] 온유함에 이르기 위한 진전은 우리가 분노를 얼마나 성공적으로 통제하는지 평가함으로써 판단할 수 있다. 즉 "완벽한 사람들 사이에… 분노하는 성향도 없다는 것은… 뱀이 칼에 죽듯이 격정을 다스림으로써 분노가 가라앉게 되는 것을 의미한다."[72] 실제 그는 "여덟째 단계에서 꼭대기는 분노로부터의 자유다"[73]고 말하였는데, 분노가 모든 정서들 중 가장 문제가 많다는 자신의 신념을 강하게 피력했다.

클리마쿠스는 분노의 다양한 원인들을 알아차렸다. 그는 분노를 "증상은 하나지만 원인이 다양한" 열병에 비유하면서 치유 과정의 첫 단계는 각 사람이 "아주 신중하게 자신만의 치료법을 찾아야 하는데, 여기에서 첫 걸음은 질병(분노)의 원인을 진단하는 것"이라고 권고한다.[74] 일단 확인이 되면, 이러한 격정을 정복하는 데 최선을 다해야 한다. 그러니까 "압제자인 분노는 온유함의 사슬로 제어되고, 인내에 의해 패배하고, 축복받은 사랑에 의해 떠나가야 한다."[75] 그레고리와 반대로, 클리마쿠스는 "주님을 사랑한다고 주장하면서 이웃에게 분노하는 사람은" 꿈같은 환상을 지닌 것이라고 말하면서 분노와 사랑을 분리했다.

대안적 이야기. 분노에 대한 이러한 부정적인 평가에도 불구하고 클리마쿠스도 분노가 우리의 삶에서 중요한 역할을 하며 하나님이 우리에게 주신 인간 본성의 일부라고 믿었다. 클리마쿠스를 이해하기 위해서는 그가 창조된 본성과 타락한 본성을 구분한다는 데 주의를 기울여야 할 것이다. 그는 다음과 같이 논증한다.

> *하나님은 악의 원인도 아니고 악을 창조하지도 않았으며, 따라서 어떤 격정들은 인간의 영혼에 자연스럽게 일어난다고 주장하는 사람들은 틀린 것이다. 그들이 깨닫지 못하는 것은 우리가 우리 자신의 타고난 성품을 〔악한〕 격정으로 바꾸었다는 것이다.* [76]

클리마쿠스는 이것이 분노에 어떻게 작용하는지 예를 들어 설명한다. "창조주는 분노를 뱀에 대항하는 데 쓰도록 우리에게 주었으나 우리는 그것을 이웃을 향해 사용했다."[77] 뱀은 위험할 수 있기 때문에 뱀을 향하여 분노하는 것은 적절한 일이다. 분노의 목적 중 하나가 위험에 우리가 반응하도록 동기를 부여하는 것이며, 그 반응은 5장에서 설명했듯이 생존의 역할과 연결된다는 그의 인식을 주목하라. 분노에 관한 우리의 문제는 하나님께서 주신 본래의 경보 체계를 자연의 위험이 아니라 이웃에게 사용할 때 발생한다고 그는 말한다. 물론 우리는 오늘날 어떤 사람들은 뱀보다도 더 위험하다는 것을 인정한다.

▶토마스 아퀴나스(1224-1274 년경)

토마스 아퀴나스(Thomas Aquinas)는 나폴리 근처의 귀족 가문에서 태어났고, 가족들은 그가 교회 중심의 구조 안에서 높은 지위에 오르기를 기대했다. 그가 도미니크회 수사가 되려고 결정했을 때 그의 가족은 속상하여 그의 선택을 만류하기 위해 가족이 소유한 성에 일 년 동안 그를 감금했다. 마침내 탈출하여 그는 도미니크 수도회에 들어갔으며 공부하기 위해 콜로뉴로 간 후 처음에는 파리에서 대학교수와 작가가 되었으며 나중에 나폴리로 돌아왔다.[78] 그의 가장 유명한 저서인 『신학대전 *Summa Theologiae*』은 성서와 교부들 그리고 아리스토텔레스의 철학적 사상에 영향을 받아 형성된 것을 신학적으로 집대성한 60권의 책이다. 신학대전은 "지금까지 저술 중에서 가장 성공적이고 영향력 있는 가톨릭 신학의 종합이며... 이에 신학적 중요성을 비교할만한 책이 없다"[79]고 일컬어진다. 아퀴나스의 견해는 교회가 분노를 이해하는 데 중요한 기여를 했다.

지배적인 이야기. 아퀴나스는 성 어거스틴과 그레고리 대제의 글에 큰 영향을 받았다. 비록 목록을 수정하기는 했지만 그는 악덕과 덕에 관한 그레고리의 견해를 알게 되어 이에 관해 더 연구하기로 했다. 아퀴나스는 중대한 죄의 주제에 관해서는 그레고리에게 "최고의 권위"가 있다는 언급을 자주 했다. 따라서 그는 도덕성에 관해 논의할 때 분노를 중대한 죄 중 하나로 포함했다.[80]

아퀴나스는 분노란 체화한 "저항이나 공격의 움직임"[81]이며 우리가 어떤 식으로든 부당하게 해를 입을 때, 즉 "모욕당하거나" 경멸당할 때 주로 발생한다고 썼다.[82] 아퀴나스는 시간이 지날수록 분노가 증오를 일으킨다고 믿었으며 분노의 결과와 증오가 "타인을 해치려고 한다"는 점에서 동일하다고 생각했다.[83]

대안적 이야기. 아퀴나스는 분노와 이성의 관계에 주의를 기울였는데, 아리스토텔레스를 참조하여 "분노는 제어하는 것이 아니라 상처를 드러내는 것으로서 이성을 사용한다"[84]고 기록하였다. 아퀴나스의 이 말은,

분노가 있다는 것은 흔히 누군가 우리를 부당하게 대우했음을 드러낸다는 의미다. 그는 분노가 복수를 갈망하고 잘못된 것을 바로잡고자 하는데, 이것이 분노와 정의를 연관시킨다고 믿었다. 이런 식으로 분노는 이성과 관련되는데, 이는 아퀴나스가 진정한 정의란 항상 이성적이라고 믿었기 때문이다. 증오로 행하는 복수는 악할 수 있지만, 아퀴나스는 "자비가 증오보다는 아마 분노 안에 있을 것"[85]이라고 생각했다.

아퀴나스는 분노 경험에서 해석의 중요성을 알고, "만약 우리가 받은 상해가 무지나 정서로 인한 것이라면 우리는 그들에게 분노하지 않거나, 적어도 그렇게 격하게 분노하지는 않는다"[86]고 말했다. 더욱이 그는 우리가 타인을 위하여 분노를 느낄 수 있다고 기록했기 때문에 공감이 하는 역할을 이해했다. 이러한 의미에서 그는 분노와 사랑이 연결된다는 것을 이해했다.

기독교 신학의 분노: 개혁자들과 그 이후

좁은 지면으로는 종교개혁과 그 이후에 분노에 관한 모든 글을 전체적으로 살펴볼 수 없으므로, 나는 루터교와 개혁주의 그리고 감리교 신학의 가장 대표적인 세 인물에 집중할 것이다.

▶마틴 루터(1483-1546)

마틴 루터(Martin Luther)는 독일의 아이스레벤에서 아들이 법률가가 되기를 원한 광부 아버지와 탁월한 초기 교육을 제공한 어머니 사이에서 태어났다.[87] 루터는 1501년 에어푸르트의 대학에 다녔으나 천둥이 칠 때 두려움에 휩싸인 회심을 경험한 후에 에어푸르트에 있는 어거스틴 수도회에 들어갔다. 그는 1506년에 서원을 하고 1507년에 첫 미사를 집전했다. 루터는 로마서를 가르치면서 바울과 십자가 신학을 재발견하였다. 1517년 10월 31일, 루터는 비텐베르크의 성교회 정문에 그의 유명한 95개 조항을 붙이면서 면죄부에 관한 논쟁에 불을 붙였고, 이것이 독일 종교개혁으로 이어졌다. 그 이후 교황 레오 10세와 황제 찰스 5세에게서 정죄를 받았음에도 루터는 철회를 거부했다. 루터는 로마 교회에 대해 확고부동하게 저항하였고, 개혁 신학자로서 그의 저서들은 성서의 권위와 설교, 은혜를 통하여 오직 믿음으로 의롭다하심과 만인제사장을 강조하는 개신교 신학의 기초를 제공했다.

지배적인 이야기. 루터는 분노에 관해 칼뱅만큼 격렬하게 말하지 않았지만, 자신을 따르는 사람들에게 "분노의 뿌리, 곧 죽이고 싶은 마음은 당신 안에 숨어 있다"[88]고 경고한다. 분노할만한 타당한 이유가 있을 때에도, 우리는 "자신을 면밀하게 살펴야 하며 분노에 굴복하지 말고 불의를 인내로 견디고 극복하거나 만족을 찾아야 한다"[89]고 경고했다. 루터는 사회적 갈등에 분노로 반응하기보다는 분쟁을 해결하고 보호를 베풀며 징벌의 결정을 내리는 데에 지방 자치 정부의 법적인 절차를 사용해야 한다고 가르쳤다. 정부가 이 책임을 이행하지 못하더라도 "크리스천이 할 수 있는 유일한 선택은 불의를 인내로 겪어 내며 개인적으로 복수하지 않게 조심하는 것이다."[90] 분노를 공공연히 표현하는 것은 "당신의 정당성을 하나님과 사람 앞에서 부당한 것으로 바꿀 수도 있다."[91]

대안적 이야기. 루터는 분노에 주의를 기울일 필요가 있다고 말했지만, 크리스천이 분노를 모두 근절해야 한다고 제안하지는 않았다. 설교에서 그는 "때로 분노가 필요하고 적절하다"는 사실을 인정했다. 분노가 "적절하기"위해서는 "사랑의 분노이어야 하는데 즉 아무에게도 악을 바라지 않으며, 사람에게는 친절하지만 죄에는 적대적인 분노이어야 한다."[92] 루터는 우리가 우리 자신을 위해서가 아니라 하나님을 위해서 분노하라는 명령을 받았다고 말했다. 그는 이러한 행동이 쉽지 않으며, 우리의 정서가 "원죄로 인해 부패하였기" 때문이라고 경고했다. 우리는

"성령이 이러한 정서들을 다스리도록 허락할 때"만 분노를 올바르게 사용할 수 있다.[93] 요약하면, 루터는 "분노가 적절하면서, 올바르고 합당하게 사용된다면 그것은 하나님이 인간의 본성에 심은 자연스런 정서"라고 기록했다.[94] 여기서 우리는 분노가 죄인지 아닌지 평가하는 데 주요 윤리적 기준으로서 이성에 초점을 맞추는 또 한 사람의 신학자를 보게 된다. 더구나 루터는 분노의 기원을 인간의 죄성이 아니라 하나님의 창조적 활동과 목적에 있다고 보며 분노가 사랑의 표현으로 경험될 수 있다고 지적한다.

루터는 『탁상 담화 Table Talk』에서 분노에 대한 자신의 생각을 알려 준 자기분석을 제공했다. 그는 자신이 자유하다고 느낀 인간의 죄들(탐욕, 육적인 욕망 그리고 시기)을 열거한 후에, "지금까지 분노만이 내 안에 남아 있는데, 대부분 이것은 필요하면서도 정당하다. 그러나 내게 더 큰 다른 죄들이 있다"고 고백했다.[95] 실제로 루터는 개인적으로 분노가 중요한 동력이 되었다고 하였는데, "내게 분노보다 더 좋은 해결책은 없다. 내가 만약 글을 잘 쓰고, 기도를 잘하고, 설교를 잘하고 싶다면 화가 나 있어야 한다. 그때 내 온몸의 피는 원기를 찾고, 정신은 예리해지며 모든 유혹이 떠나간다"[96]고 말하였다.

▶장 칼뱅(1509-1564)

제네바의 개혁자로 알려진 장 칼뱅(John Calvin)은 프랑스 누아용에서 태어났다.[97] 인문학과 법학 그리고 신학을 공부한 칼뱅은 파리에서 스트라스부르로 돌아가는 길에 윌리암 파렐이 제네바에서 시작한 개혁운동을 도와달라면서 칼뱅에게 머물기를 요청한 1536년까지 자기 자신을 개혁자로서 생각하지 않았다. 그곳에서 칼뱅의 일은 모든 힘이 소진되고 논쟁의 여지가 많은 것이었지만, 그는 목회자들을 훈련하기 위해 영향력 있는 제네바 아카데미를 세우고, 그의 조직신학인 『기독교 강요 Institutes of the Christian Religion』의 신판을 출판할 수 있었다. 학자들은 칼뱅의 사상이 "초월적 창조주와 죄 된 피조물 사이의 거리, 오직 성서에서 소통되고 성령의 내적 증거에 의해 보증된 계시로써만 극복되는 그런 거리"에 초점을 둔다고 기록했다.[98]

지배적인 이야기. 어거스틴과 카시안이 그랬던 것처럼, 칼뱅은 언어의 부적당함으로 인해 성서의 기록자들이 하나님의 행동을 묘사하는 데 한계가 있고, 따라서 의인화한 묘사를 할 수밖에 없었다고 주장했다. 그는 하나님의 분노에 대한 성서의 언급을 하나님의 징벌을 묘사하는 "성서의 관습"으로 설명했다.[99] 예를 들면 로마서 주석에서 그는 "하나님이 벌하실 때 우리가 상상하는 것처럼 분노하시는 모습이다. 따라서 그 단어는 하나님의 감정을 나타내는 것이 아니다."[100]

칼뱅은 그가 정서라고 부른 "감정" 또는 "열정"을 긍정적으로 바라보지 않았으며, 크리스천은 "우리의 감정이 통제할 수 없을 정도가 되기 전에 굴레를 씌워야 한다"고 확신했다. 정서에 대한 두려움은 그로 하여금 열정을 "억압하고 굴레를 씌우고 사슬로 매어야 하며, 우리는 열정 속에 있는 충동적인 격앙을 억제해야 한다"는 권고를 하게 했다.[101] 칼뱅은 이러한 생각을 분노에도 적용했으며 분노가 죄라는 전통에 기여하였다.

칼뱅은 분노를 죄로 보았으며, 분노와 자신의 싸움이 문제라는 것을 알고 있었다. 부스마 (Bouswma)는 칼뱅이 자신에 관해 "분노가 끓어오를 때 ... 통제를 잃게 되고 탐욕스럽게 먹게 된다"고 기록했다고 말한다.[102] 자기 자신의 분노를 두려워하는 칼뱅의 반응은 자기 통제에 지나친 에너지를 쏟게 했다고 부스마는 말한다.[103]

대안적 이야기. 세네카에 관해 첫 번째 학문적 저술을 한 칼뱅은 분노가 인간 조건의 일부라고 인정했다. 격정을 전적으로 부인한 스토아학파와 대조적으로 칼뱅은 정서에 대해 다음과 같이 깨달았다.

> 〔정서는〕 결코 이성을 거스르지 않으며 마음의 고요함과 절제를 방해하지도 않는다. 순수할 수 있는 것을 부패하게 만드는 것은 과도함이나 무절제다. 비탄, 분노, 갈망, 소망, 두려움은 하나님이 우리 안에 심으신, 타락하지 않은 우리 본성의 감정이며, 그래서 하나님을 모독하지 않고서는 흠을 찾을 수 없다.[104]

분노가 보통 "정도를 넘어서고" "적절한 대상을 향하지 않는" 때가 자주 있지만, 칼뱅은 "분노는 그 자체로서 또는 전적으로 정죄 받아야 할 것은 아니다"[105]라고 믿었다.

▶존 웨슬리(1703-1791)

존 웨슬리(John Wesley)는 잉글랜드의 링컨서에서 고등 교육을 받은 종교적인 부모 아래서 태어났다. 그의 아버지는 성공회 교회 신부였으며, 어머니는 비국교도 교회 목사의 딸이며 경건한 여인으로 널리 알려졌다. 옥스퍼드에서 교육을 받고 조지아 선교에 실패하여 잉글랜드로 돌아온 이후에, 웨슬리는 그의 인생을 바꾸어 놓은 종교적 회심을 경험하여, 기독교 사랑의 기본적인 원리를 실천하는 데 자신의 삶을 헌신했다. 웨슬리와 그의 형제 찰스가 옥스퍼드에서 규칙적인 성서공부와 기도를 위해 조직한 소모임들은 그 체계적인 구조로 인해 놀림을 받았으며, 그래서 메소디스트라는 이름을 얻게 되었다.[106]

지배적인 이야기. 웨슬리는 분노가 "타고난 마음의 부패함"[107]에서 일어난다고 믿었다. 그는 "이웃에 대한 책망의 의무"라는 제목의 설교에서 분노를 온유함과 대조하였다. "사람의 진노가 하나님의 의를 이루지

못하느니라"(1:20, 킹 제임스 번역본)는 야고보서의 말씀을 인용한 후에 그는 다음과 같이 말했다.

> *분노가 열심이라는 이름으로 수식되기는 하지만 분노는 분노를 낳지 사랑이나 거룩함을 낳지 않는다. 그러므로 우리는 아주 조심하여 분노의 기색을 조금이라도 피해야 한다. 눈으로나 몸짓으로나 어조로나 분노의 흔적도 없게 하라.*[108]

이를 지지하는 신학은 그의 설교 "믿는 자 안에 있는 죄에 대하여"에서 발견할 수 있다. 여기에서 웨슬리는 크리스천이 분노를 경험할 수는 있으나 분노를 표현하지는 말아야 한다면서, 우리가 분노를 표현하는 것은 죄가 된다는 신념을 명확히 한다. 크리스천에게 "분노가 있을 수 있고, 그뿐 아니라, 분노에 무너지는 것 없이 격하게 분노하는 타고난 강한 성향이 있을 수도 있다." "겸손과 온유함이 많은" 사람의 마음에도 "어느 정도의 분노"는 있다.[109] 따라서 웨슬리의 견해로는 사람이 분노를 경험할 수 있지만 분노를 표현하지 않으면 죄에서 자유로울 수 있다는 것이다. 웨슬리는 개인적으로 자신이 분노를 "일천 번이나" 원망으로서 느낀 적이 있다고 인정하였는데, "내가 느끼는 원망에 한순간도 굴복하지 않으면, 거기에 어떤 죄책감도 없고 그 일에 하나님의 정죄가 없기 때문에"[110] 죄를 짓지 않았다고 하였다. 분노를 표현하는 것은 죄이며 그 사람이 신앙에서 아직 성숙하지 못하다는 것을 보여 준다. 웨슬리의 생각은 훌륭한 크리스천은 분노를 표현하지 않아야 한다는 경건주의 사상에 공헌했.

웨슬리가 "온유함과 겸손만이 느껴지는 마음에는" 분노의 자리가 없다는 생각의 논리를 따라갈 때 그는 분노가 죄라는 전통에 더욱 강하게 공헌한다.[111] "성화"와 "하나님을 두려워하는 가운데서 거룩함을 온전히 이루기" 위해서는 "분노에서 … 깨끗해져야" 한다.[112] 성화에 대한 웨슬리파의 이러한 이해는 신앙이 완전한 수준에 도달하면 분노를 경험하지 않으며 더욱이 분노를 표현하지 않는다고 한다.

대안적 이야기. 분노에 대한 이러한 부정적인 생각들과 분노가 죄와 밀접하게 연관된다고 염려했음에도 웨슬리는 분노가 "하나님께서 지혜로운 목적으로 인간의 본성에 심어 놓으신 열정 중 하나"라는 것을 깨달았다.[113] 그는 크리스천이 열정을 다스리고 하나님의 계획을 돕는 "그 목적을 섬기는 데에만 사용해야 한다"고 믿었다.

> *그리하여 심지어 더 거칠고 더욱 불쾌한 열정도 가장 고상한 목적에 적용할 수 있다. 즉, 증오와 분노와 두려움조차 죄에 대항하여 활용되고, 믿음과 사랑에 의해 조절될 때, 그것들은 영혼의 성벽이며 방벽과 같아서 악한 자가 해하기 위해 접근할 수 없게 한다.[114]*

웨슬리는 어떤 사람들은 산상수훈에서 분노에 관한 예수님 말씀에 "까닭 없이"라는 말이 포함되지 않기를 바란다는 것을 깨달았지만, 그 구절이 어떤 종류의 분노는 적절하다는 사실을 지지하기 때문에 필요하다고 옹호했다. 웨슬리는 예수님도 "그 말의 상식적인 의미에서"만(분노의 파괴적인 표현을 묘사할 때를 의미) 분노하지 않았는데, "모든 분노가 악은 아니기" 때문이라고 했다.[115] 마가복음 3장 5절에 기록된 예수님의 분노에 대해 언급한 후에 그는 "죄에 대한 분노는 허용된다"고 결론 내렸다.[116]

이십 세기의 신학자들

2장에서 기록했듯이 근대에 인간의 정서를 체계적으로 다루기로 선택한 신학자들은 거의 없다. 추측하듯이, 특별히 분노의 정서에 대해서도 그러했다. 인간의 분노 경험에 대한 토론을 분석하기 위해 2장에서 살펴본 각 신학자를 연구했지만, 몇몇 학자가 4장에서 설명한 복합적인 의미로 공격성을 언급한 것을 제외하고는 헛되었다. 그들의 신학적 인간학은 인간의 분노 경험에 대해 거의 어떤 반응도 포함하지 않는다. 유사하게 분노는 신학적 윤리학 분야에서도 무시되었으며, 분노에 관한 짧은 진술 외에는 찾기 어렵다. 예를 들어, 칼 바르트(Karl Barth)나 디트리히 본회퍼(Dietrich Bonhoeffer)도 윤리학에 관한 주요 저서에서 분노의 주제를 언급하지 않았다.[117] 미국의 흑인 신학자들은 인종차별주의로 괴롭힘을 받는 사람들에게 자주 스며드는 분노를 언급하고 또 자신들의 분노를 표현하기도 하지만, 그들이 분노에 관한 조직신학적인 분석을 제공하지는 못하는 것 같다.[118]

여성주의 신학자들은 분노의 주제를 더 기꺼이 다루려 했다. 특별히 그들은 분노와 개인적 관계 그리고 사회적인 관계의 연결에 관심을 두었다. 마조리 수하키(Marjorie Suchocki)의 신학적 인류학에 대한 공헌 중 하나는 불안과 신뢰 둘 다 "인간 조건의 상황적 관계성 가운데 발견된다"[119]는 것이다. 불안과 신뢰 사이의 필연적인 긴장 안에 격노의 역동이 있으며, 그녀는 이러한 관점에서 분노를 지혜롭게 다루는 관계의 중요성을 논의했다. 비벌리 윌둥 해리슨(Beverly Wildung Harrison)은 분노에 관한 여성주의의 관점을 다음과 같이 요약한다.

> *분노는 하나의 성향일 뿐만 아니라 관계의 역동이며 결코 고전적 전통의 치명적인 죄가 아니라는 데 모두 동의한다. 여성주의 신학은 크리스천의 삶을 자기의 "희생"을 포함하는 것으로 보는 가부장적인 정의를 거의 만장일치로 거절하고, 분노를 포함하여 우리의 격정을 표현하는 자기주장이 "잘못"[120]이라는 생각도 거절한다.*

분노가 죄라는 신학에 동의할 여성주의자를 찾기는 어렵다. 해리슨이 말하듯이, "다행히 악에 대한 어떤 여성주의의 분석도 분노 자체가 악이라는 생각을 영속시키지 않는다."[121] 해리슨의 "사랑의 일을 하기 위한 분노의 힘"이라는 글은 사랑과 정의에서 분노의 역할에 대해 중요한 관점을 제공한다. 그녀는 다음과 같이 믿는다.

> *우리가 분노를 치명적인 죄로 이해했기 때문에 우리 크리스천들은 정확히 말해 사랑이라는 개념을 없애버리는 단계까지 이르게 됐다. 분노는 사랑의 반어의가 아니다. 그것은 우리 주변의 타인과 집단이나 세상과의 관계가 다 좋은 것은 아니라는 감정-신호로 이해하는 것이 낫다… 이것이 사랑의 일을 하기 위한 분노의 힘을 이해하는 중요한 첫 단계다. 분노가 일어나는 곳에 행동하려는 에너지가 존재한다… 우리는 인간의 모든 중대한 도덕적 행위는, 특히 사회적 변화를 위한 행동은 인간의 저항하는 분노의 힘에서 그 단서를 잡는다는 사실을 잊지 말아야 한다.[122]*

다음 장들에서 분노와 사랑 그리고 정의의 관계에 대해 더 언급할 것이다. 우선, 여성주의 신학자들이 분노가 죄와 악에서 비롯되지 않고 창조주의 축복을 받은 창조(우리 자신의 안녕을 도와주는 중요하고도 긍정적인 잠재성을 지닌 선물)에서 비롯된다는 것을 오랫동안 깨닫고 있었다는 데에 주의하라. 여성주의 신학자들은 교회 안에서 분노가 죄라는 전통에 맞서 싸우는 일에 공헌했으며, 나는 4부에서 그들을 풍부한 자원으로서 사용했다.

여성주의 신학자들을 제외하고, 내가 검토한 20세기의 저서 중 분노가 언급될 때에는 (조직적이든, 성서적이든 또는 윤리적이든) 분노에 대한 평가와 이해가 성서적이거나 신학적 분석이 아니라 철학적 개념이나 심리학적 개념에 기초한다. 내가 읽지 않은 신학자들과 윤리학자들의 저서가 분노의 문제를 체계적으로 다룰지도 모른다는 것을 알지만, 적어도 내게는 신학자들과 윤리학자들의 체계적인 분석이 필요하다는 것이 명백하다.

분노의 목회신학에 대한 공헌

우리는 분노에 관한 신학적 사상의 발전을 더듬어 올라가 조사하고 분노가 죄라는 전통의 뿌리를 탐구했다. 이러한 역사 자체가 6장에서 보여 준 이야기의 구성 과정을 반영한다. 물론 초대교회의 신학자들이 구성한 신학은 후기근대주의 심리학이나 신경과학의 정보를 포함하지는 않지만, 그들의 현상학적 관찰은 선하든 악하든 분노가 지닌 힘의 역설을 날카롭게 알아차렸다. 그들은 자신들의 시대적 맥락 안에서 분노 개념을 붙들고 씨름했는데, 이는 성서의 이해와 지중해 철학들, 교회에 전승되어 온 더 큰 이야기들, 그들 자신의 종교적 경험, 하나님 앞에서 거룩하고 겸손한 삶을 살고 싶은 갈망 그리고 하나님과 그리스 로마 신들의 다른 점을 선포할 필요를 포함했다.

분노는 모든 정서 가운데 가장 위험한 것으로 인식될 때가 많았고, 따라서 크리스천의 삶에서 제거해야 할 특별한 대상이 되었다. 분노는 영적 성숙에 이르는 데 해로운 육체의 일인 악덕으로 알려졌다. 분노는 하나님에게서 우리를 분리하는 힘이 있으며 우리가 독을 품은 동물처럼 파괴적으로 행동하거나 일시적으로 미친 듯이 행동하게도 한다.

그러나 대안적 이야기에 따르면, 분노는 본질적으로 악한 것이 아니다. 오히려 이 신학자들은 분노가 인간의 자연적 본성의 한 부분이라고 믿었으며, 그 결과 대부분 그들은 분노가 하나님이 정하신 창조의 일부라고 주장했다. 이러한 대안적 이야기는 분노의 긍정적인 역할을 인정한다. 이 신학자들은 분노의 중요한 목적, 즉 생존(클리마쿠스는 분노가 위험에 대한 경고 사인이라고 지적했다), 불의에 대한 도전(그레고리는 악에 대해 분노하지 않는 사람들에 대해 염려했다) 그리고 우리를 파괴하려 하는 인간의 욕망에 대한 저항(에바그리우스는 우리의 덕을 위협하는 인간의 욕망에 대한 분노는 필요하다고 생각했다)을 언급한다.

어거스틴은 우리가 분노로 악을 선택할 수도 있기 때문에, 우리가 윤리적 선택을 할 수 있도록 분노를 이해하는 일이 중요하다고 설명했다. 그러나 12장에서 말하듯이, 분노가 사랑으로 섬기는 역할을 하도록 선택할 수 있다. 바실은 도덕적으로 고결하게 행하는 데 분노가 얼마나 중요한지 지적했다. 분노는 영혼을 강화하는 데 공헌하며, 선한 일에 동기를 부여하는 역할을 한다. 그는 우리가 죄에 대해서 기꺼이 분노할 수 있어야 한다고 명확히 말했다 분노는 우리가 불의와 악행과 악과 싸울 때 하나님의 일을 진전시킬 수 있는 유용한 정서로 이해되었다. 이러한 긍정적인 목적들은, 분노가 인간 조건의 우월한 속성으로 생각되는 이성의 지도 아래 있을 때에 성취될 수 있다.

이런 대안적 이야기들을 검토하는 가운데 우리는 분노가 위험하게 여겨지기는 해도 우리가 분노에 대해 힘과 선택의 자유와 통제력을 가진 것으로 가정되었으며, 다른 말로 분노는 하나님 창조의 한 부분으로서 우리에게 분노를 다룰 책임이 있다는 것을 알게 된다. 교회가 이런 대안적 이야기들을 듣고 존중하였다면, 신경과학에서 얻은 현재의 우리 지식과는 상당히 맞지 않는 배치인, 일곱 가지 치명적인 죄의 목록에 분노가 들어가지는 않았을 것이다. 나는 이번 장이 신앙에서 우리의 신학적 선조들에게서 비롯된 도전을 보여 주었기를 바란다. 우리는 분노를 현명하게 다루어야 할 소명이 있다. 즉 분노가 삶을 파괴하지 않고 삶의 질을 향상하는 원래의 목적에 도움이 되도록 이 정서를 인도하는 데 우리의 이성과 의지와 가치와 신앙을 사용하도록 부름 받았다.

성서적 관점:
인간 분노에 관한 대안적 이야기

분노가 "치명적인 죄"로서 일단 자리가 정해진 이후로 교회는 어떤 식으로든 이러한 전통적인 교리에 도전하는 성서를 "경청하는" 데 어려움을 느꼈다. 이런 지배적인 이야기가 씌어 놓은 눈가리개로 인해 다른 견해들은 간과되었다. 교회는 모든 성서가 분노를 판단하는 것처럼 "말했고" 그러한 견해에 반대하는 구절이나 성서에 대해서는 잘못 해석하거나 무시했다.

하나님의 사람들은 수 세기 동안 설교단에서나 경건 서적에서 분노가 항상 파괴적이라는 견해를 지지하는 것처럼 보이는 말씀을 들었다. 즉, 분노는 하나님에게서 인간을 분리하고("원수 된 것 곧 중간에 막힌 담", 엡 2:14), 심판에 이르게 하고("형제에게 노하는 자마다 심판을 받게 되고", 마 5:22), 하나님의 나라에 득이 되지 못하며("사람이 성내는 것이 하나님의 의를 이루지 못함이라", 약 1:20), 기도를 방해한다(우리는 "분노 없이" 기도해야 한다, 딤전 2:8). 그런 구절들은, 분노를 포함하는 다른 많은 악덕의 목록과 함께 마치 "훌륭한 크리스천은 분노를 느껴서는 안 된다"는 결정적인 진리를 전달하는 것처럼 제시되고 해석되었다. 이러한 증거 본문들과 분노가 치명적인 죄라는 생각에 영향을 받은 많은 크리스천은 성서가 어떤 분노의 경험이나 표현도 한결같이 반대한다고 가정한다.

성서에는 대안적 이야기가 있는데, 이것이 아주 명백하다는 데에 독자는 아마 놀랄 것이다. 대부분 우리는 이 대안적 이야기를 보기 위해 기술적인 문법 논쟁을 하거나 의심의 해석학을 적용할 필요가 없다. 아래에서 살펴보겠지만, 비전문가 독자에게도 이 성서 구절들은 분노에 대한 성서적 관점의 전통적인 이해에 무언가 잘못이 있다는 것을 드러낸다. 이 성서 구절들은 분노의 정서를 경험하는 것이 인간의 정상적인 면이라고 가정하며 분노에 관해 다른 관점을 제시한다. 성서가 관심을 두는 것은 분노할 수 있는 능력이 아니라 분노가 풀어 놓을 수 있는 파괴적인 잠재성이다.

히브리어와 그리스어에서 분노를 가리키는 단어나 분노와 관련 있는 말들은 그 분노가 긍정적인지 또는 부정적인지에 대해 아무런 언급이 없이 사용된다. 마가복음 3장 5절에 바리새인을 향한 예수님의 분노(ὀργή)와 누가복음 15장 28절의 "탕자" 이야기에서 큰 아들의 이기적인 분노(ὠργίσθη)를 설명할 때 동일한 어원이 사용된다. 아마 이것은 성서가 분노를 인간 본성의 기본적인 능력으로 본다는 추가 증거일 것이다. 단어 자체가 분노한 사건의 도덕적 특성을 전달하지 않는다는 것은 사람들이 왜 분노하는지에 대한 구성주의자의 이야기 이해를 지지한다. 우리는 분노가 왜 일어났는지 그리고 분노가 어떻게 표현되었는지에 근거하여 윤리적 평가를 해야 한다.

분노에 관한 성서의 용어를 좀 더 상세하게 살펴보면 최소한 히브리어 여덟 단어가 몇 가지 형태의 분노(노여움, 격분, 분개, 격노, 짜증 등)로 해석된다.[1] 신약성서에는 일반적으로 ὀργή와 θυμός 두 단어가 분노를 의미하는 데 사용된다. 어떤 번역자들은 θυμός가 ὀργή 보다 더욱 갑작스럽고 예기치 않게 터뜨리는 분노를 묘사한다고 하지만, 대부분이 단어들은 교체 가능하게 사용된다.[2] 성서에서 사백에서 오백 번 정도 (하나님과 인간의 분노를 포함하여) 분노에 관해 언급된다.[3] 이 중 과반수의 구절을 철저히 살펴보는 것도 불가능하다. 따라서 아래에서 살펴볼 구절들은 분노에 관해 분명하게 다른 관점을 드러내고 또한 분노가 죄라는 신학을 표명하는 사람들이 자주 간과하고 잘못 전달했기 때문에 선택되었다. 이번 장에서는 인간이 경험하고 표현한 분노에 대한 성서 본문을 다루고 다음 장에서는 예수님과 하나님이 경험하고 표현하신 분노에 대한 본문을 살펴볼 것이다.

히브리 성서의 이야기들

히브리 성서의 이야기들은 정서로 가득 차 있는데, 분노가 가장 자주 나오는 정서 중 하나로, 파괴적으로 표현된 분노도 포함한다. 하지만 히브리 성서에 나타난 많은 이야기는 적절하게 표현된 분노를 묘사한다. 언니를 질투한 라헬이 자녀를 임신하지 못하여서 야곱을 비난하자 야곱이 화를 냈지만 분노하는 그의 반응은 지혜롭게 표현되었다(창 30:1-2). 모세는 바로가 이스라엘 백성들을 애굽에서 떠나보내기를 거절했을 때 매우 노했으나, 성서 본문은 모세가 즉각적인 행동으로 반응하지 않고 나왔다고 말한다(출 11:8). 시편에는 불공평과 압제에 대한 분노의 여러 예가 기록되어 있다(시 59:11, 69:28). 이 이야기들의 공통 맥락은 분노를 통제하고 신중하게 반응하는 태도다.[4]

히브리 성서의 가인과 아벨 이야기와 지혜의 가르침은 특별히 기독교 전통의 분노에 관한 지배적인 이야기에 도전한다.

▶가인과 아벨

형 가인의 손에 아벨이 살해된 창세기의 이야기를 생각해 보자.[5] 젊은 목회자였을 때 나의 설교의 핵심은 가인의 분노가 형제를 죽였으므로 모든 분노는 나쁜 것이며 하나님의 눈으로 볼 때 죄라는 것이었다. 이러한 이해가 이례적인 것은 아니지만, 이 이야기를 더 자세히 조사해 보자. 분명하지 않은 이유로 인해 (다양한 학자들이 각자 의견이 있지만) 아벨의 제물은 하나님께 받아들여졌지만 가인의 제물은 그렇지 못했다. 그 이야기는 다음과 같다.

> *가인과 그의 제물은 받지 아니하신지라 가인이 몹시 분하여 안색이 변하니 여호와께서 가인에게 이르시되 네가 분하여 함은 어찌 됨이며 안색이 변함은 어찌 됨이냐 네가 선을 행하면 어찌 낯을 들지 못하겠느냐 선을 행하지 아니하면 죄가 문에 엎드려 있느니라 죄가 너를 원하나 너는 죄를 다스릴지니라(창 4:5-7).*

하나님이 가인에게 말씀하시기 전에 가인이 "몹시 분하여" 했고, 하나님은 그의 분노가 죄 짓는 일이라고 하지 않으셨다는 것을 주목하라. 하나님은 "네가 분을 내니 나에게 죄를 지은 것이다" 하고 말씀시지 않았다.

월터 브뤼그만(Walter Brueggemann)은, 야훼 자신이 가인이 분노하는 원인이기 때문에 하나님이 가인에게 한 질문들은 "야훼가 아주 정직한 의도로 행하지 않는다는 암시를 한다"고 생각한다.[6] 그는 왜 가인이 분노한 원인을 하나님께 돌렸는가? 하나님이 제물을 거절하셨기 때문이다. 이 이야기를 구성주의 내러티브 이론의 시각으로 보면 다른 시나리오가 가능할 것이다. 아마도 하나님께서 거절하신 까닭과 의미에 대해 가인이 구성한 이야기가 가인으로 하여금 위협을 느끼게 했을 것이다. 실제로 하나님의 첫 반응은 가인이 왜 분노하는지에 대한 관심이었다. 하나님이 가인에게 "네가 분하여 함은 어찌됨이냐" 하고 질문했을 때 가인이 그 상황의 구성된 실재를 검토하고 자기의 분노에서 무언가 배울 수 있는 기회를 주신 것일 수 있다. 하나님은 "네가 선을 행하면 어찌 낯을 들지 못하겠느냐?"고 말씀하심으로써 가인이 받아들여지기 위해 자신의 이야기를 바꿀 수 있는 길을 제시까지 하셨다. 하나님은 가인의 제물을 왜 거절했는지 설명하지 않으셨으나, 그의 제물이 아니라 행동에 따라 받으실 수도 있음을 분명히 하셨다. 만약 가인이 자신의 이야기를 바꿨다면 그는 거절되었다고 느끼거나 위협을 느끼지 않았을 것이며 물론 분노도 느끼지 않았을 것이다. 따라서 하나님은 가인이 분노한 이유에 대한 책임을 물으셨지 그가 분노할 수 있는 능력을 가진 데 대해 책임을 물으신 것이 아니다.

마침내 하나님은 "죄가 문에 엎드려 있느니라 죄가 너를 원하나…" 하고 가인에게 경고하셨다. 여기에서 명백한 것은 죄가 가인의 분노에 있는 것이 아니라 입맛을 다시며 기대 가운데 밖에서 서성이고 있다는 것이다. 하나님은 가인이 분노하기 때문에 죄를 짓기 쉽다는 것을 아셨다. 가인은 분노하는 동안 죄가 자신을 사로잡게 둘 것인지 아닌지 선택할 수 있었다. 그는 분노로 죄를 선택하여 아벨을 살해했지만, 그렇게 해야만 한 것은 아니었다. 성서가 인간의 자유에 대해 일찍이 강조한 이 이야기에는 가인이 살인을 하도록 예정되지 않았다는 것이 명백하다. 브뤼그만은 가인이 "선을 선택하고 행할 수 있다"고 말하며 이 이야기에서 가인은 "자유로우며 신실한 삶을 살 수 있는 능력이 있다"고 확인해 준다.[7] 하나님은 가인이 유혹을 잘 통제하며 분노에 대처할 파괴적이지 않은 방법을 선택을 할 수 있다고 알게 하셨다. 가인이 분노를 경험했다는 것이 죄를 짓게 한 것이 아니라 위협하도록 그가 허락한 것과 행동의 선택이 죄를 짓게 한 것이다.

▶ 지혜문학

히브리 성서의 지혜문학 중 특히 잠언과 전도서는 분노에 관한 전통적인 이해와 다른 이야기들을 제공한다. 분노가 죄라는 전통의 영향으로 인해 많은 크리스천이 이러한 지혜의 격언에서 지혜로운 사람을 분노하지 않는 사람으로 여긴다고 가정한다. 그러나 다음의 구절들을 살펴보자.

> 노하기를 속히 하는 자는 어리석은 일을 행하고...(잠 14:17).
>
> 노하기를 더디 하는 자는 크게 명철하여도 마음이 조급한 자는 어리석음을 나타내느니라(잠 14:29).
>
> 노하기를 더디 하는 자는 용사보다 낫고 자기의 마음을 다스리는 자는 성을 빼앗는 자보다 나으니라(잠 16:32).
>
> 노하기를 더디 하는 것이 사람의 슬기요 허물을 용서하는 것이 자기의 영광이니라(잠 19:11).
>
> 급한 마음으로 노를 발하지 말라 노는 우매한 자들의 품에 머무름이니라(전 7:9).

이 지혜문학은 훌륭한 사람이란 분노를 전혀 느끼지 않거나 경험하지 않는 사람이라고 묘사하는가? 그렇지 않다. 지혜로운 사람은 노하기를 더디 하는 사람이다. 이 구절들은 사람들이 급하게 성을 낼 때에 생길 수 있는 파괴적인 가능성에 대해 말한다. 즉 그들은 어리석은 일을 행할 가능성이 많다. 이 구절들은 분노 발작이나 극심한 적개심 그리고 다른 미성숙한 분노 표현에 반대하는 말이지 하나님의 백성이 분노하는 것을 금지하지는 않는다. 오히려 이 성서 구절들은 우리가 분노에 대해 주의할 것과 언제 화를 내야 할지, 무엇에 화를 내야 할지 그리고 어떻게 분노를 표현해야 할지 평가하는 책임을 져야한다고 도전한다.[8] 우리가 어떻게 그러한 책임을 져야 하는지는 4부에서 탐색할 것이다.

▶하나님에 대한 분노

이스라엘 백성들은 하나님에게 분노할 수도 있다고 느꼈다. 탄식의 시편들은 이스라엘 백성들의 고난과 고초로 인하여 하나님을 향한 분노의 표현이 많은 것으로 잘 알려졌다. 시편 44편에서 시편 기자는 하나님께 이렇게 말한다.

> 그러나 이제는 주께서 우리를 버려 욕을 당하게 하시고… 주께서 우리를 잡아먹힐 양처럼 그들에게 넘겨주시고 여러 민족 중에 우리를 흩으셨나이다. 주께서 주의 백성을 헐값으로 파심이여 그들을 판 값으로 이익을 얻지 못하셨나이다. 주께서 우리로 하여금 이웃에게 욕을 당하게 하시니 그들이 우리를 둘러싸고 조소하고 조롱하나이다… 이 모든 일이 우리에게 임하였으나 우리가 주를 잊지 아니하며 주의 언약을 어기지 아니하였나이다. 우리의 마음은 위축되지 아니하고 우리 걸음도 주의 길을 떠나지 아니하였으나 주께서 우리를 승냥이의 처소에 밀어 넣으시고 우리를 사망의 그늘로 덮으셨나이다(시 44:9-19).

여기에서 시편 기자는 하나님께 해명을 요구하는데, 이는 하나님과 이스라엘 백성의 관계에서 중요한 주제이기도 하다. 시편 77편 6-9절과 90편 7-12절은 하나님에게 분노를 표현하는 다른 많은 구절 가운데 일부다. 구약학자인 제임스 크렌셔(James Crenshaw)는 성서 본문이 하나님에 대한 인간의 분노를 정당화하는 다섯 구절을 연구했는데, 하나님이 관계를 저버리고, 인간의 가장 깊은 관심사를 하찮게 여기고, 하나님의 목적에 자신의 삶을 헌신한 사람들을 속이는 것으로 그들에게 경험되었기 때문이다.[9] 시편 기자가 하나님에 대한 분노를 인정하고 말할 때, 그것이 시편 기자에게 변화를 불러일으키는 것 같다고 브뤼그만은 말한다. 시편의 끝부분에 가서는 하나님의 약속들을 또다시 믿고 주장할 수 있게 된다.[10] 더 나아가 그렇게 분노하여서 하는 말도 중요한 믿음의 행위다.

> *탄식과 불평은... 우리로 하여금 "저항의 영성"으로 인도한다. 다시 말해서, 이스라엘은 세상에는 옳지 않은 것들이 있다고 용감하게 인정한다... 그러한 말은 하나님 앞에서 우리의 온순함에 반대되는 것이다. 우리의 서구적 성향은 하나님은 그러한 비평과 연루됨을 초월한 분으로 상상한다. 그러나 이스라엘은 현실적인 관점에서 곤경에 대해 충분히 생각하고 머뭇거림 없이 그 진리를 말한다 ... 이스라엘은 그들의 상처가 부당하고 불공평하다는 것을 안다... 이러한 언급은 그러한 말이 새로운 현실을 만들어 낼 것을 기대하는 하늘의 거룩한 능력에 대한 믿음을 실은 신학적 행위다.*[11]

하나님을 향해 분노를 표현하는 것은 하나님과 진정한 관계를 회복하는 정직한 행위일 수 있다. 11장에서 영적인 협력자인 분노에 대하여 더 이야기할 것이다.

신약성서의 이야기들

신약에도 분노에 대한 언급이 많다. 그 이야기들 중 많은 부분이 분노가 죄라는 지배적인 견해를 지지하는 데 사용된다. 아직 몇몇 성서학자들은 성서가 분노를 성숙한 크리스천의 삶에 있어서는 안 되는 부정적이고 파괴적인 정서로 묘사한다고 말한다. 분노에 관한 신약성서 구절들을 조사한 후에 드와이트 설리반(Dwight Sullivan)은 분노가 인간 조건의 부분이기는 하지만 "성령의 길에 반대되는 육신과 연결되며... 거듭나지 않은 본성의 특성으로 하나님의 의에 대항한다"는 결론을 이끌어 냈다.[12] 그러나 아래에서 보듯이 신약성서도 이러한 전통에 직접적으로 도전하는 구절들을 포함한다.

▶산상수훈

크리스천은 분노하면 안 된다는 견해를 옹호하는 사람들이 산상수훈에서 성서 구절을 가장 자주 인용한다. 예를 들어 로버트 건드리(Robert Gundry)는 마태복음 주석에서 5장 21-22절의 말씀을 다음과 같이 해석한다. "이것은 분노에 대한 전면적 금지를 말하는 것 이상 아무 것도 아니다... 만약 우리가 예수님에게 복종하면 모든 분노, 특히 너무 오랫동안 마음에 머무르는 분노는 삶에서 사라져야 한다."[13] 나는 다른 해석을 제안하지만, 먼저 이 구절들을 다시 읽어 보자.

옛사람에게 말한 바 살인하지 말라 누구든지 살인하면 심판을 받게 되리라 하였다는 것을 너희가 들었으나 나는 너희에게 이르노니 형제에게 노하는(ὀργίζόμενος) 자마다 심판을 받게 되고 형제를 대하여 라가라 하는 자는 공회에 잡혀가게 되고 미련한 놈이라 하는 자는 지옥 불에 들어가게 되리라.

이 구절을 처음 읽으면 분노하는 감정은 무엇이든 살인하는 것과 마찬가지라고 말하는 것 같다. 실제로 이 구절은 분노하는 것은 하나님이 보시기에 누군가를 죽이는 것과 같다고 생각하게끔 기독교 역사 내내 가르치고 설교하는 데 사용되었다. 그러나 이어지는 세 문구는 문자 그대로 지방 재판정에서 하나님의 보좌에 이르기까지 징벌의 정도를 증가시키는 것이 아니라 살인이나 적대감이 없기를 바라는 하나님의 바람을 깨달으라는 명령이다.[14] 이 구절은 더욱 엄격한 율법주의를 의미하는 것이 아니라, 우리의 모든 분노는 불화를 초래하지 않고 예수님의 분노처럼 이웃을 사랑으로 섬기기 위함이어야 한다는 부름이다.

그리스어 본문을 자세히 살펴보면 분노에 관한 특정 구절을 더욱

정확하게 이해할 수 있다. "노하는"으로 번역된 그리스어 동사 ὀργίζω는 현재 분사인 ὀργιζόμενος이며 지속적인 행동을 말한다. 더 정확한 번역은 "지속적으로 분노하는 모든 사람"이나 "분노하기를 지속하는 모든 사람"일 것이다.[15] 불행하게도 내가 위에서 인용한 성서인 새개정표준판(New Revised Standard Version)은 문법적인 실재를 반영하지 않지만, 많은 번역자가 더 정확하게 번역한다. 오래 전에 윌리암스(Williams)는 이 구절을 형제나 자매에게 "악의를 품는 모든 사람"[16]으로 번역했으며 뉴잉글리시 바이블(New English Bible)은 형제나 자매에게 "분노를 키우는 사람"[17]으로 번역했다.

마태복음은 예수님의 가르침을 새로운 권위로 드러내는 데 관심이 있다. 이 말씀은 단지 통찰력 있는 도덕적 가르침에 그치지 않는다.

> *예수는 단지 옛 권위에 대해 더 나은 해석을 하는 것이 아니라 그 이상을 행한다. 그는 기록된 성서〔토라〕의 권위를 자기 자신, 즉 그의 삶에서 하나님의 현존으로 옮긴다... 핵심은 예수의 가르침이 율법을 훼손하는 것이 아니라 율법을 초월한다는 것이다.*[18]

예수님이 분노에 관해 하신 말씀은 그의 행위와 함께 (다음 장을 보라) 크리스천에게 상당히 권위를 지니게 되었다. 예수님은 특히, 곪아서 갑자기 파괴적인 행동으로 터져 나올 때까지 마음에서 해결되지 않은 분노에 관심을 두었다. 그러나 이 구절을 해석하라고 하면 많은 크리스천이 마치 예수님이 "너희가 마음에 분노의 감정을 아주 조금이라도 느낀다면 너희는 형편없는 사람이며 가혹하게 심판받을 것이다!" 하고 말씀하는 것처럼 반응한다. 하지만 예수님은 분노의 내적 경험을 일일이 이야기하는 것이 아니다. 예수님도 분노로 바리새인들을 둘러볼 때(마3:5),

그리고 이 책의 9장에서 살펴보겠지만, 사람들이 흔히 "성전 정화"로 부르는 일을 할 때에 분노를 경험하였다. 예수님은 우리의 분노할 수 있는 능력이 작동하기 시작하는 것을 염려하지 않는다. 그는 분노가 왜 일어났는지를 염려했다. 산상수훈에서는 타인을 향하여 사랑이 없고 비판하기 좋아하는 태도에 대해 언급하는 것 같다. 실제로 22절에서 남을 모욕하고 바보라고 부르는 두 가지 비판적인 행동을 예로 든다. 분노는 어리석은 마음에 머문다(산다)고 말한 전도서의 저자처럼 예수님은 우리 안에서 지속적으로 끓고 있도록 허용된 분노가 대인관계에 해를 끼치고 내적인 평화를 깨뜨리며, 이는 분명히 하나님의 마음에 들지 않는 일이라고 지적한다.

만약 킹 제임스 번역본으로 산상수훈의 이 구절을 외웠다면 "아무 까닭 없이(without a cause)"라는 문구를 기억할 것이다. 누군가 분노할 "까닭" 즉 정당한 이유를 제공했기 때문에 사람들이 분노의 파괴적인 형태(복수, 질투, 신랄함 또는 오랜 원망과 같은)에 관해 변명하는 것을 들은 기억이 날지도 모르겠다. 그러나 성서의 가장 오래된 사본은 이 구절을 포함하지 않으며 현재의 번역본은 여백에만 포함되어 있다.[19] 나는 이 구절이, 모든 사람이 분노한다는 것을 직접 안 어떤 서기관이 가혹한 듯 보이는 예수님의 말씀을 완화하는 무언가를 제공하고 싶어서 덧붙인 것이 아닌지 자주 생각했다. 그러나 동사를 정확하게 번역하면, 예수님은 분노의 경험 자체가 아니라 화해하지 못한 분노가 가져오는 엄청나게 파괴적인 결과에 주의를 불러일으킨다는 것을 알게 된다.[20]

▶에베소서

분노에 대한 초대교회의 생각은 어떠했는가? 에베소 교인들에게 보내는 아래의 말에 주의해 보자.

> *분을 내어도(ὀργίζεσθε) 죄를 짓지 말며, 해가 지도록 분을 품지 말고 마귀에게 틈을 주지 말라(엡 4:26-27).*

학자들은 대부분 이 문장의 그리스어 첫 단어인 ὀργίζεσθε를 분노의 한 형태로 해석한다. 더 나아가 그들은 "분을 내어도(be angry)"와 "죄를 짓지 말며(do not sin)"가 모두 명령형이라는 데 동의했다.[21] 신약학자 대부분은 "분을 내어도(be angry)"가 강한 명령법이며 위의 새 개정표준판에서 번역된 것처럼 명령이라고 믿는다. 다른 사람들은 이 단어를 조건적인 명령법으로 보았는데, 뉴잉글리시 바이블에서는 "화가 날 때에 그 분노로 인해 죄를 짓지 말라(If you are angry, do not let anger lead you into sin)"[22]고 번역했다. 이 구절이 명령적 명령법인지 조건적이고 허용적인 명령법인지 논쟁이 있지만, 그 답은 분노가 자동으로 죄가 되는 것은 아니라는 주요 요점과는 관련이 없다.[23] 바울의 신학은 여기에서 인간이 모두 그러하듯이 크리스천은 반드시 분노를 경험하게 된다는 것을 가정한다. 에베소서는 분노를 실제로 경험하는 것을 판단하지 않으며, 분노를 느끼는 우리의 능력에 대해서도 물론 판단하지 않는다.

그러나 둘째 명령인 "죄를 짓지 말며(do not sin)"는 저자가 분노로 우리가 무엇을 하는지에 관심을 둔다는 것을 분명하게 해준다. 분노를 무시하려고 노력하거나 분노가 없는 척하거나 분노를 마음속에 품는 것은 (잠언 14장 29절과 마태복음 5장 21절에서 경고했듯이) 거의 언제나 분노로 우리를 죄를 짓게 하는 선택임을 저자는 알고 있다. 그러므로 그는 분노를 창의적인 방법으로 해결하기 전에 "해가 지도록" 하게 말라고 경고한다. 분노를 방치하면, 나중에 부인하거나 억압하게 될 위험이 있다. 그런 회피가 위험한 것은 분노의 잠재적인 유해성을 무시하기 때문이다. 저자는 분노를 빠른 시간 안에 다루어 "마귀로 틈을 타지 못하게" 하고 그리하여 분노의 "어두운" 면과 어떤 공모도 하지 말라는 명령으로 생각한다. 이것이 하나님께서 가인에게 "죄가 문에 엎드려 있느니라 죄가 너를 원하나 너는 죄를 다스릴지니라"고 하신 훈계와 얼마나 밀접하게 평행하는지 주의해 보라.

에베소서 4장 31절을 보자.

> 너희는 모든 악독과 노함(θυμός)과 분냄(ὀργή)과 떠드는 것과 비방하는 것을 모든 악의와 함께 버리고

이 말씀은 분노가 죄라는 전통을 강화하는 데 사용되었다. 그러나 "분냄"[24]이라는 단어의 주변 말들을 살펴보자. 맥락에서 볼 때 저자는 "변질되고" 파괴적으로 다루어지는 분노를 묘사하는 것이 분명하다. 문제는 교인들이 분노한 것이 아니라 분노로 죄를 지었다는 것이며, 앞 절("분을 내어도 죄를 짓지 말며")에서 저자가 그들에게 경고한 내용이다.

▶악덕의 목록들

우리는 7장에서 덕과 악덕의 목록들이 지중해 문서와 신약성서에 (구약성서에는 발견되지 않지만) 나온다고 언급했다.[25] 빅터 폴 퍼니쉬(Victor Paul Furnish)는, 바울이 기록한 악덕의 목록들은 이런 다른 출처의 문서들에서 빌려 와서 그가 편지를 쓴 특정 공동체의 상황에 맞게 기록한 것이라고 했다.[26] 새로운 사랑의 윤리에 영향을 받은 바울의 목록은 신앙공동체와 그들 주변의 세상을 연결한다. 그 목록은 갈라디아의 성령의 열매와 같은 긍정적인 성품들(덕)과 부정적인 성품들(악덕)에 대한 관심을 불러일으켰다.[27]

예수 그리스도 안에서 경험한 새 생명을 일상의 행동에 적용하는 것이

많은 신약성서 구절들의 주요 초점이었다.[28] 이 덕과 악덕의 목록들은 "두 길(The Two Ways)" 전통이라고 불리는 것의 일부분이다. 잭 서그스(Jack Suggs)는 "기독교의 눈에 띄는 속성은 강력한 윤리적 특성에 있고, 두 길의 전통은 초대교회의 메시지에서 순종이 어떠한 자리를 차지했는지 증거해 준다"[29]고 기록했다. 퍼니쉬는 갈라디아서와 고린도후서에서 바울이 기록한 목록은 신앙공동체를 붕괴시킬 수 있는 "사회적 악덕"에 초점을 맞춘다고 지적한다.[30]

우리 연구의 관심은 신약에서 악덕의 목록 중에 분노가 나온다는 것이다.

육체의 일은 분명하니 곧 음행과 더러운 것과 호색과 우상 숭배와 주술과 원수 맺는 것과 분쟁과 시기와 분냄(θυμοί)과 당 짓는 것과 분열함과 이단과 투기와 술 취함과 방탕함과 또 그와 같은 것들이라(갈 5:19-21a).

내가 갈 때에 너희를 내가 원하는 것과 같이 보지 못하고 또 내가 너희에게 너희가 원하지 않는 것과 같이 보일까 두려워하며 또 다툼과 시기와 분냄(θυμοί)과 당 짓는 것과 비방과 수군거림과 거만함과 혼란이 있을까 두려워하고(고후 12:20).

이제는 너희가 이 모든 것을 벗어 버리라 곧 분함(ὀργήν)과 노여움(θυμόν)과 악의와 비방과 너희 입의 부끄러운 말이라(골 3:8).

이 목록을 읽으면, 분노는 항상 부정적이라는 결론을 내리기 쉬울 것이다. 분노는 악덕의 목록들에 나오는, 갈등을 불러일으키고 불화하게 하는 행동 방식에 포함되므로, 비전문가인 독자는 모든 분노가 파괴적이라고 쉽게 가정하게 될 것이다. 그러나 분노가 다른 악덕들과 함께 목록에 포함되었다는 바로 그 상황이, 여기에 묘사된 분노는 개인과 공동체 모두의 삶을 파괴하는 방식으로 표현된 분노라는 단서이다.

▶감독의 자격

디도에게 보낸 서신에서 나타난 한 가지 관심은 장로와 감독을 뽑을 때 고려해야 할 자격에 대한 내용이다. 1장 7-8절에 기록하기를, 감독은 이러해야 한다.

> *책망할 것이 없고 제 고집대로 하지 아니하며 급히 분내지 (ὀργίλον)*
> *아니하며 술을 즐기지 아니하며 구타하지 아니하며 더러운 이득을 탐하지*
> *아니하며... 오직 나그네를 대접하며 선행을 좋아하며 신중하며 의로우며*
> *거룩하며 절제하며*

앞서 지혜문학에서 언급한 것처럼 이 말씀은 전혀 분노하지 않는 사람에 대한 것이 아니라 "급히 분내지" 않는 사람, "절제하는" 사람에 관한 것이다. 오만한 사람은 자신의 세계관이 도전을 받을 때 분을 낸다. 그리고 절제하지 못하는 사람은 "폭력적"이 될 수 있다. 그렇기 때문에 감독의 자격은 쉽게 위협감을 느껴 절제력을 잃어버리지 않는 성숙한 사람이어야 한다. "선행을 좋아하며" 그리고 "신중하며"와 같은 서술어는 교회에서 지도자의 자격이 있는 사람은 자신이 언제 위협을 느끼는지, 무엇에 대해 분노하는지 그리고 화가 날 때 어떻게 행동해야 하는지에 대해 통찰력이 있어야 함을 의미한다.

▶야고보서

분노가 크리스천의 삶에서 부적절하며 항상 나쁜 것을 의미한다고 해석되는 신약의 또 다른 구절이 야고보서 1장 19-20절이다.

> 내 사랑하는 형제들아 너희가 알지니 사람마다 듣기는 속히 하고 말하기는 더디 하며 성내기도 더디 하라(ὀργήν). 사람이 성내는 것(ὀργὴ)이 하나님의 의를 이루지 못함이라.

이 구절을 분노가 모두 부정적이라는 의미로 해석한다면 이 말씀이 쓰인 맥락을 놓치게 된다. "성내기도 더디 하라"는 권고는 모든 분노의 경험을 금지하지 않는다. 앞에서 언급한 잠언의 구절들처럼 야고보의 관심은 우리가 왜 성이 났으며 어떻게 그것을 표현하는지에 초점이 있다. 둘째로, 야고보가 그의 서신을 읽는 사람들이 "온전하며 구비하여"(1:4) 믿음의 시련을 견뎌야 한다고 설득하고 있다는 것을 우리는 기억해야 한다. 그들은 하나님이 약속하신 "생명의 면류관"을 받기 위하여 하나님에게 지혜를 구해야 하고 "시험을 참아야" 한다(1:12). 야고보는 그들에게 각 사람이 "시험을 받는 것은 자기 욕심에 끌려 미혹"(1:14)된 것이라고 상기시킨다. 따라서 야고보가 "사람이 성내는 것"이라고 말할 때 그는 우리의 미성숙과 이기적인 욕심에 대한 반응으로 촉발된 분노를 말하는 것이다. 그러한 분노는 하나님의 목적을 이룰 수 없다.

그렇다면 야고보는 분노가 죄라는 견해를 지지하지 않는다.[31] 야고보의 말은 오히려, 우리 자신의 이기적이고 미성숙한 이야기들이 위협적이 되도록 허용함으로써, 사랑의 섬김이 아니라 잘못된 동기로 인해 일어나는 분노에 대한 경고이다. 야고보는 생각 없이 "갑자기 터뜨려서" 화해가 아니라 서로 멀어지게 만드는, 인간의 분노의 종류에 대해 간접적으로 언급한다. 이것은 에베소서에서 "분을 내어도 죄를 짓지 말며" 하고 말한 내용의 다른 표현이다.

성서 전체를 연구하지는 않았지만 나는 분노가 "치명적인 죄"라는 생각과는 다른 이야기들을 제공하는 성서의 핵심 구절들을 제시했다. 이러한 구절들이 분노에 관한 목회신학에 어떻게 기여하는지 요약해 보겠다.

분노의 목회신학에 대한 공헌

성서의 이야기들과 격언들은 분노에 관심을 두는가? 분명히 그렇다. 이러한 성서 본문들은 분노의 파괴적인 잠재력에 대해 잘 알고 있다. 아벨을 살인한 가인의 이야기는 분노의 파괴적인 힘에 대해 기록하는 히브리 성서와 신약성서의 긴 이야기들 중에서 첫째 이야기에 불과하며, 그 이야기들은 모두 수 세기에 걸쳐 분노가 죄라는 신학을 예증하는 데 사용되었다. 이러한 이야기들은 분노에 대한 우리의 부정적인 경험과 의심을 확인시켜 주지만, 우리는 분노가 "치명적인 죄"라고 결론을 내리려는 유혹에 저항해야 한다. 위에서 말한 성서 이야기들과 관찰은 다음과 같은 내용을 제시할 때 분노가 죄라는 견해에 도전한다.

성서의 이야기들과 격언들은 인간이 분노를 경험하며, 이것이 인간 조건의 일부라고 추정한다. 히브리 성서는 분노할 수 있는 능력이 하나님의 원창조(original creation)에서 벗어난다거나 인간의 복지를 위하는 하나님의 의도에 상반된다고 말하지 않는다. 가인의 분노가 하나님에게 문제된 것이 아니다. 성서에는 가장 훌륭한 사람이란 절대로 분노를 느끼지 않는다고 하나님과 예수님이 암시한 이야기는 없다. 십계명에는 분노에 대한 금지가 없으며 단지 분노를 파괴적으로 표현하는 행동을 금지한다. 지혜문학에서도 경건한 삶을 살려 하는 사람에게 분노 자체가 문제라고 말하지 않으며 단지 성급하고 어리석으며 파괴적인 분노가 문제라고 한다. 다음 장에서 보겠지만, 예수님도 분노했다. 신약학자들은 누구에게 분노하는지 그리고 왜 분노하는지 논쟁하지만,

에베소서도 분노할 수 있는 능력이나 분노한 상태가 문제라고 주장하지 않고, 실제로 그 말을 읽게 되는 성도들에게 분을 내라고 명령하고 (또는 최소한 허락하고) 있다.

성서는 언제 분노가 고통과 고난으로 이끄는지에 대해 분명히 관심이 있다. 그리하여 에베소서는 관계를 파괴하는 분노의 모든 표현들을 버리라고 요청한다(4:31). 성서는 언제 분노가 고통을 가져 오는지 분명하게 언급하는데, 이는 분노 자체가 자동으로 파괴적이기 때문이 아니라 분노가 불필요하게 경험되었거나 해롭게 표현되었기 때문이다. 분노의 파괴적인 표현에 대해 염려하는 것은 적절한 일이지만, 분노할 수 있는 능력이 악한 것이며 제거해야만 한다고 주장하는 사람들을 지지하지는 않는다.

분노를 윤리적으로 다루는 것이 성서의 이야기와 격언의 주요 관심이다. 분노라는 인간의 조건을 제거하려 하기보다는 성서는 분노가 파괴적이 되지 않기를 원한다. 성서의 저자들은 우리에게 분노의 위험성과 분노가 잘못될 때 악의 가능성을 경고하는 데 힘을 쏟는다. 더욱이 성서의 자료는 우리가 분노하는 이유에 대해 책임지는 윤리와 창의적으로 분노를 표현할 책임에 초점을 둔다. 우리는 분노할 때 얼마나 쉽게 죄를 지을 수 있는지 알아야 한다. 성서의 기본적인 관심은 분노한 상태가 아니라 학대하고 파괴적인 행동으로 표현하는 분노 감정이다.

"내가 내 형제자매에 대해 책임이 있습니까?"라는 말이 가인과 아벨의 이야기에서 핵심 질문이다. 그 이야기의 답은 "그렇다"이며, 그렇게 하기 위해서는 우리의 분노에 책임을 지는 것이 필수적이라는 예다. 창세기 3장의 "은혜로부터의 타락" 이야기의 중심에 있는 개인적인 선택에 대한 한 예로, 가인은 분노와 함께 오는 취약함을 이용할 기회를 찾는 죄를 "다스리는" 선택을 할 수 있었다. 하지만 가인은 죄가 그를 "다스리게" 하여 자신의 형제를 죽였고, 이는 명백히 돌보는 반응이 아니다. 분노에 대한 다른 선택은 형제와 자매를 보호하고 방어하기 위해 분노를 사용하는 것이다. 12장에서 살펴보듯이, 모든 분노를 억압하는 것은 우리의 분노를 책임감 있게 사용하지 못하게 한다.

예수님은 분노가 관계에 파괴적인 영향을 미치지 못하게 하라고 경고하였고 실제로 예수님 자신이 온전한 인간으로 분노를 경험한 예다. 신약학자인 루크 존슨(Luke Johnson)은 "예수님은 하나님께서 창조하신 우리의 육체적 존재를 정죄하지 않았지만 우리의 자유로 인한 질병을 정죄했다"고 말한다.[32] 에베소서는 분노로 "죄를 짓지 말라"는 크리스천을 향한 명령을 분명히 한다. 간단히 말해서 성서는 분노를 사탄이 덧붙인 인간 존재의 어떤 면이 아니라 하나님이 창조하신 것의 일부이며 체화한 존재의 일부로 받아들인다. 우리가 하나님이 의도하신 모습을 더욱 닮아가기 위해서 분노를 완전히 제거해야 한다거나 제거할 수 있는 인간 조건의 한 부분으로 간주하는 성서 구절을 나는 발견할 수 없다.

이번 장에서 살펴본 구절들을 요약하면 성서는 우리의 내적 분노 경험이나 분노할 수 있는 능력을 제거하는 데 초점을 두지 않고, 우리가 분노하는 이유와 분노를 어떻게 창의적으로 다룰지에 초점을 둔다. 기본적인 문제는 분노할 수 있는 능력에 있는 것이 아니라, 분노를 창조적인 목적을 위해 사용하지 않고 분노가 파괴적으로 되게 허락하는 데 있다. 이제 예수님과 하나님이 경험한 분노에 관한 논의로 옮겨가 보자.

9장
하나님과 예수님의 분노

성서에서 하나님과 예수님이 분노하신 것으로 묘사된다는 사실을 생각하면, 일곱 가지 치명적인 죄에 분노가 포함된 것이 특히 이상해 보인다. 이것이 하나님과 예수님의 성품과 활동에 대해 의미하는 것은 무엇인가? 하나님과 예수님이 죄를 지었다는 의미인가? 이런 결론에 찬성하는 논리를 펴는 신학자를 찾기는 어렵겠지만, 여기에 함축된 의미는 명백한 것 같다. 우리는 이 주제에 관해 세 가지 기본적인 선택을 할 수 있다. 첫째는, 하나님과 예수님이 분노를 경험하고 표현했다고 묘사한 부분에서 성서가 부정확하고 오도하게 만든다고 결론을 내릴 수 있으며, 예수님은 아니어도 적어도 하나님은 무감각하고 불변하는 분이라고 믿기로 선택할 수 있다. 둘째로, 성서를 문자 그대로 받아들여서 다음의 두 결론 중 하나를 이끌어낼 수 있다. (1) 하나님은 거룩하시고 의로우시기 때문에 하나님의 분노는 언제나 정당하다. 또는 (2) 하나님은 불의한 가해자로서 학대하는 분이시다. 셋째는, 내가 지지하는 견해인데, 사랑과 긍휼이 가득하고 정의를 행하는 하나님과 예수님이 실제로 분노를 느끼고 표현했으며, 오직 사랑과 섬김 가운데 그렇게 하셨다는 것을 받아들일 수 있다.

성서에 기록된 대로 하나님과 예수님의 분노를 이해하는 것은 기독교 공동체를 위하여 분노에 관한 목회신학을 구성하려는 시도에서 필수적이다. 그러므로 이 장에서는 예수님의 삶의 경험과 하나님의 활동에 나타난 분노에 관한 성서의 언급을 탐색하고, 이러한 경험에서 위협의 본질을 성찰하며, 분노와 사랑의 관계를 논의하고, 이러한 논의가 10장에서 구성한 분노에 관한 목회신학에 어떻게 영향을 미치는지 결론을 이끌어낼 것이다.

하나님은 분노하셨는가?

우리는 2장에서 유대-기독교 전통의 거룩한 문헌들이 하나님을 정서를 경험하는 분으로 묘사한다는 것을 확인했다. 훗날에 신학자들이 하나님을 움직이시지 않는 분이라고 주장하기도 했지만, 고대 히브리인들과 초대 크리스천들은 하나님을 인격적인 분으로 경험했으며 정서를 포함하여 인격적인 특성을 가진 분으로 이해했다. 하나님은 성서에서 열정적인 분으로 그려지는데, 그 특징이 주로 가난한 사람, 빼앗긴 사람, 쫓겨난 사람 그리고 부유하고 권세 있는 이들에게 희생당한 사람들을 긍휼히 여기시는 분으로 묘사된다. 성서는 하나님을 분노하실 수 있고 또 분노를 기꺼이 표현하시는 분으로 분명하게 자주 설명한다.

구약성서는 하나님의 분노를 다수 언급했으며 하나님이 분노하시는 상황도 다양하다. 히브리 성서를 잠깐 읽어 보기만 해도 히브리 사람들이 하나님을 분노할 수 있는 분으로 안다는 것이 분명해진다. 그들의 거룩한 문헌들(우리의 구약성서)은 하나님이 분노할 가능성을 자주 언급하며 하나님이 분노하신 특정한 예들로 가득하다. 많은 이야기에서 불순종과 언약의 파기가 하나님의 진노를 불러일으킨다. 사사기에는 "여호와께서 이스라엘에게 진노하사"(삿 2:14)라고 기록되었다. 예레미야는 하나님께서 이스라엘 백성의 우상숭배에 대해 그 행동이 "나의 노를 일으키느니라"(렘 7:18)고 하시고, "나의 진노와 분노를 이 곳과 사람과 짐승과... 땅의 소산에 부으리니 불같이 살라지고 꺼지지 아니하리라"(렘 7:20)고 말씀하시는 것을 듣는다. 예레미야는 "나를 징계하옵시되" "진노로 하지 마옵소서"(렘 10:24)라고 요청했다.

이스라엘 백성들은 분노할 수 있는 하나님과 자신들의 관계를 다양하게 묘사한다. 하나님의 분노가 그들을 향할 때 두려워하여 "여호와여 주의 분노로 나를 책망하지 마옵시며 주의 진노로 나를 징계하지 마옵소서"(시6:1) 하고 자비를 구한다. 다른 때에는 분노가 대적들을 향하게 해달라며 "여호와여 진노로 일어나사..."(시7:6)라고 하나님께 진정한다. 그들은 하나님이 분노를 표현하기 전에 압박자들을 조롱하는 분으로 즐겨 묘사하며, "하늘에 계신 이가 웃으심이여 주께서 그들을 비웃으시리로다. 그때에 분을 발하며 진노하사 그들을 놀라게 하여 이르시기를..."(시 2:4-5)과 같이 말한다. 히브리 성서에는 하나님의 성품에 분노할 수 있는 능력이 분명히 포함되어 있고 이 분노는 수차례 표현된다.

신약성서에서 하나님의 분노에 대한 언급은 그 횟수가 적고 덜 분명하다. 에베소서 저자는 "하나님의 성령을 근심하게 하지 말라"(엡 4:30)고 기록하고 있는데, 이를 대개 성령을 슬프게 하거나 비탄에 잠기게 하지 말라는 의미로 이해한다. 그러나 "근심하게 하지 말라"(μὴ λυπεῖτε)고 번역된 그리스어는 그런 경험에서 일어나는 여러 가지 의미, 즉 슬픔, 실망, 좌절 또는 노여움의 의미를 지닌다.[1] 우리는 심리학의 연구와 우리의 경험에서, 같은 사건이나 환경에 대해 슬픔과 분노를 함께 느끼는 경험을 얼마나 자주 하는지를 안다. 폐암으로 죽어가는 배우자를 둔 사람은 다가올 죽음을 슬퍼하면서도 하루에 두 갑씩 담배를 계속 피운 배우자에게 분노할 수 있다. 그러므로 이 구절도 "격동시키지 말라" 또는 "노엽게 하지 말라"로 해석할 수 있고, "하나님의 성령을 분노하게 하지 말라"는 의미일 수도 있다. 만약 에베소서 저자가 이런 번역을 의도했다면 이 구절은 하나님의 성령이 분노를 경험할 수 있다는 암시일 것이다. 번역자가 그런 선택을 망설였다는 사실은 분노가 죄라는 지배적인 이야기가 대안적 이야기를 제압한 방식 중 하나일 수 있다.

히브리서의 저자는 하나님께서 "내가 이 세대에게 노하여"(3:10)라고 말씀하셨으며, 모세를 따라 애굽에서 나온 이스라엘 백성들을 범죄자와 동일시했다(3:16)는 것을 독자들에게 상기시킨다. 이 분노의 강렬함을 보여 주기 위해 저자는 하나님께서 "내가 노하여 맹세한 바와 같이 '그들은 내 안식에 들어오지 못하리라'"(3:11, 4:3)고 하신 말씀을 인용했다. 그런 후에 저자는 형제자매들에게 "하나님이 사십 년 동안 노하셨던"(3:17) 이스라엘 백성들과 같은 상황에 빠지지 않기 위하여 "믿지 아니하는 악한 마음을 품고 살아 계신 하나님에게서 떨어질까 조심하라"(3:12)고 권고한다. 하나님께서는 "순종하지 아니함"(4:6,11), "믿지 아니하는 악한 마음"(3:12), "죄의 유혹"(3:13), 마음을 완고하게 함(3:15) 그리고 격노하게 함(3:16)으로 인해 분노하실 수 있음이 분명하다.

신약의 그리스도론도 하나님께서 분노하실 수 있다고 간접적으로 말한다. "아버지를 우리에게 보여 주옵소서"라고 요청한 빌립에게 예수님은 "나를 본 자는 아버지를 보았거늘"(요 14:8-9)이라고 대답하셨다. 하나님의 성품의 이미지가 예수님에게 나타나 있다. 예수님이 분노를 느꼈다는 것을 고려할 때, 아래에서 보여 주듯이 하나님도 분노를 느끼심이 틀림없다.

그렇다면 하나님의 분노에 관해서 무엇을 알아야 하는가? 크리스천 대부분은 "하나님의 진노(God's wrath 또는 the wrath of God)"[2]라는 용어에 익숙하다. "진노"라는 단어의 강렬함과 그 단어가 떠올리게 하는, 거의 통제되지 않는 격노나 전혀 통제되지 않는 격분의 이미지로 인해 많은 사람이 사랑의 하나님의 이미지와 분노를 반대되는 것으로 생각한다. 나는 2장에서 많은 신학자가 하나님은 감정이 없고, 무감각하며, 열정이 없는 분으로 보았다고 얘기했다. 많은 신학자가 그렇게 논의한 한 가지 이유는 진노하시는 하나님이 하나님 사랑에 대한 그들의 기본적인 경험과 모순되는 것으로 보였기 때문이다. 그러나 수 세기에 걸쳐 많은 신학자가 성서의 기술을 정확한 묘사로 받아들였으며 "하나님의 진노"[3]에 관한 문제를 설명하려고 시도했다. 어떤 학자들은 하나님의 진노를 하나님 성품의 기본적인 면으로 보았으며 그렇기 때문에 사랑과 동일한 것으로 간주했다. 예를 들면 체임버스(Chambers)는 "하나님은 사랑과 질투를 느끼시는 진노하시는 하나님이다"[4]라고 주장했는데, 그것은 사랑보다도 진노를 더 기본적인 성품처럼 여기게 한다. 다른 학자들은 분노와 사랑이 하나님의 성품에 동시에 존재하는 "쌍둥이 열정"[5]이라고 가정했다.

실제로, 폴 틸리히(Paul Tillich)는 몇몇 신학자들이 하나님의 성품에 상반되는 특징으로 보이는 것을 제시했다고 말한다.[6] 한편으로 그들은 하나님은 사랑이시라고 말하면서 다른 한편으로는 하나님은 진노하시는 분이라고 말한다고 그는 주장한다. 어떤 대속 이론에서는 십자가에서 그리스도의 죽음이 인간의 죄성으로 인해 발생된 하나님의 진노를 가라앉히는 데 필요한 것으로 본다. 이 시나리오에 따르면, 하나님의 진노를 "충족시키기 위해" 누군가가 희생되어야만 했다. 그리하여 예수님은 모든 인간의 대속자로서 죄의 값을 지불하기 위해 희생되었으며 하나님의 사랑이 진노를 이길 수 있도록 한 것으로 보인다. 사랑과 진노가 어느 정도 동등하지만 하나님의 성품과 상반되는 속성이라는 인식은, 마치 하나님의 진노를 극복하기 위해서는 하나님의 사랑이 계속 역사해야 하는 것처럼, 이 속죄에 대한 희생적 관점을 필요로 한다.

나는 진노가 하나님의 속성이며 하나님의 사랑과 동일하거나 반대라는 의견을 믿지 않는다. "하나님은 사랑이심이라"(요일 4:8)는 말씀은 하나님의 존재의 특징적이고 근원적인 속성을 묘사하는 것 같다. "하나님은 진노시다"와 비슷한 진술은 어디에도 없다. 나는 분노할 수 있는 능력이 하나님의 본성의 한 부분이라는 데 동의하지만, 그것은 사랑에 부차적이고 긍휼에 뿌리를 내리고 있다고 믿는다. 하나님의 진노는 하나님의 사랑과 동일한 것이 아니라 하나님의 사랑의 표현이다. 나는 하나님의 분노를 "그의 사랑과 더불어" 존재하는 하나님의 어떤 정서 반응이나 "섭리와 더불어, 행동하기 위한 동기"라기보다는 틸리히가 하나님의 분노를 "사랑의 역사에 대한 정서적 상징"이라고 표현한 데에 동의한다.[7] 성서의 어떤 부분을 문자적으로 해석하면 하나님을 폭력적이고 학대하는 분으로 생각할 수도 있다. 하지만 나는 하나님의 사랑은 항상 궁극적으로 하나님의 최우선적인 성품인 사랑을 나타내는 건설적인 방법으로 표현된다고 믿는다. 분노와 사랑은 하나님의 성품에서 반대되는 것이 아니며 하나님의 형상으로 창조된 존재인 우리에게도 그러하다.

하나님은 학대하셨는가?

우리는 고대 히브리인들이 때때로 해석하고 그들의 성서에 기록한 하나님의 분노의 표현이 신학적인 문제라는 것을 인정해야 할 것이다. 예를 들면 이 가운데 어떤 이야기들은 무죄한 여인들과 아이들을 죽이라고 명령하는 학대자로서 하나님을 묘사하는 것으로 해석되는 하나님의 분노에 관한 두려운 이야기들을 담고 있다.[8] 어떻게 이런 이야기들이 하나님의 분노에 대한 우리의 질문을 반영하는지 간략하게 탐색할 필요가 있다. 이 가운데 몇몇 이야기에서 드러나는 하나님의 분노에 대한 복잡하고 거슬리는 묘사를 살펴보자.

때로 하나님의 진노는 매우 심하고 과도하다고 밖에 말할 수 없는 그런 벌로 보인다. 예를 들어, 사무엘하 24장에서 분노하신 하나님은 율법에 의하면 벌을 받을 수밖에 없는 불순종의 행위인 인구조사를 하도록 다윗을 격동했다. 다윗은 순종했으나 그렇게 범죄한 것을 나중에 비통해 했다. 애초에 하나님이 다윗을 격동하여 행하게 하신 행위에 대한 벌은 정말 컸다. "이에 여호와께서 그 아침부터 정하신 때까지 전염병을 이스라엘에게 내리시니 단에서부터 브엘세바까지 백성의 죽은 자가 칠만 명이라"(15절). 이 숫자가 정확하지 않더라도 범한 죄에 비해 확실히 과중한 벌이다. 더욱이 다윗이 벌을 받아야 하는 방식으로 행하도록 하나님께서 그를 함정에 빠지게 한 것으로 그려진다.

민수기 16장에 보면 백성들이 반역할 때 하나님은 모세와 아론에게 "온 회중이" 그 불순종으로 인해 "순식간에 멸하게" 될 것을 명백하게 하셨다. 모세는 "여호와께서 진노하셨으므로"(46절) 아론에게 백성을 위하여 속죄하라고 명령했다. 아론이 신속하게 순종했으므로 여호와께서 여자와 아이들을 포함하여 일만 사천 칠백 명만 죽이셨다. 하나님의 진노에 관한 이러한 이야기들은 초대교회가 사도행전 5장의 아나니아와 삽비라의 죽음을 해석한 데에 영향을 끼쳤을 것이다. 누가는 초기 성도들의 공동체가 어떻게 소유를 나누었는지 설명한 후에 아나니아와 삽비라가 자신들을 위하여 소유를 감춘 일로 베드로의 도전을 받자 즉시 그 자리에서 넘어져 죽었다고 보고한다. 그 나머지 이야기가 무엇이든지 간에 일부 초대 크리스천들은 그들의 거짓에 대해 하나님께서 가장 심각하게 심판하셨다고 결론을 끌어냈다.

예언문학에서 하나님은 분노하고 학대하는 남편처럼 그려지고 이스라엘은 우리가 매 맞는 아내라고 부르는 것처럼 그려진다.[9] 에스겔서의 특별히 폭력적인 한 부분에서는 하나님이 이스라엘을 성적으로 학대하고 극렬히 치기 위하여 대적들을 불러 모았다.

주 여호와께서 이같이 말씀하셨느니라 네가 네 누추한 것을 쏟으며 네 정든 자와 행음함으로 벗은 몸을 드러내며 또 가증한 우상을 위하며… 내가 너의 즐거워하는 정든 자와 사랑하던 모든 자와 미워하던 모든 자를 모으되 사방에서 모아 너를 대적하게 할 것이요 또 네 벗은 몸을 그 앞에 드러내 그들이 그것을 다 보게 할 것이며 내가 또 간음하고 사람의 피를 흘리는 여인을 심판함 같이 너를 심판하여 진노의 피와 질투의 피를 네게 돌리고 내가 또 너를 그들의 손에 넘기리니 그들이 네 누각을 헐며 네 높은 대를 부수며 네 의복을 벗기고 네 장식품을 빼앗고 네 몸을 벌거벗겨 버려 두며 무리를 데리고 와서 너를 돌로 치며 칼로 찌르며… 그리한즉 나는 네게 대한 내 분노가 그치며…(겔 16:36-42)

하나님을 그렇게 염려스런 방식으로 서술하는 이야기들을 우리는 어떻게 이해해야 할 것인가?[10] 이 이야기들을 이해하는 데에는 미묘하게 다른 여러 접근법이 있다. 하지만 나의 목적을 위해서 두 유형으로 나눈다. 즉, (1) 이 이야기들은 잘못 이해되었고 부정확하다, (2) 이 이야기들은 문자 그대로 사실이다. 그리고 나서 내가 이해하는 바를 제시할 것이다.

▶ **이야기들이 잘못 이해되었다**

수 세기에 걸쳐 많은 신학자가 이 이야기들이 하나님의 성품과 활동을 정확하게 묘사하는지 의혹을 품었다. 우리는 2장에서 많은 신학자가 정서를 경험하는 하나님, 특히 분노를 경험하는 하나님의 개념을 거절했다는 것을 보았다. 성 어거스틴(St. Augustine)과 존 카시안(John Cassian) 그리고 다른 초기 신학자들은 하나님이 초월하시고 불변하시며 감정을 느끼시지 않는다고 믿었다. 7장에서 기억하는 것처럼,

카시안은 하나님이 분노를 느끼신다고 믿는 것은 신성모독이라고 했다. 이레니우스(Irenaeus)는 하나님은 "아무것도 필요하지 않으며 자족하시는 분"[11]이라고 주장했다. 역사신학자인 모즐리(J. K. Mozley)는 "이레니우스가 인간의 가능성의 어떤 원형을 신성에서 찾아보려는 생각조차 하지 않았다"[12]고 주장했다. 알렉산드리아의 클레멘트(Clement of Alexandria)는 그러한 의견에 동의하여, 몇 번이나 "모든 정서적인 것에서부터 하나님의 자유"를 묘사하고, 분노를 하나님과 관련지어 말하는 모든 경우 그 의미는 풍유적(allegorical)이라는 견해를 유지했다.[13] 오리겐(Origen)은 "하나님의 진노라는 표현을 하나님에게 어떤 종류의 격정이 있다는 의미로 받아들여서는 안 된다"고 주장했다.[14] 실제로, 그는 하나님이 "전적으로 감정이 없고" "모든 격정과 변화의 성정에서 분리되어 있으며 거룩함의 정점에서 영원히 움직이지 않고 흔들리지 않는 분"으로 믿었다.[15] 20세기의 사상가들도 같은 견해였다. 그들은 하나님이 전적으로 감정이 없는 분이라는 생각에 기초한 것은 아니지만 분노와 같은 부정적인 정서를 하나님에 대한 설명이라고 믿기에는 너무 비합리적이고 의인화하였다고 제안했다.[16]

다른 학자들은 우리가 하나님의 분노라고 말하는 것이 받아들일 수 없는 우리 자신의 분노의 투사라고 말한다. 이러한 관점이 주장하는 것은 이스라엘 백성이 자기들의 분노를 합리화하기 위해 (구약의 저자들이 표현했듯이) 하나님이 수만의 죄 없는 사람들을 살육하라는 대량학살을 명령하셨다고 믿기로 했다는 것이다. 소위 "민족의 관심"을 하나님의 명령에서 분리하는 것은 어려운 일이며, 역사는 많은 족속과 민족이 자신의 관심사에서 행한 일을 하나님의 축복이 틀림없다고 확신하는 끔찍한 사건들로 가득 차 있다. 나는, 9.11 이후에 테러리즘에 저항하는 전쟁을 하는 동안에, 그리고 우리의 전쟁의 수고를 하나님께서 지원하신다는 생각을 표현하는 "미국에 하나님의 축복이 깃들길"이라는 표지를 계속 주시하면서 이 책을 쓰고 있다. 다른 한편 아프카니스탄의 이슬람 극단주의자들과 팔레스타인 자살 폭파범들은 그들의 신이 그러한 행동을 축복하며 심지어 요구한다고 믿는다.

다른 신학자들은 격노하는 행동을 하나님에게 투사하는 것은 불가해한 악과 고난을 이해하려고 애쓰는 인간의 시도를 나타낸다고 말했다. 이성적으로 설명할 수 없는 비극에 직면할 때 어떤 사람들은 그 원인이 그들의 신이 행한 것이라고 가정했다. 유대-기독교 전통에서 "이런 일이 왜 나에게 생기는가?"라는 물음에 대한 한 가지 대답은 "그것"이 어떤 죄에 벌을 주거나 "믿음을 시험"하는 분노하시는 하나님 책임이라는 것이었다.[17]

▶문자주의자의 반응

반응의 둘째 유형은 성서 이야기를 문자 그대로 사실이라고 받아들이는 사람들에게서 비롯되었다. 이 학자들은 성서 이야기를 단순히 우리 분노 감정의 인간적 투사로 보거나 고난과 악의 문제를 둘러싼 우리의 불안으로 해석하는 것이 성서의 증거를 격하한다고 말한다. 그들은 성서가 하나님의 분노나 진노를 자주 언급하기 때문에 그러한 관점이 신앙을 심리화하며, 하나님에 대해 이야기하는 중요한 권위의 원천을 전적으로 부인한다고 믿는다. 예를 들어, 데이비드 블루멘탈(David Blumenthal)은 다음과 같이 주장한다.

> 만약 우리가 좋아하지 않거나 보고 싶지 않은 것을 삭제한다면 우리는 하나님을 (또는 우리 자신을) 이해할 수 없을 것이다. 하나님의 학대에 관한 본문은 존재한다. 그것이 "윤리적"이 아니기 때문에 삭제한다면 인간과 거룩한 존재의 복잡성에 대한 우리의 이해는 제한될 것이다.[18]

그 이야기들을 진지하게 계시의 근원으로 받아들이는 사람들은 하나님의 분노가 항상 죄에 대한 반응이라는 생각을 선택할 때가 많다. 이러한 해석을 하는 사람들은 하나님의 진노의 결과로 고통을 겪는 사람이 그 이유가 분명하든 그렇지 않든 그럴만하기 때문이라고 암시한다. 욥의 친구들은 이러한 해석을 욥의 고통의 가장 우선적인 이유로 생각했다(욥 4:7, 8:5-6, 11:6). 제자들이, 한 남자가 장님이 된 것이 누구의 죄 때문이었는지 예수님에게 물었을 때 이러한 신학을 가정한 것이다(요 9:2).

하나님의 진노에 관한 이런 문자적 해석은 과도한 징벌을 긍정적으로 보이게 하지만, 블루멘탈은 하나님의 분노에 관한 성서의 이야기들이 하나님의 섭리 아래 있는 세상에서 심각한 악이 계속 일어난다는 사실과 결합할 때 하나님이 자주 학대자가 된다는 결론으로 이끌리게 된다고 말한다. 거룩한 문헌들의 정경에 포함되어 있듯이, 이 이야기들은 하나님의 진노가 때로는 우리의 기준에서 보면 실제로 지은 죄보다 더 과하다고 추론하는 블루멘탈이 명백히 옳다. 그는 또한 하나님의 섭리(하나님은 전능하시고 그 힘을 기꺼이 사용하신다는 개념)와 세상에서 악의 실재 이 두 가지를 동시에 믿는 데 내재하는 문제점을 정확하게 지적한다. 하나님이 사랑이 많고 힘이 있다면 왜 하나님은 예를 들어 대량학살과 아동학대(블루멘탈은 이 두 가지에 대해 길게 다룬다)를 멈추게 하듯이 악에 대항하여 움직이시지 않는가? 이러한 질문은 매우 혼란스럽다. 그러나 하나님이 학대자임이 틀림없다는 블루멘탈의 결론은 하나의 선택적 해석일 뿐이다. 다른 의견들을 탐색하기 전에 그의 주장을 간단하게 소개한다.

블루멘탈은 하나님이 인격적인 분이라는 주장으로 시작한다. 다른 말로 하면 우리는 하나님이 인격과 성품의 특성이 있다고 분명히 말할 수 있다. 하나님은 결코 감정이 없지도 불변하시지도 않다. 우리가 하나님에 대해 사용하는 어떤 언어도 적절하지 않다는 사람들에게 (우리에게 최대한 단순하게 "하나님은 ~분이시다"라는 말을 하도록 허락하는 사람들에게) 대항하여, 블루멘탈은 성서와 전통 그리고 우리의 종교적 경험이 모두 하나님에 관해 인격주의 언어를 사용하도록 지지한다고 말한다. 그는 더 나아가 하나님의 인격의 한 면이라고 우리가 말할 수 있는 것이 분노할 수 있는 능력이라고 주장한다. 하나님은 정말 분노하신다. 블루멘탈에 의하면, 하나님의 분노는 두 경우에 일어난다. 즉 인간이 하나님과의 언약을 깨뜨릴 때와 인간이 죄를 지을 때이다. 블루멘탈의 견해는 대부분 성서의 증언에 근거한 전통과 일치하는데, 하나님은 인간의 잘못에 대해 무관심할 수 없다는 것이다. 어떤 신학에서는 하나님이 죄의 결과가 인간을 압도하도록 허락한다고 말하며, 다른 신학에서는 하나님이 우리의 죄에 대하여 능동적으로 벌을 준다고 주장한다. 그는 어느 쪽이든 우리가 하나님과 맺은 언약을 깨뜨렸기 때문에 하나님이 분노하신다고 말한다.

블루멘탈의 주요 관심은 하나님이 이해할 수 있는 이유로 인간의 죄에 대하여 분노하신다는 (의로운 분노) 것이 아니라 하나님도 신랄함에서 나오는 분노를 경험한다는 데 있다. 그 분노는 복수를 향해 움직이는 분노이며 아주 악의적이어서 실제 범한 죄와 균형이 맞지 않는다. 그러한 분노는 학대적이며 우리가 그런 것을 감당할 필요는 없다. 블루멘탈은 하나님은 인간을 열정적으로 사랑하시고 인간에게 훌륭한 것을 기대하시기 때문에 이런 종류의 분노는 이해할만하며 적절하다고까지 주장한다.[19] 그의 주장은 세 가지 이유에 근거한다. 첫째, 하나님을 인격이라고 믿는 것은 인간에게 있는 극단적인 정서와 인격적 특성들이 하나님 안에도 존재한다고 논리적으로 믿게 만든다.[20] 둘째, 홀로코스트의 경험이나 가정의 아동학대 경험을 하나님의 섭리 교리와 진지하게 연결하면 하나님을 학대자로 생각하는 길을 열게 된다.[21] 셋째, 본문들이

이 생각을 지지한다.[22]

　나는 하나님이 인간을 열정적으로 사랑하신다는 블루멘탈에 동의하지만, 하나님의 사랑이 파괴적인 형태로, 더욱이 악마 같은 모습으로 행동한다는 데에는 동의하지 않는다. 내가 동의하지 않는 이유는, 하나님의 분노가 하나님의 완전한 사랑에 근거하며, 그 사랑은 파괴적인 반응이 아니라 언제나 윤리적인 행동으로 드러난다고 믿기 때문이다. 하나님의 분노가 폭력적이지 않다고 주장하는 이유는 하나님이 피해자와 마찬가지로 가해자와 압제자도 사랑하시기 때문이다. 몇몇 성서 이야기에서 볼 수 있는 과다한 폭력성은 우리의 윤리적 기준으로는 사랑의 행위가 아니다. 인간이 분노를 비폭력적으로 실행하기로 선택할 만큼 윤리적 관심이 있다면(마하트마 간디와 마틴 루터 킹을 보라), 하나님이 분노를 통제할 수 없다고, 즉 분노가 살인적인 격노가 되게 한다고 주장하는 것은 상상하기 힘든 일일 것이다. 이러한 예를 넘어서는 것이 예수님의 생애와 사역이다. 분노가 격노와 복수와 폭력으로 바뀔 수 있는 기회가 많이 있었는데도, 예수님에 대한 짧은 기록에 예수님이 무죄한 생명에게 파괴적인 분노를 표현했다는 기록은 없다.

　이제 나는, 인간 행동의 무언가가 하나님의 분노를 일으킬 때에도 그 분노는 하나님의 사랑에 뿌리를 내리고 있고 하나님의 사랑을 나타내는 데 사용된다는 확신에서 오는 다른 대안으로 전환하려 한다.

하나님은 왜 분노하셨는가? 사랑의 표현!

　2장에서 하나님은 인격적이며 의인화한 용어로 분노라고 부르는 것을 느끼고 표현한다는 개념으로 시작하였고, 그다음 질문은 "하나님은 왜 분노하시는가?"다. 5장에서 기록했듯이 분노는 자기에 대한 위협을 인식했을 때 반응으로 발생하는 각성 패턴이며 공격하거나 방어하려는 바람이 특징이다. 분노를 이해하는 "위협 모델"은 하나님의 분노에 관하여 어떤 이해를 제공하는가?

▶하나님이 위협을 받을 수 있는가?

나는 하나님이 분노를 느낀다고 했는데, 위협모델에 따르면 하나님이 위협을 느낄 수 있다는 것을 의미한다. 어떤 사람들에게는 이런 진술이 하나님을 나약하게 여기게 만들 것이다. 우리는 하나님이 상처받기 쉽다고 생각하고 싶지 않기 때문에, 우리의 (주로 남성적인) 이념을 반영하는 일반적인 개념은 하나님을 전지전능하신 분으로 묘사하며, 이러한 묘사는 하나님을 위협을 받는 분으로 생각하기 어렵게 한다. 우리의 남성 중심 사회에서는 두려움을 연약함으로 보는 것이 흔한 일이고, 따라서 이러한 관점을 하나님께 투사하는 것이 그다지 놀랍지 않다. 그러나 사랑은 그 자체가 본질적으로 상처와 거절과 조롱과 무시당함으로 상처 입기 쉬운 것이다. 하나님을 사랑으로 생각할 때 우리는 하나님이 인간의 행동으로 인해 상처입기 쉽고 위협을 받을 수 있다는 것을 깨닫게 된다.

6장에서 나는 무엇이 위협적인 것인지를 한 사람이 어떻게 결정하는지를 설명하기 위해 구성주의 내러티브 개념을 사용했다. 사람이 위협을 느끼는 이유를 알려면 그 사람의 이야기에 섞여 있는 가치와 의미 그리고 헌신을 이해할 필요가 있다. 하나님은 이야기를 가진 분이라고 말하는 것이 너무 인간적으로 들릴지 모르지만 유대-기독교 전통은 태초부터 하나님이 자신이 헌신할 가치와 바람을 지닌다고 믿었다. 이러한 가치들은 피조물을 향한 하나님의 바람과 계획 그리고 소망을 가리키고 또한 하나님의 활동을 설명해 주는 언약에 표현되었다. 초기 기독교 변증론자들이 창조주 하나님을 그리스 문화의 대중적 신들과 구분한 방법은 예수 그리스도의 하나님이 피조물을 향한 불변의 사랑에 기반을 둔 일관된 언약을 하셨다고 주장하는 것이었다. 더 나아가 그들은 하나님의 행위와 반응 그리고 관계에서 드러나고 반영되는 하나님의 언약들이 변하지 않는다고 주장했다.

▶사랑에 근거한 하나님의 분노

하나님은 왜 분노하시는가? 신앙의 관점에서 그에 대한 답을 얻기 위해서는 하나님의 가장 근본적인 성품의 특성인 사랑을 가장 먼저 보아야 한다. 변함없는 사랑은 히브리 성서에 나타난 하나님의 성품의 기본적인 측면이다.

> *여호와의 인자하심은 자기를 경외하는 자에게 영원부터 영원까지 이르며*(시103:17).

> *아비가 자식을 긍휼히 여김 같이 여호와께서는 자기를 경외하는 자를 긍휼히 여기시나니*(시103:13).

피조물, 특히 하나님의 형상으로 창조된 인간과의 관계에 대한 하나님의 바람은, 우리의 안녕에 대한 바람으로 표현되어 있다. 예레미야는 하나님의 말씀을 다음과 같이 인용한다.

> *여호와의 말씀이니라 너희를 향한 나의 생각을 내가 아나니 평안이요 재앙이 아니니라 너희에게 미래와 희망을 주는 것이니라*(렘 29:11).

하나님은 피조물들을 사랑하기 때문에 피해자와 가난한 자와 짓밟힌

자들을 "위하여" 분노하신다. 하나님은 억눌린 자들을 변호하기 위해 분노를 표현하신다. 에스겔은 하나님의 사랑은 찾고, 회복시키고, 부드러우며, 강하게 한다고 묘사한 후에 도움을 줄 수 있는 자원이 있는데도 방치하고 착취함으로써 다른 사람을 저버리는 이들에게 하나님이 분노하신다는 것을 명백히 했다.

> *그 잃어버린 자를 내가 찾으며 쫓기는 자를 내가 돌아오게 하며 상한 자를 내가 싸매 주며 병든 자를 내가 강하게 하려니와 살진 자와 강한 자는 내가 없애고 정의대로 그것들을 먹이리라(겔 34:16).*

나는 여기서 시편 23편의 하나님의 목자 이미지를 떠올리게 된다. 이러한 하나님의 목자 은유는 "보호하기 위하여"[23] 분노할 수 있는 능력을 포함한다. 목자들은 가축 떼를 돌보는 일에 수동적이지 않았다. 가축 떼들이 야생 동물이나 밀렵자들의 위협을 받을 때 목자들이 양떼를 대신하여 위협을 받았다고 가정할 수 있다. 그들은 양떼를 해치려는 이들에게 노하여 그들을 보호하기 위해 힘을 냈을 것이다.

시편 기자는 온유함과 긍휼은 하나님의 분노를 안내하는 사랑의 두 가지 특징이라는 데에 주목했다. 사랑은 하나님의 분노가 예측하지 못하게 폭력적이 되거나 끊임없이 원망하지 않게 한다. 사랑은 하나님 성품의 지배적인 속성이다.

> *여호와는 긍휼이 많으시고 은혜로우시며 노하기를 더디 하시고 인자하심이 풍부하시도다 자주 경책하지 아니하시며 노를 영원히 품지 아니하시리로다(시 103:8-9, 예루살렘 성경번역본).*

신약성서도 비슷하게 "하나님은 사랑이심이라"(요일 4:8)는 말씀으로 사랑이 하나님의 가장 기본적인 성품이라고 말한다. 하나님 성품의 이 근원적이고 포괄적인 면이 피조물을 향한 하나님의 정서적이고 행동적인 반응의 기초다. "하나님이 세상을 이처럼 사랑하사 독생자를 주셨으니"(요 3:16)라는 요한의 인식이 그리스도의 사건에 대한 교회의 이해에서 중심이 되었다. 하나님이 예수 그리스도 안에서 우리와 함께 하시려고 오신 성육신 사건은 하나님이 얼마나 깊이 우리를 소중히 여기는지 보여 주었다.

하나님의 사랑은 피조물 안에 깊이 헌신되어 있기 때문에 창조의 어떤 부분이 상처를 입거나 피조물을 향한 하나님의 바람이 무시될 때 그 사랑은 위협을 받는다. 그리하여 우리는 하나님이 사랑을 부으신 사람들과 하나님이 번영하기 바라는 사람들이 받는 위협에 하나님이 하시는 반응이 하나님의 분노라고 개념적으로 생각할 수 있다. 예를 들면 성서는 하나님이 특별히 과부와 고아 그리고 궁핍하고 억압받는 사람들같이 힘없는 이들에게 행하는 불의에 대한 반응으로 분노한다고 말한다. 인간이 다른 사람을 학대하고 억압하며 고통을 주는 방식으로 관계를 맺을 때 온전하고 헌신적인 하나님의 사랑이 위협을 받고 하나님은 분노하게 된다. 시편 기자는 "여호와께서 공의로운 일을 행하시며 억압당하는 모든 자를 위하여 심판하시는도다"(시 103:6)라고 말한다. 개인이나 조직이 피조물의 어떤 면을 희생시키고 폭력적으로 대할 때 하나님의 사랑은 그 행동으로 인해 위협을 받으며 분노로 반응한다. 이러한 내용을 "사랑이 베이면 흘러나오는 액체가 분노다"[24]는 루이스(C. S. Lewis)의 말보다 더 강력하고 시적으로 표현한 것은 찾아볼 수 없을 것이다. 요약하면 하나님의 분노는 하나님의 사랑과 반대가 아니라 하나님의 사랑이 표현된 결과다.

나는 사랑이 하나님의 가장 우선적인 성품이라고 주장한다. 그러나 이것이 진정 무슨 의미인가? 나는 위에서, 사랑은 분노를 포함하지 않는다고 확신하는 많은 사람에게 사랑이신 하나님에 대한 개념은 어떤 부정적인 것에서도 보호되어야 한다고 언급했다. 폴 틸리히는 하나님의 사랑이 우리 안에서 그리고 우리 사이에서 분리되어 있는 것들을 재결합하는 과정을 포함하며, 온전함과 일치를 향해 계속 움직인다고 기록했다.[25] 깨어짐을 가져오는 하나님의 분노는 사랑을 행하기 위한 분노의 표현인데, 동시에 그 사랑은 우리의 조각난 삶과 세상의 삶 자체를 고쳐 준다.

사랑에 관한 우리의 개인적 경험에서 우리는 사랑이란 항상 그 안에 상처받을 수 있는 가능성을 지닌다는 것을 안다. 우리는 사랑하는 사람들에게 많은 것을 쏟아붓고 한 사람이나 관계가 어떻게든 위험에 처하면 심각한 위협을 느낀다. 우리를 향한 하나님의 열정적인 헌신을 생각해 볼 때, 하나님의 백성을 향해 불의를 행하거나 창조주와 우리의 관계를 하찮게 여길 때 하나님도 위협을 느끼고 분노로 반응하신다고 말할 수 있을 것이다. 우리는 이러한 것을 예수님의 삶에서 볼 수 있으며, 이제 그 분노의 표현에 대해 생각해 보자.

예수님의 분노

기독교 전통의 기초는 예수님이 온전히 사람이었다는 믿음이다. 지난 세기에 예수님의 신성의 특성에 관한 논쟁이 있었다. 하지만 우리가 그의 인성에 관해 알 수 있는 특정한 내용은 알 수 없을지라도 그의 인성에 관한 질문은 거의 없었다.[26] 나는 2장에서 초기에 예수님을 따른 사람들은 예수님이 분노를 포함하여 정서를 충분히 느끼는 경험을 했다는 것을 보여 주었다. 어떤 사건이나 환경이 우리의 이야기에 깊이 연결된 가치와 의미에 위협이 됨을 인식할 때 분노가 일어난다는 분노에 관한 나의 정의를 고려할 때, 나는 예수님이 어떻게 위협을 느꼈는지에 대해 설명할 필요가 있다. 복음서의 이야기들은 생생한 감정들이 살아있고, 고통과 불의와 위선, 친구의 죽음 그리고 세상의 "죄"에 대하여 강하게 반응할 수 있는 한 인간으로서 예수님을 보여 준다. 아마 이런 가치들은 그의 신앙 이야기에 포함되어 있을 것이다. 이제 나는 성서가 예수와 분노에 대해 우리에게 무엇을 가르쳐 줄 수 있는지 더욱 명확하게 탐구하기 원한다.

그러나 첫째로, 나는 예수님의 분노에 관해 초대교회가 현저히 양면적인 태도를 보여 주는 증거가 복음서의 이야기들에 있음을 지적하기 원하는데, 이는 스토아 철학과 금욕주의 신학(육체 대 영)이 초대교회에 미친 영향을 상기시킨다(2장과 7장을 보라). 비록 복음서 저자들이 예수님이 정서를 느끼는 것을 우리가 볼 수 있게 해주지만, 특별히 분노와 같은 부정적인 정서에 대한 의심은 마태복음과 누가복음이 기록된 시기의 교회에 표면으로 드러났다. 교회 신학의 이러한 발전은 마태와 누가가 예수님의 정서를 인정하지 않으려는 결정에서 보인다. 우리는 학자의 대부분이 최초의 복음으로 받아들이는 마가복음에서 예수님의 분노가 어떻게 그려졌는지를 두 가지 예에서 볼 수 있는데, 이 예들은 마태복음과 누가복음이 기록되었을 때 삭제되었다.

첫째 예는 손 마른 사람의 치유로, 예수님이 바리새인의 안식일 인식에 도전한 사건이다. 예수님은 "안식일에 선을 행하는 것이… 옳으냐"(막 3:4, 마 12:12-14, 눅 6:9-11)고 물으셨다. 아무 대답이 없자 예수님은 그 사람에게 "네 손을 내밀라"고 하셨고, 그가 그리하니 손이 치유되었다. 세 복음서 모두 이 사건을 기록하지만 마가복음만 예수님의 감정을 "그들의 마음의 완악함을 탄식하사 노하심으로 그들을 둘러보시고"(막 3:5)라고 기록한다. 마태복음 12장 12-14절과 누가복음 6장 9-11절은 분노에 대한 서술을 빼놓았기 때문에, 이 이야기는 마치 예수님이 이 상황에 어떤 정서적 반응도 하지 않은 것처럼 들린다.

둘째 예는 아이들이 예수님에게 오지 못하게 막은 제자들의 이야기에서 볼 수 있다(마 19:13-14, 막 10:14, 눅 18:15-16). 세 공관복음 모두 예수님이 만져 주시길 바라고 아이들을 데려온 이야기를 기록한다. 그리고 세 복음서가 예수님에게 아이들을 데려온 어른들을 꾸짖는 제자들과 "어린아이들이 내게 오는 것을 용납하고 금하지 말라"(막 10:14)는 예수님의 반응을 기록한다. 그러나 마가복음은 "예수께서 보시고 분히 여겨 이르시되"(막 10:14)라며 예수님의 감정을 묘사하는 말로 시작한다. 마태복음 19장 13-14절과 누가복음 18장 15-16절은 정서가 표현된 말을 생략한다.

분노에 관한 단어들을 생략하는 마태와 누가의 선택은 분노가 죄라는 지배적인 전통이 얼마나 대안적 이야기를 지배했는지를 보여 주는 또 다른 예일 것이다.[27] 그것은 또 7장에서 설명한 대로 분노를 덕으로 생각하지 않는 스토아 철학의 영향력이 커가는 것을 반영했을 것이다. 스토아 철학자에게 마가처럼 예수님을 분노하는 분으로 그리는 것은 그의 영웅적 특성을 부인하는 것이다. 존 피츠제랄드(John Fitzgerald)가 말하는 것처럼 "세네카와 같은 스토아 철학자가 마가복음을 읽었다면 예수님에게 죄가 없다고 생각하지 않았을 것이다."[28] 초대교회가 정서를 수용하는 이러한 발전에 대해 기록했고, 나는 이제 우리가 예수님의 분노 경험과 분노한 이유와 이 분노를 표현한 방식에서 무엇을 배울 수 있을지 찾기 위해 이 이야기들과 다른 이야기들로 돌아간다.

▶ **율법주의자들에 대한 분노**

앞에서 설명한 대로 마가복음은 안식일에 병자를 고치는 일이 옳은지 아닌지에 관하여 예수님이 바리새인에게 도전할 때 분노하였다고 기록한다.

예수께서 다시 회당에 들어가시니 한쪽 손 마른 사람이 거기 있는지라. 사람들이 예수를 고발하려 하여 안식일에 그 사람을 고치시는가 주시하고 있거늘 예수께서 손 마른 사람에게 이르시되 "한 가운데에 일어서라" 하시고 그들에게 이르시되 "안식일에 선을 행하는 것과 악을 행하는 것, 생명을 구하는 것과 죽이는 것, 어느 것이 옳으냐" 하시니 그들이 잠잠하거늘 그들의 마음이 완악함을 탄식하사 노하심으로 그들을 둘러보시고 그 사람에게 이르시되 "네 손을 내밀라" 하시니 내밀매 그 손이 회복되었더라(막 3:1-5).

여기서는 예수님이 바리새인들을 둘러볼 때 마음에서 무슨 일이 일어났는지 의문의 여지가 없다. 왜냐하면 마가는 예수님이 느낀 정서를 묘사할 때 그리스어 ὀργή를 사용하는데, 이 단어는 신약성서에서 가장 흔하게 분노에 사용되었기 때문이다. 이 단어는 분노 외에는 다르게 번역할 수 없는 단어다. 이 장의 앞부분에서 말했듯이 슬픔과 분노가 연결되었음에 주의하라(엡 4:30). 마가복음 3장 5절의 그리스어 συλλυπούμενος에는 비통하고, 고통스럽고, 괴롭고, 슬프고 성난다는 의미가 있다.

예수님은 어떻게 위협을 느꼈는가? 우리는 예수님의 이야기가 종교 지도자들이 자기들이 대표하는 전통에 대해 더 깊은 통찰력을 지니며, 믿는 사람들이 어떻게 살아야 하는지에 대한 하나님의 기본적인 바람에 대해 더 많은 지혜를 지닐 거라는 기대를 포함했을 것이라고 상상한다. 아모스와 미가의 이야기들이 예수님 자신의 의와 정의에 관한 이야기에 영향을 주었기 때문에 아마도 예수님은 하나님이 무엇을 바라시는지를 설명한 아모스와 미가의 명확한 서술을 접할 수 있었을 것이다. 아마도 이러한 종교 지도자들은 인간의 필요에 적절하게 반응하지 못하게 하는 율법적인 규칙과 규율에 관심을 두었을 것이며 그러한 우선순위가 예수님의 가치에 위협적이었을 것이다. 그들이 이른바 성서 연구에도 불구하고 사랑과 은혜를 율법 위에 두지 못하는 것이 예수님의 분노를 일으켰을 것이다.

▶아이들을 위한 분개

부모들이 아이들을 예수님에게 데려오려고 했을 때 제자들이 저지한 일에 대해 예수님이 분노하신 마가복음의 이야기를 앞에서 언급했다.

> *사람들이 예수께서 만져 주심을 바라고 어린 아이들을 데리고 오매 제자들이 꾸짖거늘 예수께서 보시고 노하시어 이르시되 어린 아이들이 내게 오는 것을 용납하고 금하지 말라 하나님의 나라가 이런 자의 것이니라(막 10: 13-14).*

나는 이 이야기를 생각할 때 예수님이 바위에 앉아 작은 나무에 기대어 있는 모습을 상상하게 된다. 그는 방금 가르침을 끝냈으며 아이들이 그의 주위에 모여 어깨 옆에 서기도 하고, 무릎에 앉기도 하며 아이다운 질문을 하기도 한다. 그 시대의 관습대로, 어린아이들과 아기들은 그의 축복을 받기 위해 그에게 건네졌다. 갑자기 그의 눈에 들어오는 목소리를 높여 말하고 있는 한 무리의 사람들이 있다는 것을 알게 된다. 좀 더 주의를 기울이자 아이들이 가까이 오지 못하게 하라면서 제자들이 어른들을 꾸짖는 소리가 들린다. 예수님은 그들의 행동을 알게 되자 "분히 여겼다." 그리스어 ἠγανάκτησεν은 제자들에 대한 예수님의 분노를 분명하게 전달한다.

예수님이 경험한 위협은 무엇인가? 나는 아이들의 가치와 그의 메시지의 귀중함을 깨닫고 아이들의 신앙적 가르침에 사려 깊게 주의를 기울인

어른들을 인정하는 이야기가 예수님에게 있었다고 상상할 수 있다. 아마 예수님은 "어린아이들"과 통찰력 있는 부모들을 귀하게 여긴다는 것을 분명히 깨닫지 못하는 제자들에게 위협을 느꼈을 것이다. 나는 또 예수님이 제자들이 지금쯤은 그의 가치와 사명을 이해하기 바랐을 것이라고 상상할 수 있다. 아마도 예수님이 누구인지 그리고 무엇을 하려는지 제자들이 계속 잘못 이해하는 것이 위협이 되었을 것이다.

▶성전에서의 분노

돈 바꾸는 사람들에게 도전하고 "성전을 정화"하는 일은 복음서 기록자들의 정서에 대한 개념에도 도전이 된다. 공관복음서의 간략하고 덤덤한 기사(마 21: 12-13, 막 11:15-17, 눅 19:45-46)와 요한복음의 강렬하고 자세한 부분을 비교해 보라. 이 사건에 관한 네 기사 중 가운데 요한복음은 가장 나중에 기록되었는데,[29] 예수님이 한 행동의 명백한 공격성을 포함하여 그 소동을 묘사하는 데에 가장 감정적인 의미를 포함하는 언어를 사용한다.

> *유대인의 유월절이 가까운지라 예수께서 예루살렘으로 올라가셨더니 성전 안에서 소와 양과 비둘기 파는 사람들과 돈 바꾸는 사람들이 앉아 있는 것을 보시고 노끈으로 채찍을 만드사 양이나 소를 다 성전에서 내쫓으시고 돈 바꾸는 사람들의 돈을 쏟으시며 상을 엎으시고 비둘기 파는 사람들에게 이르시되 "이것을 여기서 가져가라 내 아버지의 집으로 장사하는 집을 만들지 말라!" 하시니 (요 2:13-16).*

격분한 예수님의 말과 분노의 명백한 신체적인 표현은 제자들의 마음에 깊이 새겨졌다. 제자들은 예수님의 강함에 놀라 "주의 전을 사모하는 열심이

나를 삼키리라"(요 2:17)고 쓴 시편 기자(시 69:9)를 떠올렸다.

어느 누가 이 기사를 읽고 예수님이 분노했다는 것을 의심하겠는가? 예수님의 이야기는 그의 전통이 성전에서 예배와 예배자들이 그들의 헌신을 표현할 때 공정한 대우에 가치를 두는 것을 포함했다. 그렇다면 왜 우리는 예배를 조롱하고 하나님을 모욕하며 율법을 이용하여 이익을 챙기는 돈 바꾸는 사람들로 인해 예수님이 위협을 받았을 거라는 데에 놀라야 하는가? 예수님은 예배가 돈 바꾸는 열심으로 변해 버린 데에 도전함으로써 불의에 대해 분노했으며 예언적으로 행동했다. 성서는 하나님이 인간의 불의를 보실 때 분노하신 것을 자주 묘사하지만, 많은 성서 해석자가 예수님의 행동에 대해 충격을 받는 것 같다. 기독교 윤리학자인 아더 고십(Arthur Gossip)은 성서 해석자들이 불편해 한 결과를 다음과 같이 서술한다.

> 그 기사에 마음이 불편한 몇몇 사람들이 이야기의 어조를 누그러뜨리고 사건을 중요하지 않게 만들려고 필사적으로 시도했다… 유감스럽게도 그들은 그 이야기가 그리스도는 무엇을 해야 하고 어떠해야 하는지에 대해 그들이 기존에 가지고 있는 생각에 맞지 않다고 느꼈기 때문이다. 다시 말해서 그는 여기서 단 한번 그의 평소 성품과 다르게 행동했고, 설명할 수 없게 기준 이하로 떨어졌으며, 그 자신의 생명의 법을 잊고, 자제력을 잃고 흥분했다.[30]

앞에서 기록했듯이, 공관복음 기자들도 예수님의 정서와 행동에 대해 불편할 수도 있었을 것이다. 이야기의 배경에 있는 어떤 정서와 격정도 그들의 기사에 드러나 있지 않다. 그들은 예수님이 단순히 성전에 들어가 하나님의 집은 기도하는 집이라고 사람들을 일깨우며 상과 의자들을 뒤엎고 매매하는 사람들을 내쫓았다고 기록한다. 그러나 격정과 강력한 행동 없이 장사하는 사람들의 상과 의자들이 뒤엎어지고 매매하는 사람들이 쫓겨났다는 것은 상상하기 어려운 일이다.

▶겟세마네 동산

2장에서 예수님이 붙잡히기 전에 기도하러 갔을 때 복음서 기자들이 그의 불안을 어떻게 묘사했는지 말했다. 그러나 나는 그가 동행한 제자들을 향해 분노도 표현했을 거라고 생각한다. 예수님은 중대하고 스트레스로 가득한 시간에 몇몇 제자에게 동산으로 함께 가자고 초청했다. 그리고 나서 혼자 기도하러 갔을 때 제자들에게 깨어있으라고 요청했지만 예수님의 불안에 대해 무감각하고 곧 일어날 사건에 대해서는 알지 못하여 제자들은 잠들고 말았다. 예수님이 여러 번 돌아 와서 그들이 졸고 있는 것을 발견했을 때, "시몬아 자느냐 네가 한 시간도 깨어 있을 수 없더냐?"(막 14:37) 하며 그들이 충실하지 못하다고 도전하였다.

나는 온전히 인간인 예수님의 우정에 관한 이야기가 위기의 시간에 변함없이 그를 지원할 능력을 포함했을 것이라고 상상할 수 있다. 힘들고 삶을 위협하는 정치적인 현실에 직면하여 가까운 친구들의 지지와 함께함이 필요한 예수님에게 세 번이나 그들이 함께 있을 수 없음을 발견하는 것이 얼마나 실망스럽고 좌절을 느끼게 했을지 상상해 보라. 그들은 무슨 일이 일어나더라도 예수님과 함께 하겠다고 큰소리쳤지만 그 약속을 지키지 못했다. 아마도 손 마른 사람에 대한 앞 이야기의 바리새인들에 대해서처럼 예수님은 슬퍼하고 분노했으며 이 분노에 찬 실망을 제자들에게 표현했을 것이다.

▶ 십자가에서 하신 말씀

마지막으로 우리는 십자가에서 예수님이 하신 경험에 대해 살펴보자. 겟세마네 동산에서 예수님은 하나님께 "이 잔을 내게서 옮기시옵소서"(막 14:36) 하고 요청했다. 그는 이미 로마 군인들의 손에서 채찍과 가시면류관으로 고통을 겪었다. 그는 잔인하게 십자가에 못 박혔다. 아마 그는 자신의 모든 사명이 실패한 것이 아닌지 깊이 생각하면서 인생의 전체 목적과 의미에 대해 회의했을지도 모른다. 극심한 육체적 고통은 우리 대부분이 그 깊이를 상상도 할 수도 없으며, 그 고통이 실패감을 강화했을지도 모른다.

하나님은 어디에 계셨는가? 우리는 예수님이 이 고통스럽고 치욕스러운 상황에서 구원받는 이야기를 지녔었다고 상상할 수 있다. 하지만 죽음은 임박하고 명백히 그의 마지막 시간에 천사의 무리도 그를 구하러 오지 않았다. 구조되지 않더라도 예수님은 그의 활동이나 사명이 어떻게든 확증되고 확인되기를 기대했을지도 모른다. 그러나 하나님은 식별할 수 있게 드러내 보이지 않으셨다. 예수님의 탄생 소식을 전하기 위해 천사를 보내시고, 그가 세례 받을 때 사랑하는 아들이라고 확인해 주시고, 변화산에 임하신 그 하나님이 지금은 침묵하고 완전히 부재하는 것처럼 보인다. 온전히 사람인 예수는 자신을 보내신 분에게서 버림받고 배신당하고 철저히 홀로 남겨졌다고 느꼈을 것이다. 버림받고 배신당한 느낌과 함께 때 이른 죽음을 맞는 것이 상당히 위협적이지 않겠는가? 이런 위협에 대한 반응으로 예수님이 "크게 소리 질러 가라사대... 나의 하나님 나의 하나님 어찌하여 나를 버리시나이까"(마 27:46, 막 15:34, 시 22:1 인용)라고 할 때에 혼돈과 두려움과 더불어 분노를 표현하지 않았는가?

▶ **다른 분노 경험들**

　다른 이야기들에서 정서적 내용에 대해 모든 사람이 일치하지 않지만, 문맥과 언어가 쉽게 분노의 존재를 보여 준다. 예수님을 온전한 사람이며 성육신한 분으로 받아들이고 그 이야기 속으로 들어가 그 장면을 깊이 생각하고 대화를 들으며 그런 상황에 대한 개인의 반응을 공감하며 상상하기 위해 시간을 내는 사람은 예수님의 분노에 대한 다른 예들을 발견하게 될 것이다. 만약 예수님이 헤롯의 사자들에게 "가서 저 여우에게 이르되"(눅 13:32) 하는 말씀을 우리가 그 자리에서 듣는다면 어떤 정서를 경험하게 될까? 예수님이 바리새인들에게 "회칠한 무덤", "뱀" 그리고 "독사"(마 23:27, 33)라고 하는 것을 우리가 그 자리에서 듣는다면 예수님을 어떤 분으로 인식하게 될까? 예수님이 악한 영들을 공격하는 상황을 묘사하는 데 사용한 "꾸짖으시다"라는 용어(막 1:25)는 예수님이 그들의 파괴적인 행동에 분노했다는 것을 암시하지 않는가? 신뢰받는 제자인 베드로도 "사탄아 내 뒤로 물러가라!"(마 16:23)는 예수님의 꾸짖음으로 예수님의 분노를 경험했다.

　크리스천의 대부분이 예수님이 하나님의 사랑을 경험하고 나타냈을 것이라고 믿는다. 초대교회의 신학에서 예수님이 하나님의 뜻에 일치하게 긍휼이 여기는 행동을 통해 이 사랑을 표현하였다는 생각이 언급되었다.

> *주의 성령이 내게 임하셨으니 이는 가난한 자에게 복음을 전하게 하시려고 내게 기름을 부으시고 나를 보내사 포로 된 자에게 자유를, 눈 먼 자에게 다시 보게 함을 전파하며 눌린 자를 자유롭게 하고 주의 은혜의 해를 전파하게 하려 하심이라 하였더라(눅 4:18-19).*

　예수님이 사랑하였듯이 사랑하는 것은 분노를 기꺼이 경험하고 표현하려는 자세를 필요로 한다. 비벌리 윌둥 해리슨(Beverly Wildung Harrison)은 정통 기독교가 예수님의 생애의 기본적인 의미를 십자가로 향하여 가는 수동적인 행진으로 묘사한다고 지적한다. 해리슨은 이러한 해석이 복음서를 잘못 읽은 것이라고 믿으며, 그녀는 예수의 유일성은 (그리고 그의 십자가 죽음의 이유는) 상호 관계를 추구한 급진적인 방식에 있고, 이는 분노로써 기꺼이 다른 사람들을 직면시키는 것을 포함한다고 말한다.[31] 이러한 급진적인 상호 관계의 추구는, 즉 형제자매들을 배려하는 우정을 찾는 것이 예수님으로 하여금 이러한 목적을 위협하는 사건들에 의해 상처 입기 쉽게 만들었다.

불의에 대한 예수님의 개인적 이야기와 희생자들을 긍휼히 여기는 반응 때문에 예수님은 고통을 겪고 소외된 사람들과 집단에 의해 그 존재의 깊은 부분까지 찢어지는 경험을 한다. 그의 가치들이 위협을 받을 때 노여움과 갈등, 분개 그리고 분노의 경험이 모두 일어나고 따라서 예수님의 분노는 그의 사랑과 하나님의 사랑을 위한 것이다.

분노의 목회신학에 대한 공헌

하나님과 예수님의 분노에 관해 간단하게 살펴본 것이 분노에 관한 목회신학을 구성하는 데에 어떤 공헌을 하는가?

▶모델인 하나님의 분노

하나님의 진노는, 하나님의 사랑이 끊임없이 감시해야만 하는 예측할 수 없는 사나운 사자처럼 하나님의 마음 안에서 돌아다니는 "어떤 것"이 아니다. 그보다는 하나님은 사랑이시기 때문에 분노할 수 있는 능력을 소유했다. 분노는 하나님의 사랑에서 나오고 하나님의 사랑을 표현하는 반응 중 하나다. 하나님이 우리에게 그리고 우리의 안녕을 위해 쏟아부으시는 것 때문에 우리를 비천하게 만들고, 비인간화하고, 억압하며, 신체적이고 정서적인 고난을 야기하는 행동은 하나님을 위협한다. 이러한 위협에 대한 반응으로 하나님은 분노를 느끼고 표현한다. 분노할 수 있는 이러한 능력은 오직 하나님의 사랑의 표현으로만 활성화한다.

하나님은 분노하고 우리는 하나님의 형상으로 창조되었기 때문에 우리가 분노하는 하나님의 능력을 반영하는 것이 논리적인 것처럼 여겨진다. 하나님의 인격을 반영하는 것은 어떤 신비스러운 방법으로 하나님 존재의 정서적이고 감정적인 면을 포함하는 것이다. 우리는 이러한 능력을 선물로 받아들여야 한다. 더 나아가 우리는, 분노할 수 있는 우리 능력이 하나님의 분노를 일으키는 불의와 극단적인 고난 그리고 억압(12장을 보라)과 같은 종류의 사건에 의해 유발되도록 우리 자신을 훈련할 책임이 있다. 이러한 긍휼히 여기는 분노가 동기를 부여하는 행동을 통해 우리는 화해와 해방의 사역에 대한 우리의 예언적 부르심을 완성하게 된다.

예수님이 "너희 아버지의 자비로우심 같이 너희도 자비로운 자가 되라"(눅 6:36,)고 말할 때 그는 "하나님이 사랑하듯이 온전하게(구체적으로, 온 마음을 다해 그리고 모든 사람을) 사랑할 것을 촉구"하는 것이다.[32] 큰 계명인 "… 주 너의 하나님을 사랑하라… 네 이웃을 네 자신과 같이 사랑하라"(마 22:37-39)는 말씀은 하나님이 우리를 사랑하듯이 이웃을 사랑하라는 의미를 포함한다. 만약 우리를 향한 하나님의 사랑이 불의에 위협을 받는다면 그것은 분노를 일으키게 될 것이고 이것이 우리의 사랑의 모델이 된다. 우리가 하나님의 형상대로 창조되었다는 것이 분노할 수 있는 능력을 포함한다는 것을 기억하며, 하나님의 사랑은 권리를 빼앗긴 사람들을 향해 긍휼로 표현되고, 억압받고 희생당한 사람을 대신하며,

불의를 행하는 자를 대적한다는 것을 안다면, 하나님을 안다고 말하는 크리스천은 이러한 동일한 긍휼로써 행해야 한다. 한스 큉(Hans Küng)이 말하듯이, 크리스천의 사랑은 "단순한 의지의 결정"이 아니라 "마음의 모험"이며 "생명력과 정서 그리고 감정"의 특성이 있어야 한다.[33]

▶모델인 예수님의 분노

하나님이 육체가 되었다는 성육신의 개념은 예수님이 온전히 사람이었다는 것을 의미한다. 예수님이 육신으로 왔듯이 당신과 나도 같은 방식으로 육신이 있고, 그러므로 예수님은 모든 인간의 정서를 경험했다. 신경학의 관점에서 예수님은 분노할 수 있는 능력을 포함하여 우리와 동일한 신경의 경보 체계(5장을 보라)를 지녔다. 우리가 위협에 직면할 때 두려움과 분노는 정상적인 정서 반응이다. 갈릴리 사람인 예수님도 예외가 아니었다. 예수님이 우리의 모델이라면, 우리도 분노할 수 있는 능력에 대해 마음이 편해야 하지 않을까?

우리는 여러 이야기 가운데 드러난 예수님의 사랑을 기억한다. 우리는 예수님을 병든 자, 연약한 자, 눈먼 자, 저는 자, 어린아이 그리고 여자들과 같이 소외된 사람들을 변호하는 사람이라고 본다. 이러한 사람들의 전인성과 하나님의 사랑을 아는 일에서 그들의 합당한 위치를 허락하지 않은 사람들에 대해서 비록 공공연히는 아닐지라도 암시적으로 예수님이 느낀 분노를 이 이야기에서 감지할 수 있다. 이 모든 이야기는 예수님을 크리스천의 삶의 모델로 삼는 것이 어떤 사람을 무시하거나 인간 공동체에서 그들의 마땅한 자리를 허락하지 않는 사람들에게 대항하여 우리도 기꺼이 용감하게 도전해야 한다고 지적한다. 변호한다는 것은 소외된 사람들을 위하여 분개하고 분노하기까지 하며 그들의 권리를 위해 싸우고 방어하며 그들의 복지를 위해 적극적으로 행동한다는 의미가 된다.

하나님의 긍휼은 성육신을 통하여 우리에게 표현되며, 이를 나사렛 목수는 우리에게 "내가 너희를 사랑한 것 같이 너희도 서로 사랑하라"(요 15:12)고 말한다. 이 말씀은 예수님이 우리를 사랑한 방식이 우리가 타인을 사랑하는 모델이 되어야 한다는 근거를 형성한다. 만약 예수님이 사랑한 것처럼 우리가 사랑한다면 복음의 가치가 침해될 때 예수님이 분노한 것처럼 우리도 분노해야 한다. 존 스토트(John Stott)는 다음과 같이 결론을 내린다. "우리는 하나님의 분노가 의롭다는 것을 안다. 예수의 분노도 그랬다. 하나님의 백성이 하나님과 주 예수에게서 배울 수 있는 선하고 진실한 분노가 틀림없이 있다."[34] 분노할 수 있는 능력을 지닌 하나님의 형상대로 창조되었고 예수님을 모델로 삼기 때문에 우리도 분노할 수 있는 능력이 있을 뿐만 아니라 더 나아가 불의와 억압과 부당한 처우에 대해 위협을 느끼고 분노해야 한다. 크리스천으로서 우리 안에 사랑에 반대되는 것 때문이 아니라 사랑 때문에 분노가 일어날 수 있으며, 실로 분노가 일어나야 한다 우리가 어떤 가치에 더 깊이 헌신할수록 위협감을 더 많이 경험할 수 있다. 어떤 가치는 우리가 크리스천으로서 헌신했기 때문에 중요한데, 사람이나 기관이 이 가치를 침해할 때 우리는 위협을 느끼며 분노한다. 이러한 예에서 위협을 느끼는 것은 적절한 태도이며 우리의 신앙 이야기의 표현이다. 시편 기자가 "주의 율법을 버린 악인들로 말미암아 내가 맹렬한 분노에 사로잡혔나이다"(119:53) 하고 표현한 것과 같다. 우리가 사랑하지 않는다면 위협을 느끼지도 않을 것이다. 여기서 분노는 사랑에 반대되는 것이 아니라 사랑을 이루는 것이다. 우리는 12장에서 이 주제에 대해 다시 이야기할 것이다.

분노의 목회신학을 향하여

이제 분노의 목회신학을 구성하는 핵심 작업에 이르렀다. 들어가는 글에서 나는 사역에 도움이 되는 정보를 제공하는 신학적 개념을 발전시키기 위해 인문과학과 신학 분야의 경계에서 목회신학이 어떻게 작용하는지 설명했다. 그 다음에 나는 다양한 학문 분야에서 어떤 지식이 이러한 작업에 도움이 될지 알아내기 위해 신경과학, 구성주의 내러티브 이론, 성서 이야기 그리고 역사신학 영역의 최근 연구를 조사했다. 분노가 죄라는 교리에 도전하는 다른 신학적 견지를 성서와 기독교 전통 안에서 발견한 것이 이러한 작업을 더 쉽게 했다. 실제로, 보통 생각하는 것과는 반대로 성서와 역사신학의 대안적 이야기에서 보여 주는 분노에 관한 신학적 이해는 생물학이나 사회과학에서 내린 주요 결론에 모순되지 않는다. 실제로, 과학과 신학 분야의 이런 다양한 자료는 분노를 이해하는 데에 놀라울 정도로 일관되고 따라서 분노에 관한 목회신학의 구성에 공헌하는 데에도 일관된다.

3장에서 나는 분노에 관한 목회신학은 "일반적으로 정서에 관한 타당한 신학적 관점에 의존하고, 근거를 두며, 일치한다"고 말했고, 1장과 2장에서 철학, 심리학, 신경과학, 성서 그리고 신학의 자료들을 간략하게 조사하여 정서에 관한 신학적 성찰을 다루었다. 이러한 결론과 앞 장의 끝 부분에 더한 신학적 성찰을 고려하여, 나는 다음과 같은 분노에 관한 목회신학 구성에 초점을 두기로 했다. 즉 체화, 분노는 죄가 아니라 창조에 근원을 두며, 하나님의 형상에서 보이는 분노, 선물인 분노, 도덕적 쟁점인 분노 그리고 무엇에, 언제, 어떻게 분노할 것인지 선택할 수 있는 우리의 자유 그리고 우리가 분노에 대해 개인의 윤리적 책임이 있다는 것이다.

체화

신경과학과 사회과학은 분노할 수 있는 능력을 포함하여 모든 정서가 우리의 생리 기능과 밀접하게 연결된다는 것을 명백하게 해준다. 분노는 몸에서 따로 분리될 수 있는 심리적 사건이 아니라, 다른 모든 정서와 마찬가지로 우리의 감각에 의존하고 우리의 뇌가 정보를 해석하여 우리의 몸과 마음이 이에 반응하는 것이다. 우리가 생존하게끔 준비시키는 신경의 각성 패턴은 수천 년 동안 발전되었으며 이 패턴의 일부는 적극성, 본능적 욕구 그리고 목적 지향적인 행동을 표현하는 "생명력"에 기원을 둔다. 종으로서 존재 초기에 분노는 특별히 우리의 신체를 보호하는 일과 연관되었다. 진화 생물학자들은 모든 정서의 발달은 종으로서 생존하고 번성하는 데 중요한 역할을 한다고 설명한다. 특히 그들은 분노가 두려움과 더불어 위험을 다루는 데 중요한 역할을 한다고 설명한다. 우리 조상들은 자연의 위협에 직면할 때 생리적으로 힘과 원기를 준비해야할 필요가 있었고, 그렇지 않으면 생존할 수 없었을 것이다.

정서는 선천적인 생물학적 필요에 근거하여 생기는 것이 아니기 때문에 과학적 관점에서 엄밀히 말하자면 정서는 본능이 아니다. 우리는 정서적인 반응을 할 수 있는 기능과 신경학적으로 "연결"되어 있지만, 이러한 기능은 뇌의 한 부분(편도체 또는 신피질)이 생리적으로 각성된 반응이 필요하다고 삶의 상황을 해석할 때에만 활성화한다. 그러므로 분노를 포함하여 모든 정서에 대한 신학적 토론을 하는 사람들은 모든 정서가 비신체적인 실체라기보다는 우리의 체화한 부분임을 알아야 할 것이다.

신피질/전전두엽은 진화의 역사에서 현재의 의식과 인지 기능의 수준을 향하여 계속 발전했다. 우리가 기본적인 정체성을 형성하는 가치와 신념과 의미를 구성하는 것, 즉 이야기를 구성하는 우리의 능력은 그러한 과정에서 발달되었다. 테오도르 사빈(Theodore Sarbin)이 명명했듯이 "내러티브의 원리"는 생각하는 존재로서 우리 기능의 중심이며, 언어에 기반을 두고 공동체 안에서 대화하는 상호작용에 연결되어 있다.[1] 위협을 받을 때 이러한 내러티브가 두뇌의 방어적 경보 체계를 활성화하며 우리는 분노를 경험하게 된다. "느끼는 뇌"와 "생각하는 뇌"에서 분노할 수 있는 생물학적인 능력은 우리의 체화한 존재의 부분으로서, 인간이 생존하고 번성하도록 준비시킨 하나님의 방법 중 하나이다.

분노할 수 있는 우리의 능력은, 즉 이야기를 구조화하는 데 관여된 정신작용과 신경의 각성 패턴은 우리의 신체적 특성에 깊이 연결되어 있기 때문에 분노에 관한 신뢰할만한 신학은 체화의 중요성을 확증하는 신학적 인류학을 토대로 해야만 한다. 인간 존재는 전적으로 체화된다는 것이 유대-기독교 전통에서는 기본이다.[2] 실존주의 신학자인 존 맥쿼리(John Macqarrie)는 "모든 인간의 생명은 육체를 갖는다. 즉 물질과 시공간의 범위에서 '육체 안에서' 일어난다."[3] 맥쿼리는 자기 초월과 "영혼"의 중요성을 소중하게 여기면서도 "인간이 초월의 길을 따라 얼마나 발전했는지 상관없이 인간은 흙에 겸손한 근원을 둔 영구한 유산인 몸이 있다"[4]고 상기시킨다. 자기 초월의 능력을 포함하여 유한한 피조물로서 우리의 모든 것은 우리의 체화한 존재 안에서 서로 연결되어 있다.

전통적인 기독교 교리는 예수님이 온전히 사람이었다고 주장한다.

예수님은 당신과 나의 육신과 같은 육신으로 왔으며 우리가 체화한 것과 같은 방식으로 체화하였으며, 따라서 성서의 이야기에서 우리가 분명히 보았듯이 그는 인간의 모든 정서를 경험했다. 신학의 관점에서 예수님은 우리와 동일한 신경의 경보 체계(5장을 보라)를 지녔고, 그렇기 때문에 분노할 수 있는 동일한 능력이 있었다. 우리가 위협에 직면할 때 두려움과 분노는 정상적인 정서 반응이고, 예수님도 예외가 아니었다. 예수님이 자신의 분노를 용납하고 표현했다는 것을 고려할 때 우리도 우리가 분노할 수 있는 능력에 대해 편하게 느껴야 하지 않을까?

하나님이 육신이 된 성육신에 대한 기독교의 개념은 체화의 중요한 진리를 확증한다. 다시 말해서, 그것은 하나님의 원계획 안에 있었다. 대림절에 교회는, 하나님이 체화한 인간의 상황에 온전히 참여하기로 선택하셨고 예수님의 수태, 탄생, 삶 그리고 죽음에 이르기까지 육체성을 통해 체화를 축복하심을 기억한다. 성찬식을 하면서 우리는 어떤 방식으로든 (신학적 전통에 따라 다르지만) 그리스도의 몸과 피에 참여한다. 분노할 수 있는 능력을 포함하여, 체화한 우리의 전 존재는 하나님의 설계에 의한 것이며 목적이 있는 실행이었다.

정서는 우리의 체화의 한 차원으로서 우리의 유한한 경험의 모든 다른 측면과 연결되어 있다. 분노를 체화와 분리하는 신학적 담론은 이제는 옹호되지 않는, 몸과 마음의 이원론을 표현한다. 철학과 신경과학, 심리학 그리고 사회과학 분야의 최근 연구는 분노 경험을 우리의 환경에 대한 인지적 해석에서 분리할 수 없다는 것을 보여 준다. 우리는 정서와 추론이 서로 영향을 주면서 상호작용하고, 따라서 생각과 감정이 서로 연관된 기능이라는 것을 안다. 생각과 감정을 독립적이고 연관 없는 인간 조건의 측면으로 생각하는 것이 더는 가능하지 않다. 따라서 신경과학과 구성주의 내러티브 이론에 영향을 받은 분노에 관한 목회신학은 분노 경험의 기초가

되는 몸과 정신의 연결을 확인해 줄 것이다.[5]

분노를 우리의 자기에 통합하는 것은 전인적인 인간 기능의 기초인 몸과 정신의 조화에 절대적으로 필요하다. 연구 자료들은 하나님의 피조물로서 우리의 잠재력이 통일된 몸과 정신의 전인으로 기능할 때, 다른 말로 하면 우리가 존재의 모든 요소들을 통합할 때 온전히 실현된다는 신학적 견해를 지지한다. 정서적 경험을 할 수 있는 능력은 신경학의 기본적 사실이다 스토아학파 철학자들이나 초기 수도사들이 시도한 것처럼 분노를 누르거나 제거하려는 시도는 신체적, 정서적, 관계적 그리고 영적인 문제들을 일으킬 수 있다. 교회가 우리의 자기(selfhood)에서 이 능력을 제거하려는 시도로 신학을 사용할 때, 신학은 비참한 결과에 대해 얼마간의 책임을 수용해야 할 것이다.

분노의 근원은 죄가 아니라 창조에 있다

분노가 우리 체화의 한 부분인 육체성에 뿌리를 둔다는 기본적 결론은 분노할 수 있는 우리의 능력이 인간 조건의 한 부분이라는 근거를 제공한다. 이러한 능력은 최근에 발달된 것이 아니라 육체를 가진 존재로서 우리의 전 역사에서 발전되었는데 특히 신피질이 발달하는 동안에 그러했다. 신경과학과 구성주의 내러티브 이론은 분노가 우리의 체화한 존재의 선천적인 부분이며 수백만 년 동안 원시뇌 체계를 기반으로 덧붙여진 우리의 신체 구성의 한 부분이며 마치 돌연변이처럼 갑자기 나타난 것이 아니다. 모든 정서는 "긍정적이든" "부정적이든" 우리의 발달에 핵심적이며, 즉 이것이 우리가 인간이 "되게(becoming)" 하는 것이다.

성서와 신학자들의 대안적 이야기들은 이에 동의하여, 분노할 수 있는 능력이 하나님의 의도하신 창조 계획에 포함된 인간성의 한 면이라고 결론을 내린다. 우리의 신경 시스템이 우리가 존재하게 된 것과 관계가 있으므로, 나는 분노가 신경 시스템에 뿌리를 둔다는 것이 분노에 관한 목회신학이 죄의 교리가 아닌 창조의 교리에 정착되어야 함을 의미한다고 주장한다. 분노할 수 있는 능력은 체화의 부분인 인간 조건의 현실이며, 하나님의 의도적인 창조의 한 부분으로서 옹호되고 선포될 수도 있다.

이러한 결론들은 분노가 죄라는 전통적인 신학에 도전한다. 전통적인 신학은 분노의 경험이 최초의 인간이 흔히 "타락"[6]이라 부르는 불순종을 선택한 인류 역사의 바로 그 시점에 인간의 경험에 들어오게 되었다고 암시한다. 전통적인 이 견해는 분노가 하나님의 창조 계획이 아니라 죄에 근원을 둔다고 가정한다. 따라서 역사적으로 창조의 교리보다는 죄의 교리 아래서 분노를 다루었고, 그것이 분노가 죄라는 신학을 지속하는 데 공헌하였다.

하지만 분노할 수 있는 우리의 능력은 하나님의 계획에 반대되는 방향으로 발달된 부정적 성품 특성이 아니라 우리가 발달한 방식의 일부다.[11] 창세기의 이야기들이나 성서의 다른 부분도 분노할 수 있는 우리의 능력을 창조 후에 사탄이 예측하지 못하게 공격한 것이라고 보지 않는다. 성서의 이야기들은 인간이 분노를 경험하는 능력이 인간의 역사에서 없었던 이상주의적인 시기가 있다고 묘사하지 않는다. 성서는 분노할 수 있는 능력이 하나님이 의도하신 창조에 반대되는 것이라고 암시하지 않으며 신실한 사람이 자신의 분노를 제거하려고 노력해야 한다고도 하지 않는다.

성서는 분노할 수 있는 능력이 인간 본성의 일부라는 것에 전혀 의문을 제기하지 않는다. 그럼에도 성서는 분노를 어떻게 표현해야 할지에 관심을 두며 분노로 인한 파괴적인 행동을 비판한다. 8장에서 설명했듯이 성서는 정서가 고통과 괴로움으로 이어지는 것을 우려한다. 그러나 괴로움으로 이끄는 분노는 매일 매일의 삶에서 아주 흔하고, 성서는 이런 분노가 본질 자체가 파괴적인 그런 분노로 인한 것이 아니라 분노를 파괴적으로 표현하는 데서 기인한다고 분명하게 언급한다.

분노하는 모든 경험을 죄 된 것으로 여기는 사람들은, 자신들이 어느 정도 "완전"에 이르기를 지향한다면 삶에서 이런 죄의 근원을 제거하려고 노력해야 할 것이다. 이것은 성취하기 불가능한 일이며 대개 분노를 부인하거나 회피하려는 결과를 가져온다. 생물학과 심리학의 연구는 무의식적인 억압과 의식적인 억압이 신체와 정서의 건강과 공동체에서 우리의 관계에 얼마나 잠재적으로 해로울 수 있는지 보여 준다. 분노를 부인하거나 무시하지 말라는 잠언의 충고에 주의하면, 우리는 "노하기를 더디 하는"(14:29; 16:32; 19:11) 지혜를 깨닫게 된다.

자기(self)에 대한 신경학적인 이해와 내러티브 이론에 근거한 이해는 분노를 포함하여 정서를 느낄 수 있는 능력이 보편적인 경험임을 암시하며, "분노에 관한 목회신학에 어떤 보편적인 것이 있는가?" 하는 질문을 불러일으킨다. 인간생물학/신경학은 삶의 경험에 영향을 받기는 하지만 일반적으로 다른 문화에서도 동일하다. 신경의 각성 패턴과 이야기 구조화의 정신적 과정은 아마도 같으며, 이것은 모든 인간이 분노를 포함하여 정서의 능력을 인간 조건의 일부로 공유한다는 것을 암시한다. 그러나 우리 개인의 이야기와 집단의 이야기는 수백 년에 걸쳐 다른 경험들과 그 경험에 대한 다양한 해석으로 인해 매우 상이하고, 따라서 어떤 특정한 문화에서 특별한 정서의 원인론은 상당히 다를 수도 있다. 어떤 삶의 상황을 해석하는 데 영향을 주는 개인과 문화의 독특한 이야기들로 인해 개인과 가족, 집단이나 기관의 실제적인 분노 경험은 매우 다를 수 있다. 분노할 수 있는 신경 시스템의 능력은 매우 다른 사건들에 의해 유발될 수 있다. 요약하자면 분노할 수 있는 능력은 (뇌

이상으로 방해되지 않는다면) 모든 인간에게 같지만, 개인의 이야기와 문화의 이야기의 다양성은 문화에 따라서 위협으로 해석되는 삶의 상황이 매우 다를 수 있다는 것을 의미한다.

하나님의 형상으로 창조됨

창조에 관한 크리스천의 신념과 연결된 또 다른 결론은 하나님의 형상(*imago Dei*), 즉 인간이 하나님의 형상을 따라 창조되었다는 것과 연관된다. 첫째 창조 이야기에 따르면, 하나님이 처음으로 인간을 만들려고 생각했을 때 "우리의 형상을 따라 우리의 모양대로 우리가 사람을 만들고"(창 1:26-27)라고 한 것처럼 창조주의 형상을 따라 그들(남자와 여자)을 지으려고 결정했다. 여러 가지로 해석되기는 하지만 이 놀라운 생각은 신학적 인간학의 기초가 된다. 하나님의 형상(*imago Dei*)는 창조에 관한 기독교 교리의 중심이 되는 믿음이며, 우리가 인간을 이해하기 위한 토대이다. 다양한 신학 전통에서 다르게 정의하지만, 우리는 어떤 신비스러운 방법으로 우리의 인성 안에 하나님의 무한한 자아를 유한하게 반영하는데, 우리가 소유한 어떤 "것"으로서가 아니라 공동체 안에서 그리고 관계를 통해서 표현하는 능력으로서 반영한다.[7]

유대-기독교 전통에서 이해하듯이 하나님의 성품이 정서를 느끼는 능력을 포함한다는 것을 우리는 2장과 3장에서 다루었다.[8] 3장은 성서나 다른 많은 역사신학의 부문에서 언어의 한계를 인식하는 가운데 하나님의 존재가 우리가 정서라고 부르는 것을 소유한다고 믿는다는 것을 보여 주었다. 더 구체적으로는, 9장에서 본 것처럼 하나님은 분노할 능력이 있다. 나는 하나님의 이야기들(하나님이 귀중히 여기며 피조물을 향하여 바라는 것들)이 위협을 받을 때 하나님의 사랑은 분노를 통하여 드러났다고 주장했다. 분노할 수 있는 능력은 하나님의 존재의 한 측면이며, 하나님 성품의 한 부분이라고 성서적이고 신학적 관점에서 결론을 내릴 때, 분노를 경험하고 표현하는 것이 하나님의 형상(*imago Dei*)에 포함된 부분이라고 말할 수 있게 된다. 분노할 수 있는 능력은 다른 정서와 마찬가지로 어떤 신비스러운 방식으로 인간을 위한 창조주의 원계획의 한 부분이다. 하나님 형상대로 창조되었다는 것은 존재의 정서적, 감정적 면을 포함하므로 논리적으로 우리는 하나님의 사랑의 능력과 분노할 수 있는 능력도 반영한다. 더욱이 2장에서는, 성서 이야기에 따르면 예수님이 분노를 포함하여 인간의 모든 감정 영역을 느끼는 정서적인 사람이었다는 것을 설명했다. 그렇다면 삼위일체의 한 위로서 (이것이 특정 전통에서 어떻게 정의되고 서술되는 지에 상관없이) 예수님의 분노 경험은 분노할 수 있는 능력이 삼위일체 하나님의 성품 가운데 한 부분임을 반영한다고 주장할 수 있다.

창조 이야기들의 언어 사용(*하나님이 이르시되* 그리고 *하나님이... 부르시고*)에 대하여, 일부 신학자들은 하나님에 대한 의미 있는 은유로서 스토리텔러(storyteller)를 사용했다. 이야기를 구성하는 신경의 기능은 이러한 은유의 반영이며 하나님 형상대로 창조되었다는 것이 무엇인지 의미하는 부분이다. 하나님은 이야기 구조를 통하여 창조할 수 있는 능력이 있으며 우리는 우리 자신의 삶의 사건들을 "이야기화"하는 능력을 통해서 하나님의 창의적 과정에 참여한다. 분노할 수 있는 생리적인 능력과 함께 분노할 수 있는 능력의 중요한 역할을 하는, 이야기를 구조화하는 능력은 하나님께서 복을 주시고(창 1:28) "좋았더라"(창 1:31)고 말씀하신 유한한 우리 존재의 부분이다.

하나님은 분노하시고 우리는 하나님의 형상(*imago Dei*)대로 창조되었기 때문에 하나님의 분노할 수 있는 능력을 반영하는 것은 당연한 일이며 성서의 이야기들도 확실히 이를 지지한다. 성서는 분노가 창조 질서의 한 부분이며, 우리의 유한하고 (공간과 시간에 있는) 체화한 존재의 중요한 측면이며, 따라서 우리의 "형상성(imageness)"이라고 가정한다. 요약하면, 하나님의 인격성을 반영하는 것은 어떤 신비하고 불가해한 방식으로 존재의 정서적이고 감정적인 면을 포함한다.

목회신학은 파괴적인 분노의 문제를 다룰 필요가 있다. 분노로 인해 생길 수 있는 끔찍한 학대와 폭력, 테러, 살인 그리고 전쟁을 만날 때 우리는 어떻게 할 것인가? 이런 악마적인 표현의 현실이 분노가 죄와 연결된다는 것을 강력하게 암시하지 않는가? 매일 보도되는 뉴스를 읽고 볼 때 우리는 모든 분노가 하나님의 목적과는 틀림없이 반대되는 것이라고 쉽게 가정하게 된다. 우리는 기독교 전통 안에서 분노의 힘에 의해 상처입고, 희생되고, 두려워하는 많은 사람이 분노를 왜 일곱 가지 치명적인 죄 중 하나라고 믿기로 선택했는지 분명하게 이해할 수 있다. 체화한 존재의 모든 면(인지, 성, 배고픔 등)처럼, 분노할 수 있는 능력이 악의 목적을 위해 잘못 사용될 수 있다는 것은 의심할 여지가 없다. 우리가 이미 살펴본 것처럼 어떻게 분노의 경험이 우리로 하여금 이웃과 우리 자신에 대해 죄를 짓게 하는 것과 같은 파괴적인 행동을 하기 쉽게 만든다는 것을 성서는 분명하게 안다. 우리 자신의 경험이 이 진리를 확증해 준다.

나는 다음 부분에서 분노할 수 있는 능력이 하나님의 선물 중 하나라고 말한다. 물론 우리가 분노를 오용하고 악용하기도 하지만, 그럼에도 분노는 하나님의 선물이다. 우리가 분노를 오용한다고 해서 분노의 목적이 긍정적이라는 사실을 바꾸지는 못한다. 즉 분노는 우리가 위험에 처할 때 경고하는 경계 신호의 역할을 하고, 우리의 자아감을 방어하도록 준비시키는데, 이 자아는 창조주에게 귀한 것이다. 창조주는 우리가 분노로써 어떻게 반응해야 할지 결정할 수 있는 자유를 주었다. 분노로 일어날 수 있는 모든 파괴성에도 불구하고 우리는 분노의 파괴적인 표현과 분노할 수 있는 능력 자체를 혼돈하지 말아야 한다. 사실, 파괴적으로 표현된 분노로 인한 악을 포함해서 분노할 수 있는 우리의 능력은 우리가 악에 대항하는 행동을 유발한다.

우리는 아마 우리의 분노 반응을 더 신속하게 알아내고 분노를 더 창의적으로 다루는 법을 배움으로써 하나님의 형상을 더욱 닮아가고 있을 것이다. 우리의 진화 역사에서 우리의 조상들은 편도체가 위험을 해석하는 신속함과 생존하기 위해 맞서 싸우거나 도망치는 생리적인 각성 패턴의 활성화에 의존해야 했다. 우리에게 우리 자신의 이야기를 검토하고 바꾸는 자유(반응할 능력)가 있다는 것을 고려할 때, 우리는 아마도, 언제 신체적 각성이 필요하고 언제 불필요한지 더 신속하게 알아차림으로써 우리의 신체적이고 심리적인 자기(self)를 지속적으로 발전시키는 데 참여할 수 있을 것이다. 이렇게 하여 우리는 우리 자신과 사회 안에서 평화와 온전함을 향한 하나님의 변함없는 초청에 참여할 수 있다.

선물인 분노: 하나님이 축복하시다

분노가 창조 역사와 연결된다는 것은 하나님께서 분노를 느낄 수 있는 우리의 능력을 축복하셨다는 의미다. 마지막으로 하나님은 육체를 가진 여자와 남자를 만드신 것을 포함하여 자신이 창조한 세계를 둘러보시며, 그 지으신 "모든 것을" 보시고 "심히 좋았더라"(창 1:31)고 하시며 기뻐하셨다. "모든 것"은 체화한 피조물인 우리 존재의 신체적이고, 감정적이고, 정서적인 모든 면을 포함해야 한다. 분노에 관한 목회신학은 분노할 수 있는 능력이 태초의 축복에 포함됨으로써 입증되었듯이 자기의 긍정적인 측면임을 확증한다.

3장에서 설명한 대로 모든 정서는 더 온전한 인간이 되는 과정에 필요하다. 즉 정서는 정체성을 확립하고, 인간 존재를 의미 있는 것으로 이해하며, 가치에 헌신하고, 다른 사람들과 환경과 관계를 형성하며, 종교적 경험과 신앙의 역동에 참여하는 데 매우 중요하다. 그러므로 분노할 수 있는 능력은 창조주가 주신 것 중 하나로서 하나님의 선물로 여겨지며,[9] 최소한 세 가지 중요한 목적이 있다. 첫째는 우리의 신체적이고 심리적인 생존에 공헌하는 행동을 하도록 몸과 마음을 준비하는 것이다. 둘째는 분노할 수 있는 우리의 능력을 올바른 상황에서 활성화하는 것이 우리의 신체적, 정신적, 영적 건강을 위해 필요하다. 셋째는 12장에서 더 설명하듯이 우리 자신을 위하여 싸울 뿐만 아니라 평화와 정의를 위해 일하시는 하나님과 함께 일하기 위해 필요한 동기와 관련된다.

분노는 언제나 죄 된 것이라는 신학적 견해는 인간은 분노를 없애야 하고 또 없앨 수 있다는 의미를 내포하며, 많은 경우에 명백하게 그렇게 하기를 요구한다. 물론 나는 우리가 분노의 파괴적이고 비윤리적인 표현을 버리는 일이 가능하다고 결론을 내린다. 사실, 나중에 말하겠지만 그렇게 하는 것이 우리의 책임이다. 그러나 분노할 수 있는 능력을 버린다는 생각은 신체적으로 불가능한 것을 말하는 것이다. 더구나 그러한 견해는 하나님께서 선한 것으로 축복하신 인간성의 한 부분을 폄하하는 것이며, 4부에서 논하겠지만 책임 있고 효과적으로 표현된 분노의 모든 긍정적인 목적을 하찮게 보는 일이다. 우리가 하나님의 형상대로 창조되었다는 것을 생각할 때, 우리의 삶에서 이 선물을 억압하거나 제거하려는 것은 하나님의 형상을 부정하는 일이다. 신체적이고 심리적인 관점에서 가능할지라도 이 능력을 제거한다는 것은 좋은 생각이 아니다. 팬크세프(Panksepp)는 분노의 병적 표현을 감소시키는 법을 언급한 후에 분노의 긍정적이고도 유용한 면에 대해 "인지적인 차원에서 분노는 사회에서 파괴적인 힘일 수도 있고 유용한 힘이 될 수도 있다"고 말하면서 다음과 같이 덧붙인다.

인격에 충분한 깊이가 있을 때 인간이 분노하는 정신 에너지는 아주 창조적이거나 건설적인 노력으로 전환될 수 있다. 만약 우리의 조상이 "자유가 아니면 죽음을 달라"고 외칠 열정이 없었다면 오늘날 우리는 어떻게 되었을까.[10]

팬크세프는 "현재의 심리생물학은 인간 분노의 인지적 요소에 관한 정보가 거의 없으며 특히 사회를 변화시키는 불같은 인간 에너지에 대해서 그러하다"[11]고 말하지만, 성서의 이야기들과 오랜 세대에 걸쳐 기독교 신학자들의 수많은 증거는 분노가 윤리적 행위에 기여한다는 것을 증명한다. 실제로 12장에서는, 크리스천들이 어떤 특정한 상황에서 위협이나 분노를 느끼지 않는다면 우리가 책임감을 느껴야 할 것이라고 논의한다.

분노는 항상 우리를 특히 죄에 취약해지기 쉽게 하며, 에베소서 4장 26절에서도 분을 내어도 죄를 짓지 말 것을 권면한다. 그러나 11장과 12장에서 기록하듯이 이러한 취약성이 소망과 용기와 친밀감과 자기 이해와 긍휼을 위한 기회를 만들기도 한다. 그러므로 목회신학은 분노가 온전한 인간이 되는 과정에 중요하게 기여할 수 있다는 것을 인식하고 진가를 인정해야 하며, 분노할 수 있는 우리의 능력이 기본적으로 선하다고 옹호하기 위해 노력해야 할 것이다. 다른 정서와 마찬가지로 분노의 기본 목적은 생명의 증진에 있으며 파괴에 있지 않다.

분노는 도덕적 쟁점이다

20세기에 심리학은 분노를 포함하여 정서는 선하지도 악하지도 않은 자연적인 현상이며, 다른 말로 정서는 그저 중립적으로 존재한다는 데에 일반적으로 동의하게 되었다. 물론 이러한 정서는 우리를 건설적이거나 파괴적인 행동으로 이끌 수도 있기 때문에, 이에 대한 성숙하고 건강한 접근은 이 정서가 언제 생기는지 인식하고 이러한 정서 표현을 효과적으로 다루는 데 초점을 둔다. 그러므로 심리치료사들은 사람들이 자신의 분노를 자연적인 현상으로 받아들이고 언제 분노를 경험하는지 알고 인정하며 적절한 표현과 행동을 포함하여 분노를 가지고 무엇을 할지 결정하게 돕는 일에 집중한다.

신학적 성찰과 목회적 실천 가운데 특히 목회적 돌봄과 상담 전문가들은 20세기 중후반에 심리학의 영향을 많이 받았다. 다수의 기독교 임상가들은 사회과학의 훈련을 받았으며 심리학의 통찰력을 돌봄과 상담의 실제에 통합했다. 목회적 돌봄과 상담의 전문가들은 임상 경험에서 분노가 죄라는 전통이 크리스천들에게 많은 문제를 일으킨다는 것을 알게 되었으며 이러한 전통을 적절히 바로잡으려고 시도했다. 그들은 분노가 인간 조건의 자연스러운 부분이라는 일반적으로 인정된 심리학적 관점을 강조하기 시작했으며 모든 분노 경험이 죄 된 것이라는 생각에 도전했다.

그러나 "분노는 자연적인 것"이라는 이 견해에는 한 가지 문제가 있었다. 다른 말로 하면, 분노의 경험이 도덕적으로 중립적이라는 가정을 하는 경향이다.[12] 즉 분노는 단순히 삶에 대한 자연적인 반응으로 일어나기 때문에 화가 나는 것에 대해서는 염려하지 말고 단지 분노를 어떻게 표현해야 할지에 대해서 염려해야 한다는 것이다. 예를 들어 마틴 데이비스(Martin Davis)는 12단계 프로그램의 분노에 관한 글에서 다음과 같이 말한다.

> *분노가 전통적으로 일곱 가지 죄 중에 열거되지만 분노 자체가 죄 된 것은 아니다. 분노는 다른 정서와 마찬가지로 하나의 정서이며 그것 자체로는 선하지도 악하지도 않다. 우리가 분노의 정서로써 하는 일이 선하거나 악할 수 있는 것이다.*[13]

심리학자 게리 올리버(Gary Oliver)와 노만 라이트(H. Norman Wright)는 이러한 개념을 크리스천 청중에게 분명하게 해석해 준다.

분노는... 다른 많은 감정처럼 그 자체로 옳거나 잘못된 것이 아니다. 문제는 분노를 잘못 다루는 데 있다.[14]

죄는 나의 분노 경험이나 분노의 정서에 있는 것이 아니라 그것을 어떻게 표현할지 선택하는 데 있다.[15]

성서에 대해 보통 문자주의적인 관점과 인간의 곤경 상황에 대해 전통적인 견해를 지닌 더 보수적인 신학을 대표하는 사람들도 분노가 도덕적으로 중립이라는 견해를 취했다. 보수적 복음주의의 유명한 작가인 팀 라헤이(Tim LaYaye)는 "진실은 분노 자체는 선하지도 악하지도 않다는 것이다. 분노는 분노일 뿐이다... 분노의 문제는 분노가 당신을 이끄는 방향이다"[16]라고 말한다. 보수주의 기독교 정신과 의사인 프랭크 미너스(Frank Minirth)와 폴 마이어(Paul Meier)는 "분노가 인간의 자동적인 반응"이라고 말한다.[17]

이러한 견해가 내포하는 결론은, 우리가 무엇에 관해 분노할지 선택할 수 없으며, 언제 분노할지 통제할 수 없고, 분노하게 되는 이유에 대해 책임이 없다는 것이다. 이러한 견해는 분노의 경험을 평가할 책임이 우리에게 없으며 단지 우리의 행동에 대해서만 책임이 있다고 가정한다. 분노의 경험이 도덕적으로 중립이라고 암시하는, 분노의 본질에 관한 이러한 가정들은 신경과학이나 구성주의 내러티브 심리학, 과거의 도덕신학이나 신학적 분석 영역의 최근 정보에 영향을 받지 않는다.

이런 견해에 반영된 심리학은, 분노가 마치 독립적인 생명이 있는 것처럼 우리가 통제하기 어렵다고 믿는 초기의 본능주의 개념에 의존한다(5장을 보라). 이십 세기 초 절반 동안 많은 사회과학자는 분노에 관한 본능 개념이 더는 적절하지 않다고 인식했을 때 본능 이론을 거절하였다. 5장에서 설명한 대로 환경적 자극이 자기에 위험하다고 우리의 두뇌가 해석할 때에만 분노가 일어난다. 분노는 표현될 수 있는 길을 찾으면서 우리의 몸이나 인격 어디에선가 계속 존재하는 독립된 실체가 아니다.

더 나아가 6장에서는 신체적 생존에 관련되지 않은 분노가 어떻게 작동하기 시작하는지 살펴보았다. 다른 말로 하면, 우리의 세계를 설명하기 위해 우리가 채택하거나 창조한 이야기들이 침해될 때 분노가 일어난다는 것이다. "분노는 본능"이라는 견해와 대조적으로, 구성주의 내러티브 이론의 관점은 *우리는 위협에 취약하게 만드는 이야기를 통제할 수 있는 능력을 가지고 있다는 것*을 알게 해준다. 더욱이 우리가 성장하고 발전하는 동안 그러한 이야기를 수정하거나 재구성할 수 있다. 어떤 사건에 대한 우리의 관점이 분노를 촉발하기 때문에 우리의 이야기에 내재된 가치와 신념과 의미는 우리가 언제 그리고 왜 화를 내는지 설명하는 데 큰 역할을 한다. 우리는 보통 우리가 위협을 느끼게 되는 이야기를 어떻게 구성하는지에 따라 무엇이 우리를 분노하게 하는지를 선택하므로, 나는 분노가 생기게 허락하는 것이 실제로 도덕적 쟁점이라고 주장한다.[18]

선택할 자유

보통 우리는 어떤 이야기가 우리에게 위협감을 주고 어떤 것이 그렇지 않은지 선택할 수 있기 때문에, 우리의 분노로써 할 수 있는 것뿐만 아니라 애초에 분노가 일어나게 허용하는 것도 결정할 수 있는 자유가 아주 많다.

그러한 자유와 함께 분노할 수 있는 능력이 생리 기능임에도 모든 분노 경험이 그렇지는 않다는 것을 깨닫게 된다. 6장에서 살펴보았듯이 우리의 이야기를 쓰고 다시 쓸 자유는 무엇이 우리에게 위협감을 줄지 결정하는 데 책임을 갖게 하여 분노할 수 있는 우리의 능력을 활성화한다. "아무것도 사람을 분노하게 만들지 못한다... 사람들은 자신을 분노하게 만든다. 가장 근본적인 차원에서, 그들은 분노하기로 선택한 것이다."[19]

가인과 아벨의 이야기(창 4:3-7)를 다시 한 번 생각해 보자. 가인이 "몹시 분하여"(5절) 있음에도 죄는 아직 "문에 엎드려 있고"(7절) 상처받기 쉬운 가인의 상태를 이용하지 않았기 때문에, 우리는 이미 이 이야기에서 하나님이 분노의 경험과 죄의 경험을 구분하시는 것을 보았다. 하나님께서 가인에게 일어난 분노를 평가절하하지 않았음에도, 하나님은 가인을 거절의 위협에 취약하게 만들고 분노하게 만드는 이야기에 관해 관심을 두셨다. "네가 분하여 함은 어찌 됨이며"(6절)라는 하나님의 질문은 하나님께서 자신의 제물을 거절했다고 해석한 가인의 현재 이야기를 알아차리고 위협받고 화난 상태로 그를 놔두지 않는 다른 이야기를 구성할 가능성을 고려하도록 초청한다. 가인은 자신의 이야기를 바꿀 수 있는 자유가 있었다. 그러므로 희생 제물과 관련된 "네가 선을 행하면 어찌 받아들여지지 않겠느냐?"(역주, 개역 개정판은 "네가 선을 행하면 어찌 낯을 들지 못하겠느냐"로 되어 있다)(7절)는 말에서처럼 그의 행동을 바꿀 수 있었다. 그리하여 제물이 거절된 것이 그를 위협하지 않고 분노를 일으키지 않을 수 있었다. 더구나 자유의지에 관한 성서의 가장 초기의 언급 중 하나에서 하나님은, "너는 죄를 다스릴지니라"(7절)고 말하였듯이, 가인이 자신의 분노를 파괴적으로 표현하는 유혹에 저항할 수 있는 자유가 있다고 일깨우셨다. 우리는 분노할 때마다 분노를 해로운 방법으로 표현하기 쉬운 상태에 놓이게 되고 그로 인하여 우리 자신이나 이웃에게 죄를 지을 수 있다. 분노할 수 있는 능력 자체는 죄가 아니지만 우리가 *이러한 분노가 일어나도록 허용하고 그 분노를 어떻게 다루는지에 대해서*는 우리가 책임이 있다.

하나님께서는 니느웨 백성들에게 하나님이 행해야만 한다는 일에 관한 요나의 내러티브를 비판하신다. 요나의 행동은 니느웨 백성을 구원하신 하나님에 대한 분노에서 비롯됐으며(4:1) 하나님은 요나가 왜 분노하는지 물으셨다(4:4). 하나님께서는 요나가 자신의 이야기를 하나님의 구원 이야기와 일치하게 바꿀 수 있도록 초대했지만 요나는 저항했다. 마침내 하나님께서는 요나의 이야기의 어리석음과 요나가 그늘을 뺏겼다는 이유로 나무 한 그루가 죽어가는 것에는 분노했지만 니느웨 사람들을 귀하게 여기지 않는 비일관성에 도전하셨다(4:6-11). 하나님은 요나가 니느웨 사람들을 더 긍휼히 여기는 이야기를 재구성할 수 있도록 그를 재촉하셨다.

이야기를 다시 쓴다는 것은, 우리가 그리스도 안에서 성숙을 향해 자라가는 동안 하나님이 우리를 부르신 변화시키는 일로 간주될 수 있다.[20] 재구성을 향한 이러한 부르심은 예수님의 사역에서도 지속적으로 나타났다. 종교 지도자들을 대하실 때 예수님은 히브리 성서에 나타난 하나님 이미지와 일치되게 행동한다. 예수님이 종교지도자들이 사랑과 친절, 자비, 정의 그리고 겸손보다도 정결법을 우선시하는 그들의 지배적인 이야기를 재고하라고 도전한 횟수를 주목해 보라. 예수님은 그들이 실행해 온 종교가 유대교의 근본과 일치하지 않으며 그들이 행하는 것도 하나님이 표현하신 바람에 상반된다는 것을 보여 주었다.

예수님은 사역하는 동안에 사랑보다 율법을 우선시하는 유대 종교 지도자들의 지배적인 이야기를 바꾸려 하였다. 예를 들면 요한복음 7장 19-24절에 기록된 대로 군중에게 가르칠 때에 예수님이 안식일에 한 남자를 고쳐주었기 때문에 군중들은 분노했다. 그러자 예수님은 자신의 사역으로 인해 위협감을 느끼고 분노를 일으키게 한 그들의 가치관에 대해 질문했다. 23-24절에서 예수님은 다음과 같이 말한다.

> *모세의 율법을 범하지 아니하려고 사람이 안식일에도 할례를 받는 일이 있거든 내가 안식일에 사람의 전신을 건전하게 한 것으로 너희가 내게 노여워하느냐 외모로 판단하지 말고 공의롭게 판단하라 하시니라.*

　예수님은 그들의 분노가 "공의로운 판단"을 하지 못하여 생기므로 그들이 고백하는 종교적 확신에 적합하지 않다고 지적하면서, 그들의 신앙 이야기에 도전한다. 분노하는 종교 지도자들이 적어도 이 상황에서는 비윤리적으로 행동하지 않았기 때문에 예수님이 그들의 행동에 대해서는 도전하지 않는다는 데 주목하라. 오히려 예수님은 그들이 자신의 가르침과 일치하지 않는 세계관이나 이야기에 집착한다는 사실을 비판한다. 그들의 분노는 예수님의 치유 행위로 인해 일어났는데, 예수님은 그 치유 행위가 인간의 안녕을 위한 하나님의 바람과 잘 맞는 것이라고 생각했기 때문에, 예수님에 대한 그들의 분노가 문제였다. 예수님의 사랑의 행위는 율법주의에 기초한 그들의 이야기에 위협이 되었는데, 그 이야기를 예수님은 타당하다고 생각하지 않았기 때문에 그들이 판단의 근거로 삼을 수 있는 다른 이야기를 택하도록 도전했다.

　오늘날 신앙인으로서 우리들은 우리의 분노를 검토하고 우리에게 위협감을 느끼게 하는 근저의 이야기를 탐색할 책임이 있다. 이러한 방식으로 우리는 우리의 이야기가 복음에 일치하는지 분별하고 우리의 삶이 예수님이 모범을 보여 준 삶과 일관되는지 평가하게 된다. 12장에서 더 살펴보겠지만, 간단히 말해서 우리의 분노가 예수님이 긍휼히 여기는 분노의 예에 부합하는지 평가할 수 있다.

선택하는 자유의 예는 자신의 분노하는 행동을 의도적으로 변화시키기 위해 노력한 삼십 대 후반의 기혼 남성이 쓴 이 평가에서 볼 수 있다. 그는 화나서 언어로 공격하거나 주먹으로 벽이나 문을 치는 것과 같은 "분노 폭발"을 할 때 자신이 경험한 신체적 변화에 대해 설명한 후에 그는 분노하는 동안에 자신에게 선택권이 있다는 자각이 증가했다고 설명했다.

> 이러한 일은 사람들이 있는 데서는 거의 일어나지 않는다! 나의 어머니가 분노를 터트리는 것을 내 친구들이 보고 겁에 질린 일을 기억한다. 그래서 아내와 내가 다른 사람들과 함께 있을 때는 "분노를 자제하려고" 온갖 노력을 다한다. 아내는 이에 관하여 상당히 설득력 있는 얘기를 한다. 아내는 내가 사람들 앞에서 통제할 수 있다면 집에서는 왜 할 수 없는지 자주 궁금해했다. 나는 이것이 내 상태에 대해 알려 주는 것이 많다고 생각한다. 나는 사람들 앞에서는 모면할 수 없기 때문에 분노를 터뜨리지 않는다. 집에서는 하는데, 이는 적당히 넘어갈 수 있기 때문이다.

이러한 자기 평가는 자신의 화를 절제할 수 없다고 말하거나 그러한 분노의 폭발이 부분적으로 그들의 신체 구성의 문제라고 말하는 사람들 대부분에게도 진실이다. 이 사람은 그의 인생 초기에 "하나님이 나를 이렇게 만들었다"고 주장하며 자기 행동을 방어했다고 말했다. 그러나 그때에도 자신의 행동이 "비이성적이고 어리석다"는 것을 알고 있었다고 시인했다.

비록 많은 이야기가 무의식적으로 만들어지지만 그 이야기들은 아직 유동적이고 바뀔 수 있다. 다시 말해서, 많은 이야기가 무의식에 머물러 있을 필요가 없다. 이러한 이야기를 의도적으로 알게 됨으로써(6장과 13장을 보라), 우리는 왜 우리에게 분노가 일어나는지 더 잘 이해할 수 있다. 즉 우리는 그러한 특정한 이야기가 위협을 받을 필요가 있는지 아닌지 결정하는 맥락을 설정할 수 있다. 특정 행동을 하게 동기를 부여하는 무의식적인 이야기들을 찾아내지 못한다 할지라도 우리는 다른 행동을 선택할 수 있다.

개인의 책임

지금까지 나는 분노할 수 있는 능력이 우리의 체화한 창조의 부분(하나님의 선물)임을 입증하였고, 또한 신경과학과 구성주의 내러티브 이론 그리고 성서 이야기에 기초하여 우리가 언제 분노할지 선택할 수 있는 자유가 있다고 확증하는 목회신학을 구성하였다. 이 자유는 분노를 경험하고 표현하는 책임을 우리 자신 외에 다른 사람이나 다른 어떤 것에 돌리는 일이 부적절하다는 것을 말해 준다. 우리 가족과 문화의 더 큰 이야기의 맥락에서 창조된 우리 자신의 이야기는 우리의 분노를 유발하고 분노를 어떻게 말과 행동으로 표현할지를 형성한다.

3장에서는, 아주 강렬하여 우리를 압도하는 듯 보이는 정서가 우리를 무력하게 만든다고 암시하는 "수동성의 신화"를 언급했다. 분노에 관한 언어는 이러한 생각을 촉진한다. 예를 들어 분노가 "우리를 압도한다"거나 "지나치게 흥분했다" 또는 분노로 "눈이 멀었다"거나 "어쩔 수 없었다"와 같은 표현들이다. 우리는 인간이 분노의 노예가 될 수 있다는 것을 알지만 이러한 결론은 생물학적인 관점에서는 옹호하기 어렵다.

분노에 대해 양면적인 태도를 취한 존 웨슬리(John Wesley)도 우리가 분노를 가지고 어떻게 행동할지 선택할 자유가 있다고 믿었다. 웨슬리는 크리스천이 "우리에게 자연스러운 것인 죄" 앞에서 무력하다는 생각에 대한 반응으로 모든 "자연적" 성향에 대한 책임이 있다고 주장했다. 우리의 신체적 특징과 (뇌의 이상이 아닌) 정신적 상태에 근거한 자기의 측면도 우리의 책임에서 벗어나지 못한다. 우리는 정서를 통제할 수 있는가? 웨슬리는 이 질문에 대해 "할 수 있다"고 말하며 개인적인 예화를 든다.

> *예를 들면, 분노는 나에게 자연스러운 것이며, 불규칙하고 비합리적인 분노도 포함해서 그렇다. 나는 이런 성향이 있는데, 내가 매일 경험하기 때문이다. 하지만 나는 하나님의 은혜로 분노를 통제할 수 있다. 내가 지켜보고 기도하는 한 그렇게 할 수 있다.*[21]

하지만 웨슬리가 크리스천으로서 우리가 분노를 경험하는 방식에 책임이 있다고 주장하는 것은, 그가 다른 곳에서 기록했듯이 분노를 부인하거나 억압하는 것이 해답이라는 암시가 아니다.[22]

실존주의자들은 우리의 정서와 행동에 대한 책임을 인간의 자유에 연결한다. 사르트르(Sartre)는 "인간 현실의 특이한 성질은 거기에 어떤 변명이 없다는 것이다"라고 말했다.[23] 자유와 책임은 우리의 기본적 실존에서 필수적인 부분이기 때문에, 우리 존재 외부의 그 무엇도 "우리가 느끼는 것과 사는 것과 우리가 누구인지에 대해 결정했다"[24]며 불평할 수 없다고 사르트르는 말한다. 비록 실존주의자들이 개인의 현실을 구성하는 데서 관계와 문화적 이야기의 중요한 역할을 과소평가했지만, 개인의 책임에 대한 강조는 유효하며, 우리가 책임을 평가할 때 개인의 이야기뿐만 아니라 문화의 이야기도 평가해야 함을 상기시킨다. 자기(self)가 인생을 이해하는 과정에 대한 구성주의 내러티브 이론의 이해는 우리가 *언제* 분노할지 우리에게 중요한 통제력이 있다는 것을 보여 준다.

무신론적 실존주의자들의 견지에서 자유의지의 개념은 장-폴 사르트르에 의해 요약된다. 그는 책임지는 연습이 언제나 열정을 거절할 것이라고 한다.

> *결정론은 없으며, 인간은 자유하고, 인간은 자유다... 세상으로 던져진 인간은 자신이 하는 모든 것에 책임이 있다. 실존주의자는 열정의 힘을 믿지 않는다. 그는 전면적인 열정이 숙명적으로 인간을 특정한 행동으로 이끄는 격렬한 급류이며 따라서 변명이 될 수 있다는 데 동의하지 않을 것이다. 그는 인간이 자신의 열정에 책임이 있다고 생각한다.*[25]

이러한 자유를 고려할 때, 목회신학은 우리가 분노하는 까닭과 특정한 분노의 표현을 각 개인의 책임으로 돌려야 하며, 동시에 파괴적인 분노의 표현, 특별히 학대와 폭력을 조장하는 이야기들을 묵인하고 지지하는 문화에 책임을 지운다. 이러한 책임은 기독교 전통 측의 자기비판을 포함하며, 즉 몇몇 성서 이야기가 하나님께서 학대하는 행동을 하신 것처럼 정의한, 하나님의 성품에 대한 인식을 지속적으로 연구하고 질문하고 해석하며 재구성할 필요성을 포함한다.

신학적으로 말하면, 자유와 책임의 논쟁은 종종 "자유의지"로 알려졌다. 이 자유의 개념은 자주 추상적으로 생각되지만, 팬크세프는 신경생리학의 틀 안에서 자유의지[26]의 개념을 이해하려고 시도한다.

> *성인인 인간에게 상위피질 조절은 우리가 분노할지 아닐지 부분적으로 선택할 수 있는 정도로 정교해질 수 있다. 하지만 또 그런 고도의 인지적 기능들 때문에 (과거의 학습과 현재의 평가가 어떻게 정서의 체계를 각성하게 할 수 있는지 반영하는) 제스처에 대한 반응만으로도 우리는 분노하게 될 수도 있다.*[27]

팬크세프는 자유의지의 두 가지 중요한 면을 인정한다. 첫째, 그는 우리가 통제할 수 있고 따라서 우리가 구성한 현실을 의식적으로 숙고함으로써 우리가 분노의 경험에 책임이 있다는 것을 확증한다. 둘째, 정신적 외상을 초래할 정도의 이야기들, 특히 인생 초기의 이야기들은 깊고 바꿀 수 없을 것 같은, 신피질(생각하는 뇌)을 우회하는 신경 경로를 형성하기 때문에 그는 자유의지에 대한 잠재적인 한계를 인정한다.

우리는 인생 초기의 정신적 외상에 대한 우리의 반응을 통제할 자유가 제한된다는 것을 안다. 우리는 우리의 체화한 존재를 완벽히 통제하지 못한다. 5장에서 기억에 관한 토론이 상기시키듯이, 때때로 우리는 초기의 정신적 외상의 경험에서 형성된, 특히 문제가 있는 이야기를 생각나게 하는 그런 "제스처"에 반응한다. 이전의 이야기들은 우리가 초기의 정신적 외상으로 만들어진 신경 경로들에 연결되고 우리의 인지적인 과정보다 더 빠르게 기능하는 갑작스런 분노 행동에 더 취약하게 만든다. 이 신경 경로들은 그 사건을 통제할 자유의지의 합리적인 실행을 활동시키기 더 어렵게 만든다. 여하튼, 우리는 분노할 수 있는 우리의 능력을 사용하고 오용할 자유에 대처해야 한다. 이 뿌리 깊은 이야기들이 있음에도, 이 이야기들이 우리를 위협에 전적으로 취약하게 남겨두지 못하게 하기 위해서, 우리는 자기인식을 향상함으로써 통제력을 얻고 우리의 반응들을 바꿀 수 있다.

목회신학은 우리의 파괴적인 분노 표현에 대해 생리 기능을 탓하지 말아야 한다. 앞에서 말했듯이 파괴적인 분노 표현은 생리 기능에 뿌리를 둔 본능적인 것이어서 변경할 수 없는 인간 조건의 특징이라는 생각은 신경심리학의 최근 연구에 근거해서 거절되었다. 예를 들어 많은 사람이 자신의 화를 전혀 조절할 수 없다고 주장하면서, 분노 행동에 대해 자신들의 몸을 탓하는 시도를 했다. 하지만 거의 예외 없이, 분노하는 행동은 허락되든 억제되든 간에 생리 기능보다는 분노를 어떻게 그리고 언제 표현하는지에 대한 개인의 이야기와 문화의 이야기를 반영한다. 거의 예외 없이, 생리적인 반응은 중요한 이야기가 계기가 되지 않고서는 활성화하지 않는다. 우리의 몸이 아니라 우리의 이야기가 우리를 속이는 것이다.

요약

분노를 창조에 연결하는 것은 우리가 분노할 수 있는 능력이 처음부터 있었으며, 이것이 우리의 체화된 존재의 필수적인 면임을 받아들이게 한다. 그래서 우리는 나사렛 예수의 모델에서 보듯이 분노할 수 있는 능력을 유익하고, 창의적이며, 책임 있게 사용하도록 하나님이 선하게 창조하신 축복받은 부분인 선물로서 환영하며, 더욱이 분노할 수 있는 능력을 영적 협력자, 즉 우리의 영적 여정의 동반자로 본다. 이 관점으로 우리는 몸과 정신의 온전함의 비전을 향해 움직이며 더는 우리의 자기(selfhood)에서 분노를 제거할 필요를 느끼지 않는다. 우리는 분노를 완전히 없애기 위해 노력하는 대신에, 특정 위협에 취약하게 되는 이야기를 밝힘으로써 분노가 우리에 대해 무엇을 가르쳐 줄 수 있는지 배우려고 한다. 이 이야기를 다시 쓰는 것(re-authoring)을 통해 우리는 분노할 수 있는 가능성이 성장과 변화로 이끈다는 것을 받아들인다. 이 과정이 우리를 영적인 성숙과 풍성한 삶으로 지향하게 할 수 있다. 따라서 4부에서 더 살펴보듯이, 분노의 긍정적인 공헌을 받아들이고 부정적이고 도움이 되지 않는 행동을 하는 모든 경향에 책임 있게 대처하기 위하여 우리는 분노를 이해하고 창의적이고 효과적으로 사용하는 법을 배운다.

분노를 일곱 가지 치명적인 죄의 목록에 계속 넣는 것은 대가가 큰 잘못이다. 우리가 신경과학과 구성주의 내러티브 이론, 성서 그리고 역사신학에서 배운 것을 고려할 때, 분노가 죄라는 전통은 더는 실용적인 믿음이 아니다. 나는 도덕신학과 조직신학자들이 이 대안적 이야기들에 주의를 기울이고, 분노를 치명적인 죄의 목록에서 제거하는 일을 하기 바란다. 아마도 이 신학자들은 적대감, 증오, 학대, 폭력 또는 파괴적이 된 분노의 다른 표현으로 대체할 수도 있을 것이다. 이들 중 어느 용어든 포함하여 효과적으로 논증할 수 있겠지만, 분노의 파괴적인 표현에서 분노할 수 있는 능력을 분리하지 않고서 이 목록에 분노를 포함하는 것은 하나님이 주신 이 선물에 공정하지 않으며, 하나님의 형상과 연관을 부인하는 것이고 분노가 우리의 삶에 할 수 있는 많은 긍정적인 기여를 무시하는 것이다. 다음에서 이것을 살펴볼 것이다.

4부

분노다루기: 기독교적 돌봄과 상담

THE
ANGRY
CRISTIAN

영적 협력자인 분노

분노는 위력이 대단하고 우리의 삶과 사회에 위험을 초래할 수 있다고 모두에게 잘 알려져 있다. 우리는 분노가 일어날 때 나타날 수 있는 악한 일을 안다. 그리고 수도원 공동체와 철학자들 그리고 사회과학자들이 분노를 의심한 이유를 안다. 우리는 침묵, 언어폭력, 폭력 같은 행동을 통해 표현되는 해로운 분노의 개인적인 경험을 예로 제공할 수 있다. 분노가 괴로움, 질투, 적개심, 보복을 초래하지 않게 하라고 성서가 엄하게 경고하는 이유를 우리는 알고 있다. 화가 날 때 우리는 우리 자신과 다른 사람들에게 쉽게 죄를 지을 수 있다고 성서와 경험을 통해서 잘 알고 있다.

그러나 분노는 반드시 적이 아니다. 분노가 반드시 해롭거나 폭력적이지는 않다. 분노가 반드시 상처를 주거나 괴롭히지는 않는다. 분노할 수 있는 능력은 하나님의 형상(*imago Dei*)의 일부이고, 하나님이 '선'하다고 칭하시고 축복하신 선물이므로 우리의 건강한 삶에 기여할 수 있는 많은 가능성이 있다고 앞 장에서 말하였다. 이제 나는 더 나아가서 분노는 실제 영적 협력자로서 기능할 수 있다고 제안한다. 분노를 영적 동반자라는 은유로 비유할 때 분노는 개인의 전인성을 추구하고 평화, 정의, 화해를 모든 차원에서 증진시키는 데 긍정적인 파트너가 될 수 있는 중요한 잠재력을 의미한다.

10장에서 우리는 분노를 일으키는 원인을 선택하는 자유가 있기에 또한 분노를 표현하는 방법에 대한 책임도 있다는 신학적 견해를 설명했다. 그러나 이러한 책임을 지혜롭게 수행하기 위해서 그리고 분노가 우리의 삶에 주는 중요한 선물들을 소유하기 위해서 우리는 분노의 모호함을 다루어야 한다. 아마도 캐서린 노리스(Kathleen Norris)가 "분노는 내가 하는 최선의 저항이다. 여전사의 모습이 되어야 할 때 분노는 정말 유용하다. 그러나 자신을 정당화시키려고 하거나 두려움을 부인하기 위해 분노하는 것같이 자신을 만족시키기 위해 사용할 때 분노는 해롭다"[1]라면서 많은 사람을 대변하는지도 모른다.

크리스천들이 분노하는 힘을 영적 순례의 안내로 받아들였으면 좋겠다.[2] 분노를 동반자로 인정하고 받아들이면 분노는 희망, 용기, 친밀함과 같은 우리의 삶에 중요한 부분들과 연결될 수 있다. 분노는 자아를 발견하는 데 중요한 역할을 할 수 있어서 자신 안에 있는 우상을 찾아내도록 도울 수 있다. 마지막으로 분노는 '진단하는 창'이 될 수 있어서 우리를 분노하기 더 쉽게 만드는 삶의 이야기를 식별할 수 있게 도와주고 자신을 더 잘 이해할 수 있도록 인도하여 준다.

분노와 희망

희망은 종교체험의 중요한 요소이다. 기독교 신앙이야기는 우리를 사랑하고 돌보시는 하나님에 대한 신뢰에 근거한 중요한 '미래 이야기'[3]를 포함한다. 일상생활에서 경험하는 사건들이 우리의 미래 이야기들, 즉 미래를 향한 꿈과 비전을 심각하게 공격할 때 우리는 분노하게 된다. 이혼, 사고, 건강의 위기, 실직, 재정위기 같은 기대치 않은 일들이 우리의 희망과 꿈을 위기에 빠지게 하면 분노가 일어날 수 있다.

목회신학자 캐롤 소시(Carroll Saussy)는 '절망에서 오는 분노'와 '희망에서 오는 분노'를 구별한다.[4] 절망에서 오는 분노는 목소리가 없이 침묵하고 있어서 다른 이가 듣지도 못하고 관심을 갖지 않는다. 해결할 방법도 없이 하나님은 미래를 향하여 우리를 부르신다고 말한다. 구체적인 방안도 없이 화해와 일치가 가능하다고 말한다. 대조적으로 희망에서 오는 분노는 애도하며 울부짖는다. 고통과 괴로움이 목소리를 내게 한다. 희망에서 오는 분노는 하나님이 우리를 경청하시고 우리를 위하여 일하신다는 믿음으로 채워져 있다. 희망에서 오는 분노에는 미래가 변화될 수 있고 평화와 정의가 가능하다는 믿음이 있다.

분노는 영적 협력자다. 그래서 분노는 희망의 지지자로서 역할을 한다. 분노는 자신을 보호하고, 생존을 위해 싸우고, 세상의 혼돈과 불공평에 저항하도록 자극한다. 그러한 상황에서 우리가 느끼는 분노는 저항과 항의의 표현이기에 아마도 직면까지 이르게 할 수 있다. 그래서 분노는 여전히 희망이 있다는 신호일 수 있다. 분노의 언행은 현실을 바꿀 수 있고 희망이 여전히 있게끔 할 수 있다.

예를 들어 대부분의 가정상담사들과 마찬가지로 나와 아내는 무관심한 부부보다는 서로에게 화가 난 부부를 상담하고자 한다. 부부관계가 위기에 처할 때 부부가 화를 내고 있다면 관계에 여전히 관심을 가지고 있다는 뜻이다. 그리고 위험에서 관계는 구조되어 변화될 수 있다는 희망이 있다는 뜻이다. 관계가 위협을 받을 때 분노하지 않는다면 무관심을 말하고 있다. 관계가 위험에 처할 때 분노하지 않는다면 적어도 한 배우자의 감정이 관계로부터 떠났기에 관계에 대하여 위협을 느끼지 못한다는 뜻이다. 분노를 정확하게 이해하고 소통한다면 분노는 상담 중에 있는 많은 부부들에게 변화를 가져오는 역동이 될 수 있다. 그래서 분노는 아침에 깨우는 자명종역할을 할 수 있고 부부관계를 위험에 처하게 한

행동과 태도를 변화시키는 동기를 제공할 수 있다.[5]

희망의 상실은 절망이 가져오는 가장 치명적인 결과 중의 하나이다. 이 상태는 분노할 힘이 없어서 생기곤 한다. 실제로 절망의 흔한 증세는 위협적인 사건들에 분노하는 힘의 상실이다. 억압된 분노는 우리 문화에서 편만한 우울증으로 나타났다.[6] 절망과 우울증으로 고생하는 많은 사람들은 희망을 되찾는 데 분노가 기여한 부분을 묘사한다. 예를 들어 성공회 신부인 로버트 모리스(Robert Morris)는 자신이 경험한 우울증을 다음과 같이 설명했다. "나에게 고통을 주던 감정들을 억누르는 나의 습관"이 우울증의 주요 원인이었다. 치유와 희망의 회복이 가능하게 한 주요한 것은 "나의 감정들, 특히 반감과 분노와 같은 감정들을 버리려고 하기보다는 소유하려는 의지"와 "나의 분노를 살아보려고 실천하고자 하는 필요성"이었다.[7]

메리 캐더린 베이트슨(Mary Catherine Bateson)은 학계에서 성차별과 싸우면서 느낀 절망에 대하여 썼다. 대학 총장이 갑자기 죽었다. 그래서 교무처장이던 그녀는 총장서리로 일하여 달라는 부탁을 수락했다. 그러나 얼마 지나지 않아서 그녀는 힘 있는 남성 교수들과 남성 이사들이 그녀를 총장서리직에서 물러서게 하려는 시도를 경험했고 배신감과 따돌림을 느꼈다. 더욱이 새로운 총장이 선임되었을 때 그녀는 교무처장 보직에서 해임됐다. 그 경험을 돌아보면서 베이트슨은 그러한 상실을 내재화하고 너무 쉽게 자신에게 책임을 전가하여 자신을 비난하는 여성들의 경향을 지적한다. 느껴진 분노는 희망을 위해서 가동되기보다는 내재될 주요 정서가 된다. 베이트슨은 절망스런 경험을 말하기 위해 다음과 같이 말한다. "분노는 절망의 골짜기로부터 한 발 멀어지는 성취였다."[8]

특권층에 있는 사람들보다 소외된 사람들이 희망의 경험에 분노가 주는 기여를 더 잘 이해할 수 있다. 미국의 흑인학자인 코넬 웨스트(Cornel

West)는 계속되는 인종차별 때문에 고통당하는 미국 흑인들이 느끼는 분개를 이야기할 때 희망과 분노의 연관성을 언급한다.[9] 이 분노는 절망에서 오는 분노가 될 수 있다. 그러나 분노의 강렬한 표현은 자기 자신 안에 힘을 세우고, 자존감을 다시 얻고, 삶의 의미를 찾는 시도가 될 수 있다. 웨스트는 사회적 평등을 위해 싸우는 상황에서 분노의 건설적 표현은 무기력과 희망의 상실에 해독제가 될 수 있다.[10]

메리 달리(Mary Daly), 마조리 프록터-스미스(Marjorie Procter-Smith), 수잔 브룩스 티슬트웨이트(Susan Brooks Thistlethwaite), 마조리 수하키(Marjorie Suchocki)와 같은 여성주의 학자들은 분노와 희망의 관계를 깨달았다. 메리 달리는 현실에 기초한 분노는 잘못된 희망을 깨닫게 하고 여성들이 더 현실적인 희망을 가지도록 도와준다고 말한다. 한 여성의 이야기 속에 성 차별주의자의 편견과 불공평이 들어있을 때 구성주의 내러티브 개념들을 사용한다면 그녀는 현실 속에서 저절로 일어나는 분노를 느끼게 되고 그 분노의 에너지는 "원천적이고 창조적인 희망으로서 표현될 수 있다."[11] 마조리 프록터 스미스는 어떤 사람이 고통의 원인에 긍휼한 마음으로 저항한다면 "분노는 희망의 표현이고 절망의 반대가 된다"고 주장한다.[12]

마침내 당연히 느껴야 할 분노를 충분히 느끼게 될 때 사람들은 다시 태어나는 희망을 경험하게 된다. 마조리 수하키는 어떻게 "분노가 희망을 주는 힘 있는 원천인 비전이 될 수 있는지"를 설명하면서 희망이 스며들어 있는 과정 속에 분노가 하는 비전을 제시하는 역할을 논한다.[13] 분노는 "미래의 힘에 대한 우리의 신뢰를 높여주어서 우리는 미래의 창조를 용기내어 시도하기 때문에" 희망이 생겨난다.[14] 수잔 브룩스 티슬트웨이트는 어떻게 매 맞는 여성들이 심한 분노를 내면으로 억눌러서 우울증과 자기비난과 절망감으로 고생하게 되는지를 관찰하였다. 자신의 분노를 알아차리고 자신에게 학대를 가한 근원에 분노를 내도록 지지받을 때 희생자들은 힘을 얻고 희망을 가질 수 있게 된다.[15]

9장에서 말했듯이 분노로 번역되는 그리스어 단어들은 애도와 슬픔의 경험을 포함하는 의미들을 추가적으로 담고 있다. 예를 들어 마가복음 3장 5절에서 보듯이 예수님은 종교지도자들을 향하여 분노와 슬픔을 동시에 나타냈다. 사회과학적 연구와 개인경험에서도 분노가 자주 애도를 동반한다고 말한다. 내가 만난 내담자와 교회 성도들 중에는 자신의 분노를 알아채지 못하거나 두려워하기에 지속적으로 슬픔의 짐을 지고 있는 사람들이 있다. 그래서 그들의 분노는 문제를 해결하거나 그 상황을 벗어나도록 도와주지 못한다. 이러한 사실은 도로시(Dorothy)가 중년에 깊은 상처와 고통을 준 괴로운 사건들을 돌아보면서 한 말속에 분명하게 나타난다. 그녀는 고통의 원인을 알아내는 상황에서 경험한 분노를 돌아보면서 다음과 같이 기록했다.

> 상담사와 친구들은 "나의 분노와 접촉해 보라"고 권했다. 나는 분노를 찾을 수 없었다. 슬픔으로 가득 차 있었지만 분노를 느낄 수 없었다. 그래서 나는 저항했다… 때늦은 깨달음 덕분에 나는 분노를 내면으로 돌리고 있는 자신을 알게 되었다. 내가 알아챌 수 있는 감정은 슬픔이었지만 분노는 지속적으로 나의 삶의 음조가 되었다.[16]

그녀는 과거를 계속해서 돌아보면서 그녀가 분노를 만나보기를 기대하는 사람들에게 그녀가 한 저항이 무엇인지 궁금했다. 그러면서 그녀는 결론을 내렸다.

아마도 때늦은 깨달음 덕분에 알게 된 것은 이 저항은 가물거리는 작은 분노이었고, 희미하게 남아있는 자율적 행동은 회복을 위한 약간의 희망이었고, 희미한 목소리는 나의 정체성을 찾고자 하는 요청이었다는 점이다.

이렇게 조그마한 분노의 표현 속에까지도 있는 희망, 이 희망에 대한 그녀의 언급을 주목하라.

슬픔에 젖어있는 동안 에너지는 고갈된다. 그러나 분노를 알아차리고, 수용하고, 소통할 때 고통의 원인을 다루고 사회적 불평등이라는 더 커다란 문제도 다루는 데 필요한 에너지를 회복할 수 있다. 도로시는 고통을 향한 그녀의 분노에너지를 어떻게 발견하고 관리하였는지를 설명한다.

나는 분노를 발견하기 시작했다. 논리적으로 상상할 수 있고 나의 고통의 원인으로 향할 수 있는 분노는 아니다. 이 분노는 자신들의 고통이 들려지지 않는 자들을 위한 분노이었다… 마치 아무 가치가 없는 사람처럼 인격을 격하하는 현장을 목격하고 나는 분노하였다. 이해하기 힘들 정도로 이상하지만 나의 고통은 타인의 고통에 민감하게 하였고 그들과 결속을 할 수 있게 해주었다.

그녀는 나중에 이렇게 썼다. "그들이 말하는 분노와 고통을 듣고 나의 고통을 말하기 시작하면서 나는 서서히 희망을 알기 시작했다." 그녀의 경험은 절망에서 오는 분노가 희망에서 오는 분노로 바뀌는 변화를 설명한다.

분노와 용기

모든 정서가 그러하듯이(1장을 참조), 분노는 행동하고자 하는 욕구를 가진다. 분노에 동반되는 신체적 자극은 위협에 반응하여 행동하도록 프로그램화한다. 위협에 대한 반응적 행동은 생존하게 하는 분노의 주요역할이다. 우리의 안전과 건강의 위협에 우리가 적절히 분노할 때 분노가 변화를 가져오는데 필요한 힘의 수준에서 행동하도록 용기를 창출할 수 있다. 신약성서학자 월터 한슨(G. Walter Hansen)은 가혹하게 취급받는 형을 목격하고 분노한 10살때를 기억한다.

십대 남자 청소년 몇몇이 다운증후군을 앓는 나의 형 케니를 괴롭히고 있었다. 나는 격노하여서 소리를 지르고, 긁고, 할퀴고, 물어뜯었다. 인명구조원이 나를 그들에게서 떼어 놓고 나에게 미안하다고 말하라고 했다. 나는 힘이 센 사람들로부터 힘이 없는 나의 형을 보호한 것에 대해서 사과하지 않겠다고 했다.[17]

분노는 목소리를 내고, 목소리를 높이고, 행진하고, 투표하고, 저항하고, 참여를 거부하고, 악에 저항하고, 호루라기를 부는 에너지와 의지를 준다. 분노는 용기를 준다. 용기는 사랑에서 자라난 분노로부터 얻을 수 있는 하나의 선물이다. 엘리노어 하네이(Eleanor Haney)는 "용기는 사랑과 분노에 의해서 키워진다"고 말한다.[18]

용기는 유전적으로 결정되는 속성인 듯이 여기고 여성보다는 남성의 속성이라고 자주 여기곤 한다. 그러나 하네이는 이 관점에 도전하고 용기가 부족한 이유는 사회화 때문이라고 한다. 그녀는 여성들은 관계를 돌보고 모두를 행복하게 하고 갈등을 피하도록 역할이 부여되었기 때문에 분노를 억누르도록 사회화되었다고 지적한다. 부여받은 역할 때문에 여성들은 사회악과 시스템으로 인한 고통에 도전하기보다는 갈등을 피하기 위해 지위를 유지하는 데 자신의 창조적 에너지를 소비한다. 행동하기를 요청하면서 하네이는 여성들이 정해진 역할을 벗어버리고 사도 바울이 말하는 '새 것' (고후 5:17)을 하나님과 함께 창조하는 공동 창조자로서 역할 하도록 도와주는 분노의 역할을 말하고 있다. 그녀는 다음과 같이 쓴다. "우리는 분노해야 한다. 분노는 임금님이 옷을 벗었다고 말할 수 있게 하는 방법이다. 우리가 새로운 창조의 첫 열매가 되기 위해서 분노는 절대적으로 필요하다."[19] 새로운 창조를 위한 공간을 만드는 데 참여하기 위해서는 용기를 내어 낡은 창조를 도전해야 한다. 하네이는 다음과 같이 설명한다. 평화를 만들 수 있는 여성들의 전통적인 달란트가 용기를 통해 표현된다면 세상에 대한 두려움이나 세상에 대한 아부에 근거할 수 없다. 오히려 용기를 통해 표현되는 여성들의 달란트는 우리가 말해야 하고 위험을 무릅쓰고 대하여야 하는 세상을 귀하게 여기는 하나님과 여성의 창조의 풍부한 사랑에 근거한다.[20]

마조리 프록터 스미스는 여성들에게 가해진 폭력 기사를 지방신문에 시리즈로 연재했다. 한 신문기사의 저자인 빅토리아 로이(Victoria Loe)는 분노 때문에 얻은 용기가 어떻게 폭력에 반대하여 지속적으로 싸울 수 있게 하였는지를 설명한다.

나는 여성들에게 계속 상처를 주는 모든 남성에게 분개한다. 나는 그들에게 책임을 묻고자 한다. 여성들이 남성보다 못하기 때문에 여성들에게 상처를 줘도 괜찮다고 남성들에게 말하는 사회에 대하여 나는 분개한다. 나는 사회에 책임을 묻고자 한다... 우리의 고통은 우리의 실수 때문이라고 사람들이 감히 말한다는 것에 나는 분개한다... 우리는 이러한 범죄가 멈출 때까지 이러한 범죄와 우리의 분노에 대하여

계속해서 말할 권리가 있다... 나의 할 일은 희생자가 되는 것이 아니라 지속적으로 분노하는 것이다.[21]

계속해서 분노하지 않는다면 로이는 지속적으로 싸우게 하고 개인적 위험에도 불구하고 가정폭력에 저항하도록 동기 부여하는 용기를 상실하게 될 것이다.

싸움에 가담하는 것은 쉬운 결정이 아니다. 특히 분노를 의심하고 회피하도록 사회화된 중산층 백인 크리스천에게는 더욱 그렇다. 불의와 압력에 대항하는 용기를 얻기 위해서는 우리의 신앙이야기에 근거한 적절한 분노를 느끼려고 해야 한다(12장 참조). 분노의 힘을 억누르는 사람들은 억압적인 구조를 지적으로 분석하고 대답을 준비하는데 능숙하다. 그러나 긍휼에 근거한 분노가 없으면 항상 싸움에 처하게 된다. 적절한 분노를 자유롭게 경험하고 분노와 사회악의 지적인 분석의 조화를 자유롭게 하는 능력을 "통합된 학습(embodied learning)"이라고 부른다. 정서적 요소는 신체적으로 다툼에 가담하도록 유도하는 용기와 헌신을 제공하기 때문이다.[22]

분노와 자기회복

부당한 관계와 사회구조로 희생된 사람들은 자신의 정체성의 중요한 부분들, 즉 세상과 다른 사람들의 관계에서 특별한 사람이라는 존재감을 자주 잃어버린다. 그들은 자신의 가치를 의식하지 못한다. 그들은 주변 세상에 영향을 주는 방향으로 생각하고 느끼고 행동할 권리가 있다는 의식을 상실하였다. 무력감과 무능감은 현실을 수용하는 그들의 태도를 성격지워 준다. 자기상실로 나타나는 증세는 자신의 무능력함에 대해 위기를 느끼거나 분노하지 못하는 것이다. 자기정체성의 적절한 이야기는 힘을 발휘하지 못한다. 그래서 분노는 다음과 같은 중요한 역할을 하지 못하게 된다. 자신을 방어하거나, 자기 정직성(self-integrity)을 보호하거나, 자기의 정서적 경계선을 지키는 역할이다. 여러 인생경험으로 슬픔에 잠겼지만 분노를 느낄 수 없었던 중년 여성 도로시를 앞에서 인용하였다. 그녀는 분노하지 못한 점을 이렇게 설명했다.

> 내 생각으로는 분노를 느끼기 위해서는 자기의식, 즉 자신의 가치와 정체성에 대한 의식이 있어야 한다. 그때의 슬픔은 금지된 분노와 함께 동반되었음을 오늘에서야 알게 되었다. 그러나 지극히 당연하게 위협감을 느끼거나 당연하게 분노하도록 나를 도와주는 자존감이나 자신의 가치에 대한 의식이 없었기 때문에 슬픔을 표현할 수 없었다. 나는 가치 있는 존재라고 믿을 수 없었고 방어할 '자아'가 없었다. 나는 위협을 느끼거나 분노를 느낄 합리적 근거가 없었다. 막연하지만 매우 고통스런 슬픔의 소용돌이만 있었다. 자존감이 무너졌기 때문에 분노기제는 힘을 잃고 무가치하게 되었고 마비된 듯하였다.

개인과 공동체 전체로서 인간의 전인성은 하나님에게 중요하기 때문에 개인과 공동체(사실, 창조된 세상) 양쪽 모두의 전인성과 존엄성을 보호하는 일은 세상에서 성실하게 살아가는 일로서 당연히 중요한 일이다. 그러므로 자기경계선이 위협을 받아서 생겨난 분노가 창조적으로 표현된다면 폭력으로부터 보호받을 수 있거나 침탈당한 경계선이 복원될 수 있다고 생각한다. 그러한 창의적 분노표출은 하나님에게 우리의 성실한 응답이라고 생각한다.

상처받고 희생되어 억압받는 사람들은 경험한 사건과 분노를 자주 억제하는데 그러면 해리(dissociation)까지 갈 수 있다. 어려서 근친상간 같은 외상(trauma)을 겪고 보복이나 거절이 무서워서 분노와 두려움을 전할 수 없게 된 사람들은 의식적으로 분노하지 못하도록 배웠을 수도 있다. 이 분리가 일어나게 하는 가장 센 방법은 억압(repression)이다. 억압은 개인의 의식이 어떤 무엇인가를 의식하지 않게 할 때 일어나는 현상을 뜻하는 심리적 용어이다. 다른 수준의 반응은 분노를 깨닫자마자 지각에서 밀어내서 의식으로부터 일축시키는 것이다. 이 과정을 제압(suppression)이라고 부른다. 그래서 자아의 표현으로서 분노는 억압이나 제압을 통해서 상실될 수 있다. 억압이든지 제압이든지 간에 그 사람의 목소리는 상실된다.

억압된 분노가 가져오는 손상을 평가하는 방법은 해리 현상을 검사하는 것이다.[23] 메리 달리는 아퀴나스가 분노에 대조되는 정서를 찾을 수 없다고 말하면서 해리가 분노에 대조되는 것이라고 주장한다.[24] 달리는 해리를 다중 인격 장애라는 정신과적 상태와 연결한다. 그녀는 지적하기를 무력하고 의지할 데 없는 상황에서는 분노가 해리되어서 다른 자아들을 만드는 데 에너지를 투자하게 된다고 한다.[25] 다중 인격장애로 고생하는 사람들은 많은 경우에 장기간에 걸쳐 성적 학대나 신체적 학대의 희생자가 된다. 실제로 이러한 사실은 이러한 정신장애를 경험하는 사람들에게 일어나는 가장 흔한 경우이기에 이러한 경우에 분노를 식별하고 느끼게 하는 것이 매우 어렵다.

분노가 **제압**되거나 의식에서 벗어나면 사람들은 자아의 중심에 도달하는 데 더 어려움을 경험한다. 신학자 리타 나카시마 브록(Rita Nakashima Brock)은 자아의 중심을 정체성의 심장과 같다고 말한다. 자아를 갱신하고 친밀감을 갖기 위한 처음 단계는 고통을 의식하게 하여 고통으로 인한 분노가 인지되고 표현되게 하는 것이다.[26] 마침내 인지된 분노는 희미한 의식 속에 있는 고통스런 자아 이야기들을 지목하게 된다. 성취하기가 불가능하였기에 누르던 자아를 향한 꿈과 희망이 이야기들 속에 포함되어 있다. 분노는 이렇게 억눌린 이야기들 속으로, 자아의 심장 속으로 들어가는 중요한 통로라고 브록은 되새긴다. "우리가 분노를 통합하면… 자기를 주장할 수 있고 자신을 수용하게 되고… 중심을 잡은 우리의 존재를 찾게 된다."[27]

특정의 분노사건은 완전을 향한 우리의 여행에 중요한 우리의 자아 이야기들에 대하여 많은 것을 알려줄 수 있다. 그래서 하네이는 말한다. "분노가 묻혀 있으면 우리는 우리 자신으로부터 단절된다… 반면에 분노를 표현한다면 우리 자신의 묻혔던 부분들을 알아차리게 된다."[28] 지나치게 자신을 부정하게 하는 겸손의 덕목이 짐이 되어온 여성들에게는 더욱 그렇다. 어떤 여성들은 선한 크리스천이 되기 위해서는 남편과 자녀들을 위해 그리고 환대를 베풀기 위해서 자신을 포기해야 한다고 배웠다.[29] 정체성유지를 위해 타인에게 지나치게 의존하지 않는 관점을 가지고 생각하고 행동하는 사람으로 회복되기 위해서 여성은 "자신의 분노와 접촉하려는 의지"가 필요하다고 로즈메리 류터(Rosemary Ruether)는 생각한다. 이러한 의지는 방향을 전환하도록 동기를 부여하여 자신을 말 그대로 인간으로서, 즉 자신의 정체성을 만들 수 있는 존재의 중심으로서 발견하게 한다.[30] 그리고 우리가 보태어서 말한다면 모든 사람이 지니기를 하나님이 바라신 예수가 보여준 능력을 지닌 크리스천의 정체성을 발견하는 것이다. 이 '자유케 하는 분노'의 힘은 '일어서려는 용기'를 부여함으로서 자아를 되찾을 수 있게 하는 매개가 된다.[31]

크게는 달리, 브록, 하네이 그리고 류터가 분노의 신학적인 관점보다는 본능주의자의 색깔을 띠고 있는 심리학적 개념에 의해서 영향을 받았다. 이야기가 위협을 당할 때만 나타나는 것이라기보다는 분노가 내면에서 발견되어야만 할 '어떤 것'이라고 그들은 추측한다. 그렇지만 그들은 10장에서 논한 신학적 견해를 분명히 반영하고 있다. 분노를 우리 존재의 중요한 부분으로 받아들인다는 점과 하나님의 목적을 성취하기 위한 긍정적 잠재력으로서 분노를 이해한다는 점에서 그렇다. 그들은 억눌린 분노를 찾고 회복시키기를 원하는 사람들에 대한 관심이 있다. 구성주의 내러티브 관점(constructionist narrative perspective)에서 이 관심은 모든 사람이 소중하다는 이야기와 연관된다. 자신들의 삶을 구체화하는데 동등한 목소리를 가질 권리와 폭력과 학대에서 안전할 권리를 요구하는 이야기들을 사람들이 가지기를 그들은 바란다. 그러한 이야기들이 침해당할 때 분노가 적절한 대응이라는 그들의 생각은 윤리적으로 설득력이 있다.

어떤 경우에는 분노를 멀리하는 때조차도 분노가 기본 연결점, 아마도 삶과 연결하는 주된 연결점으로 기능한다. 도로시는 자신의 삶속에 일어나는 분노의 역동을 밝히고 있다.

> 때때로 분노는 정체성을 드러내는 남은 마지막 자취... 눈에 띄지 않고 초라한 자아를 연결하는 마지막 기회일 수 있다. 이러한 자아에게는 분노가 아마도 우리가 소유하고 있는 전부이고 정체성의 마지막 남은 파편일 수 있다. 내가 생각하기에 자아는 분노가 없다면 아무것도 없는 곳이다. 찰레가 묘사하듯이 고통의 침묵이 있고 영혼이 깊게 타들어가는 침묵이나 동물 신음소리가 있는 곳이다. 자아 안에 분노가 없다면 그곳에는 찰레가 말하는 고통을 느끼지 못하는 무감각이 있고 오도노휴(O'Donohue)가 표현하듯이 얼굴 없는 인형만 존재한다.[32]

> 나의 분노 경험은 깊은 우물같이 아마도 나의 생명력이 되는 분노의

경험이다. 이러한 분노는 특히 타인을 위한 경우에 잘 보인다. 그것은 활력을 주는 분노이다. 분노는 나의 존재 속에 깊이 엮여 있어서 분리할 수 없는 듯하다. 슬픔의 모습을 띤 이 분노가 나의 삶이라는 것을 나는 최근까지 몰랐다. 무지하게도 나는 분노를 "무의미하고 부적절한 감정"이라고 표현하면서 모든 장소에서 분노를 부인했다. 그리고 나는 너무나 자주 슬픔을 무시하고 멸시했다. 이렇게 하면서 나의 삶과 자신의 소중함을 부정하였고 다른 사람들을 돕느라고 애썼던 것들을 사용할 나의 능력을 부인하였다. 나의 자존감과 이미지가 분노를 향해 던졌던 말들을 반영하였다는 사실이 놀랍지 않다. 나는 나 자신을 무의미하고 부적절하다고 보고 있었다.

이와 같은 상황에서 다음 단계는 위협적이고 분노를 초래하는 이야기들을 인식하게 하여 불필요한 고통에 저항하는 역할을 하는 분노의 정당성을 수용하고 개인의 불의와 사회적 불의에 용감하게 대응하도록 분노의 힘을 사용하는 것이다.

분노와 친밀감

의미 있는 관계들은 풍성한 삶을 영위하는 데에 중요한 요소며 우리 존재의 근본이다. 그리고 자아의 회복은 건강한 관계를 갖기 위한 필수 요소다. 하지만 모든 친밀한 관계에는 서로의 파트너에게 위협이 되고 그로 인해 분노를 일으키는 행동, 태도, 갈등적인 가치관, 그리고 채워지지 않는 기대들이 내포되어 있다.[33] 이 분노는 친밀감을 형성하는 능력이 있다. 그러나 이 분노가 비탄, 질투 혹은 미움이 되도록 방치되는 경우가 많은데 미움은 친밀감을 파괴하는 적대감을 통해 관계를 분리시키는 벽을 만든다. 브룩은 분노란 "모든 것들 가운데 가장 중요한 에너지인 자기확신과 연결에 대한 필요에 존재하기 때문에 극도의 힘을 가진다"고 기록한다.[34] 계속해서 그는 "우리가 우리의 분노를 억압하며 그것을 인식하고 인정하려고 하지 않으면 우리 자신을 사랑할 수 없게 되고 충분히 다른 사람과 연결될 수 없다"고 말한다.[35] 그러나 분노를 인정하면 "우리는 가장 충만한 관계를 가질 수 있게 되는데 그것은 어떤 관계에서든 자아에 중심을 둔 자기자각을 가져오기 때문이다. 우리는 우리 자신의 마음을 가져온다."[36] 확인된 자아가 없이는 친밀감 형성이 어렵다. 왜냐하면 그러한 사람은 대개 상하의 관계 속에서 "아래"에 있기 때문이다.

　나는 분노가 사랑과 반대되는 것이 아니고 사랑의 표현이라고 말했는데 그것은 하나님의 분노와 인간의 분노에서 모두 동일하다. 신학자들이나 사회학자들과 같은 많은 학자들이 분노는 친밀감 형성을 위해 필요한 길이라는 데에 동의한다.[37] 더구나 분노가 해결되지 않으면 두 사람 사이의 사랑도 사라질 수 있다. 분노를 부인하거나 회피하면 정직성과 신뢰에 손상을 가져오게 되고 한 쪽이나 양쪽 파트너가 분노의 감정을 숨기려고 하기 때문에 의사소통이 경직된다. 다나 크롤리 잭(Dana Crowley Jack)은 한 파트너가 관계에서 발생하는 분노를 다루지 않기로 선택했을 때 파트너 사이에서 생길 수 문제에 대해 다음과 같이 기록한다. "씁쓸한 아이러니는 여성들이 관계를 구하고 친밀감을 깊게 하고자 하는 희망으로 친밀감의 선행조건인 진정한 상호성의 가능성을 배제해 버리는 것이다. 그것은 두 자아가 대화를 통해 상호관계 하는 것을 필요로 한다."[38] 분노가 해결되지 않으면 분리가 일어나게 되고 친밀감이 손상된다. "우리 크리스천들은 분노를 큰 죄로 이해했기 때문에 오히려 사랑을 죽여 버리는 데까지 이른다."는 비벌리 월둥 해리슨의 말에 나는 동의한다.[39] 그러나 분노가 수용되고 확인되며 이해되고 그리고 창조적으로 표현되면 치료가 일어난다. 캐서린 노리스가 기록한 바와 같이 "분노의 마귀를 쫓아내는 일에서 죽음을 불러올 수 있는 것이 치유할 수 있는 것으로 변화되고 변형된다"[40]

분노는 사랑과 반대되는 것이라기보다 우리의 특별한 관계나 제도나 더 큰 공동체 안에 무언가 잘못되었다는 "감정-신호"나 경고 신호가 되어 사랑의 목적에 사용될 수 있다.[41] 관계가 위험에 처했을 때 우리를 일깨워 주는 하나의 선물로 분노를 이해하는 것은 "사랑하는 일에서 분노가 가진 힘을 이해하는 중요한 첫 단계가 된다."[42] 분노를 인정할 때에 우리는 연결되기를 원하는 사람과의 화해로 인도하는 관계 수정의 도전 단계로 옮겨갈 수 있다.

크리스천은 이러한 진행 과정이 그들의 영적 순례에서도 동일하다는 것을 발견한다. 분노는 하나님과 우리의 관계가 삶의 어떤 사건에 의해 도전을 받거나 위협을 받고 있다는 것을 자각하게 한다. 이 분노에 대해 개방적이고 정직하게 되면 친밀감을 회복할 수 있고 우리를 사랑하시는 하나님에 대한 신뢰와 믿음을 다시 활성화할 수 있다. 하나님께 분노를 품고 있던 사역자 존(John)의 경험을 보면 그가 마침내 자신의 분노를 인정하고 표현했을 때 더 깊은 연결과 용납의 감정을 느낀 좋은 예다. 존은 신학교를 다니기 위해 많은 희생이 필요했다. 그는 학생이었을 당시에 이미 결혼하여 아이들도 있었지만 사역지를 찾을 수가 없었다. 그는 자신의 반응을 다음과 같이 요약하여 기록했다.

그 당시 이 년 동안 하나님에 대한 나의 분노는 점점 더 자라갔다. 나는 하나님께서 왜 내가 신학교에 가서 결국 실패하도록 나의 직장과 가족과 집을 떠나게 "부르셨는지" 묻는 질문으로 시작했다. 그 질문은 더 과격해져서 왜 하나님은 내가 모든 것을 포기하고서라도 하려던 사역을 못하도록 막으시는지 질문했다. 몇 주가 지나고 몇 달이 지나면서

하나님에 대한 나의 분노는 건강하지 못한 수준까지 상승해갔다. 나는 하나님에 대한 나의 분노를 말로 표현하는 것을 한 번도 생각해 본 적이 없었다. 그것은 분명히 신성모독이었다. 자신을 향한 하나님의 사랑이 자신의 선함에 근거한다는 신학을 가질 때 하나님께 분노하는 것은 불가능했다.

나는 하나님께 분노를 표현하는 그런 글을 읽어본 적이 없었다. 그러나 내가 생각한 것을 있는 그대로 하나님께 말씀드린 그 날 오후를 잊지 못할 것이다. 나는 하나님의 응답을 기다리면서 몇 시간을 기도했지만 기도한 것은 응답도 없고 이력서 낸 곳에서도 연락이 없이 모든 것이 사라져 버리는 블랙홀 같았다. 마침내 어느 날 오후에 나는 성경을 철썩 덮어 버리면서 오분 내지 십분 간 하나님을 향해 직접 맹렬한 비난을 퍼부었다. 나는 내가 들어본 적이 있는 모든 욕설을 퍼부었으며 하나님이 내 앞에 모습을 드러내기라도 한다면 엉덩이를 차버리겠다는 식의 위협을 했다. 십분 동안 많은 욕설을 하고 으름짱을 놓을 수 있었으며 나는 이내 내가 알고 있는 모든 가능한 방법으로 같은 말들을 반복했다. 그 다음에 발생한 일을 나는 절대로 잊을 수 없을 것이다. 거의 십 분이 끝나갈 무렵 나는 상당히 지쳐버린 나머지 바닥에 앉아 조용하게 있었다. 바로 그 순간 나는 "자 이제 속에 있는 것을 다 쏟아냈으니 우리 잠시 같이 이야기해 보자" 는 하나님의 음성이라고 믿어 의심치 않는 그런 목소리를 들었다. 나는 충격을 받아 말 그대로 멍해졌다. 그래서 분명히 내가 혼자 있는지 알아보려고 잠시 주위를 둘러보았다. 그 후 몇 시간 동안 나는 내 안에 억눌려져 있던 정서들로부터 형언할 수 없을 정도의 해방감을 경험했다. 처음으로 나는 나를 향한 하나님의 사랑이 내가 얼마나 선한지 여부에 근거하지 않고 하나님 자신에 근거한 것임을 믿기 시작했다. 이것은 내가 자유롭게 말할 수 있고 나 자신이 될 수 있다는 것과 하나님은 그것 때문에 혹은 그럼에도 불구하고 나를 사랑한다는 것을 의미했다. 이것은 나에게서 짐이 벗겨지는 귀중한 경험이었다. 만약 내가 하나님에 대해 생각하고 믿은 모든 끔찍한 내용에도 불구하고 하나님이 나를 사랑할 수 있다면 그 사랑은 나 자신을 온전히 아는 내가 신뢰할 수 있는 그런 사랑임이 틀림없었다.

나는 그 경험을 통해 있는 그대로의 내 모습이 될 수 있다는 것을 배웠는데 그것은 내가 나의 분노를 나눌 수 있으며 하나님은 거절하지 않으실 것이라는 의미를 내포했다. 그것은 나에게 정말 놀라운 개인적 성장이었다. 하나님은 이유를 설명하지 않았으며 그 이후의 나의 경험은 더는 질문하지 않는 지점까지 이르게 되었다. 지금 나는 하나님과 실제적인 관계를 갖는 것이 가능하다는 것을 믿을 뿐 아니라 하나님은 나의 정직성과 성실성을 정말 좋아하신다는 것을 믿는다.

크리스천들이 배운 바와 반대로 하나님에게 대해 분노하는 것이 반드시 불순종이나 거역이나 믿음의 결핍을 보여 주는 행동이라고 생각할 필요가 없다. 우리는 욥기나 탄식의 시편들에서 믿음의 사람들이 하나님께 자신의 분노를 표현하는 예들을 많이 볼 수 있다. 월터 브뤼그만(Walter Brueggermann)은 우리가 고난 가운데 있을 때 하나님과 맺은 언약 안에서 "분노하고 항거하는 것은 믿음의 행위"라고 상기시킨다.[43] 실제로 하나님께 분노하는 것은 신앙의 표현이다. 왜냐하면 만일 우리가 만일 하나님의 존재를 믿지 않는다면 분노하지도 않을 것이기 때문이다. 하나님에 대한 분노로 인해 소외된 삶을 사는 사람들을 도우고자 한다면 그들로 하여금 분노를 표현하도록 도울 수 있다. 여러 가지 가능성들이 있는데 그들에게 탄식의 시편들을 읽어 줄 수도 있고, 그들을 위해서 혹은 그들과 함께 기도하는 가운데 분노를 표현하도록 할 수 있으며 "시편으로 기도하는 법"을 배우게 할 수도 있고 자신의 탄식 기도문을 쓰도록 도울 수도 있다.[44] 분노를 표현하고 나면 그들은 평온함과 연결감을 느끼는 경우가 많다.

우상 탐지기인 분노

우리는 우리가 삶의 중심에 둔 것들이 위협을 받을 때 가장 분노하게 된다. 우리가 어떤 사물이나 이념이나 사람들에게 가치를 부여했는데 그것들이 위협을 받게 되면 우리 자신도 위협을 느끼며 그것들을 대신하여 분노한다. 분노는 우리의 신념이나 가치체계를 둘러싼 이야기들이 위협을 받는다고 인식했을 때의 반응일 경우가 많기 때문에 우리를 분노하게 하는 것을 통해 우리의 가치관 가운데 많은 부분이 드러난다.

우리들 가운데 많은 사람들이 우리의 의식적인 신앙 이야기들과 모순되는 가치관을 숨긴다. 그러나 이 "숨어 있는" 가치들 가운데 하나를 위협하는 상황이 발생할 때 우리의 분노 반응이 분명하게 그것들을 드러낸다. 내과의사가 의학적 문제를 알아내기 위해 우리의 몸에 주사하는 조형제와 아주 흡사하게 우리가 주의를 기울인다면 분노는 숨어있는 우리의 가치관들을 드러낼 것이다. 이런 의미에서 분노는 우리의 삶에서 우선적 위치를 차지하여 우리로 하여금 살아계신 하나님께 헌신하지 못하도록 만든 가치관을 지적해주는 "우상 탐지기"의 역할을 한다.

> 우리는 13장에서 마들린을 만나게 될 것인데 그녀는 부모의 방문에 분노했다. 그녀와 남편은 부모가 방문하기 전과 방문하는 동안 그리고 방문한 후에 그녀가 느꼈던 불안과 분노는 어머니가 아내이자 요리사며 주부로서의 딸의 역할에 대해 그리고 딸이 외모를 꾸미는 모습에 대해

끊임없이 폄하하고 비판했기 때문이라고 믿었다. 마들린은 그녀가 얼마나 어머니의 인정을 절실하게 갈망했는지 그런데도 한 번도 그것을 얻지 못했다는 것을 자세하게 이야기했다. 이러한 갈망을 품고 있는 이야기에 대한 위협은 매우 강렬했으며 그에 따른 분노 또한 그러했다. 그녀가 신앙의 장 안에서 분노를 탐색하는 동안 자신이 어머니를 어떻게 "경배하고" 있었는지에 대한 역동과 어머니의 의견이 하나의 우상이 되어 있었다는 것을 깨달았다.

잭슨은 아홉 살과 열 한 살의 두 자녀가 자신의 담배를 숨겼다는 이유로 아이들을 신체적으로 폭행했기 때문에 아내의 요청에 의해 목사님을 찾아 왔다. 그들 모두는 잭슨이 금연하기를 바랐으며 그가 중독되었다고 주장했으나 그는 그것을 부인했다. 잭슨은 크리스천으로서 믿음의 관점에서 기꺼이 이 문제를 이야기하고자 했는데 그것은 잭슨이 목사님을 매우 존경했으며 그리고 담배와 같이 그렇게 중요하지 않은 물건을 두고 어떻게 폭력을 행사하는지에 대해 잭슨으로 하여금 의구심을 갖도록 할 수 있는 목사님의 능력으로 인해 이루어진 것이었다. "우상"의 비유가 그의 주의를 사로잡았으며 그는 "아마 내가 인정하는 이상으로 나는 담배를 필요로 했을지 모른다"고 시인했다. 이 비유는 그로 하여금 그의 신앙 이야기에 근거하여 아이들에게 사과하고 자신의 "습관을 깨뜨리도록" 도와주는 프로그램을 시작하는 결단을 하게 했다.

또 다른 흔한 실례는 스포츠 팀에 대한 열정을 들 수 있다. 당신은 사람들이 선호하는 팀에 대해 사람들을 놀릴 수 있다. 그러나 어떤 사람들은 그들의 팀이 조롱을 받거나 비판을 받으면 분노를 발한다. 그들은 그 팀에 자기 자신을 너무 많이 몰입시켰기 때문에 그 어떤 놀림도 위협으로 느껴지는 것이다. 그 팀이 인생에서 중심적인 몰입의 대상이고 최고의 가치며 흠모하는 대상인 것이다.

신학적으로 말하자면 이 모든 실례들은 보통 우리가 하나님을 위해 보유하는 의미와 중요성이 가지는 힘을 그 대상들에게 모두 부여해 버리는 인간애착이라는 공통점을 가지고 있다. 살아계신 하나님은 방어가 필요하지 않다. 그러나 우상들은 약하고 방어를 필요로 한다. 그렇기 때문에 그것들이 위협을 받을 때 우리가 대신 분노하는 것이다. 이러한 상황 속에서 크리스천의 책임은 우리의 관심의 대상들이 타당한지(12장을 보라), 혹은 그것들이 우리의 신앙 이야기에 미치지 못하는 가치에 대한 "숭배"를 나타내고 있지 않은지 평가하는 것이다.

자기이해를 향한 안내자인 분노

또한 분노는 복음으로 계속 작업되고, 수정되고, 변형되어야 할 우리 인생 이야기의 단면들을 드러내는 계시의 한 원천이 될 수 있다. 예를 들어 우리가 분노를 "진단하는 창"이 되도록 한다면 분노는 영적 협력자가 될 수 있다. 만약 우리가 왜 위협을 느끼는지 이해하고자 하면서 분노 경험에 "들어간다면" 우리는 다른 어떤 상황보다 더 분명하게 분노 경험을 통해 드러나는 우리 자신에 관해 알 기회를 갖게 될 것이다.

열은 우리 몸이 어딘가 잘못되었다는 신호를 주는 것이기 때문에 우리의 주의를 끈다.[45] 만약 열이 높다고 하면 고열이 몸에 해를 줄 수 있기 때문에 열을 내리는 데 초점을 맞추어야 한다. 그러나 열에 주의를 기울이면서 의사는 더 근원적 원인을 찾는다. 열은 더 근원적인 몸의 상태로 인해 발생한다. 그 원인에 주의를 기울이지 않고 열만 치료한다면 그것은 어리석고 무책임한 일이다. 그와 같이 우리는 분노의 초기 신호에 주의를 기울여야 하고 그것이 파괴적으로 강력해지지 않도록 예방할 책임이 있다. 왜 분노하게 되었는지 질문하지 않고 분노에만 주의를 기울이는 것은 무책임한 태도다. 열이 계속 반복되는 것은 근본적인 원인이 있음을 말해 주듯이 명확하게 이해되지 않은 채 일정한 상황에서(시댁이나 처가를 방문했을 때, 자녀들 중 어느 한 자녀와의 관계 속에서, 어떤 특정한 동료에 대한 반응으로, 특정한 그룹에서) 반복적으로 분노를 느끼는 것에 대해 우리는 주의를 기울일 필요가 있다. 아래에 기술된 상황들은 진단적 역할을 할 수 있다.

56세의 왓슨은 점심 식사를 하고 집으로 돌아오는 길에 약한 심장마비를 경험했다. 그는 신속하게 응급실에서 안정을 취하게 되었고 (그는 나에게 전화를 걸도록 아내에게 요청했었다) 곧 심장센터로 옮겨졌다. 수년 전에 내가 그의 자녀들 가운데 한 명을 위한 전략적 개입에 연루되어 있었던 연고로 서로를 알게 되었다. 왓슨은 그의 경험에 대해 나와 이야기하기를 원했는데 특별히 그의 일차 진료 의사에 대해 가졌던 분노에 대해 그러했다. 그의 심장발작은 심장도관술이 심장발작을 유발했다는 그의 의심을 확증해 주었다. 그러나 그의 의사는 "그를 설득하려고 했는데" 왓슨은 자신의 심장발작에 대해 맹렬하게 그를 비난했다. 분노는 당시 그가 가진 어떤 정서나 관심보다 훨씬 압도적이었다. 심각한 발작의 위협이 진정된 후에도 왓슨이 이야기 할 수 있는 유일한 내용은 그 의사에 대한 분노였다.

내가 다시 그를 방문한 밤늦은 시간에도 왓슨은 그의 분노를 말로 표현하고 있었는데 그것은 그 상황에 비해 좀 과한 것 같았다. 왜냐하면 그는 모든 검사를 자신이 결정해서 하겠다고 했으며 "어느 누구도 강요하지 않았다"고 인정했기 때문이다. 내가 두 번 방문했을 때 그 때마다 있었던 그의 아내는 남편의 분노가 매우 이례적이며 특별히 그 의사는 존경받는 친구라고 말했기 때문에 나는 왓슨의 진짜 문제가 무엇인지

의아해졌다. 그는 아내의 말에 자신은 "분노할 권리가 있다"고 방어적으로 반응했으며 심한 적대감을 드러냈다.

나는 왓슨이 사무실로 돌아가기 전에 휴식을 취하고 있으리라고 생각하면서 이틀 후에 그의 집을 방문했다. 그의 태도는 180도 바뀌어져 있었다. 그는 자신의 부당한 태도에 대해 자책하고 "왜 내가 그랬는지 모르겠어요"라고 여러 번 말하면서 일차 진료 의사에 대한 자신의 분노에 대해 미안해했다. 잠시 후에 나는 그가 말한 질문을 그대로 받아서 "당신은 '당신이 왜 그랬는지' 얼마나 알고 싶으세요?" 라고 물었다. 그는 나에게 설명해 주기를 요청했다. 그래서 나는 자기가 왜 그랬는지 모르겠다고 한 그의 말을 상기시켜 주었으며 특별히 우리가 이해할 수 없는 분노는 대체적으로 무언가 우리에게 가르쳐 줄 것이 있다고 말해 주었다. 그는 그 문제를 탐색하는데 관심을 가졌으며 그래서 우리는 네 가지의 대화를 시작하게 되었는데 그 대화를 통해 그에게 중요하지만 거의 알지 못했던 두 이야기가 드러났다.

첫째는 죽음에 대한 그의 두려움이었다. 자신이 심장발작을 일으켰다는 것을 알았을 때 왓슨은 자신이 즉시 죽을 거라고 생각했다. 실제로 그것이 그가 아내를 시켜 나에게 전화를 걸게 한 이유였다. 왜? 그는 과체중에 흡연을 했으며 자신이 "불운을 불러 오고 있는 것은 아닌지" 하는 의구심이 있었다. 우리가 이야기를 나눌수록 이 두 가지 현실에 대해 생각보다 더 많은 죄책감이 있다는 것과 자기혐오감 마저 있다는 것이 분명해졌다. 그는 변화에 대해 자주 생각해 보았으며 그의 아내는 "건강한 삶"에 대한 기독교의 신앙과 일치하지 않는 그의 과체중과 흡연에 대해 자주 도전했다.

둘째는 심장발작이 일어난 처음 몇 분간 왔슨은 무슨 일이 일어나고 있는지 알았고 그가 죽을 수 있다고 생각했을 때 하나님께 매우 분노했다. 하나님께 분노하는 것은 부적절한 일이라고 생각해온 모태 크리스천으로서 그는 병원에서 안정을 찾고 안전감을 느낀 후에도 이러한 정서를 억압했다. 단지 그 사건에 대한 가장 최근의 감정들을 회상해 보라는 질문에 반응하여 그는 하나님에 대한 자신의 분노를 떠올렸다. 그 다음 질문들은 그로 하여금 그러한 감정을 느끼도록 이끄는 어떤 신앙 이야기들이 그에게 있는지에 대한 것이었다. 일주일의 시간이 경과하면서 그는 두 이야기를 알아냈다. 하나님은 그런 "불필요한" 건강의 위기에서 선한 사람을 보호해야 하며 만약 위기상황이 발생하면 하나님은 그 문제를 해결하기 위해 "선한목자로서" 즉시 임재해야만 한다는 것이었다.

만약 그가 강력한 분노 경험에 대한 탐구를 원하지 않았다면 드러나지 않았을 이 두 이야기를 알아냄으로 인해 그는 건강을 어떻게 관리하기를 원하는지에 대한 자신의 이야기를 재구성하며 하나님에 대한 분노와 연결된 자신의 신앙 이야기들을 탐색할 수 있는 자유를 갖게 되었다. 그는 자신의 두 신앙 이야기가 하나님에 대한 자신의 보다 의식적인 이미지들에 의해 형성된 것이 아니었다고 판단했으며 하나님이 세상에서 어떻게 일하고 계신가에 대한 자신의 생각을 확장시켜 주고 수정해 줄 수 있는 책을 읽는 일에 전념했다.

날마다 우리는 우리의 심리적 안녕에 대한 많은 위협을 경험한다. 그것은 우리의 통합성과, 욕망과 목적들, 매우 중요한 특별한 관계들, 그리고 영적 정체성에 대한 위협들이다. 우리는 우리의 가장 깊고 상처받기 쉬운 부분이 공격을 받는다고 느끼기 때문에 특정한 삶의 상황들에 대해 위협을 느끼는데 그중 많은 부분이 더는 우리의 의식적인 이야기에 속한 것이 아니다. 우리가 기꺼이 분노를 "진단하는 창"으로 사용할 때 그것은 우리로 하여금 어떤 특별한 위협에 대해 상처를 받게 하는 중요한 이야기들을 드러나게 하고 그리하여 자기자각의 수준이 증가하며 우리의 건강을 위한 또 다른 길이 열린다.

분노가 삶에서 많은 긍정적 역할을 할 수 있다는 관점을 당신이 이 장을 통해 확장시킬 수 있기를 바란다. 진실로 분노는 우리의 영적 순례에서 삶을 고양시켜 주는 협력자의 역할을 할 수 있다. 이제 나는 당신이 가진 크리스천의 윤리 개념과 모순되는 것처럼 여겨지는 하나의 아이디어에 대해 논하고자 한다. 그것은 곧 우리는 가끔 분노해야만 한다는 생각이다.

긍휼의 분노

10장에서 정립한 분노의 목회신학에서는 창조주의 선물인 분노의 능력은 우리로 하여금 신체적 심리사회적 생존을 위해 싸우도록 준비시키는 기본 기능을 감당한다는 것을 확인했다. 우리는 또한 분노가 개인의 전인성을 향한 영적 순례에서 협력자로서의 긍정적 목적을 지닌다는 사실을 알고 있다. 분노가 더 큰 사회적, 문화적, 국제적 공동체 멤버로서의 책임에 대해 우리에게 알려 주는 것처럼 나는 이제 영적 협력자로서의 분노에 대해 더 구체적으로 초점을 모으고자 한다. 그러므로 이 장에서는 불의와 심각한 고난과 억압으로 인한 위협에 직면했을 때 윤리적 행위를 할 수 있는 동기를 부여하는 분노의 더 큰 목적에 대해 토의하고자 한다.

나는 하나님의 성품에서 분노와 사랑이 동일하지는 않지만 하나님의 분노가 하나님의 사랑에 뿌리를 내리고 있다는 주장을 9장에서 한 바 있다. 더욱이 하나님의 분노는 하나님의 사랑을 나타내기 위하여 활성된다는 결론을 내렸다. 하나님의 창조 가치와 욕구들이 위협을 받을 때 우리가 경배하는 자비로운 하나님은 분노를 느낀다. 우리는 사랑과 분노의 능력을 모두 가진 하나님의 형상으로 창조되어 이념적인 면에서도 하나님과 동일한 윤리적 이야기들을 받아들이며 그런 우리들은 하나님의 분노를 일으키는 바로 그 사건들로 인해 위협받는 신앙 이야기들을 형성할 책임이 있다. 이 긍휼에 기초한 분노는 해방과 화해 사역의 동기가 되어야 한다.

분노와 사랑

자신의 분노로 인해 갈등하는 사람들은 사랑과 분노가 반대되는 것이라고 추정하는 경우가 많다. 목회상담 회기에서 "나는 그녀를 사랑하기 때문에 화를 내지 말았어야 했어요"라든지 혹은 "무슨 엄마가 자기 아이들에게 화를 낸단 말이에요?"라는 말을 자주 듣는다. 대부분의 크리스천들은 "네 이웃을 네 몸과 같이 사랑하라"가 첫째가는 계명이며 그렇기 때문에 타인과의 관계를 인도하는 중심 준거가 되어야 한다는 것에 동의한다. 이웃을 사랑하는 것(레 19:18)이 윤리의 기본 준거라는 것에는 의문의 여지가 없다. 요한은 이 핵심적인 부분을 다음과 같이 말한다.

사랑하는 자들아 우리가 서로 사랑하자 사랑은 하나님께 속한 것이니 사랑하는 자마다 하나님으로부터 나서 하나님을 알고 사랑하지 아니하는 자는 하나님을 알지 못하나니 이는 하나님은 사랑이심이라(요한일서 4:7-8)

복음서에서 요한은 "내가 이것을 너희에게 명함은 너희로 서로 사랑하게 하려 함이라"(요15:17)는 윤리적 명령으로 요약하고 있다.

크리스천이 분노가 죄라는 전통을 믿을 때에 그들은 분노가 타인에 대한 사랑 없는 반응이라는 결론을 내릴 경우가 많다. 예를 들면 『*일곱 가지 치명적인 죄* Seven Deadly Sins』라는 자신의 저서에서 헨리 페얼리(Henry Fairlie)는 분노를 "왜곡된 사랑"이라고 정의하면서 그렇기 때문에 어떤 분노의 표현도 사랑과는 반대되는 것이라고 말한다.[1]

나는 그 반대도 옳다고 믿는다. 많은 경우에 분노는 가장 사랑스러우며 가장 기독교적인 반응이다. 나는 분노를 없애 버리기보다 "네 이웃을 네 몸과 같이 사랑하라"는 명령이 분노를 포현하는 동기가 되기를 바란다. 우리의 통합성과 도덕적 헌신의 중심이 되는 깊은 신념들이 반대에 직면하거나 침범을 당할 때 크리스천으로서의 신실한 반응은 위협을 느끼고 분노를 느끼는 것이어야 한다. 분노는 하나님이 우리를 사랑하셨듯이 우리도 다른 사람을 사랑하는 논리적이고 윤리적인 필요조건이어야 한다.

이념적인 면에서 우리가 크리스천으로서 받아들인 가치들이 위협을 받을 때 우리의 분노 능력이 활성되어야 한다. 이런 경우에 분노는 사랑과 반대되는 것이 아니고 사랑의 표현이다. 크리스천으로서 분노가 우리 안에 일어날 수 있으며 또 우리는 사랑과 반대되는 것이 아닌 사랑 때문에 분노가 일어나야만 한다. 우리가 어떤 가치들에 더 깊이 헌신할수록 더 많은 위협을 경험할 수 있다. 우리의 헌신이 깊어질수록 어떤 가치가 우리에게 더 중요하게 되는데 그것이 다른 사람이나 기관에 의해 위반되었을 때 우리는 위협감과 분노를 느낀다. 이런 경우에 위협을 느끼는 것이 적절한 반응이며 그것은 우리 신앙 이야기의 표현이라고 볼 수 있다. 만약 우리가 사랑하지 않았다면 위협을 느끼지도 않았을 것이다. 이러한 점에서 분노는 사랑과 반대되는 것이 아니고 사랑의 목적으로 사용된다.

훌륭한 크리스천은 분노를 느껴야 한다

어떤 크리스천들은 "의로운 분노"와 같은 것은 존재하지 않는다고 주장한다. 예를 들면 폴 호크(Paul Hauck)와 같은 크리스천 심리학자는 가해자에 대한 의로운 분노를 포함한 모든 분노에 대해 반대한다.

왜냐하면 "당신과 나는 하나님이 아니며 우주를 운행시키는 분이 아니기 때문이다. 그러니 다른 사람들로 하여금 자신들이 하고 싶은 대로 하도록 내버려 두자. 그들이 나나 당신을 상하게 한다면 그들의 어리석은 행동에 대해 의로운 분노를 내지 말자"고 말한다.[2] 호크는 고통을 초래한 파괴적인 행동에 연루된 사람들의 예로 타인을 괴롭히는 행동과 범죄를 행한 사람들을 묘사하고 있다. 그러나 호크는 그들이 "잘못할 권리가 있고" "우리는 그들이 그런 식으로 행동하지 못하도록 주장할 수 있는 하나님이 주신 권리가 없다"고 주장한다.[3] 호크는 악에 항거하고 불의에 도전하며 급진적 고난에 저항할 책임감을 느끼지 못하는 것처럼 보인다. 호크의 정의에 의하면 내가 9장에서 묘사한 예수님의 분노 행동은 부적절하고 미성숙하게 분류되어야 할 것이다.

그와는 반대로 나는 악이 드러내는 모든 현상에 분노하지 않는 것이 죄악이라고 믿는다. 이러한 상황 속에서 분노는 도덕적 반응이다. 최근 강의에서[4] 엘리 비젤(Elie Wiesel)은 하나님께서 공의에 관한 문제들에 지속적으로 개입하고 계시다는 사실을 논의했으며 하나님께서 "너희는 무심하게 서있지 말라"는 열한 번째의 중요한 계명을 주셨다는 자신의 신념을 강조했다. 비록 문자로 기록되지는 않았지만 분명하게 소통되고 있는 계명에 근거하여 비젤은 "나는 긍휼의 분노를 믿는다!"고 선포했으며 "의로운 분노는 미움의 결과로 생긴 일들에 대한 도덕적으로 적절한 반응"이라고 하면서 긍휼의 분노를 도덕적 행위에 연결시켰다. 비벌리 윌둥 해리슨(Beverly Wildung Harrison)은 "모든 중대한 인간의 도덕적 행동들, 특별히 사회적 변화를 위한 행위들이 분노의 힘으로부터 영향을 받았다"[5]는 것을 결코 잊어서는 안 된다고 우리에게 상기시킨다. 그녀는 사실상 자신의 정서를 두려워하고 더 구체적으로는 분노의 힘을 두려워하는 크리스천들에게 교회 안의 도덕적 회피주의에 대한 책임이 있다고 간주한다.[6] 만약 분노가 영적인 협력자며 크리스천은 불의와 극심한 고난과 억압에 대해 분노해야 한다면 일부 사람들이 주장하는 바와 같이 분노 없는 삶을 살려고 노력하는 것은 영적 승리로 간주될 수 없으며 실제로 크리스천의 삶에 매우 비생산적인 영향을 미칠 것이다.

분노가 적절한 도덕적 반응이 될 수 있다는 견해는 사실 하나님의 가치가 표현된 도덕적 가치들을 우리가 받아들였다고 추정하게 한다. 하나님이 가진 가치를 판단하는 것은 많은 실수의 가능성을 내포한다. 왜냐하면 인간으로서의 우리 존재는 자기기만의 긴 역사를 가지고 있고 우리 자신의 가치관과 하나님의 것을 혼돈하기를 좋아하기 때문이다. 더구나 권위의 근원이나 세상에서의 하나님 사역에 대한 이해의 불일치로 인해 크리스천들도 그들 가운데 도덕적 가치에 대한 견해가 서로 다르기 때문이다. 종교적인 사람들은 하나님의 가치에 대한 그들의 견해를 방어하려는 시도로 인해 (빈번하게 다른 사람을 공격함으로써) 심각한 해를 끼친다. 우리의 유한한 관점으로는 하나님의 신비를 분명하게 알 수 없으며 우리가 하나님의 가치들을 분명하게 이해한다고 확신할 수도 없다.

동시에 어떤 가치관도 받아들이기를 거부하고 어떤 가치관에도 헌신하지 않는다면 요한의 "서로 사랑하라"(요 15:17)는 명령을 무시하는 것이다. 사랑한다는 것은 우리가 고통을 볼 때에 다른 길로 비켜가는 것을 의미하지 않으며 이 고통에 관련된 도덕적 문제들에 대해 손을 씻어버리는 것을 의미하지 않는다. 내 견해로는 우리가 성서와 전통을 이해하고자 하며 이성과 경험을 더하여 하나님의 지시를 "듣고자" 하는 시도에 크리스천 공동체로서 함께 참여하는 것 외에 다른 선택이 없다고 생각한다.

언제 분노할 것인지 선택할 수 있는 큰 자유를 가지고 (우리가 채택하고 만든 이야기들에 근거하여) 우리의 위협받는 이야기들이 우리의 신학적 이념에 비추어 볼 때 (13장에서 내가 추구한 바와 같이) 윤리적인지 비윤리적인지 우리의 분노를 평가해야할 책임이 우리에게 있다. 우리는 "나는 이 상황에서 위협을 느낄 필요가 있는가?"라고 질문해야 한다. 나는 크리스천에게는 그 대답이 "예스!"가 되어야 할 때가 많다고 주장한다. 신앙적 관점에서 볼 때 어떤 상황 속에서 위협을 느끼는 것은 당연하다. 예수님이 우리를 사랑하신 것처럼 다른 사람을 사랑하는 방향을 제시하는 가치들을 유대-기독교적 이야기로부터 분별해 내는 것이 우리의 책임이다.

많은 크리스천들은 여러 가능성들 가운데 세 가지의 얽혀있는 인간의 행동들과 상황들이 하나님께 용납될 수 없는 것이라고 인식하고 있다. 즉 그것은 불의, 극심한 고통 그리고 억압이다. 만약 하나님의 사랑이 위협을 받고 하나님께서 그러한 상황들에 대해 분노로 반응한다면 그 상황들이 우리도 위협하고 분노하게 해야 하지 않겠는가? 나는 그러한 인간 상황을 하나님께서 벌을 주기 위해 혹은 교훈을 가르치기 위해 행하신 것이라고 해석하는 크리스천들에게 강하게 반대한다. 도로시 죌레 (Dorothee Soelle)은 그러한 태도를 "신학적 새디즘" 혹은 "신학적 마조히즘"으로 해석한다.[7]

▶불의에 대한 분노

많은 신학자들은 성서에 나타나 있는 바와 같은 공의에 대한 하나님의 관심에 대해 깊이 성찰해왔다. 예를 들면 공의에 대한 하나님의 바람은 선지자 아모스와 미가에 의해서도 분명하게 표현되고 있다. 미가는 하나님의 백성들이 불의하게 살면서도 하나님을 기쁘게 할 수 있다고 생각하는 공동체를 향해 책망했다. 그는 하나님의 진정한 뜻이 "사람아 주께서 선한 것이 무엇임을 네게 보이셨나니 여호와께서 네게 구하시는 것은 오직 정의를 행하며 인자를 사랑하며 겸손하게 네 하나님과 함께 행하는 것이 아니냐"(6:8)는 말씀에 분명하게 나타나고 있음을 상기시킨다. 우리가 서로 관계하는 양상에 공의와 의로움이 없고 친절과 겸손이 없다면 하나님은 기뻐하지 않을 것이다.

우리 문화에서 "공의"라는 단어는 죄를 지은 사람이 벌을 받아야 하는 것을 묘사하는데 사용된다. 그러나 성서에서는 공의의 개념이 모든 사람들이 존중을 받을 권리가 있으며 공동체가 그들의 기본적 필요를 채워 주어야 한다는 하나님의 관심과 관계된 부가적 의미를 내포한다. 이것이 선지자 아모스를 통하여 선포된 하나님의 기대의 핵심이다. 아모스는 하나님께서 진정으로 요구하는 것을 다음과 같이 상기시켜 준다. "오직 정의를 물 같이 공의를 마르지 않는 강같이 흐르게 할지어다"(5:24). 의의 개념과 서로 밀접하게 얽혀있는 공의는 우리가 공정할 것을 요구하며 어느 누구도 상처받지 않고 굶지 않고 권위자나 특별히 부자에 의해 학대 받지 않을 것을 기대한다. 의롭다는 것은 다른 사람들이 자신의 신체적, 정신적 그리고 영적 전인성을 발견할 수 있도록 돕는 우리의 태도와 행동을 필요로 한다.

"분노" 그리고 "공의"는 "거의 동의어"같다고 존 웨슬리(John Wesley)는 믿었다. 왜냐하면 "사랑과 긍휼의 관계와 같이 분노와 공의도 동일한 관계에 있기" 때문이다. 그는 분노가 공의에 부합하는 열정이며 하나님께서 분노할 수 있다는 것을 계속 부인하는 사람들은 공의에 대한 하나님의 관심을 부인한다고 믿었다.[8] 우리는 추론을 통해서 뿐만 아니라 "마음의 정서, 감각 혹은 거기에 부합된 열정"을 통하여 악을 깨닫는다고 웨슬리는 주장했다. 웨슬리는 그것을 분노라고 불렀으며 죄에 대한 분노 그 자체는 죄가 아니며 "오히려 의무"라고 주장했다.[9]

이념적인 면에서 우리는 우리의 믿음 이야기에 불의는 나쁜 것이라는 신념을 결합시켰다. 다양한 관점을 가진 신학자들은 불의 앞에서 분노를 느끼는 것이 합당한 태도라는 데 동의한다. 예를 들어 폭력, 착취, 가난 혹은 편견을 통해 경험하는 것과 같은 것이다. 존 스토트는 다음과 같이 주장하고 있다. "현대 사회에는 더 많은 크리스천들이 분노해야 할 큰 필요가 있다... 너무나 뻔뻔스러운 악 앞에서 우리는 허용적이 될 것이 아니라 분개해야 하며 동정적이 될 것이 아니라 분노해야 한다...만약 악이 하나님의 분노를 일으킨다면 우리 역시 그래야 할 것이다."[10] 후기 기독교 철학자인 메리 델리(Mary Daly)는 "깊은 존재론적 격분"이란 "우리를 얼어붙게 하거나 잘못된 목표에 불을 붙이게 하는 그런 만성적이거나 급성적인 분노의 흥분 상태가 아니라" "장애물을 돌파하여 공의를 이루려는 집중된 공동의지"라고 정의했다.[11] 더 보수적인 학자인 칼 헨리(Carl F. H. Henry)는 "믿음이 있는 사람이라면 악한 자들에 대해 분노해야 한다. 그리고 분노가 의를 위한 것이라면 때로는 분노가 윤리적 의무가 될 수도 있다"고 말한다.[12] 개인이나 체제의 어떤 행위들과 행동들이 우리의 윤리적 가치들에 위반되기 때문에 우리가 다른 사람들을 대신하여 위협감을 느끼며 가해자에게 분노하는 것은 영적인 관점에서 중요한 의미가 있다.

　분노는 공의를 향한 하나님의 관심에 대한 신실한 반응일 수 있으며 그 실례는 사무엘하 11-12장에 기록된 다윗의 경험에 잘 나타나 있다. 밧세바에 대한 다윗의 정욕, 그녀의 남편인 헷사람 우리아에 대한 다윗의 질투 그리고 그의 탐욕은 그로 하여금 권력을 남용하고 우리아를 살해하며 밧세바를 소유로 삼게 했다. 나단은 다윗에게 도전하도록 보내진 선지자였다. 나단은 자기 양들 가운데 한 마리를 잡아 자기 손님을 대접하는 대신에 가난한 사람으로부터 한 마리를 훔친 부자에 대한 이야기를 다윗에게 들려줌으로써 다윗에게 도전하고자 했다. 이 이야기에 대한 다윗의 자연스러운 반응은 다행이도 그가 공의에 대한 하나님의 기준을 이해하고 있었다는 사실을 보여 준다. 다윗은 의에 관한 자신의 신념으로 인해 나단의 이야기에 나오는 착취당한 사람 대신 위협을 받았으며 "그 사람(부자)으로 인해 분을 발했다"(12:5). 또한 그는 그 부자가 "그 양 새끼를 네 배나 갚아 주어야"(6절) 할 것이며 심지어 그가 "마땅히 죽을 자"(5절)라고 선포했다. 다윗의 분노는 불의를 경험한 다른 사람을 "대신한" 것이었다. 나단이 다윗에게 그가 바로 그 부자라는 사실을 드러냈을 때 다윗은 자신의 죄악된 행동을 깨닫게 되었다. 다윗의 이야기는 사람이 하나님과 하나님의 가치를 받아들일 때 불의 앞에서 어떻게 위협을 느끼며 분노하게 되는지 보여 주는 좋은 예가 된다.

다윗이 나단의 이야기에 나온 부자에게서 뿐 아니라 자신 안에서 불의를 발견했기 때문에 우리도 자신이 불의를 범한 사람이라는 것을 발견할 때 자신에게 분노하는 것이 합당하다. 우리 자신의 연약함, 이기심, 탐욕, 성적 욕망 그리고 권력에 대한 욕구는 우리로 하여금 다른 사람들을 불의하게 다루도록 한다. 타인이나 자신의 통찰력에 의해 우리의 죄에 대해 도전을 받는 것이 우리의 헌신을 위협해야 하며 자기-분노에 대한 책임을 느끼게 해야 한다. *이러한* 분노를 진정한 가해자인 우리 자신에게로 향하지 않고 타인에게 투사하기가 너무나 쉽다는 것에 우리는 주의를 기울여야 할 것이다.

▶극심한 고통에 대한 분노

여러 가지 형태의 고통이 인간 실존을 고통스럽게 한다.[13] 그러나 이 책의 목적을 위해 인간 서로를 향한 비인간성의 열매인 인간이 선택하지 않은 불필요한 고통을 여기에서 다루고자 한다. 이러한 고통의 근원적 원인들은 인간의 부패, 불의 그리고 억압이다. 신학자 웬디 팔리(Wendy Farley)는 개인과 공동체가 타인의 손에 의해 겪는 부당하고도 인간성을 말살시킬 정도의 고통을 "극심한 고통(radical suffering)"이라는 용어로 묘사했다.[14] 이러한 대우는 선택한 것이 아니며 어떤 명백한 의미가 존재하지도 않는다. 낸시 램지(Nancy Ramsay)는 이러한 고통이 "사람들로 하여금 희생자가 되게 하고 인간됨의 중심이 되는 가치감, 존엄성 그리고 자유를 강탈한다"고 말한다.[15] 극심한 고통은 "마귀적이 된" 분노의 결과인 경우가 많다.

분노가 미움 혹은 적개심으로 바뀌고 정상적인 욕구들이 질투, 탐욕 그리고 정욕으로 악화되어 타인의 안녕을 위협하는 방향으로 촉발될 때 분노는 마귀적이 된다. 미움은 마음과 영을 오염시키며 분노하는 사람을 타인의 인간다움으로부터 단절시킨다. "악하게 되어버린" 이러한 형태의 분노는 타인을 고통받는 것이 마땅한 사람으로 본다. 타인을 비인간화하는 것은 심지어 "눈에는 눈으로"의 정신 상태를 넘어 타인을 파괴하려는 시도를 가능하게 하며 잔인함과 복수의 행위로 이끌어 간다.[16] 그렇게 됨으로써 우리가 우리 자신의 분노로 죄를 지을 수 있는 한 가지 방법은 타인에게 극심한 고통을 일으키는 가해자가 되는 것이다.

그러나 분노가 극심한 고통에 대한 저항의 동기가 된다면 분노는 곧 사랑의 표현이 된다. 철학적 윤리학자인 마사 나스바움(Martha Nussbaum)은 엘리 비젤(Elie Wiesel)이 나치의 죽음의 수용소에 갇혀 있었던 시기에 대해서 했던 이야기를 보고하고 있다.[17] 동맹국 군대들과 함께 수용소에 들어 왔던 한 장교는 믿을 수 없을 정도로 극심했던 수용소 안에서의 고통을 보고 나서 목청이 터져라 고함을 치며 저주하기 시작했으며 이 잔학행위에 대해 항거하는 말들을 오래 계속했다. 비록 비젤이 어린아이였지만 이 병사의 강력한 분노를 보고 듣는 동안 그는 그것이 그곳에 인간성이 다시 돌아오는 신호라는 것을 깨달았다.[18] 그러한 반응은 극심한 고통에 대한 의미 있는 반응으로서 분노의 긍정적인 면을 보여 주는 것이다. 나스바움은 다음과 같이 관찰하고 있다.

> ... 끔찍한 일들이 벌어지고 있는데 분노하지 않는 것은 그 자체가 한 인간의 인간다움을 축소시키는 일인 것 같이 보인다. 악이 횡행하는 상황 속에서 분노는 인간의 안녕과 인간의 존엄성에 대한 관심을 주장하는 것이다. 그리고 분노할 수 없는 것은 ... 최악의 경우에는 악과 손잡는 것과 같다... 그 동맹국 병사가 보여준 정당한 격노의 심각성으로 인해 어린아이였던 비젤은 그를 인간성의 메신저로 보았던 것이다.[19]

의식을 했든 하지 않았든, 그 미국 병사는 심각한 고통을 일으킨 범죄에 대한 반응으로 하나님께서 경험하는 그런 분노를 표현했다. 그러한 긍휼의 분노의 뿌리는 인류를 심각한 고통의 황폐함으로부터 구하려고 애쓰는 사랑이다. 마죠리 프록터-스미스(Marjorie Procter-Smith)는 다음과 같이 주장했다.

> 분노가 큰 죄이기는커녕 불의와 불필요한 고통과 악 앞에서 없어서는 안 될 중요한 자원이다. 분노는 불필요한 고통을 종결시키고 악에 대항하기 위한 행동들에 불을 지필 수 있는 에너지의 핵심적 자원이다.[20]

믿음을 가진 자로서 우리들은 극악무도한 악에 대해 냉담할 수 없다. 격분하는 것은 긍휼과 사랑의 반응이다.[21] 변함없는 사랑은 악에 대하여 한결같이 저항한다.

▶**억압에 대한 분노**
억압은 위계적 관계의 결혼, 가부장적인 제도 그리고 정치적 독재를 포함한 힘의 부조화가 존재하는 모든 사회적 관계들에 지속되는 하나의 현실이다. 그러한 억압은 복음의 기본이 되는 자유와 존엄성에 반대되는 것이다. 왜냐하면 성서는 크리스천에게 우리 자신이나 타인이 메어 주는 종의 멍에를 벗어버리라고 권면하고 있기 때문이다(갈 5:1). 예수님께서 누가복음 4장에서 자신의 소명에 대해 말씀하실 때 자유와 해방을 강조한 사실을 주목해 보라.

주의 성령이 내게 임하셨으니
이는 가난한 자에게
복음을 전하게 하시려고
내게 기름을 부으시고 나를 보내사
포로 된 자에게 자유를 눈 먼 자에게 다시 보게 함을
전파하며 눌린 자를 자유롭게 하고
주의 은혜의 해를 전파하게 하려 하심이라.
(눅 4:18-19)

이 해방의 사역은 교회의 예언적 책임이다. 악과 억압자에 대해 예언적으로 대항할 수 있는 힘의 궁극적 근원은 하나님의 사랑이며 공의를 향한 하나님의 갈망이다. 하나님이 우리 안에 창조한 분노의 능력은 해방을 향한 예언적 행동을 가능하게 하는 유한한 자원이 된다.

많은 신학적 목소리들은 무엇이 그들을 종으로 삼든지 간에 갇힌 자들을 자유케 하는 일에 힘써야 된다고 말하고 있다. 신학자 한스 큉(Hans Kung)은 "하나님 나라에서의 완전한 자유에 대한 종말론적 과제의 표지나 기대로서 정치적, 경제적, 문화적 그리고 성적 해방을"[22] 추구하는 해방의 신학에 헌신할 것을 주장했다. 이것은 다음과 같은 사람들의 해방을 포함한다.

> *인간으로서 법적으로 파괴된 자, 더 이상의 실제적인 기회가 없는 사람들... 그 가난이 하나의 자연적 불가피성에 의한 것이 아니고 잔인한 사회체제의 부산물인 그런 사람들, 직접적으로 혹은 간접적으로 착취를 당하고, 문화적으로 경멸당한 여러 계층의 사람들, 모든 잔인한 억압으로 차별대우의 고통을 받는 모든 족속들...*[23)]

아프리카계 미국인 신학자 제임스 콘(James Cone)은 "고난의 신학"에 대해 언급하는데 그것은 인간 존재에 대한 추상적 이해가 아니라 특별히 억압받는 사람들과 같은 구체적 인간의 상황과 특수한 사람들에게 초점을 둔다. 그는 아프리카계 미국 신학이 "억압받은 사람들을 위한 고난에 참여할 때" 예수 그리스도께 연결된다고 주장한다.[24)] 메리 델리(Mary Daly)는 여성이 사소한 문제들에 대하여 소위 그녀의 용어로 "민감한 분노"를 경험하는 경우와 "그녀를 억압하거나 억제한 사람에 대해 진짜 분노를 경험할 때(그것은 격노다) 그녀는 격노에 의해 행동을 하게 된다"고 지적한다.[25)] 우리 자신과 다른 사람들을 억압으로부터 자유케 하는 일에 헌신하게 하는 동기의 힘은 하나님과 자신과 이웃에 대한 우리의 사랑이 억압 받을 때에 우리 안에서 유발되는 긍휼의 분노라고 할 수 있다.

예수님이 "너희 아버지의 자비로우심 같이 너희도 자비로운 자가 되라"(눅 6:36)고 하셨을 때 그것은 하나님이 우리를 사랑하심 같이 우리도 이웃을 사랑하라고 강조하는 말씀이다. 우리에 대한 하나님의 사랑은 불의, 억압 그리고 극심한 고통에 의해 위협을 받으며 그것은 하나님의 분노를 일으키는데 그 분노는 우리를 위한 사랑의 모델이 된다. 만약 하나님의 사랑이 권리를 박탈당한 자들에게 긍휼을 통하여 표현되고 피해자들을 대신하여 가해자들을 대항한다면 우리 역시 그렇게 할 수 있을 것이다.

긍휼과 분노

긍휼과 분노는 모두 사랑에 근거한 것이고 우리를 사랑하시는 하나님에 의해 창조된 정체성을 증명하기 때문에 서로 연결되어 있다. 사랑은 타인에 대한 우리의 공감을 키워주며 공감은 우리로 하여금 타인의 고통과 고난에 동일시하도록 해준다. 어떤 저자들은 분노란 우리 자신이 위협의 초점이 될 때만 발생하는 것이라고 말한다.[26] 이러한 관점은 인간이란 기본적으로 이기적이고 자아중심적이라는 가정으로 제한되어 있다. 그러한 평가가 우리의 나르시스적인 단계에서는 진실일 수 있다. 그러나 많은 사람들이 그들의 세계 속에 타인을 포함시키면서 발달적으로 그리고 영적으로 성숙해 간다. 사랑으로 말미암은 공감이 없으면 우리는 타인의 상처와 고통에 대해 위협을 느끼지 않을 것이다. 크리스천에게 있어서는 "자기"의 개념이 자신이 사랑하는 다른 사람들을 포함시킬 만큼 확장되어 있는데 그것은 우리가 우리 자신뿐 아니라 우리 자신만큼 사랑하는 이웃을 위해서도 위협을 느낀다는 사실을 의미한다. 크리스천으로서 우리의 책임은 이 분노를 긍휼의 행동으로 변형시키는 것이다.

도로시 죌레는 한 폭력 행동을 지켜보며 급속도록 "위장 깊은 곳에 격노의 감정을" 느꼈던 경험에 대해 이야기 한다. 그녀는 그런 신체적 혐오감을 느낀 것은 하나님이 인간을 하나님의 형상으로 창조하셨기 때문이며 그렇기 때문에 인간의 보편적인 반응이라고 믿는다.[27] 고통과 고난을 일으킨 가해자에게 분노를 표현해야 한다는 윤리적 기대는 기독교 전통에만 국한된 것이 아니다. 아리스토텔레스는 분노를 받아야 마땅한 사람에게 분노를 표현하지 않는 것은 윤리적 "결핍"이라고 생각했으며 분노를 느끼지 못하는 사람은 "지각이나 통증이 없는" 사람일 것이라고 했다.[28] "이성"이 분노를 요구할 때 분노하지 못하는 사람은 공감의 부족으로 고통 받는다. 아리스토텔레스는 일단 우리가 다른 사람에게 깊은

애착을 가지면 그 사람이 위협을 받을 때 분노를 느끼는 것이 가능하다고 것을 알았다.[29]

하나님은 우리가 풍성한 생명의 충만함을 경험할 수 있도록 서로를 필요로 하는 관계적 존재로 창조하셨다. 한 사람이 고통을 당할 때 우리 모두가 영향을 받는다. 그러므로 가해자나 압제자를 향해 분노하거나 행동하지 않는 것은 공동체와 우리 자신을 돌보지 않는 태도다.[30] 인간의 공동체적 속성에 대한 믿음과 인간이 상호 간에 그리고 창조질서와 깊이 연결되어 있다는 사실에 대한 믿음을 가지고, 우리는 창조된 세계의 어느 영역에서든지 전체성과 통일성을 파괴하는 것에 대해 위협을 느껴야만 한다. 그렇다. 사랑은 그 자체가 관심, 위로, 슬픔, 친절, 자비 그리고 용서로 표현된다. 그러나 사랑의 가치들과 헌신이 위협을 받을 때 사랑은 긍휼의 분노로 표현된다. 악에 대항하는 하나님의 능력은 고통당하는 사람들을 변호하며 다른 사람들을 희생시키는 사람들과 싸운다.

만약 우리가 모든 사람은 하나님의 형상으로 창조되었으며 그렇기 때문에 하나님으로 인해 하나님께 가치 있는 존재라는 것을 믿는다면 어떤 사람이 침해를 받을 때 우리가 위협을 느끼는 것은 윤리적 의미를 갖는다. 그러므로 "너희 아버지의 자비로우심과 같이 너희도 자비로운 자가 되라"(눅 6:36)는 명령과 "네 이웃을 네 자신같이 사랑하라"(마22:39) 그리고 "내가 너희를 사랑한 것같이 너희도 서로 사랑하라"(요15:12)는 말씀은 사랑을 거스리는 것들에 대해 우리가 위협을 느껴야 하며 분노 능력이 활성되어야 함을 확인시켜 준다. 불의, 극심한 고통 그리고 억압에 대한 분노는 악에 대항하여 하나님 편에 설 것을 선택하며 하나님과 교제하는 사람의 표지가 된다. 왜냐하면 큉이 말하듯이 "이웃을 사랑하는 것은 하나님에 대한 사랑의 정확한 척도이며 내가 이웃을 사랑하는 만큼 하나님을 사랑하기" 때문이다.[31]

『긍휼Compassion』이라는 책에서 목회신학자인 도날드 맥닐(Donald McNeill), 더글라스 모리슨(Douglas Morrison) 그리고 헨리 나우엔(Henri Nouwen)은 긍휼이 단순히 크리스천의 덕목들 가운데 하나가 아니라 "크리스천의 삶의 중심"이라고 결론을 내린다. 긍휼을 느끼면서 언제, 어떻게 긍휼의 분노를 표현할지 아는 것은 "우리의 신앙에 있어서 매우 중요한 도전이 다."[32] 우리가 윤리적 관점에서 던질 수 있는 질문은 "긍휼의 분노를 표현하는 데는 어떤 행동들이 윤리적으로 적절한가?"라는 것이다. 나는 세 가지 유용한 행위들을 제시한다. 즉 사랑 안에서 진실을 말하는 것, 긍휼에 근거한 저항, 그리고 비폭력적인 도전이다.

▶사랑 안에서 진실을 말하기

우리는 분을 내는 것과 분노 그 자체는 죄가 아니라는 주장을 지지하기 위해 "분을 내어도 죄를 짓지 말며"라는 에베소서 4장 26절의 말씀을 검토해 보았다. 이제 더 큰 장을 검토해 보기로 하자. 이 구절을 이야기하기 전에 필자는 "범사에 그에게까지 자랄지라"고 하며 그리스도의 몸으로 성숙해 가야 할 것을 독자들에게 권면하는데 그것은 "사랑 안에서 참된 것을 말함으로"(엡4:15) 성취된다. "분을 내어도"라는 말에 앞서 우리는 25절에서 "그런즉 거짓을 버리고 각각 그 이웃과 더불어 참된 것을 말하라"는 권고를 보게 된다. 필자가 다시 진실을 말하는 것에 대해 강조하고 있다는 사실에 주목하라. 독자들이 "썩어져 가는 구습을 벗어버리고"(22절) "하나님을 따라 의와 진리의 거룩함으로 지으심을 받은 새 사람을 입는"(24절) 한 가지 방법은 진실을 말하는 것이다. 이 충고는 "분을 내어도 죄를 짓지 말며" 라는 권면으로 이어진다. 그리스도 안에서 형제 자매의 태도나 행동이 도전을 받아야할 때 그것에 대해 거짓말하지 말라고 할 때 그 뜻이 더 분명해진다. 진실을 회피하지 말라. 현실

직면하기를 회피하지 말라. 사랑 안에서 진실을 말한다는 것은 당신의 분노를 죄악스럽지 않은 태도로 말로 직접 표현하는 것을 의미한다.

신약학자인 루크 존슨(Luke Johnson)은 에베소서 4장 25절을 "사랑 안에서 참된 것을 하며"라고 번역하면서 "바울이 '참된 것을 하며'(truthing)라는 동사를 만들고 있다. 그러므로 '참된 것을 하는 것'과 '사랑'은 상호 해석하는 용어가 된다"고 지적한다. 존슨은 이 해석이 "크리스천의 사랑은 진실에 의해 측정되어야 하고 관계 가운데의 진실은 사랑에 의해 측정되어야 하며"[33] 사랑과 진실은 행동으로 표현되어야 한다는 의미라고 말한다. 다시 말하면 우리가 진실로 이웃을 사랑하고자 한다면 우리 자신이나 교회의 다른 멤버들이나 어떤 "이웃"에게 행해진 불의를 진실하게 밝혀내는 것을 우리 책임으로 여겨야 한다. 크리스천들은 "누가 우리의 이웃인가?"라는 토론을 자주 한다. 존슨은 선한 사마리아인의 비유가 이 질문을 역으로 던져 준다고 지적 한다. 이 비유의 요점은 "누구에게 나는 이웃이 될 수 있는가?"라는 질문을 야기시킨다.[34] 이런 의미에서 우리의 이웃은 궁핍한 어떤 사람일 수 있고 억압을 받거나 고통 받는 어떤 사람일 수 있다. 어떤 사람이나 체제가 부당하게 다른 사람과 공동체를 대할 때 우리는 이 불의에 대한 진실을 사랑의 태도로 이야기함으로써 이웃이 되는 것이 우리의 책임이다.[35]

▶긍휼의 저항

웬디 팔리(Wendy Farley)는 하나님의 사랑을 드러내는 분노를 묘사하기 위해 "긍휼의 저항"이라는 말을 사용한다.[36] 낸시 램지(Nancy Ramsay)는 "긍휼은 인간의 생명을 기형적으로 만들거나 파괴시키려고 하는 악의 세력에 대해 강력하게 저항하는 사랑의 실천"이라고 덧붙여 설명한다.[37] 윤리적 관점에서 볼 때 우리의 분노를 적절한 형태의 "긍휼의 저항"으로

표현하지 않는 것은 결과적으로 불의와 계약하는 것이며 침묵을 통해 가해자를 지지하는 것이다.[38]

그러나 이 문제에 대해서는 만장일치가 없다. 어떤 사람들은 도전을 언급하지 않는 저항을 제시하는 복음은 기독교적이지 않다고 해석한다. 그들의 주장은 예수님이 시련과 십자가에 저항하지 않으셨다는 사실에 근거하는 경우가 많다. 성서학자인 월터 윙크(Walter Wink)는 마태복음 5장 39절의 "악한 자를 대적하지 말라"는 예수님의 말씀이 억압과 악 앞에서의 수동성을 권장하고 있다는 개념에 도전한다. "대적"으로 번역된 그리스어 αντιστεναι는 "강건하게 서서 저항하라"는 의미라고 윙크는 설명한다. 이 단어는 구약의 헬라어 성서에서 전장에서 두 군대 사이에서 벌어지는 강렬한 전투를 묘사하는 말로 사용되었다. 예수님은 "저항하지 말라"는 것이 아니라 "폭력적으로 저항하지 말라"고 말씀하셨다고 윙크는 주장한다. 그는 "악한 자를 대항하여 폭력적으로 반응하지 말라" 것이 더 나은 해석이라고 말한다. 윙크는 그것은 수동적이지도 폭력적이지도 않게 악에 관계하는 "세 번째 방식"이라고 부른다.[39]

윙크는 다른 뺨을 돌려대며, 겉옷도 주며, 더 멀리 가주라는 마태복음 5장 39-42절의 말씀에 나타난 예수님의 충고가 비폭력적 저항이라기보다 무저항의 실례들로 해석된 것에 대해 유감스러워 한다. 사실 이 비유들은 학대를 자행하게 하고 지배를 부추기게 하며 노예주들, 정부관리들, 교회 지도자들, 부모들 그리고 남편들을 포함한 권위자들로부터 오는 모든 형태의 멍에를 받아들이도록 강요하는데 사용되어 왔다. 윙크는 이 말씀들의 의미를 일세기 팔레스타인의 삶의 상황 속에서 살펴보면서 예수님은 무저항과는 거리가 먼 "혁명적인 정치적 언급"을 하셨고 폭력이 없는 저항을 권고하셨다고 주장한다.[40] 또한 그는 다른 뺨을 돌려대는 것은 "기독교적 방식이란 불의 앞에서 비겁하고 공모적으로 여겨지는 수동적이고 무반응적 속성을 내포하게" 되었다고 언급한다.[41] 실제적으로 뺨을 돌려 댄다는 말씀은 주먹으로 싸우는 것(동등하다는 표지)과 되돌려 때리지 않는 것 중에서 한 가지를 선택하는 것보다 훨씬 더 우위에 있는 태도다.[42]

우리는 아래 이야기에서 한 동료가 어린아이 때의 사건을 기억하며 쓴 내용을 읽게 된다. 이것은 한 압제자가 강한 저항을 만나게 되었을 때 일어날 수 있는 변화에 대한 것이다.

> 나는 지금도 생생하게 기억할 수 있는데 열 살 가량 되었을 무렵 아버지는 내가 마땅히 해서는 안 될 일을 했다고 개 끈(나의 아버지가 벌을 줄 때 주로 사용하던 무기)을 가지고 나를 내려치고 있었는데, 무언가 내 안에서 불이 나는 것 같더니 나는 맹렬한 분노를 느꼈다. 나는 아버지의 분노가 부당하다는 것을 알고 있었다.
>
> 나는 아버지가 말한 행동을 하지 않았다. 그런데 아버지는 무슨 일이 일어났는지 잘 알아보지도 않고 혼자 결정을 내려 나나 내 남동생 가운데 하나가 "그것을" 했을 거라고 추측하고 우리를 벨트로 때렸다. 그래서 나는 나의 다른 손을 내밀며 그것도 때리라고 말했다. 놀랍게도 아버지는 그렇게 하지 않았다. 게다가 "건방지다거나" 말대답(그것도 역시 벌 받을 행동이었다)을 했다고 얻어맞지도 않았다. 대신에 놀랍게도 아버지는 나를 포옹했다. 그 이후로 나는 많이 맞지 않았다. 그러나 내 마음에 깨달아진 것은 내가 아버지를 작게 만들었다는 생각이었다.

아버지는 얼굴이 굳어지더니 당황했고 다른 손도 치라고 내미는 그녀의 단호한 행동에 대해 방어를 하지 못했다고 그녀는 말했다. 그런 그녀의 반응으로 인해 아버지는 자신의 행동을 바꾸었으며 학대의 정도가 줄어들었다고 한다. 나의 동료는 자신의 아버지가 자신의 눈에 작아져 보였던 것에 대해 느꼈던 혼돈을 이야기했다. 그러나 그 경험은 그가 성인이 되었을 때 불의와 억압에 저항할 수 있는 자발성에 크게 기여했다.

또한 윙크는 요구하는 것보다 더 멀리 가주라는 말씀을 기대보다 더 유익한 행동을 하라는 의미로만 해석하는 것은 진부하다고 주장한다. 예수 시대에는 조금 더 멀리 가주는 것이 군인에게 친절을 베풀기 위한 추가적 행동이 아니었다. 윙크는 실제로 조금 더 멀리 가주는 행동은 로마 군인들이 유대인로 하여금 강제로 자기들의 보급품을 옮길 수 있도록 허용하는 억압적인 법에 저항하는 방법이었다고 주장한다. 그것은 자신의 선택할 수 있는 힘을 되찾고 인간의 존엄성을 다시 주장함으로 로마 군인들을 당황스럽게 하고자 하는 행동이었다.[43]

▶비폭력적인 대결

많은 신학자들과 윤리학자들은 긍휼의 분노는 그 자체가 행동으로 표현된다고 주장한다.[44] 맥닐, 모리슨 그리고 나우웬은 우리의 가치가 위협을 받을 때 활성된 분노는 우리로 하여금 행동하도록 해야 한다는 의견에 동의했으며 특별히 그들은 긍휼과 대결의 관계에 대해 지적했다. 예수님이 기꺼이 대결하셨다는 것을 상기시키면서 "직접적인 대결은 긍휼의 진실된 표현"이라고 그들은 결론지었다. 그들은 불의로 인해 야기된 분노의 장 안에서 긍휼이 있는 크리스천들이 가져야할 책임에 대해 다음과 같이 설명한다.

> 힘에 대한 환상은 가면이 벗겨져야 하고 우상숭배도 중지되어야 하며 억압과 착취는 도전을 받아야 하고 이러한 악에 참여하는 모든

사람들도 저항을 받아야 한다. 이것이 긍휼이다. 우리가 빈곤의 원인이 되는 그런 사람들과 체제들에 대결하기를 꺼려한다면 우리는 가난한 자들과 함께 고난을 받을 수 없다. 우리가 열쇠를 가지고 있는 사람들과 대결하기를 원하지 않는다면 우리는 포로된 자를 자유케 할 수 없다. 우리가 압제자들과 대결하기를 꺼려한다면 우리는 억압받는 사람들과의 일치감을 고백할 수 없다. 대결이 없는 긍휼은 실속없는 감상적인 동정으로 신속하게 시들어 버린다.[45]

그들은 악의 힘이 너무나 강하기 때문에 "그 무엇보다 강하고 분명한 대결이 요구된다… 대결은 긍휼의 통합적인 부분이다"라고 기록한다.[46] 해리슨은 "급진적 사랑의 행위"에 대한 소명과 대결에 대한 책임의 연관성에 대해 다음과 같이 동의한다.

우리는 예수님이 행했던 바와 같이 인간의 개인적인 그리고 공동체적인 존재의 힘을 위협하는 것, 관계를 왜곡시키는 것, 개인이나 공동체의 복지를 거부하는 것, 그리고 세상에서의 인간 연대감을 부인하는 것에 대해 대결하도록 부르심을 받았다.[47]

해방을 위한 투쟁에서 분노의 중요성은 매우 강력하다. 긍휼의 분노는 사람들을 억압으로부터 해방하고 하나님께서 부르신 그대로의 사람이 될 수 있도록 자유케하는 데 이바지해야 한다. 델리는 "격노는 '하나의 단계'가 아니며 극복되어야만 하는 어떤 것도 아니다. 그것은 변화를 일으키는 집중적인 힘"이라고 주장한다.[48] 로즈메리 래드포드 류더(Rosemary Radford Ruether)는 해방의 과정을 분노에 대한 점진적 자각 그리고 확인과 연결시킨다. 이 확인만이 억압받는 자가 "내면화된 억압의 사슬을" 끊도록 도운다. "자유하게 하는 은혜의 사역……우리에게 힘을 주시는 하나님의 임재가 우리로 불의에 대해 '아니오'라고 말할 수 있게 할 때" 분노는 의로운 분노가 된다.[49]

그러면 어떤 형태의 대결 행동이 적절할까? 크리스천 신학자들과 윤리학자들은 비폭력을 대결의 적절한 형태로 계속 옹호해왔다. 마틴 루터 킹은 비폭력이 인종 간의 정의를 실천하는 가장 실제적인 방법이라고 가르쳤으며 폭력의 비도덕성에 관해 자주 언급했다. 제임스 콘은 폭력으로 인해 야기되었던 파괴적 사건을 조사한 후 "미국에서 흑인해방을 목적으로 폭력을 폭력으로 갚는 행위는 적절하지 못한 전략임으로 철저히 거부되어야 한다"고 주장한다.[50] 간디와 킹을 따라 윙크도 비폭력적인 것이 갈등을 피하는 것은 아니라고 주장한다.

> 복음이 가져다주는 "평화"는 갈등이 없는 상태를 말하지 않으며 오히려 갈등의 중심부에서 형언할 수 없는 거룩한 확신을 가진다. 그것은 이해를 초월하는 평화다… 사실상 비폭력은 갈등을 찾아내고, 갈등을 감소시키며, 심지어 그것을 드러내어 감염된 상처를 잘라낼 목적으로 갈등을 야기하기도 한다. 악에 대해서는 비폭력이 이상적이지도 감상적이지도 않다. 그것은 공격자를 정중하게 대하거나 회유하지 않고 가장 강력한 군사와 같은 주도성을 가지고 지각된 불의에 대항하여 적극적으로 움직여 간다.[51]

적극적 저항으로서의 비폭력은 용기와 결과에 대한 고통을 기꺼이 감수하고자 하는 자세를 요구한다.[52] 간디는 겁이 많은 사람을 효율적인 비폭력적 활동가로 만드는 어려움에 대해 자주 이야기했다. 간디는 사람들이 자신의 격노를 기꺼이 직면하려고 하지 않는다면 수동적인 복종에서 능동적인 비폭력으로 움직이지 않는다는 사실을 배웠다. 윙크는 간디의 통찰을 다음과 같이 요약하고 있다.

> *사람들은 자신의 분노에 의해 에너지를 공급 받을 필요가 있다. 그제서야 그들은 폭력을 비폭력적인 대안으로 자유롭게 포기할 수 있으며 그 대안은 분노 에너지를 역동적이고 단호한 사랑으로 변형시킬 수 있게 된다.*[53]

분노는 우리를 악의 세력에 도전하게 하며 비겁한 자를 용기 있는 자로 변화시킨다. 개인적 경험 때문이든 분노가 죄라는 가르침 때문이든 분노를 두려워하는 사람은 용기라는 자원을 이용하지 못하며 불의에 대항하는 싸움에 거의 참여하지 않는다.

사랑이 분노의 방향을 제시해야 한다

비록 도덕적으로 적절하다고 할지라도 불의, 극심한 고통 혹은 억압에 반응하는 분노는 윤리적인 형태로 표현되어야 한다. 분노는 사랑을 나타내는 목적에 사용되어야 할 뿐만 아니라 사랑에 의해 그 방향을 인도받아야 한다. 교회 역사의 모든 시대마다 신학자들은 이러한 연결성을 인식해 왔다. 초대교회 신학자인 에바그리우스 폰티쿠스(Evagrius Ponticus)는 "사랑은 그 안에서 분노를 통제할 수 있는 진실로 위대한 어떤 것으로 인정되어야 한다"고 기록했다.[54] 수 세기 후에 존 웨슬리는 "열정은 항상 지식에 의해 인도되어야 하고 모든 생각과 말과 일은 하나님에 대한 사랑뿐만 아니라 사람에 대한 사랑에 의해서 조절되어야 한다"고 주장했다.[55] 만약 우리가 사랑으로 인도되는 빛이나 삶의 기본적인 원리들로부터 멀어진다면 우리가 비윤리적 행동에 대항하려고 애쓸지라도 분노의 파괴적인 세력은 우리를 비윤리적 행동으로 이끌어 갈 것이다.

우리 자신이 불공정해 보이지 않았는데 어떻게 불의와 싸울 수 있겠는가? 이 질문은 긍휼의 분노를 표현하는 일에 대해 우리에게 정보를 주고 방향을 인도해 주어야 할 네 가지 윤리적 지침들에 관심을 모으게 한다. 그것들은 가해자, 곧 억압자들에 대한 긍휼, 자기의의 위험성, 우리의 눈에 있는 들보 발견하기, 그리고 악을 악으로 갚지 않기다.

▶가해자와 억압자들에 대한 긍휼

예수님은 우리가 할 수 있는 수준 이상의 긍휼을 요구하셨다. 누가복음 6장 27-28절에서 예수님은 불의를 행하는 사람들에 대해 "너희 원수를 사랑하며 너희를 미워하는 자를 선대하며 너희를 저주하는 자를 위하여 축복하며 너희를 모욕하는 자를 위하여 기도하라"는 반응을 우리에게 요구하셨다. 우리가 그러한 행동을 선택할 수 있을 때 우리는 하나님께서 사랑하시는 것처럼 사랑하게 된다. 왜냐하면 그렇게 함으로써 우리는 "지극히 높으신 이의 아들이 되며 하나님은 은혜를 모르는 자와 악한 자에게도 인자하시기"(35절) 때문이다.

부당하고 억압적인 행동에 대한 분노로 인해 우리가 가해자의 인간성을 무시하지 않도록 조심해야 한다. 그도 역시 하나님의 형상으로 창조된 사람이며 구원의 가능성이 전혀 없는 사람이 아니다. 사랑의 긍휼로부터 나오는 분노는 모두를 아우르며 억압당한 자와 억압하는 자를 모두 구원하고자 한다.[56] 엘리노어 헤이니(Eleanor Haney)의 말은 여성을 위해 기록되었지만 남성들도 읽어야 한다.

> *용감해지기를 배운다는 것은 우리가 기술과 전략과 타인에 대한 민감성을 포기해야 한다는 의미가 아니다. 우리는 우리 자신을 위하여*

말할 수 있고, 불의와 피해에 대항하여 말할 수 있으며, 다른 사람에게 책임이 있다고 말할 수도 있다. 그러면서도 우리는 또한 하나님의 사랑을 받고 있는 사람들과 말하고 있다는 사실을 인식한다.[57]

사랑과 정의의 네트워크를 위한 자녀양육이라는 단체의 설립자인 제임스 맥기니스(James McGinnis)는 사랑을 실천하는 분노는 피해자의 정의를 위한 사역뿐 아니라 가해자에 대한 긍휼도 포함한다고 주장한다.[58]

우리가 개인으로서 또는 하나의 사회로서 항상 이러한 생각에 대해 수용적인 것은 아니다. 예를 들면 사형제도는-심각한 범죄 행위를 했다고 믿는 사람들에 대한 논쟁의 여지가 많은 분노의 문화적 표현으로- 한 사람이 구원받을 가능성이 없다고 추정한다. 대조적으로 원수를 사랑하고 그들을 위해 기도해야 한다는 예수님의 관심은 우리로 하여금 그들의 인간됨과 변화 가능성에 대한 관점을 잃어버리지 않아서 우리가 그들을 악마로 간주하지 않게 하려는 시도다.

▶자기의가 갖는 위험성

크리스천들은 "자기의의" 분노와 "의로운" 분노를 혼동하는 특별한 위험에 직면한다. 우리는 자아에 대한 위협을 마치 하나님에 대한 위협처럼 해석하기가 쉽다. 우리가 해석에 있어서 그런 잘못을 범하게 되면(마치 하나님이 우리의 옹호를 필요로 하신 것처럼) 실상은 우리 자신의 미성숙과 교만과 불안정을 방어하면서 하나님을 "대신하여" 분노한다고 생각한다. 사실 우리의 편견과 자존감 혹은 우상들이 위협을 받을 때 우리는 우리의 분노가 윤리적 신념에 근거한 것이라고 쉽게 속단해 버린다. 신학자 씨 에스 송(C. S. Song)이 언급한 것처럼 이런 잘못된 해석이 발생할 때 "의로운 분노는 어떤 의견 차이나 반대 의견을 허용하지 않는 자기의의 교만으로 쉽사리 바뀐다."[59] 송에 의하면 자기의 분노는 원수들을 변화의 장으로 초대하기보다 벌주고 멸망시키려고 한다. 다른 한편, 의로운 분노는 사랑에 뿌리를 내리고 사랑으로 방향을 잡기 때문에 그 목표는 회개와 화해와 변화다. "의로운 분노는 원수를 벌하고 파괴하려는 분노라기보다 번민하고 행동하는 사랑이라고 볼 수 있다."[60]

자기의는 소위 심층심리학자들이 "투사"라고 부르는 것으로부터 말미암은 것인데 그것은 우리가 억압한 특징들을 다른 사람에게서 인식하는 것이다. 이러한 가능성은 다양한 수준의 위협을 분별하기 위해 분노의 경험을 평가할 필요를 절실하게 한다. 그리하여 우리가 위협을 받을지 받지 않을지 그리고 분노가 자아중심적 과제보다 신앙이야기와 관련되어 있는지 확인할 수 있게될 것이다.

▶우리 자신의 눈에서 들보를 확인하기

"어찌하여 형제의 눈 속에 있는 티는 보고 네 눈 속에 있는 들보는 깨닫지 못하느냐"(마 7: 3)는 산상수훈의 말씀은 우리 문화의 관용구의 한 부분이 되었다. 예수님은 우리의 가족이나 동료, 구역 식구 혹은 이웃이 가진 동일한 태도와 행동이 우리의 삶 속에 존재하는데도 우리가 그것은 보지 못하면서 그들의 결점을 재빠르게 평가하는 능력과 의욕에 대해 언급하신다.

나단의 이야기에 의해서 드러난 우리야와 밧세바를 향한 다윗의 죄는 우리가 지니고 있는 자기기만과 투사의 경향을 이해할 수 있도록 도와준다. 다윗이 나단의 이야기를 처음 들었을 때 외적으로 표현된 그의 분노는 내적으로는 자기 자신을 향하고 있다(나단의 자극과 함께). 그러므로 우리의 분노는 우리의 행동을 재정비할 것을 요구한다. 우리 역시 유한하고 흠이 많은 존재다. 우리도 지금까지 다윗처럼(비록 생각만으로 그렇게 할지라도 유혹하는 자, 배반하는 자, 살인자), 유다처럼(탐심 많은 배반자) 그리고 베드로처럼(겁이 많은 부인자) 유혹을 받고 있다. 우리도 우리의 심령과 마음을 살펴서 다른 사람을 향한 부당한 생각과 행동을 밝혀내야 한다. 우리는 하나님 앞에서 이러한 실상을 드러내고 회개하는 가운데 자비와 용서를 통해 나타난 하나님의 용납과 변함없는 사랑을 받아들임으로써 우리가 다른 사람에게 어떻게 자비로울 수 있을지 배울 수 있다.

우리 자신의 거짓과 부정과 속임수와 배반하는 행위를 포함하여 우리 자신을 알 때에만 우리는 의에 기초한 긍휼의 분노를 나타낼 수 있다. 우리가 우리 자신의 이기심을 볼 수 있을 때에만 타인과 하나님으로부터의 긍휼과 동정심이 우리에게 필요하다는 사실을 기억하게 된다. 분노를 "저기 밖에 있는" 압제자에게 투사하고 우리 자신 안에 있는 "압제자"로부터 멀리 도망하기란 쉬운 일이다. 쉽다. 그것은 우리 자신도 억압하는 체제에 참여하고 있다는 사실을 망각하는 것과 같다. 우리 자신 안에 있는 압제자를 인식하는 것은 우리로 하여금 다른 사람을 악마로 만드는 일을 그만 두게 한다. 그들의 인간됨과 동일시할 수 있게 됨으로써 우리는 압제자들에 대한 긍휼을 가질 수 있다.

▶악을 악으로 갚지 말라

의로운 분노로 시작했던 것이 인간의 불완전성으로 인해 쉽게 적대감으로 바뀔 수 있는데 신약성서는 이런 점에 관해 계속해서 언급하고 있다. 악한 정치적 사회적 정권에 대항했던 혁명과 관계된 분명한 진실들 가운데 하나는 혁명가들이 그들이 정복한 정부가 했던 것과 동일한 억압적 행동을 빈번하게 행했다는 사실이다. 그리하여 자유를 위해 싸웠던 사람들이 격분을 효과적으로 다룰 수 없고 평화와 자비를 향해 나아가지 못하는 차세대의 압제자로 변한다. 우월한 위치를 갖게 되고 압제자를 지배할 수 있는 힘을 얻게 된 희생자들에게 복수와 보복은 하나의 유혹이 된다.

4세기에 성 바실(St. Basil)은 "하나의 악을 치료하기 위해 다른 악을 사용하는 것"과 "악을 악으로 갚은 것"에 대해 경고했다. 그렇게 하는 것은 원수로 하여금 "당신의 선생이요 모델이 되게 하는 것"이라고 그는 지적했다.[61] 윙크는 이것을 "당신이 미워하는 것을 닮아가는 것"이라고 불렀으며 "괴물과 싸우는 사람은 누구든지 그 과정에서 자신이 괴물이 되지 않게 조심해야 한다"[62]는 니체의 말을 인용했다. 한스 킹(Hans Kung)은 크리스천의 사랑은 "폭력에 대한 포기와 복수하고자 하는 욕망의 포기, 반대자들을 보존해 주고자 하는 준비된 마음, 모두를 용서해 주고자 하는 준비된 자세 그리고 화해와 비이기적 선의를 위한 단호한 행동"을 의미한다는 것을 우리에게 상기시킨다.[63]

바울도 우리가 미워하는 것을 복사하고 닮으려는 유혹에 대해 "악에게 지지 말고 선으로 악을 이기라"고 말한다(롬12:21). 그는 "아무에게도 악을 악으로 갚지 말고 모든 사람 앞에서 선을 일을 도모하라"(12:17)면서 우리에게 다른 길을 택하도록 격려한다. 그는 우리가 복수의 감정을 하나님께로 돌릴 것을 제안하면서(12: 19) "친히 원수를 갚지 말" 것을 경고한다. 대신에 원수가 주릴 때 먹이고 목마를 때 마실 것을 주라고 제안하는데(12:20), 이것은 미움의 행동과는 정반대의 행동들이다.

기독교적 돌봄과 상담

분노를 두려워하는 크리스천은 악과 부딪혔을 때 긍휼을 느끼고 용기 있는 행동을 하는 것이 어렵다는 것을 발견한다. 아마도 이런 이유로 인해 교회는 불의와 극심한 고통과 억압에 맞서는 것을 망설였던 것 같다. 신념과 가치들이 열정적으로 지켜질 때에만 그것들은 위협을 받게 되고 우리로 하여금 사회적 악들에 저항하도록 동기를 부여하는 긍휼의 분노를 일으킨다. 교회로서 우리들은 예배와 설교와 가르침과 공감적 돌봄을 통해 긍휼의 분노를 발전시키는 일에 공헌할 수 있다.

▶예배, 설교 그리고 가르침

교회는 예배와 설교와 가르침을 통하여 삶의 일상적 흐름 속에서 다가오는 분노, 특별히 고통과 손실과 함께 찾아오는 분노를 교인들에게 충분하고 깊게 경험하도록 할 수 있다. 예배란 하나님과의 관계 속에서 우리가 분노를 "테이블 위에" 올려놓는 연습을 하는 장들 가운데 하나다. 이 장에서 우리는 분노 능력을 창조주로부터 주어진 선한 은사로 받아들이기를 배우는 신앙 공동체에 참여할 기회를 갖는다. 우리는 분노에 이름을 붙이고 분노를 주장하고 분노를 길들이는 일을 연습할 수 있다.

두 번째로 교인들은 호칭기도와 기도, 찬양과 성서봉독, 그리고 설교를 통해서 배울 수 있고, 불의와 극심한 고통과 억압에 위협을 느끼게 하는 복음의 핵심적 내용인 믿음의 이야기들을 채택할 수 있다. 우리가 하나님의 이야기를 우리의 신앙 이야기에 받아들이고, 하나님을 위협하는 것들에 대해 우리도 위협을 느끼기 때문에 우리는 하나님이 느끼는 동일한 분노를 느끼기를 배우면서 우리의 분노를 하나님의 분노와 연결하기를 이 장에서 가장 잘 추구할 수 있다.

예배는 분노를 긍휼로 변형시킬 수 있는 경험을 가능하게 하고 분노를 윤리적이면서도 효과적으로 표현할 수 있는 방법을 발견하도록 도전하는 장이다. 더구나 교회는 성도들에게 억압당하는 자들을 변호하고, 불의를 규명하며, 억압적인 구조를 효과적으로 공격하는 전략을 배우며, 더 이상의 피해를 받지 않도록 보호하는 법을 배우고, 가해자들을 변화시킬 수도 있는 관계를 실천하는 내용의 가르침과 훈련을 위한 커리큘럼을 제공할 수 있다.

예배와 설교와 가르침 속에서 교인들은 하나님께서 그들을 대신하여 분노하시며 그들의 저항에 권한을 부여하실 준비가 되어있음을 알려주는 이미지와 비유에 대하여 "듣게" 된다.[64] 그들은 고난 가운데서 그들과 함께 하시며, 그들의 상처에 공감 하시고, 그들 편에 서주시는 하나님을 경험한다. 예배와 돌봄과 상담을 통해 우리는 다음과 같이 피해자들을 도울 기회를 가질 수 있다. 즉 피해자들이 "그들이 받은 학대에 대해 명백하게 의로운 분노를 드러내시며, 그들을 치유하기 위해 강렬하게 헌신하시고 학대당한 몸과 상처받은 영혼에 부드러운 긍휼을 베푸시는 하나님의 능력과 사랑에 대한 이미지들을 구성하도록 도울 수 있다."[65] 우리는 고난이 하나님께서 고난당하는 자들에게 벌로서 주신 것이라는 생각이나 좋은 성품을 형성하기 위해 "주어진" 것이라는 식의 하나님에 대한 이미지들에 도전해야 한다. 우리가 그들 편에 서줄 때 그리스도 안에 있는 형제자매들은 우리 안에서 성육신하신 그리스도를 경험하게 되고 하나님에 대한 이미지와 비유가 고양된다. 고통의 근원을 향한 공감적 분노는 희생자들 안에 희망이 생기게 한다. 긍휼의 분노를 표현하는 것은 그들의 분노를 합당하게 만든다.[66] 우리가 우리의 분노를 규명하고 그것의 옹호자가 될 때 압제자들을 향해서도 그런 입장을 확고하게 취할 수 있다. 우리가 침범당하고 희생당한 것에 대한 사람들의 격노에 공감할 뿐 아니라 심지어 그들을 대신하여 대항할 때 그들은 자신을 가치있는 존재로 생각하기 시작한다. 악에 대한 저항의 행동과 대항으로 표현된 긍휼의 분노는 악에 저항하는 그들 자신의 능력에 불을 붙일 수 있는 희망을 주면서 희생자들에게 힘을 부여할 수 있다. 상처 입은 사람들이 우리가 그들 곁에 있다는 사실과 그들 입장에서 이해하고자 한다는 사실을 알게 될 때에 긍휼의 분노는 그들에게 힘을 부여한다. 우리의 부드러운 돌봄과 함께 우리의 분노는 "그들 가운데 새로운 희망과 활동을" 고무한다.[67] 그들은 희망을 회복하여 그들 자신과 타인들을 위해 열정적으로 행동하기 시작한다.

▶변호자로 초청하기

타인에 의해 고통을 당한 사람들에 대한 치료적 돌봄과 상담은 그들로 하여금 그 상황을 개념화하고 묘사하여 분노를 느끼고 표현하도록 격려하는 과정을 내포한다. 분노에 이름을 붙이고 표현하는 과정은 치료적 과정의 한 부분인데 특별히 자기가치감과 자기통합성 그리고 권한부여 감각의 회복 과정이 된다. 예를 들면, 크리스천은 성차별주의, 인종차별주의, 연령차별, 폭력, 착취 그리고 가난에 의해 위협을 느끼는 것이 당연하다. 돌보는 사람의 과제는 상처받은 사람이 자신의 분노를 충분히 자각하고, 그 타당성을 받아들이며, 부당함에 대항하는 행동을 선택하도록 돕는 것이다.

희생자에 대한 돌봄은 다른 차원의 돌봄이 필요하다는 것이 나의 관점이다. 나는 크리스천 상황에서의 돌봄과 상담 사역은 희생자들이 다른 희생자들과 함께 일어설 수 있는 길을 발견하도록 초청하기 전까지는 그 사역이 끝나지 않았다고 생각한다. 크리스천 돌봄 사역자의 책임은 실제로 특권이라고 볼 수 있는데, 그것은 상처 입은 사람들로 하여금 (그들이 회복으로 가는 여정에 많은 진전이 있었을 때) 그들의 경험이 어떻게 다른 피해자들을 위한 변호를 준비할 수 있는지 깊이 고려해 보도록 하는 것이다. "통전적인" 돌봄과 상담은 새로운 자기개념을 획득하고 새롭고 전인적인 삶에 감사하는 피해자들에게 억압하는 개인과 체제에 대한 저항은 그들의 감사를 표현할 수 있는 하나의 반응이 될 수 있다고 안내한다.[68] 우리는 크리스천 신앙 공동체의 한 멤버로서 피해자들로 하여금 다른 피해자들과 함께 깊은 연대감을 갖게 하고, 미래의 피해자들에 대해 관심을 가지며 영적 헌신의 한 부분으로서 분노를 창조적으로 사용하도록 그들을 안내할 책임이 있다. 물론 우리는 그들이 안전해지고 이러한 결과들을 다룰 수 있을 정도로 충분히 강해지기 전에 새로운 거부와 비난과 벌과 학대와 폭력에 상처를 받지 않도록 매우 조심해야 한다. 그들은 학대적이고 통제적인 부모, 보스, 배우자 그리고 다른 권위 있는 사람들이 주는 고통을 쉽사리 경험하게 될 가능성이 높다.

▶ **공동체와 힘의 부여**

고립된 상태에서 용기를 가지는 것은 어려운 일이다. 공동체 안에서 분노를 다룰 때 그것은 더욱 용이하게 희망의 표현으로 바뀔 수 있고 용기로 전환될 수 있다. 큰 위협감과 강렬한 분노를 경험하는 사람이 다른 사람들로부터 고립되어 있을 때 절망감과 두려움을 느끼기 쉽다. 사람들은 무력감과 절망감을 느낄 때 자신이 혼자라고 생각하기 쉬우며 격분을 삼키게 된다. 공동체 안에서는 압도적인 좌절의 감정이 사람을 절망감으로 몰아넣는 일이 덜하기 때문에 분노가 창조적인 활동으로 바뀔 수 있는 가능성이 있다.

크리스천 돌봄과 상담은 용기를 얻고 싶은 사람들에게 지지와 격려를 제공할 수 있는 그룹을 형성할 필요가 있다. 이러한 그룹들 안에서 분노에 초점을 맞추고, 본보기들을 제시하며, 두려움에 도전하고, 실패에 대해 서로 나누며, 불의에 직면하여 긍휼의 분노를 표현할 수 있는 용기를 계발하고 함양해 나가면서 그 성공에 대해 서로 축하할 수 있다. 자신들의 분노에 대해서 의식하게 되는 여성들이 가족, 배우자 그리고 교회로부터 오는 비난 때문에 자신의 분노를 억압시켜 버리지 않도록 하기 위해 여성주의 작가들은 의사소통과 지원 네트워크를 찾는 일에 특별한 관심을 가져 왔다.[69]

종교역사가인 패트리샤 오코넬 킬런(Patricia O'Connell Killen)은 어떻게 모든 세대의 권력구조들은 그들이 지배하는 사람들의 고난을 부인하려는 시도를 해왔는지 이야기한다. 만약 그 부인이 효과가 없으면 권력 기관들은 "개인으로 하여금 홀로 고통을 견디어 내도록 격려하고 그들의 삶 속에 있는 고통에 대해 전적인 책임을 지도록 함으로 고난을 최소화하고 비합법화 했다. 억압하는 문화적 제도적 세력은 고난 받는 사람들을 침묵시키고 고립시키기 위해 교활하게 활동해 왔다."[70] 그러므로 공동체 안에서 힘과 동기를 발견하기 위해 분노를 다루는 것은 필수적 과정이다. 킬런은 사람들이 공동체에서 자신들의 분노를 기꺼이 표현하는 것에 대해 다음과 같이 언급한다.

> *그것은 위험하지만 진정한 사회적 힘으로 발전할 수도 있는 공동의 분노를 야기 시킨다. 개인이 다른 사람들과 함께 고통을 느끼고 표현하는 일에 위협을 받는다면 그 고통의 함성은 현실에 대한 대안적 개념을 중심한 새로운 공동체를 형성하기 시작한다. 그런 대립되는 공동체의 원천은 한 사람의 고통과 그 이웃의 고통에 대한 신뢰이며 그것은 우리 자신의 고통과도 같다.*[71]

지원 그룹들은 강렬한 정서가 알려지고 표현되고 확인되며 그리고 효과적인 행동으로 집중될 수 있는 안전한 장소를 제공한다.[72] 마조리 수하키(Majorie Suchocki)는 "지원 그룹은... 격노를 지탱할 수 있게 하고 그 힘을 사회적 변화를 위한 효과적인 행위로 인도하는 지속성을 제공한다"고 주장한다.[73] 음주운전반대 엄마들의 모임(Mothers Against Drunk Driving: MADD)은 회원들이 자신의 경험과 분노를 나누도록 하는데 그것이 그들로 하여금 절망감과 무력감을 극복하는데 도움이 될 때가 많다.[74]

▶자기 돌봄

우리의 에너지와 능력을 극심한 고통에 대한 항거에 사용하는 것은 제자됨의 한 부분이며 그것은 영적 훈련으로 교육될 수 있다.[75] 그러나 분노가 우리의 삶을 지배해서는 안 된다. 기쁨과 축제를 위한 시간과 에너지가 반드시 필요하다. 위로, 긍휼 그리고 용서와 같은 다른 사랑의 표현들도 풍성한 삶을 위해 필수적인 것이다. 우리는 분노를 온유함, 부드러움 혹은 성령의 다른 열매들에서 분리시킬 필요가 없다.

수 몽크 키드(Sue Monk Kidd)는 성차별주의의 억압적 결과에 대해 깨달은 바를 기록한다. 그녀는 그 부당함을 더 많이 의식할수록 분노를 불의에 대항하는 자리에 사용해야 한다는 사실을 깨달았다. 후에 그녀는 분노가 다음과 같이 변화되어야 한다는 사실을 인정했다.

> *분노는 "큰 재난의 불이기 보다 음식을 요리하는 불이 된다." 재난의 불과 같은 분노는 잠시 동안 당신을 담대하게 만들고 흥분시킬 수 있다. 그러나 만약 당신이 거기에 집착하게 되면 그것은 당신을 태워버릴 것이다. 그러나 음식을 요리하는 불은 당신에게 음식을 제공하고 다른 많은 사람들에게도 그렇게 할 것이다.*[76]

우리가 정의를 실현하는 일에 실패하거나 혹은 지나치게 몰입하고 스트레스를 받아서 긍휼의 분노를 파괴적인 것으로 만들지 않도록 주의해야 한다. 예수님은 계속적으로 분노하시지는 않았으며 다양한 사랑의 표현들과 돌봄의 모습들을 우리에게 보여준 모델이 되셨다.

   나는 분노가 영적 협력자가 되며 우리로 하여금 윤리적 행동을 하도록 동기를 부여하는 다양한 방식을 설명하면서, 분노가 사랑의 목적으로 표현될 때 지니게 되는 긍정적 잠재력에 대한 이론을 정립했다. 이제 나는 마지막 장에서 분노의 막강한 힘이 악을 위해서가 아니라 선을 위해서 사용될 수 있다는 사실을 확인하면서 분노를 창조적으로 사용할 수 있는 특별한 단계들에 대해 탐구하고자 한다.

13장

분노를 창의적으로 다루기

분노가 해를 끼칠 수 있는 잠재력이 있을지라도 분노할 수 있는 우리의 능력은 인간의 삶에 유용한 목적들을 만족하게 하는 창조주의 선물이다. 우리의 윤리적 책임은 우리 자신과 공동체를 위해 삶을 파괴하는 것이 아니라 향상하는 방식으로 분노를 다루는 것이다. 성서는 우리에게 분노를 창의적으로 다룰 자유뿐만 아니라 그렇게 할 책임이 있다고 상기시킨다. 하나님이 가인의 분노에 대해서 질문하신 후(창 4:6-7) 문 앞에 엎드려 있는 죄를 "다스릴" 수 있다고 일깨우셨다는 것을 기억하라. 에베소서의 저자도 분노가 파괴적이 되지 않도록 선택할 수 있다고 믿었으며, "분을 내어도 죄를 짓지 말며"(4:26)라고 권고했다. 그 다음에 4장 31절에서 저자는 독자들에게 그리스도를 따르는 사람으로서 악독과 격노, 비방하는 것과 악의와 창의적이지 않은 파괴적인 분노의 표현을 "버려야" 한다고 가르친다. 이 이야기 둘 다 우리가 분노를 어떻게 표현하는지를 통제할 수 있다고 가정한다. 우리는 어떻게 건설적인 대안을 선택할 수 있을까?

우리가 분노를 다루는 데에 우리의 자유를 지혜롭고 회복을 위해 활용한다면, 분노는 창의적이고 효과적으로 표현될 수 있다. 에벌린 화이트헤드(Evelyn Whitehead)와 제임스 화이트헤드(James Whitehead)는 해가 될 수도 선이 될 수도 있는 분노의 힘과 잠재력을 "경외"와 "경의"[1]로 다룸으로써 분노를 "존중"하는 것이 현명한 전략이라고 말했다. 분노는 우리의 "형상성(imageness)"에 포함된, 창조주가 부여하고 축복한 선물(10장)이므로, 분노를 잠재적인 "영적 협력자"(11장)로 존중하는 것은 적절한 반응이다. 에벌린 화이트헤드와 제임스 화이트헤드도 분노의 창의적인 가능성에 주의를 기울임으로써 분노와 "친해지는 것"이 이런 강력한 정서에 대한 적절한 영적 자세라고 제안한다.[2] 의도적으로 분노를 존중하고 친해지는 것은 교회에서 성장한 많은 이에게 분노가 죄라는 전통의 깊고 무의식적인 엄청난 영향력에 해독제 역할을 한다. 이러한 분노에 대한 부정적이 아닌 긍정적인 반응은 우리가 분노를 더 창의적으로 다룰 수 있는 자유를 준다.

이번 장은, 해를 입히지 않으며 사랑으로 섬기고자 의도적으로 분노를 사용할 윤리적 책임을 지지하는 방식으로 분노를 다루는 과정을 제안한다. 나는 분노 사건이 발생할 때, 보통 취해야 할 여덟 단계를 제시한다. 분노를 책임감 있게 다루고자 준비하는 첫 단계는 분노에 관한 핵심 이야기들을 우리의 과거에서 찾아내고 변화시키는 것으로서 6장에서 다루었다. 아래에 기술한 여덟 단계는 이 순서대로 혹은 순서대로 고려할 필요가 없을 수도 있다. 그렇지만 악이 아니라 선을 위해서 분노의 힘을 사용하고 각 단계에 주의하여 분노를 지혜롭게 다루는 일은 반드시 필요하다. 여덟 단계는 분노 알아채기, 분노 인정하기, 몸을 진정하기, 위협받는 이야기를 알아내기 위협의 타당성 평가하기, 불필요하게 위협에 취약하게 하는 이야기들을 변화시키기 그리고 분노를 다루는 이전의 패턴 바꾸기와 분노를 창의적으로 표현하기다. 이 단계들은 분노 경험을 어떻게 다룰지에 대한 우리의 생각을 안내할 뿐만 아니라 분노와 갈등으로 고심하는 개인과 가족 그리고 기관을 돌보고 상담하기 위한 지침을 제공한다.

분노 알아채기

첫째 단계는 분노가 일어날 때 알아채는 능력을 개발하는 것이다. 알아차리지 못하는 분노에 대해 우리는 책임감 있게 행동할 수 없고, 확인되지 않고 무시된 분노는 더욱 위험해진다. 분노를 두려워하거나 분노가 죄라는 전통을 믿기 때문에 부인과 회피는 끊임없는 유혹이 된다. 물론 정기적으로 성가시고 문제가 되는 분노를 자발적으로 표현하는 "화를 잘 내는" 사람은 분노를 알아차리는 능력을 향상하는 일이 가장 불필요한 제안이라고 생각할지도 모른다. 하지만 실제로는, 위협되는 과정에서 우리가 분노를 빨리 알아차릴수록 분노가 너무 "격렬"해지기 전에 분노를 다루는 데 관련된 자원을 더 신속하게 가져올 수 있다.

그런데도 대부분 우리는 억압하거나 폭발하는 경향이 있든지 간에 자신의 분노를 알아차리는 일이 어렵다는 것을 안다. 이는 징후를 읽기 어려워서가 아니라 우리가 분노하고 있다는 것을 다른 사람에게는 물론이고 우리 자신에게도 인정하고 싶지 않기 때문이다. 다행히도 우리의 분별 과정에서 분노는 쉽게 감추어지지 않는다. 즉 분노는 그 존재를 알리는 단서를 남긴다. 우리의 책임은 우리의 독특한 신체적, 정신적 그리고 행동적인 분노의 징후들을 밝히는 데 필요한 탐색 작업을 하는 것이다.

모든 진정한 정서들처럼 분노는 우리의 생리 기능에 깊이 연관되어 있고, 5장에서 설명한 신경의 각성 패턴을 포함한다. 우리는 주의를 기울임으로써 쉽게 신체적 징후와 분노의 진실한 경험에 따르는 증상들을 알아차릴 수 있다. 몸이 방어하거나 공격할 준비가 될 때, 혈압이 올라가고, 심장 박동수가 증가하고, 근육이 긴장하며, 혈액 화학이 변화한다. 우리 몸의 반응을 연구하고 이해하는 일은 분노가 생리적으로 어떻게 우리에게 영향을 주는지 독특한 증거(이갈기, 움켜쥔 주먹, 뻣뻣한 목, 복통, 두통,

소화불량, 뱃속에 찬 가스, 변비, 설사 등)를 읽는 법을 배우게 한다. 여러 가지 다른 것들이 이와 같은 신체적 증상들을 일으킬 수 있고 의학적 처치가 필요할 수도 있지만, 그 증상들은 우리가 분노하거나 분노하고 있다는 징후일 수도 있다.

우리의 기분도 분노의 존재를 드러낸다. 투덜거리고 불평하고 까다롭거나 과민함이 우리가 분노하고 있음을 가리키고 있을지 모른다. 우리 주변 사람들은 "왜 찌푸리고 있어요?" 또는 "무엇 때문에 초조해 하나요?"라고 묻거나 "오늘 기분이 좋지 않군요" 하고 말할지도 모른다. 언어 또한 단서가 된다. 예를 들어 "짜증난", "좌절한", "성가신", "실망한", "상처 입은" 또는 "질투하는" 같은 단어들은 보통 어떤 삶의 환경이 우리를 위협했다는 것을 보여 준다.

우리 대부분은, 우리가 의식 가운데 분노를 인정하지 않았을 때 발생할 만한 몇 가지 행동들을 알아낼 수 있다. 우리가 분노를 의식하거나 인정하기도 전에, 분노는 잔소리나 비우호적인 유머, 폭언 또는 수동 공격적 행동으로 표현될 수 있다. 알코올 남용과 과식, 한 사건에 관한 강박 그리고 우울증과 같이 다양한 행동도 깨닫지 못한 분노를 가리킬 수 있다.

이 사건들 가운데 어느 것도 상관없는 것으로 털어버릴 수 있지만 우리가 분노를 알아차리고 다루지 않는 한 이 행동은 지속될 것이다. 이 행동들과 신체적 증상 그리고 기분에 우리 자신을 민감하게 하는 것이 우리가 분노를 깨닫도록 도와주고 분노를 다루는 데 우리가 조금 더 창의적이 되게 할 것이다. 너무나 명백해서 굳이 언급할 필요가 없어 보이는 단계에 왜 우리 주의를 기울이는가? 우리가 분노를 병리화하는 신학적 믿음들이나 심리학적 믿음들에 의식적으로나 무의식적으로 헌신할 때 종종 그런 감정이 일어난 것조차 인정하지 않으려고 분노를 부인함으로써 대응하기 때문이다. 소속에 대한 우리의 강력한 욕구와,

갈등은 우리가 필요한 사람들이 우리를 버리게 할 것이라는 염려와, 통제력을 가지려는 욕구나, 보복에 대한 두려움이, 분노가 의식에 머무르지 못하게 할 수 있다. 의식적으로 억압하는 반응은 분노를 마음에 품는 것을 금지하는 중요한 이야기들을 다수 만들어 낼 수 있다.

분노를 무시하거나 존재하지 않는 것처럼 가장하는 방식은 해를 입힐 확률만을 높인다. 왜냐하면 분노를 무시함으로써 우리는 분노를 이해하고 그 행동을 안내하기 위해 우리의 이지력과 의지력 그리고 영적인 자원들을 사용할 수 없기 때문이다. 이런 이유 때문에 심리치료사들은 내담자가 "그들의 감정과 접촉"하고 "이 감정에 책임을 지도록" 초청한다. 이 모든 것에 비추어 볼 때, 분노를 다루는 기본 윤리적 원칙은 분노를 깨닫고 의식에 머무르게 하는 우리의 책임이라고 쉽게 말할 수 있다.

분노와 관련한 파괴적인 경험은 우리에게서 그리고 세상에서 분노를 제거하는 마술 지팡이를 갈망하게 만들 수 있다. 하지만 부인과 의식적인 억압은 해답이 아니다. 분노는 우리의 삶에서 사라질 수 없지만, 잠재적인 영적 협력자로서 받아들이고 배우고 사랑으로 섬기는 데 사용할 필요가 있다. 의식 단계 아래에 남아 있는 분노는 건설적이기보다는 파괴적으로 표현되기 쉬우므로, 분노를 의식적으로 인식하게 만드는 일은 필수적이다. 10장에서 목회신학에 대해 언급했듯이, 분노를 의식적으로 억압하는 사람들은 우리 안에 반영되어 있는 하나님 형상의 중요한 면을 부인하는 것이며, 하나님의 선물 중 하나를 받아들이기 거절하는 것이다. 무의식적 억압이나 의식적 억압으로 분노의 경험을 뿌리째 뽑아버리려고 시도하는 사람들은 정신적으로나 영적으로 가로막힌다.

분노 인정하기

분노를 알아차린 후에, 둘째 단계는 그것을 인정하는 것이다. 인정한다는 것은 우리의 감정을 받아들이는 일, 즉 이름을 붙이고 우리의 것이라고 말하는 것을 의미한다. 어떤 것에 이름을 붙이는 일은 정체성을 부여하고, 그 중요성을 받아들이지 않거나 깎아내리기 더 어렵게 만든다. 이름 없는 경험은 우리의 주의를 불러일으키거나 창의적 반응을 허락하지 않는다. 분노를 인정함으로써 우리는 그 실체를 파악하고 그것이 의식적인 인식 밖으로 달아나도록 허락하지 않고 분노에 대처하는 것이 우리의 책임이라고 확인한다. 실제적으로 분노를 인정하기 위해서 우리는 분노에 대한 두려움이나 분노한 상태에 대한 당혹감을 극복해야 하는데, 이 두려움과 당혹감은 존재의 일차적인 방법으로서 합리성에 대한 우리의 믿음 또는 분노한 데 대한 죄책이나 수치에 근거한다. 이 마지막 두 가지 염려는 사람들이 분노를 인정하지 못하게 하는 데 특히 문제가 된다.

이성과 정서의 주제에 대한 우리의 이야기는, 마치 현재의 스토아학파 철학자들처럼, 합리성이 정서성보다 우월하다고 믿는 것과 정서는 대부분의 환경에서 비합리적이고 사리에 맞지 않다고 믿는 것이기 때문에 우리는 분노를 인정하고 싶지 않을 수 있다. 따라서 우리가 분노하지 말아야 한다고 생각하는 상황에서 분노를 느끼는 것은, "이성적인" 사람이라는 우리의 자기 인식을 유지하고자 분노를 인정하지 못하게 할지도 모른다. 분노를 피하는 것은 자존감을 보호하는 하나의 방법인데, 자존감은 논리적이며 감정을 통제하는 것에 연결된다.

분노에 대한 죄책감이나 수치감이 우리가 분노를 인정하는 데 방해가 될 수 있다. 우리가 분노는 죄라는 개념을 적용하고 크리스천은 분노할 이유가 없다고 믿으면, 분노하고 있다는 사실이 기독교의 이상형의 기대에 미치지 못하고 우리의 삶에 죄가 있다는 지표가 된다. 결과적으로 죄 짓는 데 대한 죄책감과 우리의 이상에 미치지 못한 데 대한 수치심을 불러일으키거나 그 둘의 원인이 된다. 수치심과 죄책감은 불편하고 분노를 억압하기 쉽게 하거나 죄의식과 수치를 다루는 것을 피하려고 분노를 인정 못하게 하기 쉽다. 우리는 분노하거나 분노를 표현한 경험으로 인해 매우 죄의식이나 수치심을 느껴서 우리가 경험을 통해 배우는 것이 어려울 수 있다. 우리는 가능한 한 빨리 그 사건을 잊기 원한다. 이 죄책감/수치의 경험은 아마도 분노에 대해 죄책감이나 수치를 덜 느끼기 위해서 희생양[3]을 찾도록 우리를 밀어붙일 것이다.

우리의 책임으로 받아들인다는 의미에서 분노를 인정하지 못하게 하는 또 하나의 유혹은 누군가 다른 사람의 행동을 탓하는 것이다. 마치 모든 사람을 분노하게 "만든" 보편적이고 객관적인 행동이 있는 것처럼, 우리는 한 사람이나 기관이 우리를 화나게 "만든" 무엇을 행하거나 말했다고 빠르게 비난할 수 있다. 비난하기는 실제로 우리가 구성한 현실 대신에 다른 사람이나 기관이 우리의 분노를 책임지게 하려는 시도이다. 그래서 우리는 바닥에 음식을 버린 아기를 탓하고, 이성과 시시덕거리는 여자친구, 우리의 바람과 반대되는 투표를 한 회중, 우리 앞에 끼어드는 운전자, 말대꾸하는 청소년이나 우리를 해고한 고용주를 비난함으로써 우리의 분노에 대해 변명한다. 그 결과로 초래된 분노는 갈등을 일으키고 우리는 "다른 사람"이 책임을 져야 한다고 생각한다. 이는 분노가 우리 이야기의 결과이며 우리의 책임이라는 현실을 회피하는 것이다.

우리가 분노하는 것은 누군가의 잘못이 아니라, 우리가 그들의 말이나 행동을 우리의 구성된 이야기의 맥락에서 해석하는 방식 때문에 분노한다는 것을 알아차릴 필요가 있다. 우리의 정체성 즉 자아감을 형성하는 이야기들이 개인 또는 체제의 말이나 행동에 의해 위협받기 때문에 우리는 분노한다. 팬크세프(Panksepp)는 다음과 같이 요약한다.

다른 사람들이 우리가 분노하는 원인이 아니다. 그들은 특정한 감정 회로를 실행에 옮기는 계기가 될 뿐이다. 궁극적으로 우리의 감정은 내면에서 오며, 아마도 인간만이 정서적 교육이나 의지력을 통해서 자신의 감정 회로가 완전히 각성되도록 어떤 자극이 유발되게 할지 선택할 실질적인 기회를 가질 것이다.[4)]

자존감을 보호하기 위하여 어딘가에 책임을 전가하는 일은 쉽다. 우리는 아마도 우리에게 잘못이 있다고 인정하기에는 문제가 될 자기 이야기(self-narrative)에 애착을 느낄 것이다. 누군가 우리를 분노하게 만들었기 때문에 분노한다고 믿을 수 있다면, 합리화하고 변명할 수 있다.

하나님 앞에서 분노를 인정하는 것은 특별히 중요하다. 만약 분노에 관한 우리의 핵심 이야기가 우리가 분노할 때 하나님이 언짢아하신다는 이야기라면, 하나님에게 그 분노를 숨기고 싶어질 것이다. 그러나 여기에 확립된 분노의 신학이 암시하는 것은 분노가 우리 삶의 모든 다른 면처럼 하나님에게 말할 수 있다는 것이다. 분노를 신앙인으로서 우리가 누구인지의 맥락에서 생각하는 것은 분노를 부인하거나 억압할 가능성을 적게 한다. 분노는 하나님과 우리 사이에 해야 할 일 중 하나가 되고, 그러면 우리가 분노의 사건에 대처하는 동안에 영적인 원천에 다가갈 수 있게 된다, 따라서 분노를 윤리적으로 다룰 가능성이 증가한다. 적절한 기도는 하나님이 우리가 이 사건에서 배우도록 도와주시고 분노를 효과적이며 파괴적이지 않게 다룰 수 있도록 인도해 주시길 구하는 것이다.

분노가 일어났다는 것을 인정할 때, 우리가 말이나 행동으로 한 분노 표현이 비윤리적이었다는 것을 자주 깨닫는다. 우리의 반응은 사랑의 반응이 아니라 우리의 헌신에 반대되는 반응이었다. 즉 우리가 분노로 죄를 지었다. 화해를 향한 움직임은 우리가 분노의 표현으로 상처를 입힌 사람들에게 용서를 구하도록 요구한다. 신약성서학자 루크 존슨(Luke Johnson)은, 만약 분노의 강렬함이 인정되지 않으면 "상처나 부상을 알아차리고 인정하는 것도 없고, 그러면 용서도 없게 된다. 분노는 실질적으로 화해를 위한 전제 조건인데, 분노가 관계의 소원함이라는 현실을 드러내기 때문이다"[5]라고 말한다. 우리는 필요하다면 배상을 고려해야만 한다. 이 책의 목적이 용서의 역동을 검토하는 것을 포함하지는 않지만, 좋은 책들이 많이 나와 있다. 목회상담 전문가와 결혼과 가족상담가 등 관련 분야의 사람들이 그런 안내를 할 수 있는 훈련을 받았다.

몸을 진정하기

우리의 분노를 책임지는 일은 셋째 단계를 필요로 하는데, 우리의 몸에 가능한 한 많은 통제를 유지하는 것이다. 우리 중 많은 사람이 위협의 지각에 따르는 신체적 각성이 생존에 매우 소중한 상황을 겪어 보았거나 읽어 본 적이 있을 것이다. 화재나 토네이도를 피하거나 강간 시도에 저항하고, 소용돌이치는 강에서 누군가를 구조하고, 술 취한 아버지의 손에서 신체적 학대를 당하는 어머니를 보호하거나, 병과 싸우기 위해 몸을 준비시키는 것과 같은 예다. 하지만 신체적인 위험이 없이도 위협이 우리의 가치와 믿음과 의미와 관련될 때, 마치 우리가 신체적으로 반응할 필요가 있는 것처럼 우리의 몸이 준비된다. 우리가 우리 자신을 보살피기 위해 우리의 몸을 진정하고 화학적 균형을 되찾는 법을 배우지 않는 한에는 맞서 싸우거나 도주하는 반응에서 초래된 화학적이고 생물학적인 변화들(5장을 보라)이 우리의 건강에 파괴적일 수 있다.

각성 상태에 있을 때 우리는 또 언행으로 더 해롭게 행동하고, 다시 말해서 다른 도발에 과도하게 반응할 가능성이 많다. 우리를 분노하게 한 위협이 빠르게 지나가 버리면(예를 들어, 누군가 사과를 할 때) 몸은 종종 자연스럽게 중립으로 돌아가지만, 위협이 지속될 때 흔히 그렇듯이 우리의 가치를 위협할 때 몸은 오랫동안 긴장되어 있을 수 있다(5장을 보라). 실제로, 어떤 상황에서 분노의 경험을 피하는 한 가지 방법은 스트레스를 최소한으로 유지하는 것이다. 스트레스가 쌓이면 우리의 몸은 어느 정도의 각성 상태에 있게 되고, 이 상태는 통상적으로는 위협적이지 않은 상황에서 우리가 각성되고 분노하기 쉽게 만든다.

따라서 분노를 효과적으로 다루는 데에는 어떻게 우리 몸의 경보 장치를 끄고, 스트레스를 최소화하며, 신체적으로 긴장할 필요를 줄이는지 배우는 것이 중요하다. 당신은 의도적이거나 깨닫지 못한 채로 이미 얼마간의 효과적인 진정 과정을 사용하고 있을지도 모른다. 예를 들어 우리는 음악을 사용하고(차분한 음악 듣기)[6], 운동을 하고(건강달리기, 신체단련, 원예), 명상(통제된 호흡 연습, 이완훈련, 안전한 장면에 초점을 맞추는 심상, 만트라의 반복) 그리고 마사지(긴장한 근육을 이완시키는 작업)를 배울 수 있다. 또한 많은 크리스천이 아마도 기도로 나아가, 기도 가운데 분노를 하나님께 드리고 통찰을 구했을 것이다. 명상은 아마 안전하고 평화로운 느낌을 가져올 수 있는 성서 장면의 이미지들을 포함할 것이다. 나의 내담자 중 한 사람은 정기적으로 시편 23편에서 푸른 목장과 잔잔한 물가로 인도되는 이미지를 몸을 진정시키는 방법으로 사용하였다.

긴장을 풀기 위한 이런 연습은 *분노를 의식적으로 억압하는 것과 다르다*. 몸을 진정시키는 것은 우리가 화나지 않은 척하려는 시도나 화를 잊거나 피하려는 시도여서는 안 된다. 우리는 단순히 우리의 몸이 위협적인 상황에서 이해할 만한 신경 반응을 한다는 것을 알아차리고 받아들이지만, 이 신체적 각성이 생존 반응에 반드시 필요한 것은 아니다. 실제로 더 창의적인 반응은 보통 우리가 신체적 각성을 진정시키면 가능하다. 우리의 경보 장치는 우리가 맞서 싸우거나 도주하게 준비시키지만, 전투태세를 갖춘 이 상태에서 우리 몸의 화학 작용을 항상성의 상태로 움직임으로써 건강을 보전하고 무책임하게 행동하는 유혹을 줄이기 위하여 긴장을 풀 필요가 있다. 어떤 환경에서는 진정시키기 위해서 중추신경계에 울리는 경보 장치를 차단할 약물이 필요할지도 모른다. 약물이 변연계로 하여금 위험이 두려워하는 만큼 크지 않다고 확신하게 함으로써, 또는 다르게 말하면 "호랑이가 방 밖으로 나갈 때까지 도움이 될 것이다"는 정신과 의사 친구의 말처럼 단기적으로 도움이 될 수 있다.

위협받는 이야기 알아내기

분노를 책임감 있게 다루는 넷째 단계는 우리가 *왜* 분노했는지 알아내는 것이다. 분노는 우리의 중요한 이야기 가운데 하나가 특정한 삶의 상황으로 위협될 때 작동하는 경보 장치다. 유진 피터슨(Eugene Peterson)은 요나의 경험에 관해 말하면서 다음과 같이 논평했다.

분노는 진단 도구로서 가장 유용하다. 분노가 우리 안에서 분출할 때, 그것은 무엇인가 잘못되었다는 신호이다. 무언가 제대로 되지 않고 있다. 악이나 무능력이나 어리석음이 거기에 숨어 있다. 분노는 주변에서 잘못된 것을 탐지하는 우리의 육감이다. 진단적으로 볼 때, 거의 완전히 확실하고, 우리는 그것을 신뢰하는 법을 배우게 된다. 분노에는 설득력 있는 도덕적/영적 강렬함이 스며들어 있다. 분노할 때 우리는 중요한 것을 발견해 낼 가능성이 있음을 알게 되고, 그것이 가장 중요하다.[7]

모든 분노의 사건은 삶에서 무언가 우리가 기대하거나 바라는 대로 되지 않는다는 메시지를 포함한다. 가인이 자신의 제사가 받아들여지지 않자 분노했을 때 하나님이 그에게 처음 하신 말씀은 "네가 분하여 함은 어찌 됨이며"라는 것을 기억하라. 하나님이 가인에게 분노를 적절하게 다루고 통찰을 얻도록 분노한 까닭을 이해할 기회를 주셨는데, 슬프게도 가인은 그렇게 하기를 거절했다. 이 메시지를 분별하고 위협을 평가하는 책임을 지는 것이 기본적인 윤리 단계이다.

우리는 위협받는 이야기들을 알아내는 시도로 시작한다. 미스터리 이야기는 모두 마지막에는 줄거리가 자명해지도록 실마리가 맞추어진다. 독자나 시청자는 이야기 전체가 이제야 이해된다는 의미로 "아, 이제 알겠다"고 생각한다. 이야기의 구성은 우리가 사건들을 이해하게 도움으로써 공헌한다(6장을 보라). 따라서 우리가 할 일은 분노의 전체적인 경험을 탐색하는 것이다. 이 탐색을 안내할 수 있는 질문들은 다음과 같다. 이 분노는 도대체 무엇에 관한 것인가? 내가 누구에게 분노하고 있는가? 나는 왜 분노하는가? 무슨 말과 행동이나 부정적인 암시가 나를 이렇게 반응하게 만들었는가? 나의 이야기(가치, 믿음, 의미) 중 어느 부분이 공격받거나 위험에 처했다고 느끼는가? 이 질문에 대답하는 과정에서 우리는 자기 평가를 촉진하고, 따라서 통찰을 얻기 위해 노력할 수 있으며, "아, 이제 내가 왜 위협받았는지 알겠다"고 말할 수 있게 된다. 브렌다의 경험을 예로 들어 설명해 보자.

> 서른 네 살의 브렌다는 딸과 자신의 가장 친한 친구에게 감정적으로 격앙된 반응을 하는 것에 대한 염려 때문에 목사님의 권유로 나에게 왔다. 처음에 그녀는 자신의 딸 리사가 여름에 대학에서 집에 오지 않고 다른 주에 있는 국립공원에서 일하기로 선택했다고 설명했다. 브렌다는 리사가 전화로 그 결정을 알렸을 때 분노했고, 리사를 격려하는 남편에게는 "무뚝뚝하고 퉁명스럽게" 대했다. 우리가 만나기 며칠 전에 브렌다는 자신이 고등학교

2학년인 둘째 딸에게 "너도 고등학교를 졸업하자마자 다른 주로 달아나 버리겠지!"라고 말해서 놀랐고, 그녀는 이를 "추하고 화나서 찌르기"라고 불렀다. 독립적이며 결정은 자신의 힘으로 하라고 아이들을 양육했기 때문에, 그녀는 자기가 리사의 결정을 지지할 것이라 상상했고, 그래서 슬프다는 것은 이해하더라도 분노는 이해할 수 없었다.

그 주에 가장 친한 친구인 셰릴이 남편이 직장을 옮기기 때문에 다른 주로 이사한다고 알렸다. 브렌다는 즉시 셰릴에게 분노했고 그 남편에게는 더욱 분노해서, 셰릴이 남편을 옹호하게 만들었다. 브렌다는 셰릴의 남편이 무신경하다고 힐난했고, 이런 "일방적이고 무신경한 명령"에 저항하지 않는 셰릴에게 분노했으며, 이 모든 것이 그녀와 셰릴 사이에 긴장을 일으켰다. 나중에 브렌다는 분노로 인해 자신이 얼마나 부적절했는지 그리고 셰릴이 가족 가까이로 이사하는 것을 찬성하고 또 기대하고 있었다는 것을 듣지 못했음을 깨달았다.

처음 두 번의 회기에서 우리는 두 가지 질문을 제기했다. 어떻게 위협을 받았고 무슨 이야기(가치, 믿음, 그리고 의미)가 공격을 받았는가? 브렌다는 두 경우에서 딸과 친구가 일부러 자신을 떠난다고 느꼈음을 알 수 있었는데, 이를 "버려지는" 것이라고 불렀다. 그녀는 셰릴이 우정은 염려하지 않는 것이 분명하다고, 그렇지 않고서야 이사하는 것을 그렇게 기뻐할 수가 없다고, 또 "리사가 나 때문에 집에 오고 싶어 하지 않는다는 허탈감"에 대해 남편에게 성나서 말한 것을 기억했다. 브렌다는 계속해서 "그들이 내게 마음을 쓰는 것을 알면서도, 내 마음은 그들이 왜 떠나려 하는지 생각한다"고 말했다. "남겨지는" 경험에 관한 자신의 인생 이야기를 탐색하는 동안, 브렌다는 2개월 된 아기 때 입양된 이야기와, 생모가 "나를 포기한 것"에 대해 화난다고 이야기할 수 있었다. 브렌다는

"나를 알지도 못하면서, 데리고 있을 가치가 없다고 결정한 거예요" 라고 하며 격한 감정으로 말했다. *슬픔과 분노의 이 강렬한 혼합은 "양육권 포기"*[8]*에 대한 일반적인 반응이지만, 브렌다는 이것을 다른 사람에게 말로 표현하려 한 적이 없었다. 그녀는 상황 전부를 알지 못하면서 생모에 대해 이렇게 느끼는 것이 공정하지 않다고 합리화했다.*

브렌다는 분노가 자신의 의식적인 가치에 상반되고 중요한 두 관계에서 불필요한 긴장을 형성한다는 것을 상당히 빨리 알아차렸기 때문에, 딸과 자신의 가장 친한 친구의 선택에 위협을 느낀 이야기를 알아내는 일이 상대적으로 쉬웠다. 이 분노가 어디에서 왔는지 이해하는 데 기꺼이 도움을 구하려는 마음은 이 사건을 탐색하고, 입양 사실을 일찍 알게 되어 형성된 핵심 이야기를 찾아내는 일을 가능하게 했다. 브렌다는 그 이야기에 "당신이 나를 사랑한다면, 나를 떠나지 않을 것이다"는 이름을 붙였고, "무언가 사람들이 나를 포기하고 떠나게 만드는 문제가 내게 있는 거야"라는 말로 요약했다. 이 이야기를 말로 표현하고 다른 한 사람과 (나중에는 딸과 친구와 함께) 나누는 것이 분노를 창의적으로 다루는 데에 전진할 맥락을 제공했다.

당신이 3장과 6장에서 만난, 삼십대 후반의 목회자 예나는 한 사람을 위협에 취약하게 만드는 주된 이야기를 알아내는 또 다른 예를 제공한다. 예나는 특정한 분노 사건이 아니라, 분노가 발생할 때마다 반응하기 어렵게 만드는 기본적인 이야기들에 대해 말한다. 그녀는 다음과 같이 썼다.

이 여정을 시작했을 때는, 분노를 느끼는 것에 대한 죄책감을 의식하지 못했다. 수많은 기독교 가정이 자녀들에게 제공한 진술들을 내가 믿고 있다는 것을 깨닫지 못했다. 그 진술들은 다음과 같다. (1) 분노하는 것은

"좋지 않다." (2) 나쁜 아이들만 화를 낸다. 그리고 (3) 내가 화를 내면 사랑받지 못할 것이고 좋아하지도 않을 것이다. 하지만 분노 경험에 관한 글쓰기를 통해서 내가 정말 이 신화들을 믿었다는 것을 깨달았다. 내가 어릴 때에 배웠고, 지적으로는 타당하다고 변론하지 않겠지만… 나는 그 신화들에 의해 움직인다. 어릴 때 배운 이 생활 철학이 내 안에 아주 깊이 들어와 있다. 성인으로 사는 내내 이 신화들은 나에게 중요한 사람들에 의해(역주 - 남편, 아내 또는 애인 등을 의미) 강화되었다… 그들은 나의 분노에 부정적으로 반응했고 내가 지나치게 분노를 느낀다고 결론 내렸다. 이런 경험은 이 신화를 강화했고, 그 결과 내가 성공하지 못하면서도 분노를 덜 느끼려는 시도를 지속하게 했다. 나는 이 신화나 그들의 의견을 더 이상 믿지 않는다. 분노를 느끼는 것이 분노를 느끼지 못하는 것보다 이제는 더 나은 것으로 보인다.

나는 나를 화나게 하는 것들에 대해 얼마 전부터 알고 있다. 그것은 어머니를 화나게 한 것과 같다. 즉 나와 함께 사는 누군가가 따라다니며 치우는 것, 물건이 떨어지지 않게 확실히 해서 집안이 잘 돌아가도록 돕는 것, 청구서의 돈을 제때 내는 것 그리고 가전제품과 공구, 기계를 관리해서 계속 작동하게 하는 것이다. 이 일들을 다른 사람이 완벽하게 끝내지 않을 때 나는 무심함을 사랑의 부족으로 해석한다. 내가 완벽하게 행하지 못할 때는 실패했다고 생각한다. 세상을 보는 이런 방식은 어머니에게서 물려받았고, 내게는 지배적인 이야기였다. 나는 이 이야기를 포기함으로써 어머니를 배신한다고 느끼는 게 아닌지 생각한다. 몇몇 이야기가 실제로 여기서 작동하고 있다. 예를 들면, 다른 이야기들 중에서 "항상 부모를 존중하고 순종하라. 사려 깊은 행동들은 사랑의 표시다. 나는 완벽할 수 있고 다른 사람들처럼 완벽하기를 기대된다. 나는 완벽한 행동을 통해 다른 사람의 사랑을

얻는다. 기계와 공구와 가전제품은 관리를 잘하면 고장이 나지 않는다. 아주 열심히 노력하면 우리의 삶을 완전히 통제할 수 있다"와 같은 이야기가 작동한다. 다시 말해서, 내가 지적으로는 이런 이야기 대부분의 타당성에 반대론을 펼 수 있으면서도, 실제로는 정서적으로 그 이야기에 동의한다는 것을 이제 알겠다.

특정한 삶의 상황에서 무슨 이야기가 위협되었는지 이해하려고 노력할 때, 하나 이상의 이야기를 찾는 것이 중요하다. 많은 분노 경험 뒤에는 위협된 다수의 이야기가 있고, 흔히 하나 혹은 그 이상의 이야기는 무의식적이다. 우리 자신의 분노를 이해하기 위해 애쓰든지 혹은 돌보는 사람으로서 역할을 하든지, 우리가 해야 할 유용한 질문은 "위협받을 만한 무슨 다른 이야기들이 있을까?"이다.

최근에 결혼한 부부인 조나단과 수잔은 내가 그들의 결혼예비상담의 상담자이었기 때문에 나와 약속을 잡기 위해 전화했다. 이 부부는 자신들의 분노를 예측하지 못했고 몹시 불편했기 때문에 찾아왔다. 조나단은 그들이 교회에 또 지각해서 아내에게 분노한 최근 일요일 아침에 관해 설명했다. 그들은 분노를 이해하는 위협 모델을 이해했고 또 해보았기 때문에, 우리는 무슨 이야기들이 위협되었는지에 대한 질문으로 옮겨 갔다. 여러 가능성을 탐색한 후에 수잔의 도움으로 조나단은 자신의 중요한 이야기 하나를 찾았다. 그것은 책임지는 것에 관한 가치를 포함하는 이야기였다. 그는 그 이야기의 일부분이 책임감 있는 사람은 시간을 잘 지킨다는 믿음이라고 확인했다. 이 이야기는 그의 원가족에서 중요했고 그는 그것을 자기의 것으로 받아들였다. 더욱이 조나단에게 "시간을 지킨다는 것"은 행사가 시작되기 몇 분 전에 "제자리에 앉아 있는 것"을 의미했다.

다른 한편으로, 수잔도 책임감 있는 것을 좋아하지만 책임감 있는 것과 시간 지키는 것을 연결하지는 않았다. 사실, 수잔에게 "시간을 잘 지키는 것"은 "본 행사가 진행되기 전"에 도착하는 것을 의미했다. 그녀가 말하듯이 "어쨌든 아무것도 제시간에 시작하지 않고 준비 단계에서 하는 것들은 끝까지 앉아서 볼 가치가 없기" 때문이다. "시간을 잘 지킨다"는 정의에 관한 이야기의 충돌은 자주 출발 시간에 대한 갈등의 원인이 되었고, 그들이 늦었을 때 조나단은 무책임하다는 느낌으로 위협을 느꼈다. 조나단은 화가 나서 수잔이 무책임하다고 비난하고 수잔은 반대로 그가 "인격을 모독했다!"고 분노했다.

이 시점에서, 중요하지만 아직 해결할 수 있는 문제들에 왜 그렇게 초점을 맞추는 것일까? "이 모든 것 이면에 무슨 다른 이야기가 있을 수 있을까?"라는 질문에 조나단은 더 깊은 위협을 알아볼 수 있었다. 수잔 때문에 늦었을 때 조나단이 "아내가 나를 소중히 여기지 않는다"고 느꼈다는 말을 해서 실마리를 찾았다. 더 자세히 이야기하면서 조나단은 결혼한 지 거의 1년이 되어가니 "시간을 지키는 일이 내게 얼마나 중요한지 아내가 지금쯤은 알아야 한다"고 믿었다고 말할 수 있었다. 지속적으로 반대되는 약속을 했음에도 수잔이 시간을 지키려는 노력을 하지 않는다는 사실이 더 무의식적인 이야기에 위협적으로 느껴졌고, 그는 "서로 사랑하는 사람들은 배우자가 목표를 달성하고 자신감을 갖는 데 도움이 되는 행동을 한다"고 말했다. 수잔이 시간을 지키지 않기로 선택했다는 사실은 그녀가 조나단이 중요하게 여기는 기준들을 충족하는 데 도움되는 역할을 하지 않은 것이며, 그는 이것을 "그다지 애정이 없는" 것으로 인식했다. 수잔은 이 감정이 상당히 깊은 데 놀랐고, 조나단의 감정의 정도를 과소평가했었다.

조나단에게는 몇 가지 명백한 이야기가 있었다. 하나는 책임감을 중요하게 여기고, 다른 하나는 책임감과 시간 지키기를 연결하며, 셋째 이야기는 시간을 지킨다는 것은 다른 사람들이 아마도 이르다고 할 시간으로 정의하는 것이다. 그러나 더 깊은 이야기는 사랑하는 사람들이 어떻게 관계를 맺는지에 관한 것이고, 즉 그들이 자기 정체성을 표현하고 진실성을 유지하는 활동과 행위에서 서로 조력하는 역할을 하고자 열심히 노력해야 한다는 것이다. 그가 지각을 좋아하지는 않지만, 가장 위협이 된 것은 수잔의 행동을 "애정이 없다"고 본 기본적인 해석이었다. 나중에 얘기하듯이, 더 깊은 이 위협에 대해 아는 것이 조나단과 수잔 둘 다 자신의 갈등에 더 관심을 갖고 철저히 평가할 마음이 일어나게 했다.

요약하자면, 이 단계의 목표는 위협을 형성하는 상황을 알아내는 것과 11장에서 설명했듯이 분노의 사건을 "진단하는 창"으로 사용하는 것이다. 위의 각 예에서 알 수 있듯이, 위협은 명확하게 식별될 필요가 있고, 이것이 갈등을 다루는 믿을만한 과정을 허락하는 자기 발견에서 필요한 단계이다.

위협의 타당성 평가하기

우리가 왜 위협된다고 느끼는지를 통찰한 후, 다섯째 단계는 위협받는다는 느낌이 필요하고 적절한지 분별하는 것이다. 다음으로 할 질문은 "내가 위협을 받을 필요가 있는가?"다. 이상적으로, 이러한 질문에 대한 답변은 환경의 평가에 근거하고, 또 이것은 기독교 신앙과 그 신앙이 우리 삶에서 중요하다는 우리의 이해를 반영하는 가치와 의미에 근거를 둔다. 이런 평가는 우리의 신학과 윤리관 그리고 영적인 경험의 맥락에서 이야기들을 검토하기 위해 위협받는 이야기에 초점을 맞추는 데에 복음의 빛을 사용한다. 우리는 우리의 신앙 이야기를 근거로 성숙한 크리스천이 특정한 삶의 환경에 위협을 받을 필요가 있는지 아닌지 평가할 수 있다.

사용된 신앙 이야기들은 하나님의 성품과 하나님께서 이 세상에서 어떻게 일하시는지에 대해 우리가 이해하는 바를 포함할 것이다. 갈라디아서 5장 22절에서 발견되는 "성령의 열매"는 사람들이 분노할 때 그들의 행동을 평가할 수 있게 도우며, 예수님이 다른 사람들과 관계를 맺은 방식은 관계들을 평가하는 본보기다.

우리의 신학적 서약과 영적인 여정의 견지에서, 어떤 사람과 사건이 우리를 반드시 위협하는 것은 아니라는 것을 앎으로써 우리는 불필요한 위협과 그에 따른 우리의 분노를 줄일 수 있을 것이다. 우리가 하나님과 이웃을 자신처럼 사랑하는 사람으로 계속 성숙하는 것이, 어떤 삶의 사건을 위협으로 *인식할* 필요가 없는지 알게 한다. 우리가 위협을 받는 많은 것이 실제로는 우리를 위협할 필요가 없다는 것을 발견한다. 브렌다의 상황은 이러한 예증이 될 수 있다.

> 자신에게 무언가 문제가 있기 때문에 버림받았다는 브렌다의 이야기는, 특히 버림받는 것처럼 (다른 말로, 또다시 포기됐다고) 느껴지는 삶의 사건들에 상처입기 쉽게 한다. 사람들이 "떠날" 때 자기의 가치를 묻는 오래된 질문이 자동으로 일어났다. 이러한 이야기를 의식 차원에서 인식하고 의도적으로 연관 짓는 것은 위협적인 이야기가 타당한 이야기가 아님을 깨닫게 했다. 지리적인 변화가 그들이 덜 사랑한다는 표시는 절대 아니었다.
>
> 브렌다는 어머니가 "나를 데리고 있고 싶지 않게" 만든, "나에 관해 무언가 알았음이 틀림없다"는 어릴 적에 발전시킨 이야기가 그녀가 일컬었듯이 "비합리적"이라는 것을 깨닫기 시작할 수 있었다. 그녀는 많은 다른 환경이 그 결정에 영향을 주었을 수 있다는 것을 깨달았고, 자신의 생부모에 관해 더 알아보는 절차를 시작하기로 했다.

크리스천인 브렌다에게 "당신이 묘사한 이 이야기에 관해 신앙이 가르쳐 주는 것은 무엇인가요?"라는 질문이 아마도 가장 중요했을 것이다. 몇 회에 걸쳐서 그녀는 하나님에 대한 이해, 특히 하나님이 그녀에 관해 어떻게 느끼는지 자신이 인식하는 바를 계속 설명했다. 브렌다는 하나님이 사랑의 하나님이며, 하나님이 모든 사람을 사랑한다고 믿었다. 그러나 많은 경우, 특히 자신에게 무언가 잘못이 있어서 사람들이 떠났다고 느낄 때, 그 "모든 사람" 중에 자기를 포함하지 않았다고 받아들일 수 있었다.

브렌다는 위협을 느끼는 이야기를 평가하는 방법으로, 하나님의 성품과 한 개인으로서 자기를 하나님이 어떻게 느끼시는지에 대한 신앙 이야기를 사용했다.

물론 어떤 위협은 정당하며 그에 대한 분노는 적절한 반응이다. 신앙의 견지에서, 실제의 신체적 위험이나 사회적 또는 관계의 위험에 위협을 느끼는 것은 정당하고, 그것이 우리가 분노할 수 있는 능력을 갖도록 창조된 이유다. 더욱이 12장에서는 불의와 극단적 고통 그리고 억압과 같은 특정한 삶의 환경은 우리의 신앙 이야기에 둘러싸인 신학적 가치들을 위협하고 도전해야 한다고 논의했다.

이야기들을 변화시키기

여섯째 단계는, "우리가 특정한 분노 경험을 평가하고 우리의 신앙 이야기의 관점에서 특정한 삶의 상황에 의해 위협받을 필요가 없다고 분별할 때 어떻게 하는가?"라는 질문에 답변하는 것과 관련 있다. 그 답변은, 이 특정한 이야기를 우리의 신앙 이야기와 더욱 조화하게 하여 위협에 취약하지 않도록 이러한 이야기를 개정하거나 재구성하는 것이다. 어떻게 우리는 이야기들을 바꿀 수 있을까?

브렌다에게 이야기를 바꾼다는 것은 "당신이 나를 사랑한다면 떠나지 않을 것이다"는 무의식적인 이야기가 언제 지배적이 되었는지를 의도적으로 깨닫는 것을 포함한다.

브렌다는 딸이 한 선택과 친구가 불가피하게 이사하는 현실에 대해 의식적으로 새로운 이야기를 만들기 시작했다. 브렌다는 욕실 세면대 옆에 둔 작은 판지에 그들이 말했듯이 "리사는 나를 사랑하고 우리의 사랑이 충분히 강하기 때문에 다른 주에 가서 일할 것을 선택했으며, 리사는 그런 선택을 할 자유가 있다. 세릴은 진정으로 나를 가장 친한 친구로 생각하지만 남편에 대한 서약과 자신의 원가족과 가까이 살려고 이사한다"고 써놓고 그들이 말하는 실제 이야기와 자신의 이야기를 통합했다.

더욱이 브렌다는 가족과 친구들이 그녀에 대한 감정을 말과 행동으로 전달한 것을 현실로 신뢰하기로 결심했다. 브렌다는 입양 가족과 남편, 아이들 그리고 좋은 친구들이 생모보다 자기를 훨씬 더 잘 알며, 호감가고 사랑스러운 사람으로 본다고 믿는 것이 이치에 맞다는 생각을 받아들였다. 이후 리사와 세릴에 대한 분노는 소멸하기 시작했다.

우리가 복음을 더 깊고 정확하게 이해하면, 어떤 신앙 이야기들을 바꿀 필요가 있다는 것을 깨닫게 될지도 모른다. 그렇게 함으로써 우리는 불필요한 위협에 상처입기 쉬운 가능성을 줄이게 된다.

브렌다는 하나님이 사랑하신다고 믿는 "모든 사람" 중에서 자신을 제외하는 것이 합리적이지 않음을 곧 깨달았다. 우리는 다윗과 베드로를 포함해 행동과 신실함에서 우리의 기준에 맞추지 못한 성서의 몇몇 인물에 대해서 그리고 하나님이 어쨌든 그들을 사랑하셨다는 강력한 믿음에 대해서 이야기를 나누었다. 브렌다는 하나님이 사랑하는 모든 사람 중에서 자신을 제외하는 것이 말이 안 된다는 것을 알았고, 이 믿음이 "내 마음속까지 들어오지" 못했다고 인정했다. 그녀는 자신에 대한 하나님의 사랑과 수용이 "원치 않고", "포기되고", "버려지고" 그리고 "양육할 만큼 충분한 가치가 없다"는 이야기를 반격할 수 있을 거라고 의식적으로 생각하기 시작했다.

예나가 분노에 관한 자신의 핵심 이야기가 얼마나 깊고 널리 퍼졌는지 깨달은 후에, 더 큰 이 그림이 분노에 대처하는 패턴을 바꾸기 시작하려는 동기를 제공했다. 그녀는 다음과 같이 썼다.

> 나의 분노 감정은 기질에 근거한 것이 아니라 나의 가치와 기본적인 "삶의 방식", 즉 사건에 대한 나의 즉각적인 지각과 삶의 기본 철학에 근거한다. 나의 분노 감정은, 삶은 이러해야 한다는 나의 이야기에 근거한다. 이 이야기는 어머니의 이야기에서 큰 영향을 받았고, 나는 여러모로 어머니의 이야기를 그저 받아들였다. 나는 내 이야기나 삶은 이래야 한다는 나의 사고방식이 위협을 받을 때 분노를 느낀다. 분노에 대한 이러한 이해는 분노가 나쁘고 죄스러운 것이라고 〔판단할 필요〕를 없앤다. 분노를 이렇게 이해하는 것은 분노가 발생하는 현실을 받아들이고, 내가 분노를 경험하기 때문에 형편없거나 크리스천답지 못한 사람이라고 〔나 자신을 판단할 필요〕를 없앤다. 또 이런 이해가 분노를 다루는 접근을 적용하는 데 기초를 놓아준다. 처음에 이 접근은 내가 이전에 시도한 접근보다 신뢰성과 가능성이 더 있는 것처럼 보인다.

> 나는 분노가 나쁘다는 지배적인 이야기를 바꾸기 쉽지 않은 것을 아는데도,

이것이 나를 위한 첫 단계라고 믿는다. 나는 분노가 피해야 할 부정적인 정서라는 관점에서부터 중립적인 정서로, 혹은 수용할 수도 있고 개인의 성장과 발전을 위해 사용할 수도 있는 긍정적인 정서라는 관점으로 바꾸어야만 한다.

나는 그 이야기들을 떠나보내는 것이 어머니에 대한 배신이라는 믿음과 연결되어 있다고 생각한다. 다시 말해서, 이 이야기들을 바꾸는 일이 쉽지 않다는 것을 알지만, 내가 분노에 효과적으로 대처할 뿐만 아니라 세상에서 책임감 있고 성숙한 크리스천이 되려면 그렇게 해야 한다고 믿는다.

우리가 불필요한 위협에 상처받기 쉽게 만드는 이야기를 변화시킨 결과는 엄청난 분노에서 자유로워지는 것이다.

우리의 정체성에서 아주 기본적이어서 쉽게 위협을 받는 뿌리 깊은 이야기들은 바꾸기 쉽지 않다. 예나는, 성장할 때 함께 한 이야기와 그녀가 택한 분노에 관한 이야기에 의도적으로 주의를 기울여 작업한 지 몇 달 후에, 이야기를 바꾸는 일이 어렵다는 것을 알았다.

내가 바꾸어야 하는 또 다른 이야기는, 만약 지금 해결책을 찾지 못한다면, 다시 말해 나를 분노하게 한 상황을 바꾸지 못한다면, 우리의 관계가 앞으로 어떻게 될지 불확실하다는 믿음이다. 나는 이것이 안정감의 문제라고 믿는다. 나는 중요한 관계에서 불안정하며, 사람들이 나를 정말 사랑한다는 것을 잘 믿지 못한다. 이 불안정감이 사랑의 상실과 버림받음에 대한 두려움을 조성하고, 내가 다른 사람들의 행동을 사랑이 부족한 표시로 해석하는 기초가 된다고 생각한다. 나는 두려움이 줄고 안정감이 더 생겨서 위협을 덜 받아야만 한다. 이 불안정의 핵심에 있는 이야기는 내가 사랑스럽지 못하다는

것이다. 이것은 어머니가 나를 한 번도 만족해하지 않았고 정말 원하지도 않았으며 따라서 사랑한 적이 없다는 느낌에서 비롯되었다. 이것은 나를 사랑스럽지 못하다고 느끼게 했다. 결국, 어머니가 당신을 사랑하지 않으면 누가 사랑하겠는가? 나는 이 이야기가 내 안에서 작동한다는 것을 안다. 이것이 내가 작동하는 지배적인 이야기가 되는 것을 느낄 수 있다. 또 다른 때는 다른 이야기가 나를 움직인다는 것을 안다. 하나는 어머니가 할 수 있는 최선을 다해 나를 사랑한다고 말하는 것이고, 다른 하나는 어머니가 내게 하는 사랑의 표현은 어머니의 문제를 드러내는 것이지 나에 대해서가 아니라는 것이다. 그것은 마치 두 이야기가 지배적인 자리를 차지하려고 싸우면서 내 안에서 공존하는 것과 같다. 처음 이야기는 내가 높은 각성 상태에 있을 때이길 확률이 높다. 따라서 나중 이야기가 나의 지배적인 이야기가 되도록 할 수 있는 법은 내 각성이 경감되는 방식으로 사는 것이다. 즉 운동과 건강한 식사, 기도, 휴식시간 갖기, 지나치게 많은 책임이나 나를 너무 바쁘게 할 요구를 떠맡지 않는 것을 포함한다. 물론, 또 다른 방법은 이 이야기들을 의식적으로 인식하고 적극적으로 하나를   아내고 다른 것을 통합하는 작업을 하는 것이다.

예나의 마지막 성찰은 일반적으로 분노를 어떻게 생각하고 느끼는지와 분노에 관한 이야기를 재구성할 필요가 있다는 데 초점을 맞추었다. 그녀는 이 필요를 자신의 영적 순례와 연관 짓고, 분노를 새롭게 이해하고, 분노할 때 행동하는 새로운 방식을 구성하려고 노력한다.

내가 배운 것은 분노 자체를 보는 방식이며, 이것은 내가 분노에 대처하고 다른 사람들이 분노에 대처하도록 돕는 방식에 가장 큰 영향을 미칠 것이다. 나는 분노를 "영적인 협력자" 또는 "행동하라는 요청"으로 생각해 본 적이 전혀 없었다. 분노에 대한 나의 이야기를 해체하고 재구성하는 것이 필요하다. 나는 분노를

무언가 잘못되었다는 지표로 보는 것이 합당하다고 생각한다. 분노는 하나님의 이끄심을 분별하고 어떻게 반응해야 할지에 대한 부름을 들을 수 있는 시간을 낼 필요가 있게 만든다. 이런 방식으로, 분노는 대단히 두렵고 피하고 기도하여 없애야 할 무엇이 아니라 우리가 "그리스도의 제자로 헌신된 사람으로서 성장하고 발전하며 성숙하는 데 긍정적인 동반자"로 변형된다. 이 재구성은 다른 영성 훈련과 비슷하게 훈련이 필요하다. 나는 영성 훈련을 정기적으로 했었기 때문에 체계적인 재구성의 이 개념이 내게 깊은 의미가 있고, 분노를 악덕 대신에 유용성이라는 완전히 다른 범주에 넣도록 돕는다. 이 재구성은 나의 삶에서 건강하게 건설적으로 분노에 대처하는 마지막 배움의 열쇠가 되고, 그렇게 함으로써 다른 사람들이 같은 일을 하게 조력할 수 있을 것이라고 믿는다.

예나는, 사람들이 자기의 이야기를 이해하도록 효과적으로 도우려면 돌보는 사람 자신의 분노에 대한 이야기에 주의를 기울이는 일이 중요하다는 것을 보여 주는 예다. 불의에 대한 민감성은 우리의 과거 상처에 근거하는 때가 많다. 그런 까닭에 우리는 우리 자신의 분개와 고통에서 반응할 수 있는데 이를 다른 사람을 위한 염려라는 가면으로 덮는다. 이것은 우리가 잘못이라거나 분노가 정당하지 않다는 의미가 아니라 우리가 지나치게 반응하거나 고통을 다른 사람에게 투사하고, 우리의 과거 때문에 그들의 상황을 과장하지 않도록 경계해야 한다는 것이다. 우리의 이야기들을 분명히 알아야만 그 위험을 최소화할 수 있다.

이 단계는, 우리가 우리 신앙의 가장 중심적인 가치에 더 맞는 삶을 살았다면 특정한 한 사건에 위협받지 않을, 그런 이야기들을 변화시키려는 노력을 지속할 책임이 우리에게 있다는 것을 상기시킨다. 이런 방식으로 우리가 위협감이나 분노를 느끼는 횟수를 줄일 수 있다.

분노에 대처하는 이전의 패턴 바꾸기

우리의 분노를 윤리적으로 책임지는 것은 일곱째 단계인 분노에 대처하는 이전의 패턴 바꾸기를 포함한다. 우리의 신학은 분명하다. 즉 우리는 변화할 능력을 갖고 있다. 이전의 패턴이 잘해야 비효율적이고 못하면 파괴적이라는 것을 알게 될 때, 그런 패턴을 바꾸기 시작하는 것은 분노를 창의적으로 다루는 데 중요한 단계가 된다. 모든 사람에게는 분노를 표현하는 독특한 방법이 있지만, 어떤 패턴은 식별이 가능하다. 들어가는 글에서 나는 침묵과 철회, 잔소리, 까다롭게 굴기, 비우호적인 유머, 언어 학대 그리고 폭력과 같은 공통적인 행동을 언급했다. 어떤 사람들은 통제를 유지하려고 지배적이며 겁주는 식으로 분노를 표현하는 법을 배웠다. 다른 사람들은 남에게 상처가 되게끔 말이나 신체적으로 충동적인 행동 패턴을 취한다. 또 다른 사람들은 통제할 수 없는 화가 있는 척한다.

예나는 성장할 때의 경험과 성인기로 가져온 분노에 대한 지배적인 이야기들이 어떻게 분노를 다루는 현재 방식에 영향을 주는지 설명한다.

> *내가 분노를 느끼는 그 순간에 분노를 다룰 때면, 어머니와 아주 비슷한 방법으로, 즉 간접적으로 분노를 다룬다. 나는 당신이 내가 불쾌하다는 것을 알아차려서, 내 분노의 원인이 되는 불의를 깨닫고, 그 불의를 고쳐서 내 분노를 없애기를 기대하면서, 내가 화났다는 실마리들을 준다.*

다음으로 예나는 가까운 관계에서 특히 이성 관계에서 어떻게 분노를 다루는지 설명하는데, 이것은 예나의 지배적인 이야기와 어머니를 따라한 행동을 보여 준다.

나는 함께 살거나 이성 관계에 있는 사람 또는 내가 "가족"으로 생각할 만한 사람에게 가장 자주 분노한다. 이런 상황에서는 나의 원가족과 마찬가지로 분노를 표현한다. 나는 불쾌하다는 것을 분명히 드러내는 말과 비언어적인 표현을 사용한다. 말씨는 상냥하지 않고, 문을 쾅 닫고, 공격으로 해석되는 질문들을 한다. 나를 괴롭히는 상황에 대해 말을 꺼냄으로써 내가 정직한 거라고 합리화한다. 중요한 다른 한 사람을 향한 분노에 대처하는 나의 패턴은, 비록 간접적이고 건강하지 않게 대화를 강요하지만, 즉시 그 상황에 대해 얘기하는 것이다. 나는 이것이 아주 효과적이라고 증명되지 않았음을 인정해야겠다. "사람들은 대부분 공격하거나 얕잡아 보지 않고서 분노를 어떻게 표현해야 할지 모른다"는 진술은 내게 때로 적용되는데, 특히 내가 중요한 다른 사람에게 분노를 표현할 때 확실히 적용된다. 나는 "언어적인 공격은 다른 사람을 화나게 하고 상대방이 반격하게 만드는 경향이 있기 때문에 보통 실패한다"는 생각을 지지하는 경험을 많이 했다.

분노를 표현하는 법을 바꾸는 것이 예나가 얘기한 다음 항목이다.

나는 천천히 하기, 열 혹은 백까지 세거나 어떤 문제를 전혀 언급하지 않는 것이 도움이 될지도 모른다고 믿는다. 적어도 천천히 하기는 내가 분노하여 행동으로 옮기기 전에 생각하게 해준다. 이 시간이 "내가 신경이 쓰일 때" 내 안에서 무슨 일이 일어나고 있는지 (내가 화가 났는지) 알게 해주고, 만약 분노가 있다면 인정하고, 분노를 일으키는 위협을 알아내고 위협이 정당한지 분별하게 해준다. 외적으로 표현하기 전에 내적으로 생각할 시간을 좀 더 갖도록 바꾸기만 하더라도, 분노를 다루는 나의 방법은 급격히 달라질 것이다.

분노를 건강하게 다루는 것은 내가 이미 형성한 패턴이 아니기 때문에 생각과 신중한 행동과 에너지가 필요하다. 자동적이거나 쉬운 일이 아니다. 불편하고 어렵다.

수동 공격적인 사람들은 화를 심하게 내지 않고 앙갚음을 한다. 그들의 분노는 복수하거나 "갚으려는" 욕구를 만족하게 하기 때문에 간접적인 보복을 통해 자주 표현된다. 조나단과 수잔의 이야기를 계속하여 보자.

수잔은 지각하기로 한 자신의 선택이 조나단이 사랑을 의심하게 만든다는 것을 깨달은 후에, 행동을 바꾸고 시간을 잘 지키기로 결심했다. 그녀는 이것이 쉽게 지킬 수 있는 일이라고 가정했으나, 다음 달에도 여전히 수차례 늦었다. 우리는 상담 회기에서 수잔이 왜 이 행동을 바꾸는 데에 "의지력"을 발휘할 수 없다고 생각하는지에 초점을 맞추었다. 시간을 지킨 때와 그렇지 못한 때에 다른 점이 무엇인지 찾으려고 시도한 몇 주간에 수잔은 자신이 조나단에게 "얼마나 가깝게" 느꼈는지에 관련이 있다는 것을 분별했다. 무엇이 친밀감에서 차이를 만드는지 질문을 받았을 때, 수잔은 그들의 관계에서 어떤 것에 대해 느낀 분노를 알아낼 수 있었다. 그녀는 한 비전문가가 쓴 수동-공격에 관한 서술을 읽고, 시간을 잘 지키기를 바라는 남편의 바람에 대한 저항이 수동-공격적인 반응을 나타내는 것이라고 결론 내렸다.

이러한 인식과 수잔이 자신의 간접적인 분노 표현을 몹시 싫어하여 그들이 다르게 소통하게끔 되었다. 부부 중 한 사람이 상대에게 불만이 있거나 짜증이 날 때, 그들이 이름 붙였듯이 "솔직한 대화"를 하기로 약속했다. 그들은 근무시간이 중복될 때가 있고, 수잔이 부정적 감정 중 상당 부분을 숨기는 오랜 습관을 깨는 일이 얼마나 쉬울지 확신하지 못했기 때문에, 그들은 하루하루 생활에 관해 "긍정적인 것과 염려되는 것"을 기록할 작은 공책을 부엌 조리대 위에 놓아두기로 했다. 그리고 나서 그 주의 약속한 시간에 두 번, 자기들이 기록한 내용에 관해 철저히 토론할 시간을 내기로 서약했다.

다음 단락에서 설명하듯이, 분노를 더 직접적으로 다루기 위해서 수동-공격적인 행동을 알아내고 바꿀 수 있다. 다시 말해, 이 단계에서 우리는 적절한 행동에 대한 윤리적 서약에 맞게 분노를 다루기 위해 우리의 패턴을 바꿀 책임을 진다는 데에 주목하라.

분노를 창의적으로 표현하기

분노를 책임감 있게 다루는 여덟째 단계는 분노를 표현하는 방식에 주의를 기울이는 것이다. 분노를 책임감 있게 다루는 것은 확실히 우리가 분노를 표현함으로써 사람들에게 상처 입히지 않는다는 기대를 포함한다. ***분노가 타당하다고 우리가 분별하든지 혹은 타당하지 않다고 분별하든지 간에*** 이 단계는 중요하다. 우리는 특정한 상황에서는 분노가 다른 사람의 문제가 아니라 우리 자신의 문제임을 안다. 말하자면, 우리가 분노를 경험하지만 우리는 위협받는 이야기가 바뀔 필요가 있다는 것을 알고, 신앙의 견지에서 위협을 받을 이유가 없음에도 우리가 분노한다는 것을 안다. 따라서 우리는 그 분노를 창의적이고 무해한 방식으로 표현해야만 한다.

▶ **위협의 원천과 직접적으로 소통하기**

우리가 위협받는 이야기를 타당한 이야기라고 평가하고 우리의 분노가 윤리적으로 적절한 반응이라고 할 때, 이것을 관련된 다른 사람(들)에게 직접 얘기하는 것은 아마도 적절한 선택일 것이다. 이 선택을 받아들일지 아닐지는 환경에 따라 다르다. 직접적인 소통이 언제나 가장 효과적인 선택은 아니다. 하지만 가장 가까운 사람들은 우리가 분노할 때 보통 직감으로 안다. 그들이 단서들(얼굴 표정, 말투 그리고 다른 행동들)을 알아차려서 우리도 그 감정을 인정하게 된다. 가까운 관계에서 중요한 행위들은 보통 분노를 인지하고, 그 순간에 분노를 다룰 수 없다고 인정하고, 그러고 나서 "이것 때문에 우리 사이가 멀어지기 원하지 않고, 되도록 빨리 그 문제에 대해 당신과 다시 얘기할게요"와 같이 말하면서, 나중에 창의적으로 다루기로 약속하는 것이다. 우리가 어떤 면에서 다른 사람에게 상처를 입히고 관계를 손상하는 언행을 했다면, 사과하는 것이 아마도 적절할 것이다

때때로 직접적인 소통은 우리의 분노 대상인 사람과 직면하는 것을 의미한다. 마태복음 18장은 분노를 직접적으로 다루는 성서의 모델을 제공한다.

> *네 형제가 죄를 범하거든 가서 너와 그 사람과만 상대하여 권고하라 만일 들으면 네가 네 형제를 얻은 것이요 만일 듣지 않거든 한두 사람을 데리고 가서 두세 증인의 입으로 말마다 확증하게 하라 만일 그들의 말도 듣지 않거든 교회에 말하고...(마태 18:15-17).*

예수님은 해결되지 않은 분노가 어떤 해를 입힐 수 있는지 알았다. 그러므로 그는 제자들에게 분노하는 그 대상에게 먼저 화해를 청하라고 가르치셨다. 만약 개인이 먼저 시도하는 것이 성공하지 못하면, 그 다음 단계로 원활한 의사소통을 위해 다른 한 사람이나 두 사람을 동행하여야 한다. 상담자들이 잘 알듯이, 다른 한두 사람이 그 자리에 있음으로써 이야기가 충분히 표현되고 더 상세하게 듣게 한다. 한 명이나 두 명의

증인이 있을 때 행동에 대한 책임을 지게 할 가능성이 더 증가하는 것으로 보인다. 이 접근법이 성공하지 못하면, 다음 단계는 아마도 소집단 협의나 직면일 것이다. 여기서 신앙 공동체 대표가 논쟁에 중재를 시도한다. 이 중재 과정은 더 충분하고 효과적인 소통을 자주 촉진하며, 완전한 통찰과 이해를 제공하고, 변화를 위한 새로운 가능성들을 탐색하며 문제를 해결하고 화해로 이끈다.

더 큰 사회 영역에서 직면은 더욱 어렵지만 아마도 같은 전략들이 적용될 것이다. 예를 들어 법인이나 단체와 같은 커다란 체제를 직면할 필요가 있을 때, 12장에서 논의했듯이, 이상적으로 전체 신앙 공동체가 사려 깊고 창의적인 행동을 위해 결합할 수 있다.

▶신뢰하는 사람에게 분노를 표현하기

물론 가끔은 위협의 원천에 직접적으로 접근하는 일이 불가능하거나 현명하지 못할 수도 있다. 다른 사람에 대한 분노를 인정하는 것이 현명하지 않을지도 모른다. 시간이나 장소 또는 상황이 적절하지 않을 수도 있다. 어쩌면 관련 없는 사람들이 자리에 있어서 이해하지 못하거나, 우리가 스트레스로 몹시 긴장하여 분노를 창의적으로 표현하지 않을 수도 있다는 것을 알 것이다.

직면은 가장 온화한 유형이라 할지라도 특정한 관계에 매우 의존하는 사람에게는 위험하게 느껴질지도 모른다. 의존적 관계에 있는 사람은 고용주나 교수, 관리자, 의사, 배우자나 부모를 향해 분노를 표현하는 것이, 예를 들어 공격으로 인식되거나 적어도 무례하게 인식될 수 있고, 관계를 깨뜨리거나 응징 또는 징벌을 받을 수도 있다고 두려워할지도 모른다. 보통 이 관계에는 힘의 불균형이 포함되고, 분노는 정서적, 사회적 또는 신체적으로 우리를 상하게 할 힘을 가진 사람을 향하여 표현하기 어렵다. 예를 들어 이혼이나 해고나 신체적 폭력을 당할 수도 있다. 분노를 인정하는 것이 방어적인 직장 동료, 학대적인 배우자, 오만한 상사나 무장한 침입자에게서 파괴적인 반응을 이끌어 낼 가능성이 있을 때에는 위험할지도 모른다. 우리의 감정을 충분히 생각하기 위해, 즉 분노를 어떻게 표현하고 누구를 향할지 결정하기 위해 천천히 하는 것이 더 현명한 선택일 것이다.

이 상황의 반대쪽은, 통제할 수 있는 누군가에게 분노할 때 일어난다. 예를 들어 부모가 아이를 향해 몹시 화난 것을 알 수도 있지만, 아이의 행동 대부분이 연령과 아동이 거치는 단계와 관련 있다는 것도 알 때, 그렇게 아이에게 분노를 표현하는 것은 파괴적일 수 있다.

우리는, 죽음이나 나이, 정신 건강 또는 지리적 조건 때문에 위협의 원천이 없을 때, 우리의 분노 감정을 다른 사람에게 얘기할 수도 있다. 프레데릭의 경험은 갈등의 원인인 사람의 나이가 직접적인 분노의 소통을 부적절하게 만든 예를 제공한다.

> 몇 번의 상담 회기 후에 프레데릭은, 마흔 일곱의 나이에 그가 청소년이었을 때 아버지의 행동 때문에 특히 그의 지적 능력과 신체적인 특성에 대해 끊임없이 비판한 것과 관련해서 아버지에게 몹시 화났다는 것을 인정할 수 있었다. 이 분노가 현재의 관계에 미치는 영향을 몇 주간 생각한 후에, 프레데릭은 지난 삼십삼 년간 아버지와 소원한 관계를 극복할 가능성에 대해 생각했다. 그는 이 분노를 아버지에게 직접 표현하는 것을 상상했다. 하지만 아버지가 허약한 건강 상태로 지금 양로원에 있어서, 그가 말했듯이 "이 오래된 모든 문제를 아버지에게 지금 쏟아붓는" 것이 배려하는 행위는 아닐 거라고 프레데릭은 판단했다. 그래서 아버지에게 긴 편지를 쓰고 그 말을 목회상담자인 내게 읽어 주는 것으로 자신의 분노를 표현하기로 했다. 그 편지는 치유 과정의 일부가

되었고, 화해하고 싶은 그의 바람을 아버지에게 간접적으로 알리는 행동을 선택할 수 있게 했다.

치료 중에 한 개인은 아마도 지금은 이미 죽은 누군가(예를 들어, 다른 남자와 결혼하려고 가족을 버린 어머니, 학대하는 아버지, 음주 운전자, 자살한 사람 등)의 감정적으로나 신체적으로 고통스러웠던 행동 때문에 그들을 향한 분노를 드러낼지도 모른다. 비극적인 일이 일어났을 때의 돌봄은 지금은 응답할 수 없는 다른 사람을 향한 분노에 대해 듣고 대처할 수 있게 돕는 일을 포함할 것이다.

토냐의 남편은 자기 잘못으로 인한 자동차 사고로 사망했다. 서른세 살의 이 과부는 반복해서 조심하라고 했는데도 운전을 부주의하게 한 남편에게 몹시 화가 나 있었다. 토냐는 남편이 목숨을 잃고 두 어린아이와 함께 그녀를 경제적 어려움에 처하게 둔 것에 분노하고 있었다. 토냐는, 남편이 "내 분노를 느낄 수 있게" 이제는 옆에 없다는 데에 좌절감을 느꼈지만, 신뢰하는 사람으로서 내게 이 모든 것을 나누기로 선택했다고 말했다. 나중에 그녀는 그 상황에서 할 수 있는 만큼 직접적으로 직면하는 식으로 세상을 떠난 남편에게 그의 무책임함과 버림에 대한 분노를 자세하게 긴 편지로 썼다. 이 편지를 쓴 후에 그녀는 분노를 한쪽에 제쳐놓도록 도와줄 수 있는 대안적 이야기들을 찾기 시작했다. 몇 주 후에 토냐는 그 관계의 긍정적인 면을 기억하기로 결심했고, 따라서 "좋았던 때"에 초점을 두려고 이야기를 다시 썼다. 그러고 나서 그의 선택을 받아들이는 과정을 시작했고 "언젠가는 그를 용서할 수 있을 거예요" 하고 바랐다. 그녀는 또 희망을 주는 미래 이야기를 발전시켰는데, 이 이야기는 어머니로서 그리고 재혼할지도 모를 한 사람으로서 살아내고 번영하는 것을 포함했다. 두 달 후에 토냐는 그에게

작별 인사의 짧은 편지를 썼고, "일상으로 돌아갈" 준비가 되었다.

이런 상황에서는 감정을 얘기할 다른 사람을 찾는 일이 도움이 될 수 있다는 것을 볼 수 있다. 당신이 과거나 현재의 사건 혹은 관계에 대해 분노하는 것을 안다면, 그 원인과 영향을 믿을 만한 사람과 함께 더 철저하게 탐색하는 일이 가능하다. 이 장들에서 설명한 과정을 통해서, 목사나 신부 혹은 분노한 사람을 안내하는 일을 잘 알며 유능한 치료사를 찾아라. 이 사람이 경청한 후에 자기가 적임자가 아니라고 느끼거나 상담할 시간이 충분하지 않으면 당신이 사는 지역에서 충분히 훈련받은 사람들을 알려 줄 것이다.

▶글쓰기

말로 표현하기와 유사한 일은 우리가 얘기하고 싶은 말을 기록하는 것이다. 글쓰기는 우리가 감정을 포착하고 위협을 알아내고 이해하며, 분노에 책임감을 갖는 가장 훌륭한 태도를 선택하게 돕는다. 내가 화나게 하는 어떤 상황을 생각하며 잠이 깨서 곰곰이 생각하느라 침대에 머물러 있다면, 신체적으로 더 각성되고 심란해지고 이것이 나를 다시 잠들지 못하게 할 것이다. 그렇지만 컴퓨터 앞으로 가서 일기에 감정을 표현하면, 글을 쓰는 과정이 신체적 각성 대부분을 소멸할 때가 많다. 즉 몸은 진정되고 나는 다시 잠이 든다. 글쓰기 과정은 어떻게 작용하는 것일까?

글쓰기는 내가 결정을 향해 움직이게 도와주는 활동이고, 이것은 내가 침대에 누워있는 동안에는 하지 않는 일이다. 분노에 관한 글쓰기는 나 자신을 구체적이며 철저하게 표현하게 해주고, 나의 감정을 말로 표현하게 해준다. 글쓰기의 목적은 나 자신과 하나님께 분노를 인정하는 것이다. 일단 분노가 표현되면, 나는 위협받는 이야기를 알아내는 과정과 이 환경에서 위협받는 것이 정당한지 평가를 시작한다. 그러고 나서 가능한 반응을 충분히 생각하고 바로 다음 단계를 결정한다. 나는 자주 글쓰기에서부터 그 사건에 관하여 나 자신에게나 다른 사람에게 편지쓰기로 곧장 옮겨간다. 이 편지가 창의적이고 윤리적인 태도로 이 사건을 다루기 바란다. 덧붙여서, 내가 분노한 상황에 대해 쓴 장기적인 기록은 내가 가장 취약한 위협의 종류를 조사할 수 있게 해주었다.

기독교적 돌봄과 상담

이 책의 목적은 목회자들이 돌보고 상담하는 데 도움을 주는 것이다. 새롭거나 다른 방법과 기술의 개발이 필요하지는 않다. 나는 당신이 이미 소유하고 있는 기술이 분노하는 사람들을 돌보는 일에 적합하다고 가정한다. 나는 돌보는 관계에서 무엇이 일어날 필요가 있는지에 초점을 맞추었다.

기독교적 돌봄과 상담은 사람들이 불필요하게 위협에 상처받기 쉽게 만드는 그런 이야기들 즉 부정적이고 고통스럽거나 문제가 되는 이야기들을 바꿀 책임을 지도록 초청하고, 때로는 도전한다. 내러티브 관점에서 이야기들은 대화의 상호작용의 과정을 통해서 구성되고 변화하며, 한 저자는 이를 "대화적인 이야기의 세계"라고 부른다. 따라서 한 사람의 이야기에서 변화는 대화의 맥락에서 대부분 발생하는 것 같다. 이야기 치료사 해리 굴리시안(Harry Goolishian)과 할린 앤더슨(Harlene Anderson)은 이를 "협력적인 언어(collaborative language)"[9]라고 부른다. 언어를 통해서 우리는 간과된 다른 가능한 이야기들이나 해석들을 설명한다.[10]

▶위협받는 이야기를 재구성하기/해체하기

이야기를 재구성하는 일은 보통 현재의 이야기를 해체하는 것과 거의 동시에 일어난다. "해체(deconstruction)"의 개념은 철학에서 오랜 역사가 있지만 나는 문학비평과 심리치료의 두 분야에서 이 용어를 빌려왔다. 문학비평에서 "해체"라는 용어는 분석을 위해서 원문을 해부하는 과정을 말한다. 구성주의 내러티브 이론은 인간의 삶을 이야기되는 것으로 보기 때문에, 해체는 어떤 부분이 문제를 일으키는지 알고자 한 사람의 이야기를 연구하고 변화가 필요한 면들을 도전하는 과정을 묘사한다.

심리치료에서 "해체"라는 용어는 내담자 이야기의 어떤 부분이 타당한지에 대한 내담자의 지각을 바꾸려는 치료사의 시도를 말한다. 이 용어는 특히 특정한 이야기에서 비일관성을 찾아내는 데에 치료사가 내담자를 안내하는 과정을 말한다. 치료에서 해체는 현실에 대한 내담자의 관점에 도전하는 일이거나, 스티브 드 쉐이저(Steve de Shazer)가 그 과정을 설명하듯이 치료사는 "모든 것을 해결할 실마리 또는 전체 건물을 무너뜨릴 헐거운 돌을 찾는다."[11] 분노하는 사람들을 상담하는 데는 아마도 이와 같은 일을 할 필요가 있을 것이다.

> 매들린과 남편 케네스가 그들의 이야기에 합류해 달라고 내게 청했을 때, 두 사람 다 스물여섯 살이었고 결혼한 지 2년 정도 되었었다. 매들린이 케네스에게 표현하는 비판적 분노가 두 사람에게 거슬렸고, 그들은 그것이 사소한 이유 때문이라고 인정했다. 더욱이 둘 다 통찰력이 있는 사람이어서 매들린의 부모가 주말에 방문할 즈음에 거의 언제나 분노가 일어난다는 것을 알아차렸다. 부모는 격주로 주말에 1시간 45분이 걸려 찾아왔다. 케네스는 그런 방문 전에 아내가 불안정하고 방문 중에는 갈등이 생기며 그 후 며칠 동안은 우울과 분노를 경험한다고 설명했다. 무엇에 대한 갈등일까? 강하고 독선적인 어머니는 매들린이 집을 단장하고 요리하고 옷을 입고 화장하는 법과 아내로서 하는 역할을 끊임없이 비판했다. 이 부부는 매들린의 자기 불신과 한 사람으로서

자기의 가치를 의문시하는 사건들이 어머니의 비판적이고 판단하는 태도에서 느낀 위협감에 근거한다고 믿었다.

나는 여성들이 대부분 어머니에게서 인정받기를 바라지만, 다른 여성들은 어머니의 기대나 투사가 어머니의 비평을 진지하게 여기기 어렵게 만든다고 지적했다. 매들린은 왜 그렇게 반응하는 것일까? 매들린은 어머니의 무조건적인 지지와 인정을 얻는 방식으로 살려고 애쓴 긴 이야기를 했다. 어떤 식으로든지 인정받지 못하면 "훌륭한 사람이 아니다"고 믿은 이야기를 설명할 수 있었다. 더욱이, 어머니의 완벽주의적인 기대는, 매들린이 따라야 한다고 믿고 자신의 이야기에 포함한 몇몇 문화적인 기대와도 일치했다.

목회적인 대화는 이야기를 해체하기 위해 몇 가지 방향으로 옮겨 갔다. 가장 도움이 된 것은 이야기 치료사가 대안적 이야기라고 부르는 것을 찾는 일이었다. 나는 매들린에게 잘 아는 다른 세 사람이 지닌 그녀에 관한 이야기들을 내게 설명해달라고 요청했다. 우리는 그녀의 남편, 자매 그리고 가장 친한 친구로 동의했다. 그러고 나서, 그들이 아내요 요리사요 주부인 그녀를 어떻게 평가하는지 그리고 어떻게 외적으로 자기표현을 한다고 평가하는지를 물어보는 과제를 실행에 옮겼다. 매들린은 그들의 말을 들으면서 그리고 이 이야기들을 내게 말하면서, 자신이 듣지 못한 대안적 이야기가 존재한다는 것을 깨닫기 시작했다. 말하자면, 그녀는 관련된 다른 정보들을 자신의 이야기에 고려하지 않았었다.

다음 부분은 "전체 건물을 무너뜨릴 헐거운 돌"을 찾는 것과 관련이 있다. 그때까지 매들린이 무의식적으로 자기 정체성에 대해 (그녀가 인식했듯이) 어머니의 의견이 지배하게 했다는 것이 분명해졌다.

매들린이 이렇게 한 이유에는 다양한 가능성이 존재하지만, 나는 이 문제를 이렇게 진술함으로써 접근했다. "아, 어머니의 의견에 비중을 두는 만큼, 성격을 판단하는 데에 어머니를 굉장히 존중하시는군요." 그녀의 즉각적인 대답은, "어, 아니에요. 어머니는 모든 사람에게 비판적인걸요!" 나는 "하지만 당신은 어머니가 자매보다 사람을 더 잘 본다고 생각하지 않나요?" 하고 말했다. "아니요." "가장 친한 친구는요?" "아니요." "남편은요?" "아니요." "그럼, 어떻게 당신에 대한 평가에서 다른 사람의 의견은 전부 제외하고 어머니의 의견을 따르게 되었나요?" 이 대화의 비일관성은 매들린이 어머니에 관한 자신의 핵심 이야기에 도전하게 만들기 시작했다. 특히 다른 세 사람의 믿을 만한 관찰과 비교할 때, 어머니에 대한 자신의 평가를 생각하면 이해되지 않을 정도의 위력을 어머니의 평가에 부여했다는 것을 깨닫기 시작했다.

▶지배적인 이야기에 도전하기

사회심리학자이며 구성주의 내러티브 치료사인 메리 거겐(Mary Gergen)과 케네스 거겐(Kenneth Gergen)은 서로 갈등 관계에 있는 둘이나 그 이상의 이야기가 존재함을 가리키기 위해 "변증법적 이야기(dialectic narrative)"라는 용어를 사용한다.[12] 나는 기존의 이야기와 달라서 갈등을 일으키는 이야기를 설명하고자 이 용어를 사용한다. 상반되는 이야기의 충돌에서부터 변화가 일어날 가능성이 온다. 치료사는 아마도 변증법적 긴장을 형성하고 내담자가 새로운 이야기를 선택하게 될 가능성에 희망을 품고 의도적으로 대안적 이야기를 소개할 것이다. 따라서 상담자는 변증법적인 목적을 수행할 "대안적 이야기" 즉 한 사람의 현재 이야기를 직면시킬 힘을 가진 이야기를 발전하게 함으로써 변화를 촉진한다. 다음 예를 생각해 보라.

나는 작은 교회에서 임시 설교자로 있었는데(그들에게는 목사가 없었다), 예배 후에 강단 옆에서 교인 다섯 명과 이야기하며 서 있었다. 그들 가운데 렌과 마사는 내가 목회상담자이자 부부와 가족치료사로서 한 달 넘게 상담하고 있는 부부다. 그들은 수년간 어느 교회에도 출석하지 않고, 이 교회의 회원이 된 지는 이제 겨우 열 달 남짓 되었다. 함께 이야기를 하는 동안 나는 렌이 눈살을 찌푸리고 이를 악물고 무리 밖으로 벗어나서는 낮지만 격앙된 목소리로 "교회에서 뛰어다니지 말라고 몇 번이나 말했어!" 하고 말하는 것을 알아차렸다. 나는 다섯 살과 세 살인 그의 두 아들이 교육관에서 예배당으로 통하는 양여닫이문을 통해 서로 쫓아다니고 있었다는 것을 깨달았다. 렌은 그들의 위팔을 꽉 움켜쥐고 옆문 밖으로 데리고 나갔다. 대화는 중단되었고, 내가 다음에 그들을 보았을 때는 3일 후, 매주 만나는 정기적인 상담 회기에서였다.

상담을 받으러 오게 된 문제 중 하나가 렌이 가정에서, 특히 두 아이에게 모질게 분노를 표현하는 것 때문이었다. 그는 두 아들에게 지나치게 체벌을 해서 공공장소에서 몇 번이나 난처했고, 상담자를 찾아 달라고 아내에게 도움을 청했다. 이 부부의 예전 목사가 그들을 내게 보냈다. 위에서 언급한 사건 이전에, 우리는 분노를 이해하기 위한 위협모델에 대해 이미 토론했고, 두 사람은 빠르게 이해할 수 있었다. 그래서 다음 회기에서는, 일요일의 사건에 관한 그의 죄책감을 경청한 후에 이 개념들을 적용하고 무엇을 배울 수 있을지 보자고 권유했다.

그 회기 중에 렌은 왜 아이들의 행동에 위협을 느끼는지 이해하려고 그의 이야기들을 살폈다. 첫째 위협은 곧 확인되었는데, 아이들이 불순종하는 듯이 보이는 것과 관계가 있었다. 아이들에 관한 그의 이야기는 부모가 지시하는 일은 무엇이든 자동으로 해야 한다는 것이었다. 일요일 마다 그는 아이들이 차에서 내리기 전에 예의 바르게 행동하라고 말했는데, 그것은 "교회에서 뛰어다니지 말라"는 의미를 포함했다. 교인들이 아직 주변에 많다는 사실은 위협이 더 강렬해지게 했고, 렌은 아이들이 교회에서 뛰어다니는 것을 그들이 본다면 자기를 형편없는 아버지로 생각할 것이라는 두려움을 인정할 수 있었다. 따라서 둘째 이야기는 다른 사람들이 그를 훌륭한 부모라고 생각하기 바라는 욕구와 관련이 있었는데, 그는 아이들이 순종할 때만 그렇게 될 것이라고 가정했다. 하지만 가혹한 훈육은 어떤가? 그는 무언가 기대처럼 되지 않을 때 감정이 쉽게 격해지고 신체적으로 반응한 할아버지를 모델로 받아들였다는 것을 깨달았다. 마샤가 할아버지의 방식에 대한 그의 부정적인 반응을 말로 표현하도록 도와주었고, 그는 자신은 다르기를 원했었다고 했다. 하지만 좌절감 속에서 그리고 아이들이 "착한 아이"기를 바라는 데서 이 모델에 자주 의지했다고 했다.

렌은 첫째 이야기에 맞서 싸울 수 있도록 도와달라고 마샤에게 부탁했고, 그들은 자녀 양육에 대해 더 배울 수 있는 교육적 접근법에서 시작하기로 결정했다. 렌은 "좋은 아버지가 하는 것"에 관해서 배우기로 했다. 다음 달에 그들은 자녀 양육 지정 도서 두 권을 읽었다. 그러고 나서 신임 목사의 도움으로, "크리스천의 자녀 양육"을 주제로 세 시간짜리 워크숍을 인도하려고 어린아이들의 부모 모임을 조직하여 근교 대형 교회에서 어린이들을 담당하는 목사를 초청했다(그리고 비용을 댔다). 그는 세미나 토론 중에, 교회의 다른 남성들도 어떻게 해야 좋은 아버지가 될 수 있을지 확신하지 못하는 것을 알았다. 책과 세미나 토론에서 그는 훈육에 관한 새로운 생각들을 개발하기 시작했고 아이들에게 온화하게 대하는 시도를 시작했다. 확신이 커지면서, 아이들의 행동은 그에게 위협이 덜 되었다. 그는 자신이 무능력하다는 이야기를 바꾸고 있었다.

기독교의 이야기는 우리가 분노에 관한 역기능적인 이야기를 직면하는 데 사용할 수 있는 대안적 이야기를 제공한다. 하나님의 대표자들로서 우리의 권리와 책임은 더 타당한 신앙 이야기들을 발전시키기 위해 크리스천과 복음 사이에서 직면을 촉진하는 것이며, 이것이 성직자와 선지자적 역할의 일부다. 따라서 돌보는 크리스천은 현재의 이야기에 도전하고 변화시키는 힘을 가진 복음에서 변증적인 이야기를 소개함으로써 변화를 촉진할 수 있다.

나중에 나는 렌에게 아이들이 교회에서 뛰어다니면 안 된다고 어떻게 믿게 되었는지 물었다. 그는 나의 질문에 놀라서 "글쎄요, 교회는 경건한 장소니까요"라고 말했다. "그래서 당신이 아는 바로는, 하나님이 교회에서 아이들이 뛰어다니는 것을 보실 때 못마땅해 하신다는 거군요?" "글쎄요, 예" 그는 망설이며 말했다. "아니면 교회에서 예의 바르게 행동하는 법을 가르치지 않았다고 부모를 비난하실지도 모르지요." 우리가 이 대화를 해나갈 때, 교회에서 남자 아이들을 향한 그의 반응에 대부분 무의식적으로 영향을 준 또 다른 이야기는, 아이들이 교회에서 뛰어다닐 때 하나님은 짜증스러워하고 더군다나 부모에게 책임이 있다고 하신다는 이야기라는 것이 분명해졌다. 그는 이 이야기가 정서적으로는 강하지만, 말로 표현했을 때 자신이 정말 그렇게 믿는지는 확실하지 않다는 것을 깨달았다.

그는 이 하나님의 이미지에 관해서 생각하고 찾는 과정에서, 네 살 때 아버지가 돌아가시고 나서 어머니가 집에서 이십 마일 남짓 떨어진 대학에 다니기로 결정한 사건에 대해 이야기했다. 어머니가 생계를 꾸리려고 야근과 주말 근무를 자주 했기 때문에, 렌은 근처에 사는 조부모와

함께 보내는 시간이 많았다. 어머니는 교회에 다닌 적이 전혀 없었지만, 그는 조부모와 함께 교회에 가야 했다. 그들은 렌의 행동에 관해 매우 엄격했고 그는 "방침에 따라야만" 했는데, 이것은 소리 내지 말고, 미동도 않고(나는 거의 손가락도 까딱할 수 없었다), "뛰어다니는 것은 절대 금지!"를 의미했다. 우리는 렌이 조부모와 한 경험에서 형성된 하나님의 이미지에 대해서 얘기했다. 렌은 자신이 할아버지의 양육 방식을 본받았을 뿐만 아니라 조부모에게서 하나님의 이미지를 일부 받아들였다는 것을 깨달았다.

렌은 기꺼이 자신이 지닌 하나님 이미지의 내용을 더욱 철저히 탐색하고자 했다. 우리는 렌이 부모에게서 배운 하나님의 다양한 성품을 목록으로 만들고, 그가 현재 교회에서 최근 몇 달을 포함해서 다른 원천에서 들은 하나님의 성품을 다른 목록으로 만들었다. 그는 현재 목록이 새로이 배운 성서 지식과 이 교회 전통에 근거하여 가장 타당한 것이라고 확신했다. 요약하자면, 그는 어렸을 때 배운 하나님에 관한 이야기를 해체하고, 동시에 현재 교회의 예배와 교육 사역에서 배운 것과 경험에 근거하여 새로운 이야기를 구성하고 있었다. 그의 말로 하자면, "아이들이 교회에서 어떤 종류이든 즐겁게 놀 때, 하나님께서는 찡그리시는 것이 아니라 아마도 미소를 지으실 것"이라고 마음을 정했다.

▶변증적인 이야기인 복음

이 해체의 과정은 예수님의 가르침에서 비유의 사용과 비슷하다. 비유는 듣는 사람의 기존 세계관에 맞서는 변증적인 이야기를 나타내기 때문에 해체의 예다. 예수님의 비유적인 가르침은 다른 현실을 보여 준다. 만약 적절히 이해된다면, 이 가르침은 지배적인 이야기에 의문을 제기하는 대안적 이야기다. 비유는 현재의 세계관을 해체할 잠재력을 지닌 변증적인 이야기가 되고, 이는 듣는 이가 현실을, 또는 내러티브 언어로 새로운 이야기를 새롭게 구성하도록 도전한다. 비유는 개인과 큰 공동체(지역 교회와 같은)와 전체 사회의 지배적인 이야기에 도전한다.

 교회는 개인의 이야기에 도전하기 위해 기독교 이야기의 관점을 보여줄 특권과 책임이 있다. 복음은, 예배하고 설교하고 가르치는 데서 우리의 신조에 도전하고, 일관성 없는 우리의 이야기를 드러내고, 변화하지 않은 우리 삶의 이야기에 직면하는 변증적인 이야기로 기능할 수 있다. 탄원기도의 상호적인 과정과 기도, 찬송가, 성구, 설교 그리고 성서 읽기를 통해서 교회는 거룩한 이야기에 맞게 변화를 촉진할 희망을 가지고, 교인들의 이야기 속으로 들어간다.

부록

THE
ANGRY
CRISTIAN

들어가는 글: 분노의 문제

1) 다음 책의 4장을 참조하라. Andrew D. Lester and Judith L. Lester, *It Takes Two: The Joy of Intimate Marriage* (Louisville, Ky: Westminster John Knox Press, 1998).

2) 주디는 가족치료사이고 미국 목회상담사협회(AAPC)의 회원이다. 주디와 나는 부부치료를 할 때 자주 팀으로서 함께 일한다.

3) *Dictionary of Pastoral Care and Counseling*, gen. ed. Rodney Hunter (Nashville: Abingdon Press, 1990), 39 를 참조하라. 이 사전에서는 분노는 죄악이고 성서에서 그렇게 가르치고 있다는 왜곡된 믿음이 현재 지배적인 착각이라고 말한다. 이 왜곡된 믿음이 크리스천이 분노를 적절하게 다루지 못하게 방해하고 있다고 말한다.

4) Redford and Virginia Williams, *Anger Kills: Seventeen Strategies for Controlling the Hospitality That Can Harm Your Health* (New York: Harper Perennial, 1993).

5) 몇몇 만화들[뽀빠이(Popeye), 비틀 베일리(Beetle Bailey)]과 영화들[바보삼총사(The Three Stooges)]속에는 자주 보여지는 유머와 폭력의 연결을 주목하라.

6) 2001년 여름에 있었던 사적인 대화. 이름은 삭제.

7) 예를 들어 다음의 서적을 참고하라. *The Treasure of Earthen Vessels: Essays in Theological Anthropology*, ed. Brian H. Childs and David W. Waanders (Louisville, ky.: Westminster John Knox Press, 1994).

8) 목회신학에 대한 다른 개념적 설명을 위해 다음을 참조하라. The Dictionary of Pastoral Care and Counseling; 1991년부터 현재까지 발행된 the *Journal of Pastoral Theology*; *The New Dictionary of Pastoral Studies*, ed. Wesley Carr (Grand Rapids: William B. Eerdmans Publishing Company, 2002), 258-59.

9) 자세한 연구를 위해 다음을 참조하라. Tobin Hart, Peter Nelson, and Kaisa Puhakka, eds., *Transpersonal Knowing: Exploring the Horizon of Consciousness* (New York: State University of New York Press, 2000).

10) Pauline Marie Rosenau, *Post-Modernism and the Social Sciences: Insights, Inroads, and Intrusions* (Princeton, N.J.: Princeton University Press, 1992), 117. 다음을 또한 참조하라. Axel O. Hirschman, "The Search for Paradigms as a Hindrance to Understanding," in *Interpretive Social Science: A Second Look*, ed. Paul Rabinow and William M. Sullivan (Berkeley, Calif.: University of California Press, 1987).

11) 목회신학과 실천신학은 같지는 않지만 많은 공통점을 가지고 있다.

12) John Macquarrie, "Pilgrimage in Theology," *Epworth Review* 7, no. 1 (January 1980): 47-52.

13) Wolfhart Pannenberg, *Anthropology in Theological Perspective*, trans. Matthew J. O'Connell (Philadelphia: The Westminster Press, 1985), 11. 판넨베르그는 "현대 기독교신학은 인류학적 연구에 토대한 신학을 제공하여야 한다"고 주장한다. 15.

14) Ibid., 15.

15) Ibid., 21.

16) Carroll Saussy, *The Gift of Anger: A Call to Faithful Action* (Louisville, Ky.: Westminster John Knox Press, 1995), 66.

1장 정서에 대하여 생각하기

1) John M. Cooper, *Reason and Emotion: Essays on Ancient Moral Psychology and Ethical Theory* (Princeton, N.J.: Princeton University Press, 1999), 411. 아리스토텔레스의 정서 개념에 대한 설명을 위해서 406-423페이지 참조.

2) 다음을 참조하라. *Webster's Third New International Dictionary, Unabridged* (Springfield, Mass.: Merriam-Webster, Inc., 1986), 742.

3) Jaak Panksepp, *Affective Neuroscience: The Foundations of Human and Animal Emotions* (New York: Oxford University Press, 1998), 47. 심리 신경적 개념을 위해서 48페이지를 참조하라.

4) Robert Solomon, *The Passions: The Myth and Nature of Human Emotions* (Notre Dame, Ind.: University of Notre Dame Press, 1983), x.

5) 자세한 설명을 위해 다음을 참조하라. David M. Rosenthal, "Emotions and the Self," in *Emotion: Philosophical Studies*, ed. Gerald E. Myers and K. D. Irani (New York: Haven Publications, 1983), 164-91.

6) James E. Gilman, "Reenfranchising the Heart: Narrative Emotions and Contemporary Theology," *Journal of Religion* 74 (April 1994): 219.

7) Rosenthal 을 참조하라.

8) Gilman, 219.

9) 다음 책에서 재인용. James D. Whitehead and Evelyn Eaton Whitehead, *Shadows of the Heart: A Spirituality of the Negative Emotions* (New York: Crossroad Publishing Company, 1994), 6.

10) Martha Nussbaum, *Love's Knowledge: Essays on Philosophy and Literature* (New York: Oxford University Press, 1990), 40-41.

11) 다음 책에서 재인용. Whitehead and Whitehead, 6.

12) Roberto Unger, *Passions: An Essay on Personality* (New York: Free Press, 1984), 101ff.

13) 다음을 참조하라. Nussbaum, 40-41.

14) Solomon, viii. 현대철학에서 열정은 어떠한 관심도 얻지 못했다고 솔로몬은 말한다.

15) Ibid., xvi.

16) 1960년 전의 심리학적 연구에 대한 자세한 정리를 위해서는 다음 책을 참조하라. James Hillman, *Emotions: A Comprehensive Phenomenology of Theories and Their Meanings for Therapy* (Evanston, Ill: Northwestern University Press, 1992).

17) John Macquarrie, *Principles of Christian Theology* (New York: Charles Scribner's Sons, 1966), 119.

18) Solomon, 193.

19) Daniel Goleman, *Emotional Intelligence* (New York: Bantam Books, 1995), 56.

20) Gilman, 224.

21) Solomon, ix.

22) Stanley J. Grenz, *A Primer on Postmodernism* (Grand Rapids: William B. Eerdmans Publishing Company, 1996), 5-9. 후기근대주의에 대한 기독교적 응답에 대한 토론을 위해서 이 책을 참조하라.

23) Goleman, 4.

24) Andrew Ortony, Gerald Close, and Allen Collins, *The Cognitive Structure of Emotions* (New York: Cambridge University Press, 1988), 5.

25) Solomon, 251.

26) Jean-Paul Sartre, *The Emotions: Outline of a Theory*, trans. Bernard Frechtman (New York: Philosophical Library, 1948), 52.

27) Solomon, ix.

28) Pauline Marie Rosenau, *Post-Modernism and the Social Sciences: Insights, Inroads, and Intrusions* (Princeton, N.J.: Princeton University Press, 1992), 129.

29) Grenz, 14.

30) Warren S. Brown, Nancey Murphy, and H. Newton Malony, eds., *Whatever Happened to the Soul? Scientific and Theological Portraits of Human Nature* (Minneapolis: Fortress Press, 1998), 121.

31) Solomon, chap. 7을 참조하라. 또한 웅거의 설명을 예로 참조하라.

32) Hillman, 188.

33) Ibid., xii.

34) Ibid., ix. 또한 솔로몬의 책을 참조하라.

35) John Macquarrie, *Existentialism* (Philadelphia: Westminster Press, 1972), 119.

36) Rosenthal, 179.

37) Ibid., 180.

38) Panksepp, 42.

39) Macquarrie, 121.

40) Graeme J. Taylor, R. Michael Bagby, and James D. A. Parker, *Disorders of Affect*

Regulation: Alexithymia in Medical and Psychiatric Illness (New York: Cambridge University Press, 1997), xi-45.

41) Panksepp, 42.

42) Solomon, ix.

43) Unger, 95-271.

44) Sartre, 93.

45) Unger, 107ff.

46) Joseph LeDoux, *The Emotional Brain: The Mysterious Underpinnings of Emotional Life* (New York: Simon & Schuster, Inc., 1996), 12-13.

47) Panksepp, 41.

48) Goleman, 289-90.

49) 분노와 두려움의 관계는 5장에서 더 자세히 설명되고 있다.

50) 이 논쟁에 대한 개략적 설명을 위해서 다음 문헌을 참고하라. Paul Ekman and Richard Davidson, eds., *Fundamental Questions about Emotions* (New York: Oxford University Press, 1990).

51) 정서와 정서사이에 차이점을 구별하는데 독특한 신경학적 절차를 시도하는 연구의 예로서 두려움을 자세히 연구한 LeDoux의 책 *The Emotional Brain*을 참조하라.

52) LeDoux의 책 7장을 참고하라.

53) Ibid., 179-224.

54) Panksepp, 43

55) Richard J. Davidson, "Neuropsychological Perspectives on Affective Styles and Their Cognitive Consequences," in *Handbook of Cognition and Emotion*, ed. Tim Dalgleish and Mick J. Power (Chichester, U.K.: John Wiley & Sons, 1999), 115. 더 자세한 정보를 원한다면 그의 참고문헌을 참조하라.

56) Panksepp, 43.

57) Ibid., 42. 팽세프(Panksepp)는 말한다. "고대 정서 시스템의 기능은 유기체가 세상과 상호작용하도록 활력을 주고 안내하는 것이다." 팽세프(Panksepp)는 보충하여 설명한다. "실제로 고대 종족으로부터 유산으로 받은 뇌의 활동과정에서 정서는 생긴다."

58) Ibid., 48. 팽세프(Panksepp)는 말한다. "그들의 본질적이고 오래된 성격은 뇌가 진화하는 오랜 과정속에 만들어져서 그들에게 다가오는 주요 생존문제들에 준비된 해결책을 제공한다."

59) Robert H. Frank, *Passion within Reason: The Strategic Role of the Emotions* (New York: W. W. Norton & Company, 1988).

60) Panksepp, 42, 49. 팽세프(Panksepp)는 말하기를 "신경시스템을 준비시키는 계기는 외

부자극에서 온다." 다른 신경과학자들과 마찬가지로 팽세프는 "뇌의 정서적 경향은 실제 세상의 다양한 사건들에 응답하도록 디자인되어 있다고" 믿는다.

61) Goleman, 290.

62) 외상이 신경에 끼치는 영향에 대한 훌륭한 설명을 위해 다음을 참조하라. Babette Rothchild, *The Body Remembers: The Psychophysiology of Trauma and Trauma Treatment* (New York: W. W. Norton & Company, 2000).

63) Panksepp, 49.

64) Ibid., 42.

65) Davidson, 106.

2장 기독교전통과 정서

1) James D. Whitehead and Evelyn Eaton Whitehead, *Shadows of the Heart: A Spirituality of the Negative Emotions* (New York: Crossroad Publishing Company, 1994), 13.

2) Ibid., 14.

3) Ibid.

4) Ibid., 15.

5) Bruce Metzger, *A Textual Commentary on the Greek New Testament* (New York: United Bible Societies, 1971).

6) 다음을 참조하라. J. Bardarah McCandless, "Christian Commitment and a 'Docetic' View of Human Emotions," *Journal of Religion and Health* 23, no. 2 (1984): 125-37.

7) Marcus J. Borg, *Meeting Jesus Again for the First Time: The Historical Jesus & the Heart of Contemporary Faith* (San Francisco: Harper San Francisco, 1994).

8) Donald P. McNeill, Douglas A. Morrison, and Henri J. M. Nouwen, *Compassion: A Reflection on the Christian Life* (Garden City, N.Y.: Doubleday & Company, Inc., 1982), 16.

9) Ibid.

10) 정서는 하나님의 속성이라고 말하게 되면 신을 인간입장에서 묘사하는 의인화언어를 반드시 사용하게 된다. 모든 인간언어와 마찬가지로 의인화언어는 한계가 있어서 하나님에 대한 적절한 언어를 찾기 어렵게 한다. 신비주의/수도원전통의 사조인 부정의 길(the apophatic way)은 창조주는 지식과 이해를 초월할 뿐 아니라 작명, 즉 이름붙이기를 초월한다고 생각한다. 그래서 어떠한 언어로도 하나님뿐 아니라 하나님의 행위조차도 표현할 수 없다. 많은 사람들이 부정의 기회(the apophatic option)를 경험하였다. 어떤 사람은 삶속에 트라우마를 경험했기 때문에 이 길을 선택하였다. 어떤 사람은 명상시간을 위한 상황을 설정하기 위해서 영적 전제로서 부정의 기회(the apophatic option)를 선택하였다. 그러나 긍정의 길(the kataphatic way)라고 불리는 두 번째 사조는 하나님의 속성을 이해하고 그려보려는 노력을 해야 할 필요성을 인정한다. 대부분의 기독

교인은 하나님을 이해하고 알고 묘사하려고 다양한 언어를 사용하고 싶은 자유를 (때로는 강요를) 느낀다. 형용사, 비유, 은유, 시, 이야기 등이 언어에 포함된다. 이 사조를 따르기 위해서 알려지지 않은 성명미상을 언어화할 수 있는 우리의 능력에 우리는 전적으로 의존하여야 한다. 부정의 영성(apophatic spirituality)과 긍정의 영성(kataphatic spirituality)의 자세한 설명을 위해 다음을 참조하라. Belden C. Lane, *The Solace of Fierce Landscapes: Exploring Desert and Mountain Spirituality* (New York: Oxford University Press, 1998), 62-78.

11) 이것은 정서를 느낄 수 있는 하나님에 대한 적은 예이다.

12) 여기서 마커스 보그의 해석을 수용하여 사용한다. New English Bible과 Jerusalem Bible이라는 번역 성서에서도 그러하듯이 그는 '자비'보다는 '긍휼'이 더 정확한 해석이라고 생각한다. 그렇지만 보그는 '아버지'를 하나님으로 바꾸어 보다 포괄적이게 하였다. Borg, 47-48과 각주 1, 62를 참조하라. 맥닐, 모리스 그리고 나우웬도 이 해석에 동의한다. McNeill, Morrison, and Nouwen, 7.을 참조하라.

13) Borg, 46.

14) Phyllis Trible, *God and the Rhetoric of Sexuality* (Philadelphia: Fortress, 1978), 2-3장.

15) 자세한 설명을 위해 Borg, 48을 참조하라.

16) 호주 멜버른에 사는 목회상담 동료인 도로시 파넬리는 2002년 6월에 다음과 같이 말했다. 나는 그녀의 말에 동의한다.

> 감정이 없는 하나님을 어떻게 사랑하고 예배하고 경배할 수 있을지 상상할 수 없다. 아마도 나의 여성성이 필요로 하는 부분인지는 모르지만 나는 열정적이고 뜨거운 하나님이 필요하다. 그런데 나는 마치 미켈란젤로의 다비드 상을 보았을 때와 비슷하게 하나님에 대하여 느낀다. 다비드 상을 봤을 때 그 힘과 아름다움과 존재에 위압되었다. 미켈란젤로의 작품이 너무 아름답고 충격적이어서 그의 조각술에 숨이 막힐 지경이었지만 나는 이 조각을 숭배하거나 열정적으로 사랑할 수는 없었다. 감정에 움직이지도 않고 반응도 하지 않는 매우 이성적인 하나님을 온 맘과 열정을 다해 사랑할 수 없다. 이렇게 변함없고 냉철하고 매우 지적인 하나님은 분명 지적인 남성의 모습이다. 그러나 내가 읽은 신학서적들에서 신학자들은 하나님과 깊은 경험을 했다고 한다. 그러나 그들의 글속에 있는 정서와 느낌이 부족한 하나님을 나는 상상하기 어려웠다. 이렇게 말하면서 나는 이런 확신이 든다. 하나님 은유는 우리의 필요에 응답하기 위해 구성된다. 하나님은유는 우리의 사회적 정황에 대고 말하기위해 만들어진다. 그래서 "우리가 살고 움직이고 존재하는" 외적이고 내적인 공간인 우리 세상에 "복음을 전하려한다."

17) Seneca, "De Ira," in *Seneca: Moral Essays*, vol. 1, trans. John W. Basore (Cambridge, Mass.: Harvard University Press, 1963), 125-27.

18) 정서에 대한 여러 헬라적 관점들의 토론을 이해하기 위해 다음을 참조하라. John M. Cooper, *Reason and Emotion: Essays on Ancient Moral Psychology and Ethical Theory* (Princeton, N.J.: Princeton University Press, 1999), 449-77.

19) Vernon McCasland, *The Interpreter's Bible*, vol. 7 (New York: Abingdon Press, 1951), 86.

20) 그레고리대왕의 글을 예로서 참조하라.

21) Saint Augustine, *The City of God*, trans. Marcus Dods (New York: The Modern Library, 1993), 285.

22) John Cassian, *The Monastic Institutes, Consisting of On the Training of a Monk and The Eight Deadly Sins*, Eighth Book, trans. Father Jerome Bertram (London: The Saint Austin Press, 1999), 127.

23) Ibid.

24) Thomas Aquinas, *Summa Theologiae*, vol. 19, *The Emotions*, trans. Eric D'Arcy (London: Blackfriars, 1967), 15.

25) 다음 글에서 재인용됨. William J. Bouwsma, *John Calvin: A Sixteenth-Century Portrait* (New York: Oxford University Press, 1988), 105.

26) 다음을 참조하라. *The Cloud of Unknowing*: John of the Cross's *Dark Night of the Soul*; and Teresa of Avila's *Interior Castle*.

27) John Patrick Reid, Introduction to *Summa Theologiae*, vol. 21, *Fear and Anger*, by Thomas Aquinas (London: Blackfriars, 1965), xxi.

28) Ellen T. Charry, *By the Renewing of Your Minds: The Pastoral Function of Christian Doctrine* (New York: Oxford University Press, 1997), 137.

29) Augustine, 284-85.

30) Saint Gregory of Nyssa, "On the Soul and the Resurrection," in *The Fathers of the Church*, vol. 58, *Ascetical Works*, trans. Virginia Woods Callaban (Washington, D.C.: The Catholic University of America Press, 1967), 218.

31) Ibid., 222.

32) Ibid.

33) Ibid., 223.

34) 아퀴나스가 사용한 단어 열정(passion)을 번역하기 위해 '정서(emotion)'라는 단어를 선택한 것에 대한 토론을 위해 다음을 참조하라. Eric D'Arcy, notes in Thomas Aquinas, *Summa Theologiae*, vol. 19, *The Emotions* (London: Blackfriars, 1965), xxi-xxiii.

35) Edward J. Gratsch, *Aquinas' Summa: An Introduction and Interpretation* (New York: Society of St. Paul, Alba House, 1985), 89.

36) *What Luther Says: An Anthology*, vol. 1, comp. Ewald M. Plass (St. Louis: Concordia Publishing House, 1959), 510.

37) Ibid.

38) Ibid.

39) Ibid.

40) Ibid., 511.

41) Jan Lindhardt, *Martin Luther: Knowledge and Mediation in the Renaissance* (Lewiston, N.Y.: The Edwin Mellen Press, 1986), 102-12.

42) Martin Luther, *Luther's Works*, vol. 11, ed. Hilton C. Oswald (St. Louis: Concordia Publishing House, 1955), 485.

43) 다음을 참조하라. Steven E. Ozment, *Homo Spiritualis: A Comparative Study of the Anthropology of Johannes Tauler, Jean Gerson and Martin Luther (1509-16) in the Context of Their Theological Thought* (Leiden: E. J. Brill, 1969), 114-17.

44) 다음을 참조하라. Peter J. Leithart, "Stoic Elements in Calvin's Doctrine of the Christian Life," *Westminster Theological Journal* 55 (Spring 1993): 47-49. 또한 다음을 참조하라. Bouwsma, 79-80.

45) 다음을 참조하라. Bouwsma, 79-80.

46) Ibid.

47) Ibid., 79.

48) Ibid., 134.

49) Ibid.

50) Ibid.

51) John Calvin, *Institutes of the Christian Religion*, vol. 1, book 1, trans. Henry Beveridge (Grand Rapids: Wm. B. Eerdmans Publishing Company, 1953), 57.

52) Richard A. Muller, "*Fides* and *Cognitio* in Relation to the Problem of Intellect and Will in the Theology of John Calvin," *Calvin Theological Journal* 25, no. 2 (November 1990): 217.

53) Calvin, *Institutes of the Christian Religion*, vol. 1, book 3, trans. Henry Beveridge (Grand Rapids: Wm. B. Eerdmans Publishing Company, 1953), 499.

54) 재인용. Muller, 217.

55) John Wesley, "What Is Man?" Sermon CIX, *The Works of John Wesley*, vol. 7 (Grand Rapids: Zondervan Publishing House, 1958), 226-27.

56) Ibid., 228.

57) Ibid.

58) John E. Smith, introduction to *Works of Jonathan Edwards, vol. 2: Religious Affections* (New Haven: Yale University Press, 1959), 2-24

59) 우리 자아의 이러한 면들의 상호연관성에 대한 에드워즈의 생각을 살펴보려면 다음을 참조하라. Ibid., 93-124.

60) Ibid., 95.

61) 에드워즈는 다음 책에서 연구된 사상가들 중의 한 사람이다. William J. Wainwright's

Reason and the Heart: A Prolegomenon to a Critique of Passion Reason (Ithaca, N.Y.: Cornell University Press, 1995).

62) 다음을 참조하라. Joseph Layton Mangina, "The Practical Voice of Dogmatic Theology: Karl Barth on the Christian Life" (Ph.D. diss., Yale University, 1994), 226-36.

63) Karl Barth, Ethics, trans. Geoffrey W. Bromiley (New York: The Seabury Press, 1981), 418.

64) Karl Barth, *The Doctrine of the Word of God, Church Dogmatics* I/I (Edinburgh: T. & T. Clark, 1936), 148.

65) Emil Brunner, *Revelation and Reason: The Christian Doctrine of Faith and Knowledge*, trans. Olive Wyon (Philadelphia: The Westminster Press, 1946).

66) Emil Brunner, *The Christian Doctrine of Creation and Redemption, Dogmatics*, vol. 2, trans. Olive Wyon (Philadelphia: The Westminster Press, 1952), 61.

67) Brunner, *The Christian Doctrine*, 61-63.

68) Reinhold Niebuhr, *The Nature and Destiny of Man: A Christian Interpretation*, vols. 1 and 2 (New York: Charles Scribner's Sons. 1941 and 1943).

69) Reinhold Niebuhr, *The Self and the Dramas of History* (New York: Charles Scribner's Sons, 1955).

70) Richard Niebuhr, *Experiential Religion* (New York: Harper & Row Publishers, 1972), 45.

71) Paul Tillich, *Systematic Theology*, vol. 1 (Chicago: The University of Chicago Press, 1951), 77.

72) Ibid., 98.

73) Ibid., 153-54.

74) Paul Tillich, *Systematic Theology*, vol. 2, *Existence and the Christ* (Chicago: The University of Chicago Press, 1957), 19-78.

75) Paul Tillich, *Systematic Theology*, vol. 3, *Life and the Spirit, History and the Kingdom of God* (Chicago: The University of Chicago Press, 1963), 11-137.

76) Paul Tillich, *The Courage to Be* (New Haven: Yale University Press, 1952).

77) Ibid., 35.

78) Ibid., 45-54.

79) Hans Küng, *On Being a Christian* (Garden City, N.Y.: Doubleday & Company, Inc., 1976), 262.

80) Ibid., 530.

81) Wolfhart Pannenberg, *Anthropology in Theological Perspective*, trans. Matthew J. O'Connell (Philadelphia: The Westminster Press, 1985).

82) Ibid., 243.

83) Ibid., 250.

84) Ibid., 251.

85) Ibid., 308.

86) Ibid.

87) Ibid., 312.

88) 다음을 참조하라. D'Arcy's introduction to Aquinas, xxi.

89) Richard Niebuhr, "Dread and Joyfulness: The View of Man as Affectional Being," in *Religion in Life: A Christian Quarterly of Opinion and Discussion* 31, no. 3 (summer 1962): 443-64.

90) 현실에 대한 전통적 남성주의관점을 반영한다.

91) Patricia Beattie Jung, "Emotion," *Dictionary of Feminist Theologies*, ed. Letty M. Russell and J. Shannon Clarkson (Louisville, Ky.: Westminster John Knox Press, 1996), 83.

92) 논쟁의 간단한 소개를 위해 다음을 참조하라. Charry, 19-28. 더 자세한 설명을 위해서는 다음을 참조하라. Carol Zander Malatesta and Caroll E. Izard, eds., *Emotion in Adult Development* (Beverly Hills, Calif.: Sage Publishers, 1984).

93) Charry, 21, 27.

94) Beverly Wildung Harrison, "The Place of Anger in the Works of Love," in *Making the Connections: Essays in Feminist Social Ethics*, ed. Carol S. Robb (Boston: Beacon Press, 1985), 13.

95) Sidney Callahan, *In Good Conscience: Reason and Emotion in Moral Decision Making* (San Francisco: Harper/Collins, 1991). 두 저명한 신학자 토마스 아퀴나스와 조나단 에드워드가 가지고 있는 정서와 도덕성의 연관성에 대한 생각은 다음의 학위논문에서 현대적 관점들과 비교되어 설명되고 있다. Paul Allen Lewis, "Rethinking Emotions and the Moral Life in Light of Thomas Aquinas and Jonathan Edwards" (Ph.D. diss., Duke University, 1991).

96) 칼라한의 결론에 대한 비평을 위해 다음을 참조하라. Stanley Hauerwas, "Whose Conscience? Whose Emotion?" *Hastings Center Report* (January-February 1992): 48-49.

97) C. Robert Mesle. *Process Theology: A Basic Introduction* (St. Louis: Chalice Press, 1993), 30.

98) L. Bryant Keeling, "Feeling as a Metaphysical Category: Hartshorne from an Analytical View," *Process Studies* 6, no. 1 (Spring 1976): 65.

99) George Wolf, "The Place of the Brain in an Ocean of Feelings," in *Existence and Actuality: Conversations with Charles Hartshorne*, ed. John B. Cobb Jr. and Franklin I. Gamwell (Chicago: The University of Chicago Press, 1984), 167.

100) Alfred North Whitehead, *Process and Reality: An Essay in Cosmology*, corrected edition, ed. David Ray Griffin and Donald W. Sherburne (New York: The Free Press, 1978), 344.

101) Ibid., 18.

102) Keeling, 55.

3장 정서의 신학적 이해

1) Archibald Hart, *Christian Counseling Connection*, 1(2000): 1.

2) John Macquarrie, *Existentialism* (Philadelphia: Westminster Press, 1972), 118.

3) Patricia Beattie Jung, "Emotion," *Dictionary of Feminist Theologies*, ed. Letty M. Russell and J. Shannon Clarkson (Louisville, Ky.: Westminster John Knox Press, 1996), 83.

4) Jaak Panksepp, *Affective Neuroscience: The Foundations of Human and Animal Emotions* (New York: Oxford University Press, 1998), 51.

5) Beverly Wildung Harrison, "The Place of Anger in the Works of Love," in *Making the Connections: Essays in Feminist Social Ethics*, ed. Carol S. Robb (Boston: Beacon Press, 1985), 13.

6) Jean-Paul Sartre, *The Emotions: The Myth and Nature of Human Emotions* (Notre Dame, Ind.: University of Notre Dame Press, 1983), xiv.

7) Harrison, 13.

8) Robert Solomon, *The Passions: The Myth and Nature of Human Emotions* (Notre Dame, Ind.,: University of Notre Dame Press, 1983), xiv.

9) Roberto Unger, *Passions: An Essay on Personality* (New York: Free Press, 1984), 107.

10) Ibid., 95-271.

11) Ibid., 107ff.

12) *Shadow of the Heart*에서 화이트헤드부부는 정서와 영성을 매우 훌륭하게 다루고 있다. 그렇지만 그 책의 부제는 여전히 부정적인 정서를 부각시키고 있다. James D. Whitehead and Evelyn Eaton Whitehead, *Shadows of the Heart: A Spirituality of the Negative Emotions* (New York: Crossroad Publishing Company, 1994).

13) Ibid., 6.

14) Jung, 83.

15) 탁월한 개요를 위해 다음을 참조하라. James D. G. Dunn, *The Theology of Paul the Apostle* (Grand Rapids: William B. Eerdmans Publishing Company, 1998), 51-78.

16) Warren S. Brown, Nancey Murphy, and H. Newton Malony, eds., *Whatever Happened to the Soul? Scientific and Theological Portraits of Human Nature* (Mineapolis: Fortress

Press, 1998), 24-25.

17) Ibid., 224-25.

18) Ibid., 147.

19) Harrison, 13.

20) Søren Kierkegaard, *Purity of Heart Is to Will One Thing: Spiritual Preparation for the Office of Confession*, trans. Douglas V. Steere (New York: Harper, 1948).

21) Parker J. Palmer, *To Know as We Are Known: A Spirituality of Education* (San Francisco: Harper & Row, Publishers, 1983), xi.

22) Ibid., xii.

23) 정서에 대한 우리의 책임을 강조하는 정서연구를 위해서는 다음을 참조하라. James Hillman, *Emotions* (Evanston, Ill.: Northwestern University Press, 1992).

24) Paul Ekman and Richard J. Davidson, eds., *The Nature of Emotion: Fundamental Questions* (New York: Oxford University Press, 1995), 265-81.

4장: 분노인가 공격성인가?

1) David W. Augsburger, "Anger and Aggression," in Robert J. Wicks, Richard D. Parsons, and Donald E. Capps., eds., *Clinical Handbook of Pastoral Counseling* (New York: Paulist Press, 1985), 482. 목회신학자며 상담자인 아우구스부르그는 "분노는 정서적 에너지며 공격성은 분노의 신체적 표현"이라고 본다. 그러나 이 정의가 내포하는 한 가지 문제는 모든 공격성이 분노의 정서와 연관되어 있다고 보는 점이다.

2) 이 시기의 이론들을 모두 개관하기를 원한다면 Dolf Zilman의 *Hostility and Aggression* (Hillsdale, NJ.: Lawrence Erlbaum Associates, Publishers, 1979)을 참조하라.

3) 이 문제에 관해 흥미로운 토론을 원한다면 다음의 책들을 참조하라. Stephen Budiansky, *If a Lion Could Talk: Animal Intelligence and the Evolution of Consciousness* (New York: The Free Press, 1998), and Lesley J. Rogers, Minds of Their Own: Thinking and Awareness in Animals (Boulder, Col.: Westview Press, 1997).

4) Erich Fromm, *The Anatomy of Human Destructiveness* (New York: Holt, Rinehart and Winston, 1973), xvi.

5) Jaak Panksepp, *Affective Neuroscience: The Foundations of Human and Animal Emotions* (New York: Oxford University Press, 1998), 188.

6) Theodore Lidz, *The Person* (New York: Basic Books, Inc., 1968), 31.

7) Panksepp, 197-98. Panksepp는 통합적 자원 역할을 하는 수도주변 회백질 영역과 함께 이 체계 안에 포함되어 있는 최소한 뇌의 여섯 부분들에 대해 상세하게 설명한다.

8) Ibid., 190.

9) 공격성의 생물학에 관한 정보를 위해서는 다음을 참조하라. "The Neurobehavioral

Genetics of Aggression," a special issue of *Behavior Genetics* 26, no 5 (1996년 9월): 459-532.

10) Zilman, vi.

11) Ibid.

12) Konrad Lorenz, *On Aggression*, Marjorie Kerr Wilson 역 (New York: Harcourt, Brace & World, Inc., 1996). 특별히 13장과 14장을 참고하라.

13) 로렌즈가 인간에게 적용한 문제에 대해 더 토의하기를 원한다면 프롬의 책13-32페이지를 참조하라.

14) Robert Ardrey, *African Genesis: A Personal Investigation into the Animal Origins and Nature of Man* (New York: Atheneum, 1961), 317.

15) Robert Ardrey, *The Territorial Imperative: A Personal Inquiry into the Animal Origins of Property and Nations* (New York: Atheneum, 1966).

16) Desmond Morris, *The Naked Ape: A Zoologist's Study of the Human Animal* (New York: McGraw-Hill, 1967), and *The Human Zoo* (New York: McGraw-Hill, 1969).

17) Dolf Zillman, "Mental Control of Angry Aggression," in *Handbook of Mental Control*, ed. Daniel N. Wegner and James W. Pennebaker (Englewood Cliffs, NJ.: Prentice Hall, 1993), 370.

18) Ibid.

19) 좌절-공격 가설은 J. Dollard, N. E. Miller, O. Hobart Mower, G. H. Sears, and R. R. Sears, *Frustration and Aggression* (New Haven, Conn.: Yale University Press, 1939) 에 제시되었다. 이 이론적 개념은 그 후 Leonard Berkowitz, ed. *The Roots of Aggression: A Re-examination of the Frustration-Aggression Hypothesis* (New York: Atherton, 1969) 에서 조심스럽게 비판되고 수정되었다.

20) Kathleen J. Greider, "'Too Militant'? Aggression, Gender, and the Construction of Justice," in Jeanne Stevenson Moessner, ed, *Through the Eyes of Woman: Insights for Pastoral Care* (Minneapolis: Augsburg Fortress, 1996), 125. Greider의 책 *Reckoning with Aggression: Theology, Violence and Vitality* (Louisville, Ky.: Westminster John Knox Press, 1997) 는 공격성에 관한 목회신학적 토론에 있어서 탁월한 책이다.

21) James D. Whitehead and Evelyn Eaton Whitehead, *Shadows of th Heart: A Spirituality of the Negative Emotions* (New York: Crossroad, 1994), 45.

22) Jean M. Blomquist, "Discovering Our Deep Gladness: The Healing Power of Work," *Weavings* 8, no 1 (January/February 1993): 24.

23) Greider, "'Too Militant'? Aggression, Gender, and the Construction of Justice," 126.

24) Ibid., 126-27.

25) Ibid.

26) Ibid., 125.

27) Majorie Suchocki, "Anxiety and Trust in Feminist Experience," *The Journal of Religion* 60, no 4 (October, 1980): 464.

28) 공격성이 남성적 특징이거나 최소한 남성의 특권이라는 관점과 공격성의 개념이 혼합될 때 하나님은 남성이라는 생각을 지지하게 되는 위험성을 감수하게 된다.

29) Suchocki, 464.

30) Ibid., 465.

31) 나의 친구들 가운데 한 명인 Mahan Siler는 개인적 대화에서 다음과 같이 그것을 표현했다: "나 역시 하나님에 대해 생각할 때 공격성 보다는 사랑에 대해 생각하게 된다. 그러나 하나님 사랑의 열정적이고, 설득적이며, 추적하시고 구애하시는 사랑의 진가를 더욱 깨닫게 되는데 그 사랑은 결코 강압적이거나 우리의 자유를 침해하지 않지만 공격적인 면을 가지고 있다."

32) 나는 "하나님은 공격하시는 분이다"는 말을 하나님의 사랑의 성품과 동일하게 여기는 기독교 전통을 생각하기가 어렵다. 이것은 자주 모순 관계에 있는 사랑과 진노가 하나님의 동일한 성품이라고 주장하는 신학들에 대해 내가 9장에서 토의한 관점들과 유사하다.

5장: 분노는 어디서 시작되는가? 신경과학의 공헌

1) 나는 이 모델에 관한 초기 설명을 *Coping with Your Anger: A Christian Guide* (Philadelphia: Westerminster Press, 1983)에서 제시했다.

2) 다음의 설명들은 여러 자료들에서 발췌한 것이다. 더 많은 흥미로운 정보를 위해서는 다음을 참조하라. Babette Rothchild의 *The Body Remember: The Psychophysiology of Trauma and Trauma Treatment* (New York: W. W. Norton & Company, 2000), and Joseph LeDoux, *The Emotional Brain: The Mysterious Understanding of Emotional Life* (New York: Simon & Schuster Inc., 1996).

3) LeDoux, 7장 참조.

4) Ibid., 179-224.

5) Rothchild, 12-13; LeDoux, 7장.

6) Richard J. Davidson, "Neuropsychological Perspectives on Affective Styles and Their Cognitive Consequences," in *Handbook of Cognition and Emotions*, ed. Tim Dalgleish and Mich J. Power (Chichester, U. K.: John Wiley & Sons, 1999), 115. 더 많은 정보를 원한다면 그의 참고서적들을 참조하라.

7) Jack Panksepp, *Hostility and Aggression The Foundations of Human and Animal Emotions* (New York: Oxford University Press, 1998), 190.

8) Ibid., 42.

9) 다른 메시지들은 이 위기의 상황에 대한 반응을 위해 내적으로 우리의 몸을 준비시키는

자율신경계의 교감신경계로 그리고 교감신경을 통하여 전달된다. 이 체계의 화학적 전달물질은 에피네프린 (아드레날린이라고도 알려져 있다) 인데 그것은 신경전달물질로, 그리고 다음과 같은 목적을 위해 순환성 홀몬의 기능을 한다.

1. 근육, 심장, 그리고 뇌와 같이 활동적이어야 하는 기관들에 최대한의 혈액 공급을 보장한다.
2. 혈압, 맥박 수, 그리고 일회박출량 (매번 심장박동과 함께 내뿜어지는 혈액의 양)을 증가시킴으로 심박출량을 증가시킨다.
3. 몸의 덜 중요한 영역에서 혈관들을 수축시키지만 근육에서 혈관을 확장시킨다. 그리하여 골격근과 심장근에 혈액 공급을 증가시킨다 (그것은 산소를 증가시키고 이산화탄소나 젖산과 같은 배설물을 제거한다)

시상하부, 뇌하수체, 그리고 다른 내분비선들은 혈당 수준이 올라가고 인슐린과 성장홀몬 수준이 감소될 수 있도록 추가적인 홀몬들 (화학적 메신저들)을 분비하게 한다. 이 모든 것들은 글루코스 양을 증가시키고 그리하여 근육에 필요한 에너지가 나오게 된다.

10) Rothchild, 12-13; LeDoux, 7장

11) Panksepp, 187.

12) LeDoux의 설명을 참조하라.

13) Panksepp, 53.

14) Ibid., 54 대문자 FEAR로 쓰고 있다.

15) Ibid., 203

16) Davidson, 108.

17) Panksepp, 188.

18) Dolf Zillman, *Hostility and Aggression* (Hillsdale, NJ.: Lawrence Eribaum Associates, Publishers, 1979), 308. Willard Gaylin의 *The Rage Within: Anger in Modern Life* (New York: Simon and Schuster, 1989), 25-48도 참조하라.

19) Andrew D. Lester, *Hope in Pastoral Care and Counseling* (Louisville, Ky.: Westerminster John Knox Press, 1995).

20) John M. Cooper, *Reason and Emotion on Ancient Moral Psychology and Ethical Theory* (Princeton, N.J.: Princeton University Press, 1999), 421.

21) Panksepp, 56. 예를 들어 그는 외부적 사건들과 환경의 압박에 기초한 신경세포들의 확장이나 혹은 추축에 대한 반응으로 어떻게 감각수용기가 영구적인 변화를 일으키는지 설명한다.

22) Ibid., 56.

23) Ibid., 48.

24) Ibid., 55.

25) Ibid., 204.

26) Ibid., 187.

27) Daniel Goleman의 *Emotional Intelligence* (New York: Bantam Books, 1995), 311에 인용됨.

6장: 사람들은 왜 분노하는가? 구성주의 내러티브 관점

1) Jaak Panksepp, *Affective Neuroscience: The Foundations of Human and Animal Emotions* (New York: Oxford University Press, 1998), 205.

2) 이 포괄적인 구절은 구성주의 사상과 내러티브 이론을 함께 종합한 것인데 Donald Meichenbaum and D. Fitzpatrick, "A Constructivist Narrative Perspective of Stress and Coping" in *Handbook of Stress*, ed. L. Goldberger and S. Breznitz (New York: Free Press, 1992) 에서 사용한 구절과는 약간 다르다. 비록 내가 구성주의 사고에 대해 토의하겠지만 나의 전반적인 접근은 구성주의 사고의 개인주의적 강조보다 존재의 사회적, 관계적 양상을 강조한다.

3) 구성주의의 간단한 역사를 위해서는 Ernst von Glasersfeld, "An Introduction to Radical Constructivism," in *The Invented Reality*, ed. Paul Watzlawick (New York: W. W. Norton, 1984), 17-40.

4) 우리의 인식에 대한 신경학적 한계와 그로 인한 현실에 구성에 관해 잘 알려진 서론에 대해서는 Heinz von Foerster, "On Constructing a Reality," in Watzlawick, 41-61을 참조하라.

5) Bebe Speed, "How Really Real is Real?" Family Press 23, no. 4 (December 1984): 511-20. 또한 다음을 참조하라. Speed의 "Reality Exists, OK? An Argument Against Constructivism and Social Constructivism," *Journal of Family Therapy* 13, no 4 (November, 1991): 395-410.

6) Speed, "Reality Exists, OK?" 401-8.

7) Kenneth Gergen, "The Social Constructionist Movement in Modern Psychology," *American Psychology* 40, no 3 (March 1985): 266-75.

8) John L. Walter and Jane E. Peller, "Rethinking Our Assumptions: Assuming Anew in a Postmodern World," in *Handbook of Solution-Focused Brief Therapy*, ed. Scott D. Miller, Mark A. Hubble, and Barry L. Duncan (San Fracisco: Jossey-Bass Publishers, 1996), 14.

9) Jerome Bruner, "Life as Narrative," *Social Research* 54, no. 1 (spring 1987): 32.

10) Don P. McAdams, *The Stories We Live By: Personal Myths and the Making of the Self* (New York: William Morrow and Company, Inc., 1993), 39-65.

11) Stephen Crites, "The Narrative Quality of Experience," *Journal of the American Adademy of Religion* 39, no. 3 (September 1971): 291.

12) Walter and Peller, "Rethinking Our Assumptions," 12-13.

13) Theodore R. Sarbin, "The Narrative as a Root Metaphor for Psychology," in *Narrative*

Psychology: The Storied Nature of Human Conduct, ed. Theodore R, Sarbin (New York: Prager, 1986), 4. Sarbin,은 Stephen Pepper의 World Hypotheses (Berkley: University of California Press, 1942)에서 은유의 개념을 빌려 온다.

14) Crites, The Narrative Quality of Experience," 291.

15) Sarbin의 *Narrative Psychology*에 나와 있는 에세이들을 참조하라. 또한 다음 자료들을 참조하라.

McAdams, *The Stories We Live By*; Michael M. White and David Epston, *Narrative Means to Therapeutic Ends* (New York: Norton, 1990); and Donald P. S[emce. *Narrative Truth and Historical Truth: Meaning and Interpretation in Psychoanalysis* (New York: W. W. Norton, 1982)

16) Sarbin, *Narrative Psychology*, 8. 철학, 문학, 그리고 사회과학 분야에서의 이야기 이론 가들은 이야기들을 창조할뿐 아니라 끊임없이 이야기를 추구한다. 아이들은 이야기 듣기와 읽기와 만들기를 좋아한다. 어른들도 미디어를 통해 전달되는 우리 문화 속에서 계속 진행되는 이야기에 귀를 기울인다.

17) John Navone, *Toward a Theology of Story* (Slough, England: St. Paul Publications, 1977), 78.

18) Sarvin의 *Narrative Psychology*, 9에서는 "내러티브 구조"는 "인간이 경험의 흐름에 어떻게 구조를 부여하는가"를 설명하는 의미있는 조직 원리라고 말한다.

19) Crites, "The Narrative Quality of Experience," 29. George Stroup, *The Promise of Narrative Theology: Recovering the Gospel in the Church* (Atlanta: John Knox Press, 1981), 101-18.

20) Bruner, "Life as Narrative," 13.

21) M. Mair, *Between Psychology and Psychotherapy* (London: Routledge & Kegan Paul, 1988), 127.

22) Mary M. Gergen and Kenneth J. Gergen, "The Social Construction of Narrative Accounts," in *Historical Social Psychology*, ed. Kenneth J. Gergen and Mary M. Gergen (Hillsdal, NJ.: Lawrence Eribaum Associates, 1984), 174-75.

23) Andrew D. Lester, *Hope in Pastoral Care and Counseling* (Louisville, Ky.: Westerminster John Knox Press, 1995) 를 참조하라. 〈희망의 목회상담〉, 한국심리상담연구소, 1997.

24) 일부 사회 구성주의자들은 인간의 정서적 삶에 있어서 명백해 보이는 신경생리학적 과정의 부분을 무시하거나 부인하며 체화를 심각하게 취급하지 않는다. Panksepp는 구성주의 관점과 (정서적 반응을 시작하는 것처럼 여겨지는 신피질 안에서의 평가의 중요성) 뇌의 신경생리학적 기능들에 대한 이해를 결합하는 "요소적 접근"을 설명하고 있다. Panksepp의 *Affective Neuroscience*, 44-45페이지를 참조하라.

25) Martha Nussbaum이 Love's Knowledge: *Essays on Philosophy and Literature* (New York: Oxford University Press, 1990), 89에서 번역한 것과 같다.

26) Nussbaum, *Love's Knowledge*, 90.

27) Alasdair MacIntyre, *After Virtue: A Study in Moral Theory*, 2d ed. (Notre Dame, Ind.: University of Notre Dame Press, 1984), 205-14.

28) Stanley Hauerwas, "Story and Theology," *Religion in Life* 45, no. 3 (Autumn 1976): 343.

29) MacIntyre, *After Virtue*, 208.

30) Ibid., 209.

31) Hauerwas, "Story and Theology," 344.

32) Richard J. Davidson, "Neuropsychological Perspectives on Affective Styles and Their Cognitive Consequences," in *Handbook of Cognition and Emotion*, ed. Tim Dalgleish and Mick J. Power (Chichester, U. K.: John Wiley & Sons, 1999), 103.

33) Crites, "The Narrative Quality of Experience," 83.

34) Hans-Georg Gadamer, *Truth and Method*, trans. Garrett Barden and John Cumming (New York: Seabury Press, 1975), 397-447을 참조하라.

35) Davidson, "Neuropsychological Perspectives," 104.

36) Hope in *Pastoral Care and Counseling*, 13-14페이지에서는 미래에 관해, 그리고 35-37페이지에서 future stores에 관해 키에르케고르가 강조한 부분에 대해 내가 토의한 바를 참조하라.

37) 이야기 바꾸기의 어려움에 영향을 미치는 다양한 인지적 구조들을 탐구하기 위해서는 다음을 참조하라. Donald Meichenbaum과 Geoffrey T. Fong, "How Individuals Control Their Own Minds: A Constructive Narrative Perspective," in *Handbook of Mental Control*, ed. Daniel N. Wegner and James W. Pennebaker (Englewood Cliffs, N.J.: Prentice Hall, 1993).

38) Ibid. 우리는 수 십년 동안 우리의 친구들과 가족의 "기본적인 것들"을 보며 과거에 그들이 구성한 것들이 현재 그들의 자아에 얼마나 필수적인 것인지를 깨닫게 된다. 우리가 영아기로부터 자아를 창조해 나갈 때 이 창조된 자아의 어떤 부분은 개성의 핵심이 되며 사람들이 우리를 알게 되는 자아의 필수적 요소들을 내포한다.

39) Soren Kierkegaard, *The Concept of Anxiety*, ed. and trans. with introduction and notes by Reidar Thomte in collaboration with Albert B. Anderson (Princeton, NJ., Princeton University Press, 1980)를 참조하라. 특히 1장과 2장을 참조하라.

40) John Macquarrie, *In Search of Humanity: A Theological and Philosophical Approach* (New York: Crossroads, 1989), 48-51.

41) Jean-Paul Sartre, *Existentialism and Human Emotions* (New York: The Wisdom Library, 1957), 52.

42) 희망과 미래 이야기들의 간의 연결에 대한 토의를 위해서는 나의 *Hope in Pastoral Care and Counseling*을 참조하라.

7장 분노는 왜 "일곱 가지 치명적인 죄" 가운데 하나인가?

1) Herbert E. Hohenstein, "Oh Blessed Rage," *Currents in Theology and Mission* 10, no. 3 (June 1983): 162.

2) Rosemary Radford Ruether, *Sexism and God-Talk: Toward a Feminist Theology* (Boston: Beacon Press, 1983), 185-86.

3) Rita Nakashima Brock, *Journeys by Heart: A Christology of Erotic Power* (New York: Crossroad, 1996), 19.

4) 간단한 설명은, John T. Fitzgerald, "Virture/Vice Lists," *The Anchor Bible Dictionary*, vol. 6, ed. David N. Freedman (New York: Doubleday, 1992), 857-859페이지를 보라. 갈라디아서 5장 19-23절이 가장 잘 알려진 것 중 하나다.

5) 이를 언급한 목록은 Fitzgerald, "Virture/Vice Lists"를 보라.

6) 이 개념에 대한 간략하지만 철저한 역사는 Morton W. Bloomfield, *The Seven Deadly Sins: An Introduction to the History of a Religious Concept with Special Reference to Medieval English Literature* (East Lansing: Michigan State University Press, 1952)를 보라.

7) Daniel Goleman, *Emotional Intelligence* (New York: Bantam Books, 1995), ix 에서 인용.

8) Aristotle, "Nicomachean Ethics," book 2, chap. 5, trans. W. D. Ross, in *The Works of Aristotle: II*, vol. 9 of *The Great Books of the Western World* series, editor-in-chief Robert Maynard Hutchins (Chicago: Encyclopedia Britannica, Inc.,1952), 351.

9) 아마도 이 전통에서 분노 대처에 관련하여 가장 훌륭한 개관은 William V. Harris, *Restraining Rage: The Idea of Anger Control in Classical Antiquity* (Cambridge, Mass.: Harvard University Press, 2001)일 것이다.

10) Martha Nussbaum, *Love's Knowledge: Essays on Philosophy and Literature* (New York: Oxford University Press, 1990), 90, 243.

11) Seneca, "Epistle CXVI on Self-Control," in *Seneca: Moral Essays*, trans. John W. Basore (London: William Heinemann LTD, 1935), 333.

12) Seneca, "De Ira" in *Seneca: Moral Essays, vol.1, book 3*, trans. John W. Basore (Cambridge, Mass.: Harvard University Press, 1963), 173.

13) Ibid., 157.

14) Ibid., 129.

15) Ibid.

16) Nussbaum, 407-28.

17) Seneca, De Ira, 351.

18) Saint Augustine, *The City of God*, book nine, chap. 5, trans. Marcus Dods (New York: The Modern Library, 1993), 285.

19) John Cassian, *The Institutes*, eighth book, chap. 4, sec. 3, trans. Boniface Ramsay, O.P. (New York: The Newman Press, 2000), 195.

20) Ibid., chap. 2, 193.

21) Ibid. 죄로서 "오염"에 관한 논의는 Paul Ricoeur's *The Symbolism of Evil*, trans. Emerson Buchanan(Boston: Beacon Press, 1969)을 보라.

22) Cassian, *The Institutes*, chap. 2, 194.

23) Ibid., chap. 4, 194.

24) 비록 몇몇 학자들은 바울이 아테네 연설에서 (행 17:25) 하나님은 아무것도 부족한 것이 없다고 암시했다고 기록하지만, 이것은 하나님은 불변하신다는 말에 가깝다.

25) 여기에 요약된 생애에 관한 자료는 David Hugh Farmer, *The Oxford Dictionary of Saints*, 4th ed.(Oxford: Oxford University Press, 1997), 42-43페이지에 있다.

26) Saint Basil, "Against Those Who Are Prone to Anger," Homily 10 in *Ascetical Works*, trans. M. Monica Wagner (Washington, D.C.: The Catholic University of America Press, 1962), 447-48.

27) Ibid., 448.

28) Ibid., 449.

29) Ibid., 448.

30) Ibid., 456.

31) Ibid., 457.

32) Ibid., 456.

33) Ibid., 456-57.

34) Ibid., 457.

35) Ibid., 458.

36) *The Philokalia*, vol.1,trans. G.E.H. Palmer, Philip Sherrard, and Kallistos Ware (London: Faber and Faber, 1979), 29페이지부터 에바그리우스에 대한 소개를 보라.

37) Evagrius Ponticus, *The Praktikos: Chapters on Prayer*, trans. John Eudes Bamberger (Spencer, Mass.: Cisterian Publications, 1970), 18, 22.

38) Ibid., 36.

39) Ibid., 62.

40) Ibid., 59.

41) Ibid., 58-59.

42) Ibid., 17.

43) Ibid., 23.

44) Ibid., 27.

45) Ibid.

46) *The Westminster Dictionary of Church History*, ed. Jerald C. Brauer (Philadelphia: The Westminster Press, 1971), 72.

47) Ibid., 그리고 Farmer, *The Oxford Dictionary of Saints*, 25-26.

48) Saint Augustine, *The City of God*, book fourteen, chap. 15, trans. Marcus Dods (NewYork: The Modern Library, 1993), 464.

49) Augustine, *The City of God*, book nine, chap. 5, 285.

50) Ibid.

51) 생애에 관한 간략한 자료는 Cassian, *The Institutes*, 3-8페이지를 보라.

52) Cassian, *The Institutes*, eighth book, chap. 2, 194.

53) Ibid., chap. 1, 193.

54) Ibid., chap. 5, 196.

55) Ibid., chap. 5, 195.

56) Ibid., chap. 1, 193.

57) Ibid., chap. 7, 196.

58) Ibid., chap. 9, 197.

59) 이 정보는 Jeffrey Richards, *Consul of God: The Life and Times of Gregory the Great* (Boston: Routledge & Kegan Paul, 1980)에서 요약했다.

60) F. H. Dudden in Matthew Baasten, *Pride According to Gregory the Great* (Queenston, Ontario: The Edwin Mellen Press, 1986), 6-7페이지에서 요약.

61) Ibid., 5.

62) 이 인용문은 Joseph Gildea, *Source Book of Self-Discipline: A Synthesis of "Moralia In Job" by Gregory the Great: A Translation of Peter of Waltham's "Remediarium Conversorum"* (New York: Peter Lang Publishers, 1991), 98페이지에 있다.

63) Ibid.

64) Ibid., 100.

65) Ibid., 101.

66) Ibid.

67) Ibid.

68) Ibid., 102.

69) 요한이 살았던 정확한 시기는 논쟁되고 있다. *John Climacus: The Ladder of Divine Ascent*, in *The Classics of Western Spirituality* series, 2-3, trans. Colm Luibheid and Norman Victor Russell (NewYork: Paulist Press, 1982)을 보라.

70) Ibid., 1.

71) Ibid., 147.

72) Ibid., 150.

73) Ibid., 151.

74) Ibid., 150.

75) Ibid.

76) Ibid.

77) Ibid.

78) 아퀴나스의 생애에 관한 정보를 더 얻으려면, Robert Barron, Thomas Aquinas: Spiritual Master (New York: The Crossroad Publishing Company, 1996)를 보라.

79) Edward J. Gratsch, *Aquinas' Summa: An Introduction and Interpretation* (New York: Society of St. Paul, Alba House, 1985), ix.

80) Baasten, 130-35.

81) Diana Fritz Cates, "Taking Women's Experience Seriously: Thomas Aquinas and Audre Lorde on Anger," in *Aquinas and Empowerment: Classical Ethics for Ordinary Lives*, ed. G. Simon Harak, S.J. (Washington, D.C., Georgetown University Press,1996), 55.

82) Cates, 55.

83) St. Thomas Aquinas, *Summa Theologiae*, vol. 21, Fear and Anger (New York: McGraw-Hill Book Company, 1965), 91.

84) Aquinas, *Summa Theologiae, Fear and Anger*, 97.

85) Ibid., 103.

86) Ibid., 117.

87) *The Westminster Dictionary of Church History*, ed. Jerald C. Brauer (Philadelphia: The Westminster Press, 1971), 512.

88) Martin Luther, *What Luther Says: An Anthology*, vol. 1, comp. Ewald M. Plass (St. Louis: Concordia Publishing House, 1959), entry no. 74, 27.

89) Ibid., entry no. 77, 28.

90) Ibid.

91) Ibid.

92) Ibid., entry no. 79, 29.

93) Ibid., entries no. 1530 and 1531, 511.

94) Ibid., entry no. 1530.

95) Charles Scot Giles, "The Practical Theology of Martin Luther," *Religious Humanism* 18, no.1 (1984): 18페이지에서 인용.

96) Luther, *What Luther Says*, entry no.80, 29.

97) *The Westminster Dictionary of Church History*, 149.

98) Ibid.

99) William J. Bouwsma, *John Calvin: A Sixteenth-Century Portrait* (New York: Oxford University Press, 1988), 105페이지에서 인용.

100) Ibid.

101) Ibid., 88-89.

102) Ibid., 32.

103) Ibid., 89.

104) John Calvin, *Commentaries on the Last Four Books of Moses Arranged in the Form of a Harmony* (Grand Rapids: Wm. B. Eerdmans Publishing Company, 1950), 347.

105) Ibid., 346.

106) 존 웨슬리의 생애에 관한 정보를 더 얻으려면, Kenneth J. Collins, *A Real Christian: The Life of John Wesley* (Nashville: Abingdon Press, 1999)를 보라.

107) John Wesley, "The Way to the Kingdom," sermon VII, *The Works of John Wesley*, vol. 5 (Grand Rapids: Zondervan Publishing House, 1958), 82.

108) Albert C. Outler, ed., *The Works of John Wesley*, vol. 2 (Nashville: Abingdon Press, 1985), 516.

109) John Wesley, "On Sin in Believers," sermon XIII, *The Works of John Wesley*, vol. 5 (Grand Rapids: Zondervan Publishing House, 1958), 153.

110) Ibid., 154.

111) Ibid., 153.

112) John Wesley, "Upon Our Lord's Sermon on the Mount," sermon XXXIII, *The Works of John Wesley*, vol. 5 (Grand Rapids: Zondervan Publishing House, 1958), 432.

113) Ibid., 263.

114) Ibid.

115) John Wesley, "Christian Perfection," sermon XL, *The Works of John Wesley*, vol. 6 (Grand Rapids: Zondervan Publishing House, 1958), 17.

116) John Wesley, "Upon Our Lord's Sermon on the Mount," sermon XXII, 264.

117) Karl Barth, *Ethics*, trans. Geoffrey W. Bromiley (New York: Seabury Press, 1981) 그리고 Dietrich Bonhoeffer, *Ethics* (New York: Simon & Schuster, 1995)를 보라.

118) 출판을 검토 중인 논문에서, Xolani Kacela는 그런 신학적 토론을 한 미국 흑인 신학자들을 찾지 못했다고 설명한다. 그는 미국 흑인 학자들과 자신의 연구 결과에 관해 토론했으며, 다른 미국 흑인 학자들도 어떤 추가적인 자료도 제공할 수 없었다고 썼다.

119) Marjorie Suchocki, "Anxiety and Trust in Feminist Experience," *The Journal of Religion 60*, no. 4 (October1980): 467.

120) Beverly Wildung Harrison, "Anger/Wrath," *Dictionary of Feminist Theologies*, (Louisville, Ky.: Westminster John Knox Press, 1996), 8.

121) "The Place of Anger in the Works of Love," in *Making the Connections: Essays in Feminist Social Ethics*, ed. Carol S. Robb (Boston: Beacon Press, 1985), 4.

122) Ibid., 14.

8장 성서적 관점: 인간 분노에 관한 대안적 이야기

1) *The Interpreter's Dictionary of the Bible: An Illustrated Encyclopedia* (Nashville: Abingdon Press, 1962), 135.

2) Ibid. 그리고 W. E. Vine, *Vine's Expository Dictionary of Old and New Testament Words* (Old Tappan, N.J.: Fleming H. Revell Company, 1981), 55-56페이지를 보라.

3) 대략의 추정치에 관해서는, Alistair V. Campbell, *The Gospel of Anger* (Great Britain: SPCK, 1986), 33페이지를 보라. 또 다른 출처는 Bruce Edward Baloian, *Anger in the Old Testament* (New York: P. Lang, 1992), 73페이지다.

4) Leland Ryken, James C. Wilhoit, Tremper Longman III, gen. eds., *Dictionary of Biblical Imagery* (Downers Grove, Ill.: InterVarsity Press, 1998), 25. 신중한 반응의 다른 예는 사사기 9장 30절, 사무엘하 12장 5절 그리고 느헤미야 5장 6절이다.

5) 아래의 브뤼그만(Brueggemann)의 참고문헌 외에 가인과 아벨의 이야기에 대한 다른 학술적 설명은 Ellen van Wolde, *Words Become Worlds: Semantic Studies of Genesis 1-11* (Leiden: E.J. Brill, 1994) 을 보라. Ricardo J. Quinones도 이 이야기에 관한 흥미로운 비신학적 기사를 썼다. 그의 *The Changes of Cain: Violence and the Lost Brothers in Cain and Abel Literature* (Princeton, N.J.: Princeton University Press, 1991)를 보라.

6) Walter Brueggemann, Genesis, in the series *Interpretation: A Bible Commentary for Teaching and Preaching* (Atlanta: John Knox Press, 1982), 57.

7) Ibid.

8) 지혜문학에 관한 흥미로운 학술 서적으로는 다음을 보라. Dianne Bergant, *Israel's*

Wisdom Literature: A Liberation- Critical Reading (Minneapolis: Fortress Press, 1997); Roland E. Murphy, *The Tree of Life: An Exploration of Biblical Wisdom Literature*, 3d ed. (Grand Rapids: William B. Eerdmans Publishing Company, 2002); and Leo Perdue, *Wisdom and Creation: The Theology of Wisdom Literature* (Nashville: Abingdon Press, 1994).

9) James L. Crenshaw, *A Whirlpool of Torment: Israelite Traditions of God as an Oppressive presence* (Philadelphia: Fortress Press, 1984)를 보라. 이 책의 소제목들과 연결되는 성경구절은, 창세기 22장과 "무서운 시험," 예레미야 20장 7절과 예레미야의 "유혹과 강간," 욥기와 "이유 없는 살인," 전도서와 "영원의 침묵," 시편 73편과 "불꽃 가까이 서기"다.

10) Walter Brueggemann, "Foreword," in Ann Weems, *Psalms of Lament* (Louisville, Ky.: Westminster John Knox Press,1995), xii.

11) Ibid., xii-xiii.

12) Dwight Matthew Sullivan, "An Anthropology of Anger: A Possible Dialogue between Sigmund Freud and the Bible" (Rel.D. diss., School of Theology at Claremont, 1974), 132.

13) *Matthew: A Commentary on His Literary and Theological Art* (Grand Rapids: Eerdmans,1982), 138-39. Quoted in Sarah Chambers, "A Biblical Theology of Godly Human Anger" (Ph.D. diss.,Trinity Evangelical Divinity School, 1996), 141.

14) M. Eugene Boring, "Matthew: Introduction, Commentary, and Reflections," in *The New Interpreter's Bible: A Commentary in Twelve Volumes* (Nashville: Abingdon Press, 1995), 190.

15) Carl G. Vaught, *The Sermon on the Mount: A Theological Investigation*, rev. ed. (Waco, Tex.: Baylor University Press, 2001), 64페이지를 보라. 바우트(Vaught)는 ὀργίζω가 "부글부글 끓어올라서 연기가 심하게 나는 가마솥" 같은 종류의 분노를 의미한다고 말한다.

16) Charles B. Williams, *The New Testament in the Language of the People* (Nashville: Holman Bible Publishers, 1937), 19.

17) *The New English Bible*, 2d ed. (n.p.: Oxford University Press, 1970), 9.

18) Boring, 188.

19) 한 명의 학자만 이것을 포함하는 것을 찬성한다. David Alan Black, "Jesus on Anger: The Text of Matthew 5:22a Revisited," in *Novum Testamentum: An International Quarterly for New Testament and Related Studies* 30, no.1 (1988): 1-8페이지를 보라.

20) Roland H. Worth Jr., *The Sermon on the Mount: Its Old Testament Roots* (New York: Paulist Press, 1997), 133-54페이지를 보라. 워트(Worth)는 134-35페이지에서 다음과 같이 썼다.

> 이 구절 어디에도 예수님은 실제로 분노 자체가 죄라고 하지 않았다. 그가 주장한 것은 분노가 항상 위험하다는 것이다. 그는 분노만으로 "심판"과 "위원회"나 "지옥 불"의 대상이 될 것이라고 하지 않지만, 그 위험에 처할 수 있다고 한다. 의롭게 분노한 때에도, 여전히 잠재적인 위험이 남고, 예수님은 그것을 부인하기에는 세상사에 대해 잘 알고 있었다. 따라서 그는 분

노를 제거한다기 보다는 분노를 제어하라는 강력한 요구를 분명히 설명한다.

21) 그리스어 용법에 대한 철저한 서술과 이 구절에 대한 학문적 역사는 Daniel B. Wallace, "OPTIZE$\Sigma\theta$E in Ephesians 4:26: Command or Condition?" in *Criswell Theological Review* 3, no.2 (spring 1989): 353-72페이지를 보라.

22) *The New English Bible*, 332.

23) 이 구절에 대한 추가 연구는 Martin Kitchen, *Ephesians* (London: Routledge, 1994), 87; Watson E. Mills and Richard F. Wilson, eds., *Mercer Commentary on the Bible* (Macon, Ga.: Mercer University Press, 1995),1223; John Muddiman, *A Commentary on the Epistle to the Ephesians* (London: Continuum, 2001), 225; and Peter T.O'Brien, *The Letter to the Ephesians* (Grand Rapids: William B. Eerdmans Publishing Company, 1999), 339페이지를 보라.

24) Wallace, 363.

25) John T. Fitzgerald, "Virtue/Vice Lists," in *The Anchor Bible Dictionary*, vol.6, ed. David N. Freedman (New York: Doubleday, 1992), 857-59페이지를 보라.

26) Victor Paul Furnish, *Theology and Ethics in Paul* (Nashville: Abingdon Press, 1968), 84-86.

27) 이 목록들에 대한 고전적인 논문은 Burton Scott Easton, "New Testament Ethical Lists," in *Journal of Biblical Literature* 51 (1932): 1-12페이지를 보라.

28) Lewis R. Donelson, "The Vice Lists of the Pastoral Epistles" *in The Catholic Biblical Quarterly* 36, no.2 (April 1974): 203-19페이지를 보라.

29) M. Jack Suggs, "The Christian Two Ways Tradition: Its Antiquity, Form and Function," in *Studies in New Testament and Early Christian Literature* (Leiden: E. J. Brill, 1972), 74.

30) Furnish, 84.

31) 이것은 Mills and Wilson, eds., Mercer Commentary, 1286 and Douglas J. Moo, *The Letter of James* (Grand Rapids: Williams B. Eerdmans Publishing Company, 2000), 83의 견해이기도 하다.

32) Luke Johnson, *Faith's Freedom: A Classic Spirituality for Contemporary Christians* (Minneapolis: Fortress Press, 1990), 138.

9장 하나님과 예수님의 분노

1) 그리스어 단어의 의미에 관한 개관은 Sarah Chambers, "A Biblical Theology of Godly Human Anger" (Ph.D. diss., Trinity Evangelical Divinity School, 1996), 78-113페이지를 보라.

2) 안토니 한슨(Anthony Hanson)은 하나님의 분노에 관한 개관을 *The Wrath of the Lamb* (London: SPCK, 1957)에서 제공한다.

3) 이 문제에 관한 개관은 Alastair V. Campbell, *The Gospel of Anger* (London: SPCK, 1986)

를 보라.

4) Chambers, 76.

5) James D. Whitehead and Evelyn Eaton Whitehead, *Shadows of the Heart: A Spirituality of the Negative Emotions* (New York: Crossroad Publishing Company, 1994), 133.

6) 이 견해에 대한 틸리히(Tillich)의 짧은 서술은 Paul Tillich, *Systematic Theology*, vol. 2 (Chicago: University of Chicago Press, 1959), 77페이지를 보라.

7) Paul Tillich, *Systematic Theology*, vol. 1 (Chicago: The University of Chicago Press, 1951), 284.

8) David R. Blumenthal, *Facing the Abusing God: A Theology of Protest* (Louisville, Ky.: Westminster/John Knox Press, 1993).

9) Renita Weems, *Battered Love: Marriage, Sex, and Violence in the Hebrew Prophets* (Minneapolis: Fortress Press, 1995); Gracia Fay Ellwood, *Batter My Heart* (Wallingford, Pa.: Pendle Hill Pamphlets, 1988); and Blumenthal, 240-43페이지를 보라.

10) 몇몇 견해의 요약은 Carroll Saussy, *The Gift of Anger: A Call to Faithful Action* (Louisville, Ky.: Westminster John Knox Press, 1995), 65-80페이지를 보라.

11) J. K. Mozley, *The Impassibility of God: A Survey of Christian Thought* (Cambridge, England: The University Press, 1926), 19. 원본 자료에 대한 언급은 이 책을 참조하라.

12) Ibid., 23.

13) Ibid., 55.

14) Ibid., 60.

15) Ibid., 59, 62.

16) C. H. Dodd, *The Epistle of Paul to the Romans* (New York: Harper and Brothers Publishers, 1932), 18-24페이지와 Campbell, 33-49페이지를 보라.

17) 이 쟁점에 관한 학술적인 논의는 Stephen T. Davis, ed. *Encountering Evil: Live Options in Theodicy* (Atlanta: John Knox, 1981)를 보라. 이러한 견해에 관한 탁월하고 대중적인 서술은 Harold Kushner, *When Bad Things Happen to Good People* (New York: Schocken Books, 1981)에 나온다.

18) Blumenthal, 245.

19) Ibid., 17-18, 246.

20) Ibid., 14-20. 비록 이것이 어느 정도 정확할지라도, 우리가 폭력을 제어할 수 있는 자유가 있듯이 하나님도 그러하다고 나도 주장하겠다.

21) Ibid., 261-62.

22) Ibid., 266.

23) 이 연결은 내가 낸시 램지(Nancy Ramsay)의 "Compassionate Resistance: An Ethic for

Pastoral Care and Counseling," *The Journal of Pastoral Care* 52, no. 3 (fall 1998): 220-21페이지를 읽을 때 일어났다.

24) C. S. Lewis, *Letters to Malcolm* (New York: Harcourt Brace Jovanich, 1963), 97.

25) 예를 들어 Paul Tillich, *Love, Power, and Justice: Ontological Analyses and Ethical Application* (London: Oxford University Press, 1954)을 보라.

26) 신약학자의 깊은 생각이 담긴 개인적인 요약은, Marcus J. Borg, *Meeting Jesus Again for the First Time* (San Francisco: Harper Collins Publishers, 1994)을 보라. 더 학술적인 연구는 "Jesus Seminar"의 출판물을 보라

27) 다른 하나의 예는 마가복음 1장 41절의 이문(textual variant)일 것이다. 지배적인 텍스트는 예수님이 "불쌍히 여기사"이며, 긍휼히 여기신다는 의미인 σπλαγχνισθεὶς이다. 서방형 텍스트인 D 사본은 ὀργίζεσθε 단어를 사용하며 예수님이 "분노"하심을 보여주기 위해 이 구절을 번역한다.

28) John T. Fitzgerald, professor at the University of Miami in Coral Gables, Florida, August 2002의 개인 서신.

29) 감정적인 맥락을 지니고 있다고 해서 요한복음이 여성의 관점("복음주의자의 본문에 관련된 또 다른 자아")을 반영한다는 믿음을 증가시킬 수 있는가? Sandra M. Schneiders, 'Because of Women's Testimony...:' Reexamining the Issue of Authorship in the Fourth Gospel," *New Testament Studies* 44, no. 4 (October 1998): 513-35페이지를 보라.

30) Arthur Gossip, *The Interpreter's Bible*, vol. 8, George Arthur Buttrick, gen. ed. (New York: Abingdon-Cokesbury Press, 1952), 497-98.

31) Beverly Wildung Harrison, "The Place of Anger in the Works of Love," in *Making the Connections: Essays in Feminist Social Ethics*, ed. Carol S. Robb (Boston: Beacon Press, 1985), 18.

32) James McGinnis, "Mercy in Hard Times and Places," *Weavings* 15, no. 5 (September/October 2000): 24.

33) Hans Küng, *On Being a Christian*, trans. Edward Quinn (Garden City, N.Y: Doubleday & Company, Inc., 1968), 262.

34) John R. W. Stott, *God's New Society: The Message of Ephesians* (Downers Grove, Ill.: InterVarsity Press, 1979), 185-86.

10장 분노의 목회신학을 향하여

1) Theodore R. Sarbin, "The Narrative as a Root Metaphor for Psychology," in *Narrative Psychology: The Storied Nature of Human Conduct*, ed. Theodore R. Sarbin (New York: Prager, 1986), 8.

2) John Macquarrie, *In Search of Humanity: A Theological and Philosophical Approach* (New York: Crossroads, 1989), 47페이지에서 "모든 인간생명에 대해 우리가 아는 것은

체화하여 있다"고 말한다.

3) Ibid.

4) Ibid. 그는 "어떤 의미에서는 '말씀이 육신이 되는' 기적은 모든 인간 존재에게서 볼 수 있다"고 쓴다.

5) 맥쿼리가 말하듯이 "감정은 항상 존재의 구성 요소다. 언제나, 감정과 이해와 의지 ... 세 가지가 모두 함께 존재의 요소다. 그것들은 구분할 수 있다... 하지만 분리될 수 없다..." John Macquarrie, *Principles of Christian Theology* (New York: Charles Scribner's Sons, 1966), 87. 신학적 인류학에 대한 훗날의 논의는 Wolfhart Pannenberg, *Anthropology in Theological Perspective*, trans. Matthew J. O'Connell (Philadelphia: The Westminster Press, 1985)을 보라.

6) "타락"의 은유는 원래는 선한 이 능력으로 우리가 파괴적이 되는 의향을 어떻게 발전시켰는지 설명하기 위해 몇몇 전통에 지속적으로 공헌할지도 모른다. Peter C. Hodgson, *Winds of the Spirit: A Constructive Christian Theology* (Louisville, Ky.: Westminster/John Knox, 1994), 209페이지 이하를 보라.

7) 개인주의적이고 자족적인 "자기(self)"에 대한 후기근대주의의 비평을 넘어서, 신학자 스탠리 그렌츠(Stanley Grenz)는 아주 신중하게 이마고 데이에 대한 공동의 이해를 발전시키기 위해 하나님의 성품에 대한 사회적, 관계적 이해를 사용하는 "자기의 삼위일체 인간학"을 논의하며, 그는 이것이 기독교 인간학의 중심이라고 주장한다. Stanl(ey J. Grenz, *The Social God and the Relational Self: A Trinitarian Theology of the Imago Dei* (Louisville, Ky.: Westminster John Knox Press, 2001)를 보라.

8) 2장의 미주 10번을 보라.

9) 캐롤 소시(Carroll Saussy)는 이 개념을 자신의 책 *The Gift of Anger: A Call to Faithful Action* (Louisville, Ky.: Westminster John Knox Press, 1995)에서 더 자세히 말한다.

10) Jaak Panksepp, *Affective Neuroscience: The Foundations of Human and Animal Emotions* (New York: Oxford University Press, 1998), 205.

11) Ibid.

12) 사라 챔버스(Sarah Chambers)는 분노가 중립적이라는 생각에 반대하며, 현대의 크리스천 저술가들이 분노에 관한 생각에서 그리스 철학과 심리학에 얼마나 많이 의존하는지를 지적한다. Sarah Chambers, "A Biblical Theology of Godly Human Anger" (Ph.D. diss., Trinity Evangelical Divinity School, 1996), 5-28페이지를 보라.

13) Chambers, 20페이지에서 인용.

14) Gray Oliver and H. Norman Wright, *When Anger Hits Home* (Chicago: Moody Press, 1994), 10.

15) Ibid., 48.

16) Tim LaHaye, *Anger Is a Choice* (Grand Rapids: Zondervan, 1982), Chambers, 42페이지에 인용됨.

17) Frank Minirth and Paul Meier, Happiness *Is a Choice*, 2d ed. (Grand Rapids: Baker Book House, 1994), 39.

18) 이 쟁점에 관한 개관은 Chambers, 41-53페이지를 보라. 챔버스(Chambers)는 성서의 이야기들이 일관되게 분노의 경험을 "인간의 행동으로 표현되기 이전에 도덕성을 지닌다"(45)고 기록하며, 분노는 "판단에 대한 반응이기 때문에 일에 대한 도덕성의 평가를 암시한다"(52).

19) Mark Cosgrove, *Counseling for Anger* (Dallas: Word, 1988), 44-45.

20) Herbert Anderson and Edward Foley, *Mighty Stories, Dangerous Rituals: Weaving Together the Human and the Divine* (San Francisco: Jossey-Bass, 1998)에 설명되어 있다.

21) John Wesley, "The Doctrine of Original Sin According to Scripture, Reason, and Experience," *The Works of John Wesley*, vol. 9 (Grand Rapids: Zondervan Publishing House, 1958), 311.

22) 7장의 웨슬리(Wesley)에 대한 자료를 보라.

23) Jean-Paul Sartre, *Existentialism and Human Emotions* (New York: The Wisdom Library, 1957), 55.

24) Ibid., 53.

25) Ibid., 23.

26) Panksepp, 387.

27) Ibid., 190.

11장: 영적 협력자인 분노

1) Kathleen Norris, *Amazing Grace: A Vocabulary of Faith* (New York: Riverhead Books, 1998), 49.

2) David W. Augsburger, "Anger and Aggression," in *Clinical Handbook of Pastoral Counseling*, vol. 1, ed. Robert J. Wicks, Richard D. Parsons, and Donald F. Capps (New York: Paulist Press, 1993), 482.

3) '미래 이야기'의 논의를 위해서 나의 책을 참조하라. *Hope in Pastoral Care and Counseling* (Louisville, Ky.: Westminster John Knox Press, 1995), chap. 2.

4) Carroll Saussy, *The Gift of Anger: A Call to Faithful Action* (Louisville, Ky.: Westminster John Knox Press, 1995), 102-12.

5) 다음을 참조하라. Andrew and Judith Lester, *It Takes Two: The Joy of Intimate Marriage* (Louisville, Ky.: Westminster John Knox Press, 1998), chap. 4.

6) Susan J. Dunlap, *Counseling Depressed Women* (Louisville, Ky.: Westminster John Knox Press, 1997), 102-15.

7) Robert C. Morris, "Enlightening Annoyances: Jesus' Teachings as a Spur to Spiritual

Growth," *Weavings* 16, no. 5 (September/October, 2001): 39.

8) Mary Catherine Bateson, *Composing a Life* (New York: Plume, 1990), 205.

9) 그의 책 *Race Matters* (Boston: Beacon Press, 1993)의 18페이지에서 코넬 웨스트는 다음과 같이 말한다. "백인이 우월한 사회에서 흑인이 받은 상처와 흉터가 쌓여서 생긴 결과는 깊은 박힌 분노이다. 이 분노는 끓고 있는 분개심이고 정의를 세우려는 미국의 의지에 대한 강렬한 비관적 견해이다."

10) 웨스트의 책의 "Nihilism in Black America"장을 참조하라. 그는 지적하기를 폭력이 일어나는 중에 나오는 분노는 무능력에 대한 반응이고 허무주의, 희망상실, 의미상실의 신호이다.

11)

12) Marjorie Procter-Smith, "Our Job Is to Stay Angry," *The Living Pulpit* 2, no. 4 (October-December 1993): 16.

13) Marjorie Suchocki, "Anxiety and Trust in Feminist Experience," *Journal of Religion* 60, no. 4 (October 1980): 469.

14) Ibid., 471.

15) Susan Brooks Thistlethwaite, *Sex, Race, and God: Christian Feminism in Black and White* (New York: Crossroad, 1991), 24.

16) 2002년 여름에 도로시와의 개인적 대화이다. 그녀의 허락을 받고 기록하였다.

17) G. Walter Hansen, "The Emotions of Jesus," *Christian Today* (3 February 1997): 44.

18) Eleanor H. Haney, *The Great Commandment: A Theology of Resistance and Transformation* (Cleveland: The Pilgrim Press, 1998), 110.

19) Ibid.

20) Ibid., 112.

21) Victoria Loe, *Dallas Morning News*, 13 June 1993, quoted in Marjorie Procter-Smith, "Our Job Is to Stay Angry," 16.

22) Donna Bivens, Elizabeth Bettenhausen and Nancy Richardson, "Struggling Through Injury in the Work of Love," *Journal of Feminist Studies in Religion* 9 nos. 1-2 (spring/fall 1993): 225.

23) Saussy, 59-60을 참조

24) Daly, 368-70.

25) Ibid., 370. 그녀는 주장하기를 해리 때문에 어떤 여성들은 자신과 다른 여성들을 위해서 도덕적 분개를 하지 못한다고 한다.

26) Rita Nakashima Brock, *Journeys by Heart: A Christology of Erotic Power* (New York: Crossword, 1996), 19.

27) Ibid.

28) Haney, 110.

29) 다음을 참조하라. Jeanne Stevenson Moessner's chapter on the Good Samaritan, "A New Pastoral Paradigm and Practice," in *Women in Travail and Transition* (Minneapolis: Fortress Press, 1991), 198-225.

30) Rosemary Radford Ruether, *Sexism and God-Talk: Toward a Feminist Theology* (Boston: Beacon Press, 1983), 186.

31) Ibid.

32) Dorothee Soelle, *Suffering* (Philadelphia: Fortress, 1975), 68-73, John O'Donohue, *Eternal Echoes: Exploring Our Hunger to Belong* (London: Bantam Press, 1998), 160-61.

33) Andrew and Judith Lester의 *It Takes Two*, 4장을 참조하라.

34) Brock, 19.

35) Ibid.

36) Ibid.

37) Ibid.

38) Dana Crowley Jack, Silencing the Self: *Women and Depression* (Cambridge, Mass: Harvard University Press, 1991), 137.

39) Beverly Wildung Harrison, "The Place of Anger in the Works of Love," in *Making the Connections: Essays in Feminist Social Ethics*, ed. Carol S. Robb (Boston: Beacon Press, 1985), 14.

40) Norris, 49.

41) Harrison, 14.

42) Ibid.

43) Walter Brueggemann, "Covenanting as Human Vocation: A Discussion of the Relation of Bible and Pastoral Care," *Interpretation* 30, no. 2 (April 1979): 122.

44) Saussy, 118ff.

45) Willard Gaylin은 *The Rage Within: Anger in Modern Life* (New York: Simon and Schuster, 1984), 93페이지에서도 이 유비를 사용한다. 또한 James D. Whitehead and Evelyn Eaton Whitehead, *Shadows of the Heart: A Spirituality of the Negative Emotions* (New York: Crossroad Publishing Company, 1994), 21-22 페이지를 보라.

12장: 긍휼의 분노

1) Henry Fairlie, *The Seven Deadly Sins Today* (Washington, D.C.: New Republic Books, 1978), 108.

2) Paul A. Hauck, *Overcoming Frustration and Anger* (Philadelphia: The West-minster Press, 1974), 56.

3) Ibid., 55.

4) The Gates of Chai Lectureship, Texas Christian University, 21 September 2000. 엘리 비젤은 이 잔학행위에 대한 기억을 다음 세대를 교육하기 위해 생생하게 간직하는 일에 헌신한 홀로코스트의 생존자다.

5) Beverly Wildung Harrison, "The Place of Anger in the Works of Love," in *Making the Connections: Essays in Feminist Social Ethics*, ed. Carol S. Robb (Boston: Beacon Press, 1985), 14.

6) Ibid., 15.

7) 다음을 참조하라 Dorothee Soelle, *Suffering*, trans. E. R. Kalin (Philadelphia: Fortress Press, 1975), 17-32, 41-45.

8) John Wesley, "An Extract of a Letter to the Reverend Mr. Law," in *The Works of John Wesley*, vol. 9 (Grand Rapids: Zondervan Publishing House, 1958), 481.

9) John Wesley, "Thirty-Seven Letters to a Member of the Society," letter CCLIX, in *The Works of John Wesley*, vol. 12 (Grand Rapids: Zondervan Publishing House, 1958), 291.

10) John R. W. Stott, *God's New Society, The Message of Ephesians* (Downers Grove, Ill.: InterVarsity Press, 1979), 186.

11) Mary Daly, *Pure Lust: Elemental Feminist Philosophy* (Boston: Beacon Press, 1984), 5.

12) Carl F. H. Henry, *Christian Personal Ethics* (Grand Rapids: Wm. B. Eerdmans Publishing Co., 1957), 345, 499.

13) 우리 죄의 결과로 말미암은 고난과 (탐식, 간음과 같은 것들) 자연현상이 (번개, 홍수, 지진과 같은 것들) 그들이 신학적으로 검토한 두 개의 범주다.

14) Wendy Farley, *Tragic Vision and Divine Compassion: A Contemporary Theodicy* (Louisville, Ky.: Westminster/John Knox Press, 1990), 53 ff.

15) Nancy J. Ramsay, "Compassionate Resistance: An Ethic for Pastoral Care and Counseling," *The Journal of Pastoral Care* 52. no. 3 (fall 1998): 218.

16) Martha Nussbaum, *Love's knowledge: Essays on Philosophy and Literature* (New York: Oxford University Press, 1990), 403.

17) 이 이야기는 웨스트 포인트에서 말해졌고 나스바움에서 반복된다, Nussbaum, 403.

18) Ibid.

19) Ibid.

20) Marjorie Procter-Smith, "Our Job Is to Stay Angry," *The Living Pulpit* 2, no. 4 (October/December 1993): 16.

21) J. Clinton McCann, *A Theological Introduction to the Book of Psalms* (Nashville: Abingdon Press, 1993), 119. 그는 "괴물과 같은 악 앞에서 할 수 있는 최악의 반응은 아무 것도 느끼지 않는 것이다. 느껴야 한다면 슬픔, 격노, 격분이다" 고 말한다.

22) Hans Küng, *On Being A Christian*, trans. Edward Quinn (Garden City, N.Y.: Doubleday & Company, Inc.,1968), 564.

23) Ibid., 563-64.

24) James H. Cone, *A Black Theology of Liberation* (New York: J. B. Lippincott Company, 1970), 46-47.

25) Daly, 203. "모든 인종, 모든 민족, 모든 계급, 모든 나라들의 여형제들이 받는 억압에 대한 격분" 이라는 감정에 대한 그녀의 언급을 참조하라, 397.

26) Paul Lauritzen, "Emotions and Religious Ethics," *Journal of Religious Ethics* 16, no. 2 (fall 1988): 312. 그는 분노는 "내가 잘못했다는 신념과 고통스러운 감정의 복합체"라고 말한다.

27) Dorothee Soelle and Fulbert Steffensky, *Not Just Yes and Amen: Christians with a Cause* (Philadelphia: Fortress Press, 1985), 8.

28) Quoted in Nussbaum, 95.

29) Ibid., 92.

30) Donna Bivens, Elizabeth Bettenhausen, and Nancy Richardson, "Struggling Through Injury in the Work of Love," *Journal of Feminist Studies in Religion* 9, nos, 1-2 (spring/fall 1993): 217. 여성신학센터가 표현한 추정은 "분노는 그런 위법과 상해에 대한 적절한 도덕적 반응이다" 는 분명한 언급을 포함한다.

31) Küng, 263.

32) Donald P. McNeill, Douglas A. Morrison, and Henri J. M. Nouwen, *Compassion: A Reflection on the Christian Life* (Garden City, N.Y.: Doubleday & Com-pany, Inc., 1982), 8.

33) Luke T. Johnson, *Faith's Freedom: A Classic Spirituality for Contemporary Christians* (Minneapolis: Fortress Press, 1990), 133.

34) Ibid., 132.

35) 직장에서의 불의에 대항하는 경제학 교수의 사려 깊은 설명을 보려면 다음을 참조하라. Debra E. Meyerson, *Tempered Radicals* (Boston: Harvard Business School Press, 2001). 불의와 싸우는 도구들에 관해서는 다음을 참조하라. Barbara Waugh's *The Soul in the Computer: The Story of a Corporate Revolutionary* (Makawao, Maui, Hawaii: Inner Ocean, 2001)

36) 자비에 대한 충분한 토의를 위해서는 다음을 참조하라. Farley, 69-133.

37) Ramsay, "Compassionate Resistance," 218

38) Ibid., 220.

39) Walter Wink, *Engaging the Powers: Discernment and Resistance in a World of Domination* (Minneapolis: Fortress Press, 1992). 이 문단은 9장에 기초한 것이다.

40) Walter Wink, *The Powers That Be: Theology for a New Millennium* (New York: Doubleday, 1998), 98-99.

41) Ibid., 98.

42) Ibid., 101-3.

43) Ibid., 106-8. 이 예들에 대해 좀 더 자세히 알기 원한다면 다음을 참조하라. Wink's *Engaging the Powers,* chap. 9.

44) James D. Whitehead and Evelyn Eaton Whitehead, *Shadows of the Heart: A Spirituality of the Negative Emotions* (New York: Crossroad Publishing Com-pany, 1994), 142. 분노는 "영혼이 가진 저항의 힘"이기 때문에 (142), Whiteheads는 예언자적 도전에의 부르심은 하나님을 섬기는 하나의 중요한 방편이 된다고 믿는다 (136-37).

45) McNeill, Morrison, and Nouwen, 124.

46) Ibid.

47) Harrison, 18.

48) Daly, 375.

49) Rosemary Radford Ruether, "Anger and Liberating Grace," *The Living Pulpit* 2, no. 4 (October/December 1993): 7.

50) James H. Cone, *Speaking the Truth: Ecumenism, Liberation, and Black Theology* (Grand Rapids: William B. Eerdmans Publishing Company, 1986), 65.

51) Wink, The Powers That Be, 121. For more on nonviolence, see Wink's *Engaging the Powers*, chaps. 11-13.

52) The Baptist Peace Fellowship says, "평화도 전쟁처럼 진행되어야 한다" (www.bpfna.org).

53) Wink, *The Powers That Be*, 119.

54) Evagrius Ponticus, *The Praktikos: Chapters on Prayer,* trans. John Eudes Bamberger (Spencer, Mass.: Cisterian Publications, 1970) 26.

55) John Wesley, "Upon Our Lord's Sermon on the Mount," sermon XXII, in *The Works of John Wesley,* vol. 5 (Grand Rapids: Zondervan Publishing House, 1958), 263.

56) James McGinnis, "Mercy in Hard Times and Places," in *Weavings* 15, no. 5 (September/October 2000): 28-29.

57) Eleanor H. Haney, *The Great Commandment: A Theology of Resistance and Transformation* (Cleveland: The Pilgrim Press, 1998), 112.

58) McGinnis, 28-29

59) Quoted from C. S. Song by *The Living Pulpit* 2, no. 4 (October/December, 1993): 5.

60) Ibid.

61) Saint Basil, "Against Those Who Are Prone to Anger," Homily 10 in *Ascetical Works*, trans. M. Monica Wagner (Washington, D.C.: The Catholic university of America Press, 1962), 450.

62) Wink, *The Powers That Be*, 122-27.

63) Küng, 570.

64) Ramsay, "Compassionate Resistance," 223-25, 선한 목자는 그러한 은유의 하나가 됨을 상기시켜 준다.

65) Ramsay, *Counseling with Adult Survivors of Sexual Abuse*. Used by permission from the author.

66) 참조 Arthur W. Frank, *The Wounded Storyteller* (Chicago: University of Chicago Press, 1997).

67) Rosemary Radford Ruether, *Sexism and God-Talk: Toward a Feminist Theology* (Boston: Beacon Press, 1983), 184.

68) 참조 Arthur W. Frank, *The Wounded Storyteller* (Chicago: University of Chicago Press, 1997).

69) Rosemary Radford Ruether, *Sexism and God-Talk: Toward a Feminist Theology* (Boston: Beacon Press, 1983), 184.

70) Patricia O'Connell Killen, *Finding Our Voices: Women, Wisdom, and Faith* (New York: Crossroad, 1997), 91.

71) Ibid., 92.

72) Whitehead and Whitehead, 51.

73) Marjorie Suchocki, "Anxiety, and Trust in Feminist Experience," *Journal of Religion* 60, no. 4 (October 1980): 470.

74) 멤버의 분노를 깊이 규명하고 표현함으로써 효과적인 지원그룹은 분노가 지속적으로 한 사람의 생애의 중심에 위치하여 분노 그 자체가 우상이 되는 것을 막아준다.

75) Marjorie Procter-Smith, "Our Job Is to Stay Angry," 16.

76) Sue Monk Kidd, *Dance of the Dissident Daughter: A Woman's Journey from Christian Tradition to the Sacred Feminine* (San Francisco: Harper Collins, 1996), 186.

13장: 분노를 창의적으로 다루기

1) James D. Whitehead and Evelyn Eaton Whitehead, *Shadows of the Heart: A Spirituality of the Negative Emotions* (New York: Crossroads, 1994), 76.

2) Ibid.

3) 희생양에 대한 훌륭한 분석은 Walter Wink, *The Powers That Be: Theology for a New Millennium* (New York: Doubleday,1998), 84-93페이지를 보라.

4) Jaak Panksepp, *Affective Neuroscience: The Foundations of Human and Animal Emotions* (New York: Oxford University Press, 1998), 190.

5) Luke T. Johnson, *Faith's Freedom: A Classic Spirituality for Contemporary Christians* (Minneapolis: Fortress Press, 1990), 138.

6) 에바그리우스는 '시편과 찬송 그리고 영적 찬송"이 "우리의 끓는 분노를 식혀서" 우리를 덕의 상태로 돌려보낸다고 암시한다. Evagrius Ponticus, *The Praktikos: Chapters on Prayer, trans*. John Eudes Bamberger (Spencer, Mass.: Cisterian Publications, 1970), 35페이지를 보라.

7) Eugene H. Peterson, "A Pastor's Quarrel with God," *The Princeton Seminary Bulletin* 11, no. 3 (1990): 271.

8) Ronald J. Nydam, *Adoptees Come of Age* (Louisville, Ky.: Westminster John Knox Press, 1990), 30-47페이지를 보라.

9) Harold A. Anderson and Harlene Goolishian, "Human Systems as Linguistic Systems: Preliminary and Evolving Ideas about the Implications of Clinical Theory," *Family Process* 27 (1988): 371-98페이지를 보라.

10) 이야기 치료에 관한 탁월한 개관은, Jill Freedman and Gene Combs, *Narrative Therapy: The Social Construction of Preferred Realities* (New York: W. W. Norton & Company, 1996). 그리고 Gerald Monk, John Winslade, Kathie Crocket, David Epston, eds., Narrative Therapy in Practice: The Archaeology of Hope (San Francisco: Jossey-Bass Publishers, 1997)을 보라.

11) Steve de Shazer, *Putting Differences to Work* (New York: Norton, 1991), 68.

12) Mary M. Gergen and Kenneth J. Gergen, "The Social Construction of Narrative Accounts," in Kenneth J. Gergen and Mary M. Gergen, eds., *Historical Social Psychology* (Hillsdale, N.J.: Lawrence Eribaum Associates, 1984), 178.

참고문헌

Aggleton, J.P., ed. *The Amygdala: Neurobiological Aspects of Emotion, Memory and Mental Dysfunction*. New York: Wiley-Liss, 1992

Anderson, H., and H. Goolishian. "*Human Systems as Linguistic Systems: Preliminary* and Evolving Ideas about the Implications of Clinical Theory." *Family Process* 27, no. 4 (1988): 371-98.

Anderson, Herbert, and Edward Foley. *Mighty Stories, Dangerous Rituals: Weaving Together the Human and the Divine*. San Francisco: Jossey-Bass, 1998.

Aquinas, Thomas. *Summa Theologiae*. Vol. 19, The Emotions. Translated and introduction by Eric D'Arcy. London: Blackfriars, 1967.

------. *Summa Theologiae*. Vol. 21, *Fear and Anger*. Translated and introduction by John Patrick Reid. London: Blackfriars, 1965.

Ardrey, Robert. *African Genesis: A Personal Investigation into the Animal Origins and Nature of Man*. New York: Atheneum, 1961.

------.*The Territorial Imperative: A Personal Inquiry into the Animal Origins of Property and Nations*. New York: Atheneum, 1966.

Aristotle. "Nicomachean Ethics." Book II, Chap. 5. Translated by W. D. Ross. In *The Works of Aristotle*: II. Vol. 9 of *The Great Books of the Western World series*. Robert Maynard Hutchins, editor-in-chief. Chicago: Encyclopedia Britannica, Inc., 1952.

Ashbrook, James B., and Carol Rausch Albright. *The Humanizing Brain: Where Religion and Neuroscience Meet*. Cleveland: The Pilgrim Press, 1997.

Augsburger, David W. "Anger and Aggression." In *Clinical Handbook of Pastoral Counseling*. Edited by Robert J. Wicks, Richard D. Parsons, and Donald E. Capps. New York: Paulist Press, 1985.

Augustine, Saint. *The City of God*. Translated by Marcus Dods. New York: The Modern Library, 1993.

Austin, James H. *Zen and the Brain: Toward an Understanding of Meditation and Consciousness*. Cambridge, Mass.: MIT Press, 1998.

Averill, J. R. *Anger and Aggression: An Essay on Emotion*. New York: Springer-Verlag, 1982.

Baasten, Matthew. *Pride According to Gregory the Great: A Study of the Moralia*. Queenston, Ontario, Canada: The Edwin Mellen Press, 1986.

Bach, George R., and Herb Goldberg. *Creative Aggression*. Garden City, N.Y.:Doubleday, 1974.

Baloian, Bruce Edward. *Anger in the Old Testament*. New York: P. Lang, 1992.

Barron, Robert. *Thomas Aquinas: Spiritual Master*. New York: The Crossroad Publishing Company, 1996.

Barth, Karl. *The Doctrine of the Word of God, Church Dogmatics* I/I. Edinburgh: T. & T. Clark, 1936.

------. *Ethics*. Translated by Geoffrey W. Bromiley. New York: Seabury Press, 1981.

Basil, Saint. "Against Those Who Are Prone to Anger," Homily 10 in *Ascetical Works*. Translated by M. Monica Wagner. Washington, D.C.: The Catholic University of America Press, 1962.

Bateson, Gregory. *Steps to an Ecology of Mind*. New York: Ballantine, 1972.

Bateson, Mary Catherine. *Composing a Life*. New York: Plume, 1990.

Behavior Genetics. Special issue on "The Neurobehavioral Genetics of Aggression." 26, no. 5 (September 1996): 459-532.

Bergant, Dianne. *Israel's Wisdom Literature: A Liberation-Critical Reading*. Minneapolis: Fortress Press, 1997.

Berkowitz, Leonard, ed. *The Roots of Aggression: A Re-Examination of the Frustration-Aggression Hypothesis*. New York: Atherton, 1969.

Bivens, Donna, Elizabeth Bettenhausen, and Nancy Richardson. "Struggling Through Injury in the Work of Love." *Journal of Feminist Studies in Religion* 9, nos. 1-2 (spring/fall 1993): 215-26.

Black, David Alan. "Jesus on Anger: The Text of Matthew 5:22a Revisited." In *Novum Testamentum: An International Quarterly for New Testament and Related Studies* XXX, no. 1 (January 1988): 1-8.

Blomquist, Jean M. "Discovering Our Deep Gladness: The Healing Power of Work." *Weavings* VIII, no. 1 (January/February 1993): 20-26.

Bloomfield, Morton W. *The Seven Deadly Sins: An Introduction to the History of a Religious Concept with Special Reference to Medieval English Literature*. East Lansing: Michigan State University Press, 1952.

Blumenthal, David R. *Facing the Abusing God: A Theology of Protest*. Louisville, Ky.: John Knox Press, 1993.

Bondi, Roberta C. "Anger: Help from the Desert." *Weavings* IX, no. 2 (March-April 1994): 6-14.

Bonhoeffer, Dietrich. *Ethics*. New York: Simon & Schuster, 1995.

Borg, Marcus. *Meeting Jesus Again for the First Time: The Historical Jesus & the Heart of Contemporary Faith*. San Francisco: HarperSanFrancisco, 1994.

Boring, M. Eugene. "Matthew: Introduction, Commentary, and Reflections." In *The New Interpreter's Bible*. Nashville: Abingdon Press, 1995.

Bouwsma, William J. *John Calvin: A Sixteenth-Century Portrait*. New York: Oxford University Press, 1988.

Brock, Rita Nakashima. *Journeys by Heart: A Christology of Erotic Power.* New York: Crossroad, 1996.

Brown, Warren S., Nancey Murphy, and H. Newton Malony, eds. *Whatever Happened to the Soul? Scientific and Theological Portraits of Human Nature.* Minneapolis: Fortress Press, 1998.

Brueggemann, Walter. "Foreword." In *Psalms of Lament*, by Anne Weems. Louisville, Ky.: Westminster John Knox Press, 1995.

------. Genesis. In the series *Interpretation: A Bible Commentary for Teaching and Preaching.* Atlanta: John Knox Press, 1982.

Bruner, Jerome. "Life As Narrative." *Social Research* 54, no. 1 (spring 1987): 11-32.

Brunner, Emil. *The Christian Doctrine of Creation and Redemption, Dogmatics.* Vol. II. Trans. Olive Wyon. Philadelphia: The Westminster Press, 1952.

------. *Revelation and Reason: The Christian Doctrine of Faith and Knowledge. Trans.* Olive Wyon. Philadelphia: The Westminster Press, 1946.

Budiansky, Stephen. *If a Lion Could Talk: Animal Intelligence and the Evolution of Consciousness.* New York: The Free Press, 1998.

Buss, A. H. *The Psychology of Aggression.* New York: Wiley, 1961.

Callahan, Sidney. *In Good Conscience: Reason and Emotion in Moral Decision Making.* San Francisco: Harper/Collins, 1991.

Calvin, John. *Commentaries on the Last Four Books of Moses Arranged in the Form of a Harmony.* Grand Rapids: William B. Eerdmans Publishing Company, 1950.

------. *Institutes of the Christian Religion.* Vol. 1. Translated by Henry Beveridge. Grand Rapids: William B. Eerdmans Publishing Company, 1953.

Campbell, Alastair V. *The Gospel of Anger.* London: SPCK, 1986.

Cardena, Etzel, Steven Jay Lynn, and Stanley Krippner. *Varieties of Anomalous Experience: Examining the Scientific Evidence.* Washington, D.C.: American Psychological Association, 2000.

Cassian, John. *The Institutes.* Translated and annotated by Boniface Ramsay, O.P. New York: The Newman Press, 2000.

------. *The Monastic Institutes, Consisting of On the Training of a Mark and The Eight Deadly Sins.* Eighth Book. Translated by Father Jerome Bertram. London: The Saint Austin Press, 1999.

Cates, Diana Fritz. "Taking Women's Experience Seriously: Thomas Aquinas and Audre Lorde on Anger." In *Aquinas and Empowerment: Classical Ethics for Ordinary Lives.* Edited by G. Simon Harak, S.J. Washington, D.C.:, Georgetown University Press, 1996.

Chambers, Sarah. *A Biblical Theology of Godly Human Anger.* Ph.D. diss., Trinity

Evangelical Divinity School, 1996.

Charry, Ellen T. *By the Renewing of Your Minds: The Pastoral Function of Christian Doctrine*. New York: Oxford University Press, 1997.

Childs, Brian, and David W. Waanders. *The Treasure of Earthen Vessels: Explorations in Theological Anthropology*. Louisville, Ky.: Westminster/John Knox Press, 1994.

Christianson, S. A., ed. *The Handbook of Emotion and Memory: Research and Theory*. Hills-dale, N.J.: Lawrence Erlbaum, 1992.

Climacus, John. *The Ladder of Divine Ascent. In The Classics of Western Spirituality Series*. Translated by Colm Luibheid and Norman Victor Russell. New York: Paulist Press, 1982.

Collins, Kenneth J. *A Real Christian: The Life of John Wesley*. Nashville: Abingdon Press, 1999.

Cone, James H. *A Black Theology of Liberation*. New York: J. B. Lippincott Company, 1970.

------. *Speaking the Truth: Ecumenism, Liberation, and Black Theology*. Grand Rapids: William B. Eerdmans Publishing Company, 1986.

Cooper, John M. *Reason and Emotion: Essays on Ancient Moral Psychology and Ethical Theory*. Princeton, N.J.: Princeton University Press, 1999.

Cosgrove, Mark P. *Counseling for Anger. Resources for Christian Counseling Series*. Vol. 16. Dallas, Texas: Word Books, 1988.

Crenshaw, James L. *A Whirlpool of Torment: Israelite Traditions of God as an Oppressive Presence*. Philadelphia: Fortress Press, 1984.

Crites, Stephen. "The Narrative Quality of Experience." *Journal of the American Academy of Religion* 39, no. 3 (September 1971): 39-65.

Dalgleish, Tim, and Mick J. Power., ed. *Handbook of Cognition and Emotion*. Chichester, U.K.: John Wiley & Sons, 1999.

Daly, Mary. *Pure Lust: Elemental Feminist Philosophy*. Boston: Beacon Press, 1984.

Damasio, Antonio R. *Descartes' Error: Emotion, Reason, and the Human Brain*. New York: G.P. Putnam's Sons, 1994.

------. *The Feeling of What Happens: Body and Emotion in the Making of Consciousness*. New York: Harcourt Brace & Company, 1999.

Darwin, Charles. *The Expression of the Emotions in Man and Animals*. Chicago: The University of Chicago Press, 1965.

Davidson, Richard J. "Neuropsychological Perspectives on Affective Styles and Their Cognitive Consequences." In *Handbook of Cognition and Emotion*. Edited by Tim Dalgleish and Mick J. Power. Chichester, U.K.: John Wiley & Sons, 1999.

Davis, Stephen T., ed. *Encountering Evil: Live Options in Theodicy*. Atlanta: John Knox, 1981.

De Rivera, Joseph, and Theodore R. Sarbin, ed. *Believed-In Imaginings: The Narrative*

Construction of Reality. Washington, D.C.: American Psychological Association, 1998.

De Shazer, S. *Putting Differences to Work*. New York: W. W. Norton, 1991.

Dictionary of Pastoral Care and Counseling. General Editor, Rodeny Hunter. Nashville: Abingdon Press, 1990.

Dodd, C. H. *The Epistle of Paul to the Romans*. New York: Harper and Brothers Publishers, 1932.

Dollard, J., N. E. Miller, O. Hobart Mowrer, G. H. Sears, and R. R. Sears. *Frustration and Aggression*. New Haven: Yale University Press, 1939.

Donelson, Lewis R."The Vice Lists of Pastoral Epistles." *The Catholic Biblical Quarterly* 36, no. 2 (April 1974): 203-19.

Dunlap, Susan J. *Counseling Depressed Women*. Louisville, Ky.: Westminster John Knox Press, 1997.

Dunn, James D. G. *The Theology of Paul the Apostle*. Grand Rapids: William B. Eerdmans Publishing Company, 1998.

Easton, Burton Scott. "New Testament Ethical Lists." *Journal of Biblical Literature* 51(1932): 1-12.

Edwards, Jonathan. *Religious Affections*. Edited by John E. Smith. New Haven: Yale University Press, 1959.

Ekman, Paul. "An Argument for Basic Emotions." *Cognition and Emotion* 6, nos. 3-4 (May-July 1992): 169-200

Ekman, Paul, and Richard J. Davidson, ed. *The Nature of Emotion: Fundamental Questions*. New York: Oxford University Press, 1995.

Ellis, Albert. *How to live With-and Without-Anger*. New York: Thomas Y. Crowell Company, 1977.

Ellwood, Gracia Fay. *Batter My Heart*. Wallingford, Pa.: Pendle Hill Pamphlets, 1988.

Evagrius. *The Philokalia*. Vol. 1. Translated by G. E. H. Palmer, Philip Sherrard, and Kallistos Ware. London: Faber and Faber, 1979.

------. *The Praktikos: Chapters on Prayer*. Translated, with an introduction and notes by John Eudes Bamberger. Spencer: Cisterian Publications, 1970.

Fairlie, Henry. *The Seven Deadly Sins Today*. Washington, D.C.: New Republic Books, 1978.

Farley, Wendy. *Tragic Vision and Divine Compassion: A Contemporary Theodicy*. Louisville, Ky.: Westminster/John Knox Press, 1990.

Fitzgerald, John T. "Virtue/Vice Lists." In *The Anchor Bible Dictionary*. Vol. 6. Edited by David N. Freedman. New York: Doubleday, 1992.

Frank, Arthur W. *The Wounded Storyteller*. Chicago: University of Chicago Press, 1997.

Frank, Robert H. *Passions within Reason: The Strategic Role of the Emotions.* New York: W. W. Norton & Company, 1988.

Freedman, Jill, and Gene Combs. *Narrative Therapy: The Social Construction of Preferred Realities.* New York: W. W. Norton & Company, 1996.

Fromm, Erich. *The Anatomy of Human Destructiveness.* New York: Holt, Rinehart and Winston, 1973.

Furnish, Victor Paul. *Theology and Ethics in Paul.* Nashville: Abingdon Press, 1968.

Gadamer, Hans-Georg. *Truth and Method.* Translated by Garrett Barden and John Cumming. New York: Seabury Press, 1975.

Gaylin, Willard. *The Rage Within: Anger in Modern Life.* New York: Penguin Books, 1989.

Gergen, Kenneth. "The Social Constructionist Movement in Modern Psychology." *American Psychologist* 40, no. 3 (March 1985): 266-75.

------. "Toward a Postmodern Psychology." In *Psychology and Postmodernism.* Edited by S. Kvale. Newbury Park, Calif.: Sage, 1992.

Gergen, Kenneth, and J. Kaye. "Beyond Narrative in the Negotiation of Therapeutic Meaning." In *Therapy as Social Construction.* Edited by S. McNamee & Kenneth Gergen. Newbury Park, Calif.: Sage, 1992.

Gergen, Mary M., and Kenneth J. Gergen. "The Social Construction of Narrative Accounts." In *Historical Social Psychology.* Edited by Kenneth J. Gergen and Mary M. Gergen. Hillsdale, N.J.: Lawrence Eribaum Associates, 1984.

Gildea, Joseph. *Source Book of Self-Discipline: A Synthesis of "Moralia in Job" by Gregory the Great: A Translation of Peter of Waltham's "Remediarium Conversorum."* New York: Peter Lan Publishers, 1991.

Giles, Charles Scot. "The Practical Theology of Martin Luther." *Religious Humanism* 18, no. 1 (1984): 16-25.

Gilman, James E. "Reenfranchising the Heart: Narrative Emotions and Contemporary Theology." *Journal of Religion* 74, no. 2 (April 1994): 218-39.

Goleman, Daniel. *Emotional Intelligence.* New York: Bantam Books, 1995.

Gossip, Arthur. *The Interpreter's Bible.* Vol. 8. General Editor, George Arthur Buttrick. New York: Abingdon-Cokesbury Press, 1952.

Gratsch, Edward J. *Aquinas' Summa: An Introduction and Interpretation.* New York: Society of St. Paul, Alba House, 1985.

Gregory of Nyssa, Saint. "On the Soul and the Resurrection." In *Ascetical Works.* Translated by Virginia Woods Callahan. Vol. 28 of The Fathers of the Church. Washington, D.C.: The Catholic University of America Press, 1967.

Greider, Kathleen J. *Reckoning with Aggression: Theology, Violence, and Vitality.* Louisville, Ky.: Westminster John Knox Press, 1997.

------. "'Too Militant'? Aggression, Gender, and the Construction of Justice." In *Through the Eyes of Women: Insights for Pastoral Care*. Edited by Jeanne Stevenson Moessner. Minneapolis: Augsburg Fortress, 1996.

Grenz, Stanley J. *A Primer on Postmodernism*. Grand Rapids: William B. Eerdmans Publishing Company, 1996.

------. *The Social God and the Relational Self: A Trinitarian Theology of the* Imago Dei. Louisville, Ky.: Westminster John Knox Press, 2001.

Haney, Eleanor H. *The Great Commandment: A Theology of Resistance and Transformation*. Cleveland: The Pilgrim Press, 1998.

Hansen, G. Walter. "The Emotions of Jesus." *Christianity Today* 41 (3 February 1997):42-46.

Hanson, Anthony. *The Wrath of the Lamb*. London: SPCK, 1957.

Harris, William V. *Restraining Rage: The Idea of Anger Control in Classical Antiquity*. Cambridge, Mass.: Harvard University Press, 2001.

Harrison, Beverly Wildung. "The Place of Anger in the Works of Love." In *Marking the Connections: Essays in Feminist Social Ethics*. Edited by Carol S. Robb. Boston: Beacon Press, 1985.

Hart, Archibald. *Christian Counseling Connection*. Issue 1. Forest, Va: Christian Counseling Resources, 2000.

Hart, Tobin, Peter L. Nelson, and Kaisa Puhakka, eds. *Transpersonal Knowing: Exploring the Horizon of Consciousness*. New York: State University of New York Press, 2000.

Hauck, Paul. *Overcoming Frustration and Anger*. Philadelphia: Westminster Press, 1974.

------. "Story and Theology." *Religion in Life* 45, no. 3 (autumn 1976): 339-50.

------. "Whose Conscience? Whose Emotion?" In *Hastings Center Report*. January-February 1992.

Henry, Carl F. H. *Christian Personal Ethics*. Grand Rapids: William B. Eerdmans Publishing Company, 1957.

Heschel, Abraham J. *The Prophets*. New York: Harper & Row, 1962.

Hillman, James. *Emotions: A Comprehensive Phenomenology of Theories and Their Meanings for Therapy*. Evanston, Ill,: Northwestern University Press, 1992.

Hirschman, Axel O. "The Search for Paradigms as a Hindrance to Understanding." In *Interpretive Social Science: A Second Look*. Edited by Paul Rabinow and William M. Sullivan. Berkeley: University of California Press, 1987.

Hodgson, Peter C. *Winds of the Spirit: A Constructive Christian Theology*. Louisville, Ky.: Westminster/John Knox Press, 1994.

Hohenstein, Herbert E. "Oh Blessed Rage." *Currents in Theology and Mission* 10, no. 3(June 1983): 162-68.

Howard, G. S. "Cultural Tales: A Narrative Approach to Thinking, Cross Cultural Psychology and Psychotherpay." *American Psychologist* 46, no. 3 (March 1991):187-97.

------. *A Tale of Two Stories: Excursions into a Narrative Approach to Psychology*. Notre Dame, Ind.: Academic Publications, 1989.

The Interpreter's Dictionary of the Bible: An Illustrated Encyclopedia. Nashville: Abingdon Press, 1962.

Janov, A. *The Primal Scream*. New York: Perigee Books, 1970.

Johnson, Luke T. *Faith's Freedom: A Classic Spirituality for Contemporary Christians*. Minneapolis: Fortress press, 1990.

Journal of Pastoral Theology. Dayton: Ohio: Society for Pastoral Theology, 1991-current editions.

Jung, Patricia Beattie. "Emotion." In *Dictionary of Feminist Theologies*. Edited by Letty M. Russell and J. Shannon Clarkson. Louisville, Ky.: Westminster John Knox Press, 1996.

Kassinove, Howard, ed. *Anger Disorders: Definition, Diagnosis, and Treatment*. Washington, D.C.: Taylor and Francis, 1995.

Keeling, L. Bryant. "Feeling as a Metaphysical Category: Hartshorne from an Analytical View." In *Process Studies* 6, no. 1 (spring 1976): 51-66.

Kidd, Sue Monk. *Dance of the Dissident Daughter: A Woman's Journey from Christian Tradition to the Sacred Feminine*. San Francisco: Harper Collins, 1996.

Kierkegaard, S ø ren. *The Concept of Anxiety*. Edited and translated with introduction and notes by Reidar Thomte in collaboration with Albert B. Anderson. Princeton, N.J.: Princeton University Press, 1980.

------. *Purity of Heart Is to Will One Thing: Spiritual Preparation for the Office of Confession*. Translated by Douglas V. Steere. New York: Harper, 1948.

Killen, Patricia O'Connell. *Finding Our Voices: Women, Wisdom, and Faith*. New York: Crossroad, 1997.

Kitchen, Martin. *Ephesians*. London: Routledge, 1994.

Küng, Hans. *On Being a Christian*. Translated by Edward Quinn. Garden City, N.Y.: Doubleday & Company, Inc., 1968.

Kushner, Harold. *Why Bad Things Happen to Good People*. New York: Schocken Books, 1981.

Lane, Belden C. *The Solace of Fierce Landscapes: Exploring Desert and Mountain Spirituality*. New York: Oxford University Press, 1998.

Latvus, Kari. *God, Anger and Ideology*. In The Journal for the Study of the Old Testament Supplement Series. Sheffield, England: Sheffield Academic Press, 1998.

Lauritzen, Paul. "Emotions and Religious Ethics." *Journal of Religious Ethics* 16, no. 2(fall 1988): 307-24.

LeDoux, Joseph. *The Emotional Brain: The Mysterious Underpinnings of Emotional Life*. New York: Simon & Schuster Inc., 1996.

Leithart, Peter J. "Stoic Elements in Calvin's Doctrine of the Christian Life." *Westminster Theological Journal* 55 (spring 1993): 31-54.

Lerner, Harriet. *The Dance of Anger: A Woman's Guide to Changing the Patterns of Intimate Relationships*. New York: Perennial Library, 1986.

Lester, Andrew D. *Coping with Your Anger: A Christian Guide*. Philadelphia: Westminster Press, 1983.

------. *Hope in Pastoral Care and Counseling*. Louisville, Ky.: Westminster John Knox Press, 1995.

Lester, Andrew, and Judith Lester. *It Takes Two: The Joy of Intimate Marriage*. Louisville, Ky.: Westminster John Knox Press, 1998.

Lewis, C. S. *Letters to Malcolm*. New York: Harcourt Brace Jovanich, 1963.

Lewis, Paul Allen. "Rethinking Emotions and the Moral Life in Light of Thomas Aquinas and Jonathan Edwards." Ph.D. diss., Duke University, 1991.

Lidz, Theodore. *The Person*. New York: Basic Books, Inc., 1968.

Lindhardt, Jan. *Martin Luther: Knowledge and Meditation in the Renaissance*. Lewiston, N.Y.: The Edwin Mellen Press, 1986.

Lorenz, Konrad. *On Aggression*. Translated by Marjorie Kerr Wilson. New York: Harcourt, Brace & World, Inc., 1966.

Lurther, Martin. *Lectures on Romans*. In *Luther's Works*. Vol. 25. St. Louis: Concordia Publishing House, 1972.

------. *What Luther Says: An Anthology*. Compiled by Ewald M. Plass. St. Louis: Concordia Publishing House, 1959.

MacIntyre, Alasdair. *After Virtue: A Study in Moral Theory*. 2d ed. Notre Dame, Ind.:University of Notre Dame Press, 1984.

Macquarrie, John. *Existentialism*. Philadelphia: Westminster Press, 1972.

------. "Pilgrimage in Theology." *Epworth Review* VII, no. 1 (January 1980): 47-52.

------. *Principles of Christian Theology*. New York: Charles Scribner's Sons, 1966.

------. In *Search of Humanity: A Theological and Philosophical Approach*. New York: Crossroads, 1989.

Mair, M. *Between Psychology and Psychotherapy*. London: Routledge & Kegan Paul, 1988.

Malatesta, Carol Zander, and Caroll E. Izard, eds. *Emotion in Adult Development*. Beverly Hills, Calif.: Sage Publishers, 1984.

Mangina, Joseph Layton. "The Practical Voice of Dogmatic Theology: Karl Barth on the Christian Life." Ph.D. diss., Yale University, 1994.

May, William F. *A Catalogue of Sins: A Contemporary Examination of Christian Conscience*. New York: Holt, Rinehart and Winston, 1967.

McAdams, Don P. *The Stories We Live By: Personal Myths and the Making of the Self*. New York: William Morrow and Company, Inc., 1993.

McCabe, A,, and C. Peterson *Developing Narrative Structure*. Hilsdale, N.J.: Erlbaum, 1991.

McCandless, J, Bardarah. "Christian Commitment and a 'Docetic' View of Human Emotions." *Journal of Religion and Health* 23, no. 2 (summer 1984): 125-37.

McCann, J. Clinton. *A Theological Introduction to the Book of Psalms*. Nashville: Abingdon Press, 1993.

McCasland, Vernon. *The Interpreter's Bible* Vol. 7. General Editor, George Arthur Buttrick. New York: Abingdon Press, 1951.

McCosh, James. *The Emotions*. New York: Charles Scribner's Sons, 1880.

McGinnis, James. "Mercy in Hard Times and Places." Weaving XV no. 5 (September/October, 2000): 24-29.

McNamee, Sheila, and Kenneth J. Gergin, eds. *Therapy as Social Construction*. London: SAGE Publications, 1992.

McNeill, Donald P., Douglas A. Morrison, Henri J. M. Nouwen. *Compassion: A Reflection on the Christian Life*. Garden City, N.Y.: Doubleday & Company, Inc., 1982.

Meichenbaum, Donald, and D. Fitzpatrick. "A Constructivist Narrative Perspective of Stress and Coping." In *Handbook of Stress*. Edited by L. Goldberger and S.Breznitz. New York: Free Press, 1992.

Meichenbaum, Donald, and Geoffrey T. Fong. "How Individuals Control Their Own Minds: A Constructive Narrative Perspective." In *Handbook of Mental Control*. Edited by Daniel N. Wegner and James W. Pennebaker. Englewood Cliffs, N.J.: Prentice Hall, 1993.

Mesle, C. Robert. *Process Theology: A Basic Introduction*. St. Louis: Chalice Press, 1993.

Metzger, Bruce. *A Textual Commentary on the Greek New Testament*. New York: United Bible Societies, 1971.

Meyerson, Debra E. *Tempered Radicals*. Boston: Harvard Business School Press, 2001.

Mills, Watson E., and Richard F. Wilson, eds. *Mercer Commentary on the Bible, Macon*, Ga.: Mercer University Press 1995.

Minirth, Frank, and Paul Meier. *Happiness Is a Choice*. Grand Rapids: Baker Book House, 1994.

Moessner, Jeanne Stevenson. "A New Pastoral Paradigm and Practice." In *Women in Travail and Transition*. Minneapolis: Fortress Press, 1991.

Monk, Gerald, John Winslade, Kathie Crocket, David Epston, eds. *Narrative Therapy in Practice: The Archaeology of Hope*. San Francisco: Jossey-Bass Publishers, 1997.

Moo, Douglas J. *The Letter of Fames*. Grand Rapids: William B. Eerdmans Publishing Company, 2000.

Morris, Desmond. *The Human Zoo*. New York: McGraw-Hill, 1969.

------. *The Naked Ape: A Zoologist's Study of the Human Animal*. New York: McGrawHill, 1967.

Morris, Robert C. "Enlightening Annoyances: Jesus' Teachings as a Spur to Spiritual Growth." Weavings XVI, no. 5 (September/October 2001): 38-45.

Mozley, J. K. *The Impassibility of God: A Survey of Christian Thought*. Cambridge, England: The University Press, 1926.

Muddiman, John. *A Commentary on the Epistle to the Ephesians*. London: Continuum, 2001.

Muller, Richard A. "Fides and Cognitio in Relation to the Problem of Intellect and Will in the Theology of John Calvin." *Calvin Theological Journal* 25, no. 2 (November 1990): 207-39.

Murphy, Jeffrie G., and Jean Hampton. *Forgiveness and Mercy*. New York: Cambridge University Press, 1988.

Murphy, Roland E. *The Tree of Life: An Exploration of Biblical Wisdom Literature*. 3d ed. Grand Rapids: William B. Eerdmans Publishing Company, 2002.

Navone, John. *Toward a Theology of Story*. Slough, England: St. Paul Publications, 1977.

Neimeyer, R., and G. Feixas. "Constructivist Contributions to Psychotherapy Integration." *Journal of integrative and Eclectic Psychotherapy* 9, no. 1 (1990): 4-20.

Newberg, Andrew, Eugene d'Aquili, and Vince Rause. *Why God Won't Go Away: Brain Science and the Biology of Belief*. New York: Ballantine Books, 2001.

The New Dictionary of Pastoral Studies. Edited by Wesley Carr. Grand Rapids: William B. Eerdmans Publishing Company, 2002.

The New English Bible. 2d ed. Oxford: Oxford University Press, 1970.

Niebuhr, Reinhold. *The Nature and Destiny of Man: A Christian Interpretation*. Vols. 1 and 2. New York: Charles Scribner's Sons, 1941 and 1943.

------. *The Self and the Dramas of History*. New York: Charles Scribner's Sons, 1955.

Niebuhr, Richard. "Dread and Joyfulness: The View of Man as Affectional Being." *Religion in Life: A Christian Quarterly of Opinion and Discussion*, no. 3 (summer 1962): 443-64.

------. *Experiential Religion*. New York: Harper & Row Publishers, 1972.

Norris, Kathleen. *Amazing Grace: A Vocabulary of Faith*. New York: Riverhead Books, 1998.

Nussbaum, Martha. *Love's Knowledge: Essays on Philosophy and Literature*. New York: Oxford University Press, 1990.

Nydam, Ronald J. *Adoptees Come of Age*. Louisville, Ky.: Westminster John Knox Press, 1999.

Oatley, K., and J. M. Jenkins. *Understanding Emotions*. Cambridge, Mass.: Blackwell, 1996.

O'Brien, Peter. *The Letter to the Ephesians*. Grand Rapids: William B. Eerdmans Publishing Company, 1999.

O'Donohue, John. *Eternal Echoes: Exploring Our Hunger to Belong*. London: Bantam Press, 1998.

Oliver, Gray, and H. Norman Wright. *When Anger Hits Home*. Chicago: Moody Press, 1994.

Ortony, Andrew, Gerald Close, and Allen Collins. *The Cognitive Structure of Emotions*. New York: Cambridge University Press, 1988.

Osiek, Carolyn. *Beyond Anger: On Being a Feminist in the Church*. New York: Paulist Press, 1986.

The Oxford Dictionary of Saints. 4th ed. Edited by David Hugh Farmer. Oxford: Oxford University Press, 1997.

Ozment, Steven E. *Homo Spiritualis: A Comparative Study of the Anthropology of Johannes Tauler*, Jean Gerson and Martin Luther (1509-16) in the Context of Their Theological Thought. Leiden: E. J. Brill, 1969.

Palmer, Parker J. *To Know as We Are Known: A Spirituality of Education*. San Francisco: Harper & Row, Publishers, 1983.

Panksepp, Jaak. *Affective Neuroscience: The Foundations of Human and Animal Emotions*. New York: Oxford University Press, 1998.

Pannenberg, Wolfhart. *Anthropology in Theological Perspective*. Translated by Matthew J. O'Connell. Philadelphia: The Westminster Press, 1985.

Pepper, Stephen. *World Hypotheses*. Berkeley: University of California Press, 1942.

Perdue, Leo. *Wisdom and Creation: The Theology of Wisdom Literature*. Nashville: Abingdon Press, 1994.

Peterson, Eugene H. "A Pastor's Quarrel with God." *The Princeton Seminary Bulletin* XI, no. 3 (1990): 270-75.

Polkinghorne, D. P. *Narrative Psychology*. Albany, New York: SUNY Press, 1988.

Procter-Smith, Marjorie. "Our Job Is to Stay Angry." *The Living Pulpit* 2, no. 4 (October/December 1993): 16.

Quinones, Ricardo J. *The Changes of Cain: Violence and the Lost Brothers in Cain and*

Abel Literature. Princeton, N.J.: Princeton University Press, 1991.

Ramsay, Nancy J. "Compassionate Resistance: An Ethic for Pastoral Care and Counseling." *The Journal of Pastoral Care* 52, no. 3 (fall 1998): 217-26.

Ratey, John J. *A User's Guide to the Brain*. New York: Pantheon Books, 2001.

Reid, John Patrick. Introduction to *Summa Theologiae*, vol. 21, Fear and Anger, by Thomas Aquinas. London: Blackfriars, 1965.

Richards, Jeffery. *Consul of God: The Life and Times of Gregory the Great*. Boston: Routledge & Kegan Paul, 1980.

Ricoeur, Paul. *The Symbolism of Evil*. Translated by Emerson Buchanan. Boston: Beacon Press, 1969.

Riordan, Brendan P. *Anger: Issues of Emotional Living in an Age of Stress for Clergy and Religious*. Whitinsville, Mass.: Affirmation Books, 1985.

Rogers, Lesley J. *Minds of Their Own: Thinking and Awareness in Animals*. Boulder, Col.: Westview Press, 1997.

Rohrer, Norman, and S. Philip Sutherland. *Facing Anger*. Minneapolis: Augsburg Publishing House, 1981.

Rosenau, Pauline Marie. *Post-Modernism and the Social Sciences: Insights, Inroads, and Intrusions*. Princeton, N.J.: Princeton University Press, 1992.

Rosenthal, David M. "Emotions and the Self." In *Emotion: Philosophical Studies*. Edited by Gerald E. Myers and K. D. Irani. New York: Haven Publications, 1983.

Rossi, Ernest Lawerence. *The Psychobiology of Mind-Body Healing: New Concepts of Therapeutic Hypnosis*. Rev. ed. New York: W. W. Norton & Company, Inc., 1993.

Rothchild, Babette. *The Body Remembers: The Psychophysiology of Trauma and Trauma Treatment*. New York: W. W. Norton & Company, 2000.

Ruether, Rosemary Radford. "Anger and Liberating Grace." *The Living Pulpit* 2, no. 4 (October/December 1993): 7.

------. *Sexism and Gold-Talk: Toward a Feminist Theology*. Boston: Beacon Press, 1983.

Ryken, Leland, James C. Wilhoit, Tremper Longman III, gen. eds. *Dictionary of Biblical Imagery*. Downers Grove, Ill.: InterVarsity Press, 1998.

Sarbin, Theodore R. "The Narrative as a Root Metaphor for Psychology." In *Narrative Psychology: The Storied Nature of Human Conduct*. Edited by Theodore R. Sarbin. New York: Prager, 1986.

Sartre, Jean-Paul. *The Emotions: Outline of a Theory*. Translated by Bernard Frechtman. New York: Philosophical Library, 1948.

------. *Existentialism and Human Emotions*. New York: The Wisdom Library, 1957.

------. *Sketch for a Theory of the Emotions*. Translated by Philip Mairet. London: Methuen &

Co. Ltd., 1962.

Saussy, Carroll. *The Gift of Anger: A Call to Faithful Action*. Louisville, Ky.: Westminster John Knox Press, 1995.

Schneiders, Sandra M. "Because of Women's Testimony. . .': Reexamining the Issue of Authorship in the Fourth Gospel." *New Testament Studies* 44, no. 4 (October 1998): 513-35.

Seneca. *De Ira. In Seneca: Moral Essays*. Vol. 1. Translated by John W. Basore. Cambridge, Mass.: Harvard University Press, 1963.

------. "Epistle CXVI on Self-Control." In *Seneca: Moral Essays*. Translated by John W. Basore. London: William Heinemann Ltd., 1935.

Shotter, J. *Conversational Realities: Constructing Life through Language*. London: Sage, 1993.

Smith, John E. Introduction to *Works of Jonathan Edwards. Vol. 2, Religious Affections*. New Haven: Yale University Press, 1959.

Soelle, Dorothee. *Suffering*. Philadelphia: Fortress, 1975.

Soelle, Dorothee, and Fulbert Steffensky. *Not Just Yes and Amen: Christians with a Cause*. Philadelphia: Fortress Press, 1985.

Solomon, Robert. *The Passions: The Myth and Nature of Human Emotions*. Notre Dame, Ind.: University of Notre Dame Press, 1983.

Song, C. S. *The Living Pulpit* 2, no. 4 (October/December 1993): 5.

Sorabji, Richard. *Emotion and Peace of Mind: From Stoic Agitation to Christian Temptation*. New York: Oxford University Press, 2000.

Speed, Bebe. "How Really Real Is Real?" *Family Process* 23, no. 4 (December 1984): 511-20.

------. "Reality Exists, OK? An Argument Against Constructivism and Social Constructionism." *Journal of Family Therapy* 13, no. 4 (November 1991): 395-410.

Spence, Donald P. *Narrative Truth and Historical Truth: Meaning and Interpretation in Psychoanalysis*. New York: W. W. Norton, 1982.

Stott, John R. W. *God's New Society: The Message of Ephesians*. Downers Grove, Ill.: InterVarsity Press, 1979.

Strongman, K., editor. *International Reviews of Emotion Research*. 2 vols. Chichester, U.K.: John Wiley & Sons, 1991-92.

Suchocki, Marjorie. "Anxiety and Trust in Feminist Experience." *The Journal of Religion* 60, no. 4 (October 1980): 459-71.

Suggs, Jack M. "The Christian Two Ways Tradition: Its Antiquity, Form and Function." In *Studies in New Testament and Early Christian Literature*. Leiden: E. J.Brill, 1972.

Sullivan, Dwight Matthew. *An Anthropology of Anger: A Possible Dialogue Between Sigmund Freud and the Bible*. Rel.D. diss., School of Theology at Claremont, 1974.

Taylor, Graeme J., R. Michael Bagby, and James D. A. Parker. *Disorders of Affect Regulation: Alexithymia in Medical and Psychiatric Illness*. New York: Cambridge University Press, 1997.

Thistlewaite, Susan Brooks. *Sex, Race, and God: Christian Feminism in Black and White*. New York: Crossroad, 1991.

Tice, Dianne, and Roy F. Baumeister. "Controlling Anger: Self-Induced Emotion Change." In *Handbook of Mental Control*. Edited by Daniel N. Wegner and James W. Pennebaker. Englewood Cliffs, N.J.: Prentice Hall, 1993.

Tillich, Paul. *The Courage to Be*. New Haven: Yale University Press, 1952.

------. *Love, Power and Justice: Ontological Analyses and Ethical Applications*. London: Oxford University Press, 1954.

------. *Systematic Theology*. Vols. 1-3. Chicago: University of Chicago Press, 1951, 1959, and 1963.

Trible, Phyllis. *God and Rhetoric of Sexuality*. Philadelphia: Fortress, 1978.

Unger, Roberto. *Passions: An Essay on Personality*. New York: Free Press, 1984.

Valzelli, L. *Psychobiology of Aggression and Violence*. New York: Raven Press, 1981.

Van Wolde, Ellen. *Words Become Worlds: Semantic Studies and Genesis 1-11*. Leiden: E. J. Brill, 1994.

Vaught, Carl G. *The Sermon on the Mount: A Theological Investigation*. Rev. ed. Waco, Tex.: Baylor University Press, 2001.

Vine, W. E. *Vine's Expository Dictionary of Old and New Testament Words*. Old Tappan, N.J.: Fleming H. Revell Company, 1981.

Von Foerster, Heinz. "On Constructing a Reality." In *The Invented Reality*. Edited by Paul Watzlawick. New York: W. W. Norton, 1984.

Von Glasersfeld, Ernst. "An Introduction to Radical Constructivism." In *The Invented Reality*. Edited by Paul Watzlawick. New York: W. W. Norton, 1984.

Wainwright, William J. *Reason and the Heart: A Prolegomenon to a Critique of Passional Reason*. Ithaca, N.Y.: Cornell University Press, 1995.

Wallace, Daniel B. "'ΟΡΓΙΖΕΣΘΕ in Ephesians 4:26: Command or Condition?" In *Criswell Theological Review* 3, no. 2 (spring 1989): 353-72.

Walter, John L., and Jane E. Peller. "Rethinking Our Assumptions: Assuming Anew in a Postmodern World." In *Handbook of Solution-Focused Brief Therapy*. Edited by Scott D. Miller, Mark A. Hubble, and Barry L. Duncan. San Francisco: JosseyBass Publishers, 1996.

Watzlawick, P. The Invented Reality: *How Do We Know What We Believe We Know? Con-tributions to Constructivism*. New York: W. W. Norton, 1984.

Waugh, Barbara. *The Soul in the Computer: The Story of a Corporate Revolutionary*. Makawao, Maui, Hawaii: Inner Ocean, 2001.

Webster's *Third New International Dictionary, Unabridged*. Springfield, Mass.: Merriam-Webster Inc., 1986.

Weems, Renita J. *Battered Love: Marriage, Sex, and Violence in the Hebrew Prophets*. Min-neapolis: Fortress Press, 1995.

Wegner, Daniel N., and James W. Pennebaker, eds. *Handbook of Mental Control*. Englewood Cliffs, N.J.: Prentice Hall, 1993.

Wesley, John. *The Works of John Wesley*. Grand Rapids: Zondervan Publishing House, 1958.

------. *The Works of John Wesley*. Edited by Albert C. Outler. Nashville: Abingdon Press, 1985.

West, Cornel. *Race Matters*. Boston: Beacon Press, 1993.

The Westminster Dictionary of Church History. Edited by Jerald C. Brauer. Philadelphia: The Westminster Press, 1971.

White, Michael M., and David Epston. *Narrative Means to Therapeutic Ends*. New York: Norton, 1990.

Whitehead, Alfred North. *Process and Reality: An Essay in Cosmology*. Corrected ed. Edited by David Ray Griffin and Donald W. Sherburne. New York: the Free Press, 1978.

Whitehead, James D., and Evelyn Eaton Whitehead. *Shadows of the Heart: A Spirituality of the Negative Emotions*. New York: Crossroad Publishing Company, 1994.

Williams, Charles B. *The New Testament in the Language of the People*. Nashville: Holman Bible Publishers, 1937.

Williams, Redford, and Virginia Williams. *Anger Kills*. New York: HarperCollins, 1993.

Wink, Walter. *Engaging the Powers: Discernment and Resistance in a World of Domination*. Minneapolis: Fortress Press, 1992.

------. *The Powers That Be: Theology of a New Millennium*. New York: Doubleday, 1998.

Wolf, George. "The Place of the Brain in an Ocean of Feelings." In *Existence and Actuality: Conversations with Charles Hartshorne*. Edited by John B. Cobb Jr. and Franklin I. Gamwell. Chicago: The University of Chicago Press, 1984.

Worth, Roland H. Jr. *The Sermon on the Mount: Its Old Testament Roots*. New York: Paulist Press, 1997.

Zillman, Dolf. *Hostility and Aggression*. Hillsdale, N.J.: Lawrence Erlbaum Associates, Publishers, 1979.

------. "Mental Control of Angry Aggression." In *Handbook of Mental Control*. Edited by Daniel N. Wegner and James W. Pennebaker. Englewood Cliffs, N.J.: Prentice Hall, 1993.

앵그리 크리스천

2016년 3월 1일 초판 인쇄

지은이 앤드류 레스터

옮긴이 이희철

편집인

펴낸이 류수환

책임디자인 강윤정, 서소라

디자인 그리심어소시에이츠

발행처 돌봄 출판사

주소 대전광역시 서구 둔산북로 121 아너스빌 1801호

전화 042.472.7145

팩스 042.472.7144

www.igrisim.com

정가 00,000원

ISBN 000-00-000000-0-0

ⓒ저작자와의 협약 아래 인지는 생략되었습니다.
이 출판물은 저작권법에 의해 보호 받는 저작물이므로 무단 전재와 무단 복제를 할 수 없습니다.